정답 모아보기

KB100746

제1회 실전모의고사

제1과목 국어

01	③	06	③	11	①	16	②	21	③
02	④	07	②	12	③	17	④	22	③
03	②	08	①	13	④	18	②	23	③
04	④	09	④	14	④	19	④	24	③
05	②	10	②	15	④	20	③	25	④

제2과목 행정법

01	②	06	③	11	①	16	②	21	④
02	②	07	②	12	④	17	②	22	②
03	④	08	①	13	③	18	②	23	①
04	②	09	②	14	②	19	④	24	④
05	①	10	②	15	①	20	③	25	③

제3과목 경영학

01	④	06	①	11	③	16	②	21	①
02	④	07	①	12	②	17	②	22	④
03	③	08	③	13	④	18	④	23	③
04	④	09	④	14	①	19	④	24	④
05	③	10	④	15	④	20	③	25	①

제2회 실전모의고사

제1과목 국어

01	②	06	②	11	①	16	①	21	①
02	④	07	②	12	①	17	②	22	③
03	②	08	③	13	②	18	③	23	③
04	②	09	④	14	④	19	④	24	④
05	③	10	③	15	①	20	①	25	②

제2과목 행정법

01	③	06	①	11	③	16	③	21	④
02	②	07	②	12	③	17	②	22	③
03	①	08	④	13	①	18	②	23	①
04	②	09	②	14	②	19	②	24	④
05	②	10	④	15	①	20	③	25	③

제3과목 경영학

01	③	06	①	11	③	16	②	21	①
02	③	07	④	12	②	17	③	22	②
03	①	08	③	13	③	18	②	23	④
04	③	09	③	14	①	19	①	24	②
05	④	10	①	15	④	20	④	25	①

제3회 실전모의고사

제1과목 국어

01	④	06	③	11	③	16	④	21	①
02	③	07	③	12	④	17	②	22	②
03	②	08	③	13	③	18	③	23	④
04	③	09	④	14	④	19	③	24	①
05	③	10	①	15	④	20	③	25	③

제2과목 행정법

01	④	06	④	11	②	16	③	21	①
02	④	07	③	12	④	17	④	22	③
03	②	08	③	13	①	18	②	23	①
04	④	09	③	14	②	19	②	24	④
05	①	10	④	15	①	20	③	25	①

제3과목 경영학

01	①	06	②	11	①	16	②	21	③
02	④	07	②	12	④	17	④	22	②
03	②	08	③	13	③	18	④	23	④
04	④	09	④	14	②	19	④	24	④
05	②	10	③	15	①	20	①	25	①

제4회 실전모의고사

제1과목 국어

01	③	06	②	11	①	16	③	21	③
02	④	07	①	12	④	17	①	22	③
03	②	08	③	13	②	18	④	23	②
04	③	09	②	14	④	19	④	24	③
05	③	10	⑤	15	④	20	②	25	④

제2과목 행정법

01	①	06	③	11	④	16	①	21	②
02	②	07	②	12	③	17	④	22	①
03	①	08	②	13	②	18	②	23	④
04	②	09	②	14	②	19	④	24	②
05	②	10	①	15	④	20	④	25	④

제3과목 경영학

01	③	06	④	11	④	16	②	21	④
02	①	07	②	12	③	17	①	22	③
03	③	08	②	13	②	18	①	23	①
04	④	09	①	14	④	19	④	24	④
05	①	10	③	15	①	20	①	25	④

제5회 실전모의고사

제1과목 국어

01	①	06	①	11	④	16	②	21	③
02	②	07	②	12	③	17	②	22	③
03	④	08	⑤	13	②	18	③	23	③
04	④	09	③	14	③	19	③	24	③
05	④	10	③	15	②	20	①	25	②

제2과목 행정법

01	①	06	④	11	③	16	②	21	①
02	④	07	②	12	①	17	②	22	①
03	③	08	④	13	①	18	③	23	④
04	④	09	④	14	②	19	①	24	④
05	①	10	③	15	③	20	④	25	④

제3과목 경영학

01	②	06	④	11	③	16	④	21	④
02	①	07	②	12	①	17	②	22	②
03	②	08	③	13	①	18	②	23	④
04	③	09	④	14	③	19	③	24	③
05	⑤	10	④	15	②	20	②	25	④

해커스군무원

군수직 FINAL 봉투모의고사

국어+행정법+경영학

약점 보완 해설집

해커스군무원

군수직
FINAL
봉투모의고사 국어+행정법+경영학

개정 4판 1쇄 발행 2024년 4월 19일

지은이	권우주, 해커스 군무원시험연구소 공편저
펴낸곳	해커스패스
펴낸이	해커스군무원 출판팀
주소	서울특별시 강남구 강남대로 428 해커스군무원
고객센터	1588-4055
교재 관련 문의	gosi@hackerspass.com
	해커스군무원 사이트(army.Hackers.com) 교재 Q&A 게시판
	카카오톡 플러스 친구 [해커스공무원 노량진캠퍼스]
학원 강의 및 동영상강의	army.Hackers.com
ISBN	979-11-6999-885-7 (13350)
Serial Number	04-01-01

**군무원 1위,
해커스군무원(army.Hackers.com)**

ᴴ 해커스군무원

- 해커스군무원 학원 및 인강(교재 내 인강 할인쿠폰 수록)
- 해커스군무원 스타강사의 과목별 무료 특강
- 정확한 성적 분석으로 약점 극복이 가능한 합격예측 온라인 모의고사(교재 내 응시권 및 해설강의 수강권 수록)
- OMR 답안지(PDF)

**공무원 교육 1위,
해커스공무원(gosi.Hackers.com)**

ᴴ 해커스공무원

- 내 점수와 석차를 확인하는 모바일 자동 채점 및 성적 분석 서비스
- 필수어휘와 사자성어를 편리하게 학습할 수 있는 해커스 매일국어 어플

[군무원 1위 해커스군무원] 한경비즈니스 선정 2020 한국품질만족도 교육(온·오프라인 군무원) 부문 1위

[공무원 교육 1위 해커스공무원] 한경비즈니스 선정 2020 한국소비자만족지수 교육(공무원) 부문 1위

: 목차

▶ 셀프 체크

권장 풀이 시간	75분(OMR 표기 시간 포함)
실제 풀이 시간	___시 ___분 ~ ___시 ___분
맞힌 답의 개수	___개 / 75개

제1회 실전모의고사
모바일 자동 채점 + 성적 분석 서비스
바로 가기(gosi.Hackers.com)

QR코드를 이용하여 해커스공무원의
'모바일 자동 채점 + 성적 분석 서비스'로 바로 접속하세요!
* 해커스공무원 사이트의 가입자에 한해 이용 가능합니다.

▶ 정답

제1과목 국어

01	③	06	③	11	①	16	②	21	③
02	④	07	②	12	③	17	④	22	③
03	②	08	①	13	④	18	②	23	③
04	④	09	④	14	④	19	④	24	③
05	②	10	②	15	④	20	③	25	④

제2과목 행정법

01	②	06	③	11	①	16	②	21	④
02	④	07	②	12	④	17	③	22	②
03	④	08	①	13	③	18	②	23	①
04	②	09	②	14	①	19	①	24	④
05	①	10	②	15	①	20	③	25	③

제3과목 경영학

01	④	06	①	11	③	16	②	21	①
02	④	07	①	12	②	17	②	22	④
03	③	08	③	13	④	18	④	23	③
04	③	09	③	14	①	19	④	24	①
05	③	10	④	15	④	20	③	25	①

▶ 취약 단원 분석표

제1과목 국어

단원	맞힌 답의 개수
어법	/ 7
비문학	/ 8
문학	/ 5
어휘	/ 4
혼합	/ 1
TOTAL	/ 25

제2과목 행정법

단원	맞힌 답의 개수
I 일반론	/ 5
II 행정작용	/ 6
III 행정과정	/ 3
IV 실효성 확보수단	/ 2
V 손해전보	/ 2
VI 행정쟁송	/ 4
VII 행정법각론	/ 3
TOTAL	/ 25

제3과목 경영학

단원	맞힌 답의 개수
I 경영학개론	/ 4
II 마케팅	/ 4
III 인적자원관리	/ 4
IV 조직행동론	/ 4
V 생산과학	/ 1
VI 경영과학	/ 2
VII 재무관리	/ 3
VIII 회계원리	/ 3
TOTAL	/ 25

제1과목   국어

01 비문학 독서   정답 ③

정답 설명

③ 독서는 글과 독자의 배경지식이 서로 상호 작용을 하면서 역동적인 사고가 일어나는 행위이므로 독서의 특성으로 적절하지 않은 것은 ③ 이다.

오답 분석

① 독서는 독자가 단순히 글을 통해 지식을 획득하는 것뿐만 아니라, 새로운 지식을 창출하게 하는 행위이다.

② 독서는 글쓴이와 독자가 글을 매개로 하여 소통할 수 있게 하는 사회적인 의사소통 행위이다.

④ 독서는 독자가 가진 배경지식을 활용하여 스스로 의미를 재구성할 수 있게 하는 능동적인 의미 구성 행위이다.

이것도 알면 합격!

독서의 특성

1. 지식 창출 행위
   : 인간은 독서를 통해 지식과 정보를 공유하고, 이를 바탕으로 사회와 문명을 유지·발달시킴

2. 적극적인 의미 구성 행위
   : 독서란 글 내용을 수동적으로 해독하는 과정이 아닌, 적극적으로 의미를 재구성하는 능동적인 행위임

3. 사회적 의사소통 행위
   : 독서란 글을 매개로 글쓴이와 독자가 대화하는 의사사통 행위임

4. 글과 독자의 상호 작용 행위
   : 독서는 읽기의 모든 과정에서 글과 독자의 배경지식이 상호 작용하는 역동적인 사고 과정임

02 비문학 세부 내용 파악   정답 ④

정답 설명

④ 3문단을 통해 경유는 가솔린보다 많은 탄소 원자가 길게 연결되어 있음을 알 수 있다.

오답 분석

① 2문단을 통해 디젤 엔진이 가솔린 엔진보다 압축 비율이 높음을 알 수 있으므로 적절하지 않다.

② 1문단을 통해 노킹 현상은 기화된 가솔린에 큰 압력이 가해질 때 발생함을 알 수 있으므로 적절하지 않다.

③ 3문단을 통해 디젤 엔진이 가솔린 엔진보다 연비가 더 좋음을 알 수 있으므로 적절하지 않다.

03 어휘 속담   정답 ②

정답 설명

② '입도 염치 믿고 산다'는 '염치없이 게걸스럽게 먹는 사람'을 비유적으로 이르는 말이다. 따라서 속담의 뜻을 잘못 풀이한 것은 ②이다. 참고로, '말만 잘하면 아무리 힘든 일이라도 할 수 있음'을 비유적으로 이르는 말은 '입만 있으면 서울 이 서방 집도 찾아간다'이다.

04 비문학+어휘 내용 추론, 한자어의 표기   정답 ④

정답 설명

④ 빈칸에 알맞은 단어는 각각 ㉠ '廢止(폐지)', ㉡ '展開(전개)'이다.

㉠ 廢止: 일제가 1930년대 후반에 학교 교육에서 조선어를 금했다는 것을 설명하고 있으므로 ㉠에는 '廢止(폐지)'가 들어가는 것이 적절하다.

  • 廢止(폐지: 폐할/버릴 폐, 그칠 지): 실시해 오던 제도나 법규, 일 등을 그만두거나 없앰

㉡ 展開: 앞 문장에서 국어를 지키기 위한 노력이 일어났음을 설명하고 있으므로, 문맥상 이에 뜻있는 사람들이 여러 활동을 시작하였다는 의미의 단어를 사용해야 한다. 따라서 ㉡에는 '展開(전개)'가 들어가는 것이 적절하다.

  • 展開(전개: 펼 전, 열 개): 1. 열리어 나타남 2. 시작하여 벌임 3. 내용을 진전시켜 펴 나감

오답 분석

㉠ 閉止(폐지: 닫을 폐, 그칠 지): 어떤 작용이나 기능이 그침

㉡ 再開(재개: 두 재, 열 개): 어떤 활동이나 회의 등을 한동안 중단했다가 다시 시작함

05 어법 말소리 (국어의 음운 체계)   정답 ②

정답 설명

② '파열음'이면서 '여린입천장소리'인 것은 'ㄱ, ㄲ, ㅋ'이므로 답은 ② 'ㅋ'이다.

오답 분석

① 'ㅂ'은 파열음이면서 입술소리이다.

③ 'ㅈ'은 파찰음이면서 센입천장소리이다.

④ 'ㅆ'은 마찰음이면서 허끝소리이다.

국어의 자음 체계

조음 방법 \ 조음 위치		양순음	치조음	경구개음	연구개음	후음
안울림소리	파열음	예사소리	ㅂ	ㄷ		ㄱ	
		된소리	ㅃ	ㄸ		ㄲ	
		거센소리	ㅍ	ㅌ		ㅋ	
	파찰음	예사소리			ㅈ		
		된소리			ㅉ		
		거센소리			ㅊ		
	마찰음	예사소리		ㅅ			ㅎ
		된소리		ㅆ			
울림소리	비음		ㅁ	ㄴ		ㅇ	
	유음			ㄹ			

---

06 문학 시어의 의미 정답 ③

정답 설명

③ 제시된 작품에서 '벼'는 겉으로는 나약해 보이나 공동체가 될 때 강인한 '민중'을 상징한다. 3연에 드러난 '벼'의 모습을 통해 자신의 감정을 억제하고 삶의 순리를 지키며 사는 민중의 속성을 확인할 수 있으나, 이를 '순종적'이라고 볼 수는 없다. 오히려 '저의 가슴도 더운 줄을 안다'를 통해, 내면에는 저항 의식을 가진 존재이나 감정을 조절할 줄 아는 민중의 어질고 현명한 속성을 확인할 수 있다. 따라서 답은 ③ '순종적인 내면'이다.

오답 분석

① 2연의 추수할 때가 되어 소리 없이 떠나가는 벼의 모습과 4연의 떠나가면서도 넓은 사랑을 바치는 벼의 모습을 통해, 민중의 이타적인 자기희생 정신을 확인할 수 있다.

② 2연의 서로의 몸을 묶어 더 튼튼해지는 벼의 모습과 4연의 쓰러져도 다시 일어서는 벼의 모습을 통해, 민중의 강인한 생명력을 확인할 수 있다.

④ 1연의 서로 어우러져 기대고 사는 벼의 모습을 통해, 민중의 공동체적 유대감을 확인할 수 있다.

이성부, '벼'

1. 주제
   민중의 강인한 생명력과 공동체적 유대감에 대한 예찬

2. 시어의 상징적 의미

벼	민중, 민중의 공동체 의식
햇살	벼의 생존을 위협하는 고난과 시련
피	자유와 평등을 위해 민중들이 흘린 희생
넉넉한 힘	희생을 통해 이룬 민중의 연대 의식과 힘

---

07 문학 화자의 정서 및 태도 정답 ②

정답 설명

② ⓐ의 '피'는 오랜 세월 동안 자유와 평등을 위해 민중들이 흘린 희생을 의미한다. 따라서 ⓐ는 민중의 희생정신이 깃든 자유와 평등의 세계를 그리워한다는 의미이며, 이에 해당하는 정서로 가장 적절한 것은 ② '염원'이다.

---

08 문학 시구의 의미 정답 ①

정답 설명

① ㉠은 억압받는 삶 속에서 살아온 무고한 민중의 저항적 내면을 의미한다. 반면 ㉡, ㉢, ㉣은 시련과 고난이 닥쳐도 이를 참고 견디며 자신을 희생하는 이타적인 자기희생 정신과 강한 생명력 등 민중이 가진 저력을 의미하므로 시에서 드러내고자 하는 의미가 가장 이질적인 것은 ①이다.

오답 분석

② ㉡은 떠나야 할 때 소리 없이 떠남으로써 대의를 위해 자신을 희생할 줄 아는 민중의 모습을 드러낸다.

③ ㉢은 희생을 거쳐 새로운 '벼'가 탄생되는 것을 나타내며, 이는 자기희생을 통해 더 큰 이념을 구현하려는 이타적인 민중의 모습을 드러낸다.

④ ㉣은 쓰러져도 다시 일어서는 '벼'의 모습을 '넉넉한 힘'으로 표현함으로써 민중이 가진 자기희생 정신과 끈질긴 생명력을 드러낸다.

---

09 비문학 내용 추론 정답 ④

정답 설명

④ 제시문을 통해 '사고'는 그 이전과 이후의 차이를 최소화하려 하는 것인 반면, '사건'은 '사고'와 달리 그 이전과 이후의 차이를 좁히지 않는 것임을 추론할 수 있다. 제시문의 마지막 문장에서 언급한 '신체적 변화를 받아들이고 다른 삶을 살고자 하는 이'는 그 이전과 이후의 차이를 좁히지 않으려고 하는 것이므로, 이는 '사고'가 아닌 '사건'에 해당한다. 따라서 ㉠에는 '사고'가, ㉡에는 '사건'이 들어가야 하므로 정답은 ④이다.

---

10 어법 표준 발음법 정답 ②

정답 설명

② 제시된 단어들의 발음으로 적절한 것은 '㉠ [다가페] - ㉡ [늘꼬] - ㉢ [여덜븐]'이므로 정답은 ②이다.

⊙ 닭 앞에[다가페]: 겹받침 'ㄺ' 뒤에 '앞'과 같은 실질 형태소가 연결되는 경우, 음절의 끝소리 규칙으로 인해 겹받침 'ㄺ'을 대표음 [ㄱ]로 바꾸어 발음해야 한다. 그 다음 이어지는 모음 [ㅏ]와 연음하여 발음해야 하므로 '닭 앞에'는 [다가페]로 발음한다.

⊙ 늙고[늘꼬]: 용언의 어간 받침 'ㄺ'은 'ㄱ' 앞에서 [ㄹ]로 발음해야 하며, 이때 어간 받침 'ㄺ'에 이어지는 어미의 첫소리 'ㄱ'은 된소리로 발음하므로 '늙고'는 [늘꼬]로 발음한다.

⊙ 여덟은[여덜븐]: 겹받침 'ㄼ' 뒤에 조사 '은'과 같은 형식 형태소가 연결되는 경우, 겹받침 'ㄼ'에서 'ㅂ'을 뒤의 모음과 연음하여 발음해야 하므로 '여덟은'은 [여덜븐]으로 발음한다.

---

11 비문학 적용하기 정답 ①

정답 설명

① 제시문을 통해 '함축'은 직접적으로 전달되는 사실 외에 전달되는 또 다른 의미임을 알 수 있다. ①에서는 직접적인 사실(무궁화는 가을에 핀다)만을 확인할 수 있을 뿐, 또 다른 의미를 확인할 수 없으므로 '함축'이 포함된 발화로 볼 수 없다. 따라서 답은 ①이다.

오답 분석

② 평소에는 남편이 늦게 퇴근을 했다는 의미가 전달되고 있으므로 함축이 포함된 발화이다.

③ 외부인이 교수의 말이 거짓이라고 믿고 있다는 의미가 전달되고 있으므로 함축이 포함된 발화이다.

④ TV를 보지 않는 친구는 이번 올림픽에서 우리나라가 몇 등을 했는지 알지 못한다는 의미가 전달되고 있으므로 함축이 포함된 발화이다.

---

12 어법 문장 (문장의 짜임) 정답 ③

정답 설명

③ 앞 절의 '당신이 합격하게 되다'와 뒤 절의 '나는 정말 기쁘다'가 이유나 근거를 나타내는 연결 어미 '-어서'로 연결된, 종속적으로 이어진 문장이다. 반면에 ①②④는 모두 안은문장이므로 문장의 확장 방식이 다른 것은 ③이다.

오답 분석

① '정이 많다'가 전체 문장에서 서술어의 역할을 하고 있으므로, ①은 서술절을 안은 문장이다.

② '(내가) 당신과 함께 할 수 있음'은 명사형 어미 '-음'이 붙어 만들어진 명사절이므로, ②는 명사절을 안은 문장이다.

④ '내가 무너지지 않도록'은 부사형 어미 '-도록'이 붙어 뒤의 서술어 '지켜 주셨다'를 꾸미는 부사절이므로, ④는 부사절을 안은 문장이다.

---

13 어휘 한자어의 표기 정답 ④

정답 설명

④ 한자어의 표기로 가장 옳은 것은 ④이다.

⊙ 深奧(심오: 깊을 심, 깊을 오): 사상이나 이론 등이 깊이가 있고 오묘함

⊙ 通俗(통속: 통할 통, 풍속 속): 1. 세상에 널리 통하는 일반적인 풍속 2. 비전문적이고 대체로 저속하며 일반 대중에게 쉽게 통할 수 있는 일

⊙ 理解(이해: 다스릴 이, 풀 해): 1. 사리를 분별하여 해석함 2. 깨달아 앎. 또는 잘 알아서 받아들임 3. 남의 사정을 잘 헤아려 너그러이 받아들임

오답 분석

⊙ 深痼(심고: 깊을 심, 고질 고): 1. 고치기 어려운 깊고 중한 병 2. 오래되어 고치기 힘든 습성

⊙ 通谷(통곡: 통할 통, 골 곡): 한 줄기로 이어 가는 골짜기

⊙ 利害(이해: 이로울 이, 해할 해): 이익과 손해를 아울러 이르는 말

---

14 어법 의미 (어휘의 의미 변화) 정답 ④

정답 설명

④ '짐승'은 '즁싱(衆生)'에서 나온 말로, 시간의 흐름에 따라 인간을 포함한 '유정물 전체'에서 '인간을 제외한 동물'을 가리키는 것으로 의미가 축소된 단어이다. 따라서 ④의 의미 변화는 [유정물 전체] → [인간을 제외한 동물]로 표기해야 한다.

오답 분석

① '식구'는 '입'이라는 부분을 가리키는 것으로 사용되었으나, '가족'이라는 전체를 가리키는 것으로 의미가 확대되었다.

② '놀부'는 〈흥부전〉에 나오는 주인공의 한 사람인 '인명'을 가리키는 고유명사로 사용되었으나, 심술궂고 욕심 많은 사람을 가리키는 보통명사 '욕심쟁이'로 의미가 확대되었다.

③ '언니'는 같은 부모에게서 태어난 사이이거나 항렬이 같은 '동성의 손위 형제'를 가리키는 특수한 의미로 사용되었으나, '젊은 여자'를 가리키는 일반적인 의미로 의미가 확대되었다.

---

15 비문학 작문 (설득하는 글 쓰기) 정답 ④

정답 설명

④ 어떤 특정 대상의 가치를 논하거나 평가하는 것은 '비평하는 글 쓰기'의 특징이다. '설득하는 글'과 '비평하는 글' 모두 필자의 주장(주관, 관점)을 뒷받침하기 위해 객관적, 전문적인 근거를 제시한다. 다만, '설득하는 글 쓰기'에서는 독자가 보다 보편적으로 받아들일 만한 논거를 근거로 들어 주장을 내세운다는 점이 특징이다.

'설득하는 글 쓰기'에서 유의해야 할 점

관점	유의해야 할 점
내용	• 주장을 분명하게 드러내었는가? • 주장을 뒷받침할 근거가 풍부하며 타당한가?
조직·표현	• 글의 내용을 짜임새 있게 조직하였는가? • 예상 독자의 수준을 고려하였는가? • 어법에 맞게 표현하였는가?
태도	• 내용을 과장·축소·왜곡하지 않았는가? • 다른 사람의 글이나 자료를 인용할 때 출처를 밝혔는가?

---

16 어법 단어 (단어의 형성) 정답 ②

정답 설명

② ㉠은 용언 어간에 연결 어미나 관형사형 어미 없이 바로 명사가 결합하는 형태를 의미한다. '덮밥'은 용언 '덮다'의 어간 '덮-'에 관형사형 어미 없이 바로 명사 '밥'이 결합한 비통사적 합성어이므로 ㉠의 예에 해당한다.

오답 분석

① 쌀밥: 명사 '쌀'과 명사 '밥'이 결합한 통사적 합성어이다.

③ 젊은이: 용언 '젊다'의 어간 '젊-'과 관형사형 어미 '-은'으로 구성된 '젊은'에 명사 '이'가 결합한 통사적 합성어이다.

④ 보슬비: 비자립적 어근 '보슬'에 연결 어미나 관형사형 어미 없이 바로 명사 '비'가 결합한 비통사적 합성어이다.

---

17 비문학 내용 추론 정답 ④

정답 설명

④ 빈칸에 들어갈 말로 적절한 것은 ④이다.

㉠ 보도: 대중 매체가 오바마 대통령의 선거 운동을 기사화하여 알렸다는 의미의 어휘가 사용되어야 하므로 ㉠에 들어갈 말로 적절한 것은 '보도'이다.

　•보도: 대중 전달 매체를 통해 일반 사람들에게 새로운 소식을 알림. 또는 그 소식

　•선전: 주의나 주장, 사물의 존재, 효능 등을 많은 사람이 알고 이해하도록 잘 설명하여 널리 알리는 일

㉡ 숫자: 2문단을 통해 오바마 캠프의 총책임자 짐 메시나는 '직관'을 중요시했던 이전과 달리 '데이터'를 중시함을 알 수 있다. 따라서 ㉡에 들어갈 말로 적절한 것은 '숫자'이다. 참고로, 이때 '데이터'란, '컴퓨터가 처리할 수 있는 문자, 숫자, 소리, 그림 등의 형태로 된 정보'를 말한다.

㉢ 조정: 문맥상 어떤 상황이 바뀌거나 사소한 변화에 따라 그 실정에 맞게 입력 변수를 바꾸어 정돈한다는 말이 들어가야 하므로 ㉢에 들어갈 적절한 것은 '조정'이다.

　•조정: 어떤 기준이나 실정에 맞게 정돈함

　•측정: 일정한 양을 기준으로 하여 같은 종류의 다른 양의 크기를 잼

㉣ 할당: 자금 및 인력이라는 몫을 어느 지역, 어떤 분야에 갈라서 나눌지를 결정하였다는 말이 들어가야 하므로 ㉣에 들어갈 적절한 것은 '할당'이다.

　•할당: 몫을 갈라 나눔. 또는 그 몫

　•분류: 종류에 따라서 가름

---

18 비문학 독서 (다양한 관점의 글 읽기) 정답 ②

정답 설명

② '다양한 관점의 글 읽기' 방법을 순서대로 제시한 것은 ②이다. '다양한 관점의 글 읽기'란, 특정 주제와 관련한 다양한 관점의 글을 종합적으로 읽고 재구성할 수 있는 독서 방법을 말한다. 따라서 동일한 화제를 다룬 글을 여러 관점에서 읽고 비교한 다음, 각 관점에서 드러난 장단점을 평가해 본다. 마지막으로 앞서 진행한 내용을 바탕으로 자신만의 관점을 분명하게 한 후 문제 상황을 재구성하는 순서대로 진행해야 한다.

여러 가지 읽기 방법

읽기 종류	방법 및 절차
사실적 읽기	1. 핵심어를 이용한 화제 파악하기 2. 화제와 관련된 중심 내용 파악하기 3. 중심 문장과 근거 문장 파악하기 4. 문단 간의 관계 파악하기
추론적 읽기	1. 담화 표지를 활용하여 문맥을 파악하고, 배경지식과 경험 활용하며 읽기 2. 글의 의도와 목적, 글쓴이의 가치관, 관점 등 파악하기
비판적 읽기	1. 글의 주장과 그 근거가 합리적인지 판단하며 읽기 2. 글쓴이의 생각이 어느 한쪽에 치우치지 않는지 판단하기 3. 글의 주장이나 자료가 적절한지 판단하기 4. 글쓴이의 의견에 공감하거나 반박하기
감상적 읽기	1. 글에서 감동적인 부분을 찾아가며 읽기 2. 감동적인 부분을 다른 독자와 비교하기 3. 감동적인 부분을 스스로 내면화해 보기
창의적 읽기	1. 글의 화제나 주제, 글쓴이의 관점 등에 대한 자신의 생각을 논리적으로 구성하기 2. 글을 읽은 후, 자신과 사회의 문제를 창의적으로 해결하는 방법 찾아보기

19 어법 외래어 표기법 정답 ④

정답 설명

④ 밀크쉐이크(milk shake)(×) → 밀크셰이크(○): '밀크셰이크'의 'sh'는 [ʃ]로 소리 나며, 모음 앞의 [ʃ]는 뒤따르는 모음 'a[ei]'에 따라 '셰'로 적으므로 'milk shake'은 '밀크셰이크'로 표기해야 한다.

오답 분석

① 콤플렉스(complex)(○): '콤플렉스'의 'o'는 [ɔ]로 소리 나며, 외래어 표기법에 따라 [ɔ]는 '오'로 적으므로 'complex'는 '콤플렉스'로 표기한다.

② 워크숍(workshop)(○): '워크숍'의 'sh'는 [ʃ]로 소리 나며, 모음 앞의 [ʃ]는 뒤따르는 모음 'o[ɔ]'에 따라 '쇼'로 적으므로 'workshop'은 '워크숍'으로 표기한다.

③ 가스레인지(gas range)(○): 파열음 표기에는 된소리를 쓰지 않는 것이 원칙이므로, 가스를 연료로 사용하여 음식을 조리하는 기구를 뜻하는 'gas range'는 '가스레인지'로 표기한다.

20 어휘 고유어 정답 ③

정답 설명

③ 제시된 뜻풀이에 해당하는 표제어는 ③ '작달비'이다.

오답 분석

① 잠비: '여름에 일을 쉬고 낮잠을 잘 수 있게 하는 비'라는 뜻으로, 여름 비를 이르는 말

② 장맛비: 장마 때에 오는 비

④ 채찍비: 채찍을 내리치듯이 굵고 세차게 쏟아져 내리는 비

21 문학 표현상의 특징 정답 ③

정답 설명

③ 제시된 작품에서 객관적 상관물을 통해 상대방에 대한 인물의 내면 심리를 드러내는 부분은 확인할 수 없다. 참고로 삽입 시에 등장하는 '오작'은 등장인물의 상황을 견우직녀 설화에 비유하여 두 인물이 다시 만나게 됨을 간접적으로 표현한 것이며, '두견새'는 이별의 정한을 대표하는 새이므로 '오작'과 '두견새'을 객관적 상관물로 볼 수는 없다.

오답 분석

① 이생은 '월로(月老)는 붉은 실 맺어주니'라고 표현함으로써 최 처녀와 혼인할 의사가 있음을 비유적으로 드러내고 있다. 참고로 '월로(月老)'는 부부의 인연을 맺어 준다는 전설의 월하노인(月下老人)을 이른다.

② '깨진 거울'이라는 표현을 통해 이생과 최 처녀가 이전에 이별했음을 추측할 수 있고, '깨진 거울이 합쳐지니'라는 표현을 통해 이별 후 재회하게 된 상황을 함축적으로 보여 주고 있다.

④ 작품 속에 삽입된 이생의 시를 통해 서사적으로만 전개되던 단조로운 구성을 탈피하여 낭만적이고 서정적인 분위기를 드러내며 감성적인 여운을 준다.

이것도 알면 합격!

고전 소설에서 '삽입 시'의 기능

(1) 작품 속 사건이나 정황을 암시하거나 함축적으로 드러냄

(2) 작품 구성의 단조로움을 피할 수 있음

(3) 등장인물의 내면 심리를 효과적으로 드러냄

22 어휘 한자어의 표기 정답 ③

정답 설명

③ ⓒ 源素(근원 원, 본디 소)(×) → 元素(원소: 으뜸 원, 본디 소)(○): '만물의 근원이 되는, 항상 변하지 않는 구성 요소'를 뜻하는 '원소'는 '元素'로 표기한다.

오답 분석

① ㉠ 原理(원리: 언덕/근원 원, 다스릴 리): 사물의 근본이 되는 이치

② ㉡ 根源(근원: 뿌리 근, 근원 원): 사물이 비롯되는 근본이나 원인

④ ㉣ 原因(원인: 언덕/근원 원, 인할 인): 어떤 사물이나 상태를 변화시키거나 일으키게 하는 근본이 된 일이나 사건

23 비문학 세부 내용 파악 정답 ③

정답 설명

③ 2문단 2~5번째 줄을 통해 철학자들 사이에서뿐만 아니라 신화나 종교에서도 아르케에 대한 설명이 중요하게 다루어졌음을 알 수 있다.

[관련 부분] 세상의 근원인 아르케에 관심을 가지고 있었던 것은 철학자들뿐만이 아니었다. 신화나 종교에서도 아르케에 대한 설명은 매우 중요하게 다루어졌다.

오답 분석

① 1문단 마지막 문장을 통해 알 수 있다.

[관련 부분] 아르케라는 말은 현재 사용하고 있는 영어 단어에도 남아 있는데 무정부 상태를 의미하는 아나키(anarchy)는 아르케가 없는 상태라는 뜻이고, 군주제를 의미하는 모나키(monarchy)는 아르케가 하나라는 뜻이다.

② 1문단 3~5번째 줄을 통해 알 수 있다.

[관련 부분] 아르케라는 말을 처음 사용한 사람은 자연 철학자의 한 사람인 아낙시만더(Anaximander, c.610~c.546 BC)였다.

④ 2문단 첫 번째 문장을 통해 알 수 있다.

[관련 부분] 세상의 아르케를 찾는 것은 세상을 통일적으로 이해하기 위한 첫 번째 단계였다.

24 어법 한글 맞춤법 (맞춤법에 맞는 표기)   정답 ③

정답 설명

③ A의 말에서 '주석'은 '김구'가 가진 지위나 자격을 나타내므로 ㉠에 들어갈 말로 적절한 것은 '으로서'이다. 또한 B의 말에서 '이념'은 애국을 위한 수단임을 나타내므로 ㉡에는 '으로써'가 들어가야 한다.

- 으로서: 1. 지위나 신분 또는 자격을 나타내는 격 조사 2. 어떤 동작이 일어나거나 시작되는 곳을 나타내는 격조사
- 으로써: 1. 어떤 물건의 재료나 원료를 나타내는 격 조사 2. 어떤 일의 수단이나 도구를 나타내는 격 조사 3. 시간을 셈할 때 셈에 넣는 한계를 나타내거나 어떤 일의 기준이 되는 시간임을 나타내는 격 조사 4. 어떤 일의 이유를 나타내는 격 조사

25 문학 인물의 심리 및 태도   정답 ④

정답 설명

④ '아저씨'가 '옥희'에게 '어머니'에 대해 물어보자, '옥희'는 "입때 우리 엄마 못 봤어요?"라고 말하며 엄마를 같이 보러 가자고 한다. 이는 옥희가 어린 아이이므로 '아저씨'가 '어머니'에게 관심이 있다는 사실을 눈치채지 못하고 천진난만하게 반응하는 부분이다.

오답 분석

① '외삼촌'이 있을 때 '아저씨'의 태도가 달라지는 부분을 통해 '아저씨'는 '어머니'에 대한 관심을 들키지 않기 위해 신경 쓰고 있음을 알 수 있다.

② '옥희'가 엄마를 보러 가자고 했을 때 분주하다는 핑계를 대며 거절을 하는 장면을 통해 '아저씨'가 '어머니'에게 자신의 마음을 적극적으로 표현하지 못하고 있음을 알 수 있다.

③ '옥희'는 '아저씨'가 자신에게 말을 거는 것을 쓸데없는 말을 물으며 귀찮게 군다고 표현하고 있다.

이것도 알면 합격!

주요섭, '사랑손님과 어머니'의 시점과 특징

1. 시점: 1인칭 관찰자 시점 (여섯살 난 어린아이 시점)

2. 특징
- 어린아이의 시선으로 어머니와 아저씨의 사랑을 순수하게 묘사함
- 천진난만한 '나'의 행동이 어른들 사이의 심리적 거리감을 조절함
- 등장인물의 행동이나 말을 엉뚱하게 이해하여 독자의 웃음을 유발함
- 서술자가 직접 말해 주지 못한 내용을 상상하는 재미가 있음

제2과목 행정법

01 Ⅰ 통치행위 정답 ②

정답 분석

② 북한측에 송금한 행위 자체는 사법심사의 대상이 된다.

> ⚖ 관련 판례
>
> 남북정상회담의 개최는 고도의 정치적 성격을 지니고 있는 행위라 할 것이므로 특별한 사정이 없는 한 그 당부를 심판하는 것은 사법권의 내재적·본질적 한계를 넘어서는 것이 되어 적절하지 못하지만, 남북정상회담의 개최과정에서 재정경제부장관에게 신고하지 아니하거나 통일부장관의 협력사업 승인을 얻지 아니한 채 북한측에 사업권의 대가 명목으로 송금한 행위 자체는 헌법상 법치국가의 원리와 법 앞에 평등원칙 등에 비추어 볼 때 사법심사의 대상이 된다(대판 2004.3.26. 2003도7878).

선지 분석

① 이 사건 파병결정은 대통령이 … 국가안전보장회의의 자문을 거쳐 결정한 것으로, 그 후 국무회의 심의·의결을 거쳐 국회의 동의를 얻음으로써 헌법과 법률에 따른 절차적 정당성을 확보했음을 알 수 있다. 그렇다면 이 사건 파견결정은 그 성격상 국방 및 외교에 관련된 고도의 정치적 결단을 요하는 문제로서, 헌법과 법률이 정한 절차를 지켜 이루어진 것임이 명백하므로, 대통령과 국회의 판단은 존중되어야 하고 헌법재판소가 사법적 기준만으로 이를 심판하는 것은 자제되어야 한다(헌재 2004.4.29. 2003헌마814).

③④ 대통령의 비상계엄의 선포나 확대 행위는 고도의 정치적·군사적 성격을 지니고 있는 행위라 할 것이므로, 그것이 누구에게도 일견하여 헌법이나 법률에 위반되는 것으로서 명백하게 인정될 수 있는 등 특별한 사정이 있는 경우라면 몰라도, 그러하지 아니한 이상 그 계엄선포의 요건 구비 여부나 선포의 당·부당을 판단할 권한이 사법부에는 없다고 할 것이나, 비상계엄의 선포나 확대가 국헌문란의 목적을 달성하기 위하여 행하여진 경우에는 법원은 그 자체가 범죄행위에 해당하는지의 여부에 관하여 심사할 수 있다(대판 1997.4.17. 96도3376 전합).

02 Ⅰ 법치행정 정답 ④

정답 분석

④ 입법부가 법률로써 행정부에게 특정한 사항을 위임했음에도 불구하고 행정부(대통령)가 이러한 법적 의무를 이행하지 않는다면 이는 위법한 것인 동시에 위헌적인 것이 된다. … 따라서 행정과 사법은 법률에 기속되므로, 국회가 특정한 사항에 대하여 행정부에 위임하였음에도 불구하고 행정부가 정당한 이유 없이 이를 이행하지 않는다면 권력분립의 원칙과 법치국가 내지 법치행정의 원칙에 위배되는 것이다(헌재 2004.2.26. 2001헌마718).

선지 분석

① 주민의 권리 제한 또는 의무 부과에 관한 사항이나 벌칙과 같은 침익적 행정을 조례로 정할 때에는 법률의 위임이 있어야 한다.

> 지방자치법 제28조【조례】지방자치단체는 법령의 범위에서 그 사무에 관하여 조례를 제정할 수 있다. 다만, 주민의 권리 제한 또는 의무 부과에 관한 사항이나 벌칙을 정할 때에는 법률의 위임이 있어야 한다.

② 오늘날 법률유보원칙은 단순히 행정작용이 법률에 근거를 두기만 하면 충분한 것이 아니라, 국가공동체와 그 구성원에게 기본적이고도 중요한 의미를 갖는 영역, 특히 국민의 기본권실현과 관련된 영역에 있어서는 국민의 대표자인 입법자가 그 본질적 사항에 대해서 스스로 결정하여야 한다는 요구까지 내포하고 있다(의회유보원칙)(헌재 1999.5.27. 98헌바70).

③ 행정상 즉시강제는 엄격한 실정법상의 근거를 필요로 할 뿐만 아니라, 그 발동에 있어서는 법규의 범위 안에서도 다시 행정상의 장해가 목전에 급박하고, 다른 수단으로는 행정목적을 달성할 수 없는 경우이어야 하며, 이러한 경우에도 그 행사는 필요 최소한도에 그쳐야 함을 내용으로 하는 조리상의 한계에 기속된다(헌재 2002.10.31. 2000헌가12).

03 Ⅰ 행정법의 일반원칙 정답 ④

정답 분석

④ 헌법재판소는 행정의 자기구속의 법리의 근거를 비례의 원칙이 아니라 평등의 원칙이나 신뢰보호의 원칙에서 찾고 있다.

> ⚖ 관련 판례
>
> 행정규칙이 법령의 규정에 의하여 행정관청에 법령의 구체적 내용을 보충할 권한을 부여한 경우, 또는 재량권행사의 준칙인 규칙이 그 정한 바에 따라 되풀이 시행되어 행정관행이 이룩되게 되면, 평등의 원칙이나 신뢰보호의 원칙에 따라 행정기관은 그 상대방에 대한 관계에서 그 규칙에 따라야 할 자기구속을 당하게 되고, 그러한 경우에는 대외적인 구속력을 가지게 된다 할 것이다(헌재 1990.9.3. 90헌마3).

선지 분석

① 과잉금지의 원칙은 국가작용의 한계를 명시하는 것인데 목적의 정당성, 방법의 적정성, 피해의 최소성, 법익의 균형성[보호하려는 공익이 침해되는 사익보다 더 커야 한다는 것으로서 그래야만 수인(受忍)의 기대가능성이 있다는 것]을 의미하는 것으로서 그 어느 하나에라도 저촉되면 위헌이 된다는 헌법상의 원칙이다(헌재 1989.12.22. 88헌가13).

② 행정기본법 제8조, 제10조에서 명시하고 있다.

> 제8조【법치행정의 원칙】행정작용은 법률에 위반되어서는 아니 되며, 국민의 권리를 제한하거나 의무를 부과하는 경우와 그 밖에 국민생활에 중요한 영향을 미치는 경우에는 법률에 근거하여야 한다.
>
> 제10조【비례의 원칙】행정작용은 다음 각 호의 원칙에 따라야 한다.
> 1. 행정목적을 달성하는 데 유효하고 적절할 것
> 2. 행정목적을 달성하는 데 필요한 최소한도에 그칠 것
> 3. 행정작용으로 인한 국민의 이익 침해가 그 행정작용이 의도하는 공익보다 크지 아니할 것

③ 공무원에 대한 징계권의 행사가 임용권자의 재량에 맡겨져 있다 하더라도 징계사유로 삼은 비행의 정도에 비하여 균형을 잃은 과중한 징계처분을 선택함으로써 비례의 원칙에 반하거나 같은 정도의 비행에 대하여 합리적인 이유 없이 일반적으로 적용하여 온 기준과 어긋나게 공평을 잃은 징계처분을 선택함으로써 평등의 원칙에 반한 경우에는 그러한 징계처분은 재량권의 한계를 벗어난 것이 된다(대판 2007.5.11. 2006두19211).

---

04 Ⅰ 신고와 수리 정답 ②

정답 분석

옳은 것은 ㄱ, ㄴ이다.

ㄱ. 건축주 등은 신고제하에서도 건축신고가 반려될 경우 당해 건축물의 건축을 개시하면 시정명령, 이행강제금, 벌금의 대상이 되거나 당해 건축물을 사용하여 행할 행위의 허가가 거부될 우려가 있어 불안정한 지위에 놓이게 된다. 따라서 건축신고 반려행위가 이루어진 단계에서 당사자로 하여금 반려행위의 적법성을 다투어 그 법적 불안을 해소한 다음 건축행위에 나아가도록 함으로써 장차 있을지도 모르는 위험에서 미리 벗어날 수 있도록 길을 열어 주고, 위법한 건축물의 양산과 그 철거를 둘러싼 분쟁을 조기에 근본적으로 해결할 수 있게 하는 것이 법치행정의 원리에 부합한다. 그러므로 건축신고 반려행위는 항고소송의 대상이 된다고 보는 것이 옳다(대판 2010.11.18. 2008두167 전합).

이것도 알면 합격!

자기완결적 신고와 행위요건적 신고

구분	자기완결적 신고	행위요건적 신고
내용	• 해당 행위 자체만으로 법적 효과 발생 • 본래적 의미의 신고	• 행정주체의 공법행위의 요건에 불과 • 완화된 허가제의 성질
효력발생	신고서가 도달한 때	행정기관이 수리한 때
수리여부	수리를 요하지 않는 신고	수리를 요하는 신고
수리거부	처분성×(단, 예외 있음)	처분성○
신고필증	단순한 사실적 의미	법적 의미
행정절차법	명문규정○	명문규정×

ㄴ. 행정절차법 제40조 제3항에 대한 옳은 내용이다.

> 제40조 【신고】 ③ 행정청은 제2항 각 호의 요건을 갖추지 못한 신고서가 제출된 경우에는 지체 없이 상당한 기간을 정하여 신고인에게 보완을 요구하여야 한다.

선지 분석

ㄷ. 구 평생교육법 제22조 제1항·제2항·제3항, 구 평생교육법 시행령 제27조 제1항·제2항·제3항에 의하면, 정보통신매체를 이용하여 학습비를 받지 아니하고 원격평생교육을 실시하고자 하는 경우에는 누구든지 아무런 신고 없이 자유롭게 이를 할 수 있고, … 행정청으로서는 신고서 기재사항에 흠결이 없고 정해진 서류가 구비된 때에는 이를 수리하여야 하고, 이러한 형식적 요건을 모두 갖추었음에도 신고대상이 된 교육이나 학습이 공익적 기준에 적합하지 않는다는 등 실체적 사유를 들어 신고 수리를 거부할 수는 없다(대판 2011.7.28. 2005두11784).

ㄹ. 납골당설치 신고는 이른바 '수리를 요하는 신고'라 할 것이므로, 납골당설치 신고가 구 장사법 관련 규정의 모든 요건에 맞는 신고라 하더라도 신고인은 곧바로 납골당을 설치할 수는 없고, 이에 대한 행정청의 수리처분이 있어야만 신고한 대로 납골당을 설치할 수 있다(대판 2011.9.8. 2009두6766).

---

05 Ⅱ 법규명령 정답 ①

정답 분석

① 사후에 위임의 근거가 부여되면 그때부터 유효한 법규명령이 된다.

관련 판례

> 일반적으로 법률의 위임에 의하여 효력을 갖는 법규명령의 경우, 구법에 위임의 근거가 없어 무효였더라도 사후에 법개정으로 위임의 근거가 부여되면 그때부터는 유효한 법규명령이 되나, 반대로 구법의 위임에 의한 유효한 법규명령이 법개정으로 위임의 근거가 없어지게 되면 그때부터 무효인 법규명령이 되므로, 어떤 법령의 위임 근거 유무에 따른 유효 여부를 심사하려면 법개정의 전·후에 걸쳐 모두 심사하여야만 그 법규명령의 시기에 따른 유효·무효를 판단할 수 있다(대판 1995.6.30. 93추83).

선지 분석

② 어느 시행령이나 조례의 규정이 모법에 저촉되는지가 명백하지 않는 경우에는 모법과 시행령 또는 조례의 다른 규정들과 그 입법 취지, 연혁 등을 종합적으로 살펴 모법에 합치된다는 해석도 가능한 경우라면 그 규정을 모법 위반으로 무효라고 선언해서는 안 된다(대판 2014.1.16. 2011두6264).

③ 헌법 제40조와 헌법 제75조·제95조의 의미를 살펴보면, 국회입법에 의한 수권이 입법기관이 아닌 행정기관에게 법률 등으로 구체적인 범위를 정하여 위임한 사항에 관하여는 당해 행정기관에게 법정립의 권한을 갖게 되고, 입법자가 규율의 형식도 선택할 수도 있다 할 것이므로, 헌법이 인정하고 있는 위임입법의 형식은 예시적인 것으로 보아야 할 것이고, 그것은 법률이 행정규칙에 위임하더라도 그 행정규칙은 위임된 사항만을 규율할 수 있으므로, 국회입법의 원칙과 상치되지도 않는다(헌재 2004.10.28. 99헌바91).

④ 행정규칙은 법규명령과 같은 엄격한 제정 및 개정절차를 요하지 아니하므로, 재산권 등과 같은 기본권을 제한하는 작용을 하는 법률이 입법위임을 할 때에는 "대통령령", "총리령", "부령" 등 법규명령에 위임함이 바람직하고, 금융감독위원회의 고시와 같은 형식으로 입법위임을 할 때에는 적어도 행정규제기본법 제4조 제2항 단서에서 정한 바와 같이 법령이 전문적·기술적 사항이나 경미한 사항으로서 업무의 성질상 위임이 불가피한 사항에 한정된다 할 것이고, 그러한 사항이라 하더라도 포괄위임금지의 원칙상 법률의 위임은 반드시 구체적·개별적으로 한정된 사항에 대하여 행하여져야 한다(헌재 2004.10.28. 99헌바91).

06 Ⅱ 인·허가의제 제도 　　　　정답 ③

정답 분석

③ 건축신고는 일반적인 건축신고와 인·허가의제 효과를 수반하는 건축신고로 구분되며, 인·허가의제 효과를 수반하는 건축신고는 이른바 '수리를 요하는 신고'로 보고 있다.

> **관련 판례**
>
> 인·허가의제 효과를 수반하는 건축신고는 일반적인 건축신고와는 달리, 특별한 사정이 없는 한 행정청이 그 실체적 요건에 관한 심사를 한 후 수리하여야 하는 이른바 '수리를 요하는 신고'로 보는 것이 옳다(대판 2011.1.20. 2010두14954 전합).

선지 분석

① 구 주택법 제17조 제1항에 의하면, 주택건설사업계획 승인권자가 관계 행정기관의 장과 미리 협의한 사항에 한하여 승인처분을 할 때에 인·허가 등이 의제될 뿐이고, 각호에 열거된 모든 인·허가 등에 관하여 일괄하여 사전협의를 거칠 것을 승인처분의 요건으로 하고 있지는 않다. 따라서 인·허가의제 대상이 되는 처분의 공시방법에 관한 하자가 있더라도, 그로써 해당 인·허가 등 의제의 효과가 발생하지 않을 여지가 있게 될 뿐이고, 그러한 사정이 주택건설사업계획 승인처분 자체의 위법사유가 될 수는 없다(대판 2017.9.12. 2017두45131).

② 건축법에서 인·허가의제 제도를 둔 취지는, 인·허가의제 사항과 관련하여 건축허가 또는 건축신고의 관할 행정청으로 그 창구를 단일화하고 절차를 간소화하며 비용과 시간을 절감함으로써 국민의 권익을 보호하려는 것이다(대판 2011.1.20. 2010두14954 전합).

④ 의제된 인·허가는 통상적인 인·허가와 동일한 효력을 가지므로, 적어도 '부분 인·허가의제'가 허용되는 경우에는 그 효력을 제거하기 위한 법적 수단으로 의제된 인·허가의 취소나 철회가 허용될 수 있고, 이러한 직권 취소·철회가 가능한 이상 그 의제된 인·허가에 대한 쟁송취소 역시 허용된다(대판 2018.11.29. 2016두38792).

07 Ⅱ 행정행위의 효력 　　　　정답 ②

정답 분석

② 해설에 다툼의 여지가 있는 때에는 과세관청이 이를 잘못 해석하여 과세처분을 하였더라도 그 하자가 명백하다고 할 수 없다.

> **관련 판례**
>
> 어느 법률관계나 사실관계에 대하여 어느 법령의 규정을 적용하여 과세처분을 한 경우에 그 법률관계나 사실관계에 대하여는 그 법령의 규정을 적용할 수 없다는 법리가 명백히 밝혀져서 해석에 다툼의 여지가 없음에도 과세관청이 그 법령의 규정을 적용하여 과세처분을 하였다면 그 하자는 중대하고도 명백하다고 할 것이나, 그 법률관계나 사실관계에 대하여 그 법령의 규정을 적용할 수 없다는 법리가 명백히 밝혀지지 아니하여 해석에 다툼의 여지가 있는 때에는 과세관청이 이를 잘못 해석하여 과세처분을 하였더라도 이는 과세요건사실을 오인한 것에 불과하여 그 하자가 명백하다고 할 수 없다(대판 2018.7.19. 2017다242409 전합).

선지 분석

① 국세기본법 및 국세기본법 시행령이 과세전적부심사를 거치지 않고 곧바로 과세처분을 할 수 있거나 과세전적부심사에 대한 결정이 있기 전이라도 과세처분을 할 수 있는 예외사유로 정하고 있다는 등의 특별한 사정이 없는 한, 과세예고 통지 후 과세전적부심사 청구나 그에 대한 결정이 있기도 전에 과세처분을 하는 것은 원칙적으로 과세전적부심사 이후에 이루어져야 하는 과세처분을 그보다 앞서 함으로써 과세전적부심사 제도 자체를 형해화시킬 뿐만 아니라 과세전적부심사 결정과 과세처분 사이의 관계 및 불복절차를 불분명하게 할 우려가 있으므로, 그와 같은 과세처분은 납세자의 절차적 권리를 침해하는 것으로서 절차상 하자가 중대하고도 명백하여 무효이다(대판 2016.12.27. 2016두49228).

③ 취소 확정판결의 기속력은 판결의 주문 및 전제가 되는 처분 등의 구체적 위법사유에 관한 판단에도 미치나, 종전 처분이 판결에 의하여 취소되었더라도 종전 처분과 다른 사유를 들어서 새로이 처분을 하는 것은 기속력에 저촉되지 않는다. … 또한 행정처분의 위법 여부는 행정처분이 행하여진 때의 법령과 사실을 기준으로 판단하므로, 확정판결의 당사자인 처분 행정청은 종전 처분 후에 발생한 새로운 사유를 내세워 다시 처분을 할 수 있고, 새로운 처분의 처분사유가 종전 처분의 처분사유와 기본적 사실관계에서 동일하지 않은 다른 사유에 해당하는 이상, 처분사유가 종전 처분 당시 이미 존재하고 있었고 당사자가 이를 알고 있었더라도 이를 내세워 새로이 처분을 하는 것은 확정판결의 기속력에 저촉되지 않는다(대판 2016.3.24. 2015두48235).

④ 위법한 행정대집행이 완료되면 그 처분의 무효확인 또는 취소를 구할 소의 이익은 없다 하더라도, 미리 그 행정처분의 취소판결이 있어야만, 그 행정처분의 위법임을 이유로 한 손해배상 청구를 할 수 있는 것은 아니다(대판 1972.4.28. 72다337).

08 Ⅱ 행정계획 　　　　정답 ①

정답 분석

① 도시관리계획구역 내 토지 등을 소유하고 있는 주민으로서 이 사건 납골시설에 관한 도시관리계획의 입안을 요구할 수 있는 법규상 또는 조리상의 신청권이 있다고 할 것이어서, 이러한 원고의 입안제안을 반려한 피고의 이 사건 처분은 항고소송의 대상이 되는 행정처분에 해당한다(대판 2010.7.22. 2010두5745).

선지 분석

② 도시기본계획은 도시의 기본적인 공간구조와 장기발전방향을 제시하는 종합계획으로서 그 계획에는 토지이용계획, 환경계획, 공원녹지계획 등 장래의 도시개발의 일반적인 방향이 제시되지만, 그 계획은 도시계획입안의 지침이 되는 것에 불과하여 일반 국민에 대한 직접적인 구속력은 없는 것이다(대판 2002.10.11. 2000두8226).

> **관련 판례**
>
> 도시계획법 제12조 소정의 고시된 도시계획결정(현 도시관리계획)은 특정 개인의 권리 내지 법률상의 이익을 개별적이고 구체적으로 규제하는 효과를 가져오게 하는 행정청의 처분이라 할 것이고, 이는 행정소송의 대상이 된다(대판 1982.3.9. 80누105).

③ 도시계획법 등 관계 법령에는 추상적인 행정목표와 절차만이 규정되어 있을 뿐 행정계획의 내용에 대하여는 별다른 규정을 두고 있지 아니하므로 행정주체는 구체적인 행정계획을 입안·결정함에 있어서 비교적 광범위한 형성의 자유를 가진다(대판 2000.3.23. 98두2768).

④ 장래 일정한 기간 내에 관계 법령이 규정하는 시설 등을 갖추어 일정한 행정처분을 구하는 신청을 할 수 있는 법률상 지위에 있는 자의 국토이용계획변경신청을 거부하는 것이 실질적으로 당해 행정처분 자체를 거부하는 결과가 되는 경우에는 예외적으로 그 신청인에게 국토이용계획변경을 신청할 권리가 인정된다고 봄이 상당하므로, 이러한 신청에 대한 거부행위는 항고소송의 대상이 되는 행정처분에 해당한다(대판 2003.9.23. 2001두10936).

09 Ⅲ 행정절차법   정답 ②

정답 분석

행정절차법의 적용이 배제되는 사항에 해당하는 것은 ㄱ, ㄷ, ㄹ이다.

ㄱ. 행정절차법 제3조 제2항 제5호에 대한 옳은 내용이다.

> 제3조【적용 범위】② 이 법은 다음 각 호의 어느 하나에 해당하는 사항에 대하여는 적용하지 아니한다.
> 5. 감사원이 감사위원회의의 결정을 거쳐 행하는 사항

ㄷ. 행정절차법 제3조 제2항 제1호에 대한 옳은 내용이다.

> 제3조【적용 범위】② 이 법은 다음 각 호의 어느 하나에 해당하는 사항에 대하여는 적용하지 아니한다.
> 1. 국회 또는 지방의회의 의결을 거치거나 동의 또는 승인을 받아 행하는 사항

ㄹ. 행정절차법 제3조 제2항 제9호, 동법 시행령 제2조 제1호에 대한 옳은 내용이다.

> 제3조【적용 범위】② 이 법은 다음 각 호의 어느 하나에 해당하는 사항에 대하여는 적용하지 아니한다.
> 9. 병역법에 따른 징집·소집, 외국인의 출입국·난민인정·귀화, 공무원 인사 관계 법령에 따른 징계와 그 밖의 처분, 이해 조정을 목적으로 하는 법령에 따른 알선·조정·중재(仲裁)·재정(裁定) 또는 그 밖의 처분 등 해당 행정작용의 성질상 행정절차를 거치기 곤란하거나 거칠 필요가 없다고 인정되는 사항과 행정절차에 준하는 절차를 거친 사항으로서 대통령령으로 정하는 사항
>
> 시행령 제2조【적용제외】법 제3조 제2항 제9호에서 "대통령령으로 정하는 사항"이라 함은 다음 각 호의 어느 하나에 해당하는 사항을 말한다.
> 1. 병역법, 예비군법, 민방위기본법, 비상대비자원 관리법, 대체역의 편입 및 복무 등에 관한 법률에 따른 징집·소집·동원·훈련에 관한 사항

선지 분석

ㄴ. 행정상 입법예고에 대하여는 행정절차법이 적용된다.

> 행정절차법 제3조【적용 범위】① 처분, 신고, 확약, 위반사실 등의 공표, 행정계획, 행정상 입법예고, 행정예고 및 행정지도의 절차(이하 "행정절차"라 한다)에 관하여 다른 법률에 특별한 규정이 있는 경우를 제외하고는 이 법에서 정하는 바에 따른다.

ㅁ. '다수의 행정청이 관여하는 처분'에 관한 사항은 행정절차법이 적용된다.

> 행정절차법 제18조【다수의 행정청이 관여하는 처분】행정청은 다수의 행정청이 관여하는 처분을 구하는 신청을 접수한 경우에는 관계 행정청과의 신속한 협조를 통하여 그 처분이 지연되지 아니하도록 하여야 한다.

ㅂ. 처분은 행정절차법의 적용을 받으며, 행정절차법상 의견제출에 대한 사항도 규정하고 있다.

> 행정절차법 제3조【적용 범위】① 처분, 신고, 확약, 위반사실 등의 공표, 행정계획, 행정상 입법예고, 행정예고 및 행정지도의 절차(이하 "행정절차"라 한다)에 관하여 다른 법률에 특별한 규정이 있는 경우를 제외하고는 이 법에서 정하는 바에 따른다.
>
> 제27조【의견제출】① 당사자 등은 처분 전에 그 처분의 관할 행정청에 서면이나 말로 또는 정보통신망을 이용하여 의견제출을 할 수 있다.

10 Ⅲ 개인정보 보호법   정답 ②

정답 분석

② 개인정보처리자가 정보주체의 동의를 받은 경우에는 그 개인정보를 목적 외의 용도로 이용하거나 이를 제3자에게 제공할 수 있다.

> 개인정보 보호법 제18조【개인정보의 목적 외 이용·제공 제한】② 제1항에도 불구하고 개인정보처리자는 다음 각 호의 어느 하나에 해당하는 경우에는 정보주체 또는 제3자의 이익을 부당하게 침해할 우려가 있을 때를 제외하고는 개인정보를 목적 외의 용도로 이용하거나 이를 제3자에게 제공할 수 있다. 다만, 제5호부터 제9호까지에 따른 경우는 공공기관의 경우로 한정한다.
> 1. 정보주체로부터 별도의 동의를 받은 경우

선지 분석

① 개인정보 보호법 제51조에 대한 옳은 내용이다.

> 제51조【단체소송의 대상 등】다음 각 호의 어느 하나에 해당하는 단체는 개인정보처리자가 제49조에 따른 집단분쟁조정을 거부하거나 집단분쟁조정의 결과를 수락하지 아니한 경우에는 법원에 권리침해 행위의 금지·중지를 구하는 소송(이하 "단체소송"이라 한다)을 제기할 수 있다.

③ 개인정보 보호법 제2조 제1호에 대한 옳은 내용이다.

> 제2조 【정의】 이 법에서 사용하는 용어의 뜻은 다음과 같다.
> 1. "개인정보"란 살아 있는 개인에 관한 정보로서 다음 각 목의 어느 하나에 해당하는 정보를 말한다.
>   가. 성명, 주민등록번호 및 영상 등을 통하여 개인을 알아볼 수 있는 정보
>   나. 해당 정보만으로는 특정 개인을 알아볼 수 없더라도 다른 정보와 쉽게 결합하여 알아볼 수 있는 정보. 이 경우 쉽게 결합할 수 있는지 여부는 다른 정보의 입수 가능성 등 개인을 알아보는 데 소요되는 시간, 비용, 기술 등을 합리적으로 고려하여야 한다.
>   다. 가목 또는 나목을 제1호의2에 따라 가명처리함으로써 원래의 상태로 복원하기 위한 추가 정보의 사용·결합 없이는 특정 개인을 알아볼 수 없는 정보(이하 "가명정보"라 한다)

④ 개인정보 보호법 제35조 제1항·제2항에 대한 옳은 내용이다.

> 제35조 【개인정보의 열람】 ① 정보주체는 개인정보처리자가 처리하는 자신의 개인정보에 대한 열람을 해당 개인정보처리자에게 요구할 수 있다.
> ② 제1항에도 불구하고 정보주체가 자신의 개인정보에 대한 열람을 공공기관에 요구하고자 할 때에는 공공기관에 직접 열람을 요구하거나 대통령령으로 정하는 바에 따라 보호위원회를 통하여 열람을 요구할 수 있다.

---

11 Ⅳ 행정의 실효성 확보수단 정답 ①

정답 분석

① 건축법 제78조에 의한 무허가 건축행위에 대한 형사처벌과 건축법 제83조 제1항에 의한 시정명령 위반에 대한 이행강제금의 부과는 그 처벌 내지 제재대상이 되는 기본적 사실관계로서의 행위를 달리하며, 또한 그 보호법익과 목적에서도 차이가 있으므로 헌법 제13조 제1항이 금지하는 이중처벌에 해당한다고 할 수 없다(헌재 2004.2.26. 2001헌바80).

선지 분석

② 전통적으로 행정대집행은 대체적 작위의무에 대한 강제집행수단으로, 이행강제금은 부작위의무나 비대체적 작위의무에 대한 강제집행수단으로 이해되어 왔으나, 이는 이행강제금제도의 본질에서 오는 제약은 아니며, 이행강제금은 대체적 작위의무의 위반에 대하여도 부과될 수 있다(헌재 2004.2.26. 2001헌바80).

③ 현행 건축법상 위법건축물에 대한 이행강제수단으로 대집행과 이행강제금(제83조 제1항)이 인정되고 있는데, 양 제도는 각각의 장·단점이 있으므로 행정청은 개별사건에 있어서 위반내용, 위반자의 시정의지 등을 감안하여 대집행과 이행강제금을 선택적으로 활용할 수 있으며, 이처럼 그 합리적인 재량에 의해 선택하여 활용하는 이상 중첩적인 제재에 해당한다고 볼 수 없다(헌재 2004.2.26. 2001헌바80).

---

④ 건축법 제80조 제3항에 대한 옳은 내용이다.

> 제80조 【이행강제금】 ③ 허가권자는 제1항 및 제2항에 따른 이행강제금을 부과하기 전에 제1항 및 제2항에 따른 이행강제금을 부과·징수한다는 뜻을 미리 문서로써 계고하여야 한다.

---

12 Ⅳ 행정조사 정답 ④

정답 분석

④ 행정조사기본법상 행정조사는 법령 등에서 행정조사를 규정하고 있는 경우에 한하여 가능하다. 그러므로 개별법에서 행정조사를 규율하고 있지 않다면 행정조사기본법을 근거로 행정조사를 실시할 수는 없다.

> 행정조사기본법 제5조 【행정조사의 근거】 행정기관은 법령 등에서 행정조사를 규정하고 있는 경우에 한하여 행정조사를 실시할 수 있다. 다만, 조사대상자의 자발적인 협조를 얻어 실시하는 행정조사의 경우에는 그러하지 아니하다.

선지 분석

① 납세자에 대한 부가가치세부과처분이, 종전의 부가가치세 경정조사와 같은 세목 및 같은 과세기간에 대하여 중복하여 실시된 위법한 세무조사에 기초하여 이루어진 것이어서 위법하다(대판 2006.6.2. 2004두12070).

② 공적 인물에 대하여는 사생활의 비밀과 자유가 일정한 범위 내에서 제한되어 그 사생활의 공개가 면책되는 경우도 있을 수 있으나, 이는 공적 인물은 통상인에 비하여 일반 국민의 알 권리의 대상이 되고 그 공개가 공공의 이익이 된다는 데 근거한 것이므로, 일반 국민의 알 권리와는 무관하게 국가기관이 평소의 동향을 감시할 목적으로 개인의 정보를 비밀리에 수집한 경우에는 그 대상자가 공적 인물이라는 이유만으로 면책될 수 없다(대판 1998.7.24. 96다42789).

③ 부과처분을 위한 과세관청의 질문조사권이 행해지는 세무조사결정이 있는 경우 납세의무자는 세무공무원의 과세자료 수집을 위한 질문에 대답하고 검사를 수인하여야 할 법적 의무를 부담하게 되는 점 등을 종합하면, 세무조사결정은 납세의무자의 권리·의무에 직접 영향을 미치는 공권력의 행사에 따른 행정작용으로서 항고소송의 대상이 된다(대판 2011.3.10. 2009두23617).

---

13 Ⅴ 국가배상 정답 ③

정답 분석

③ 국가배상법 제2조 제1항 단서 중 군인에 관련되는 부분을, 일반국민이 직무집행 중인 군인과의 공동불법행위로 직무집행 중인 다른 군인에게 공상을 입혀 그 피해자에게 공동의 불법행위로 인한 손해를 배상한 다음 공동불법행위자인 군인의 부담부분에 관하여 국가에 대하여 구상권을 행사하는 것을 허용하지 않는다고 해석한다면, 이는 위 단서 규정의 헌법상 근거규정인 헌법 제29조가 구상권의 행사를 배제하지 아니하는데도 이를 배제하는 것으로 해석하는 것으로서 합리적인 이유 없이 일반국민을 국가에 대하여 지나치게 차별하는 경우에 해당하

므로 헌법 제11조, 제29조에 위반되며, 또한 국가에 대한 구상권은 헌법 제23조 제1항에 의하여 보장되는 재산권이고 위와 같은 해석은 그러한 재산권의 제한에 해당하며 재산권의 제한은 헌법 제37조 제2항에 의한 기본권제한의 한계 내에서만 가능한데, 위와 같은 해석은 헌법 제37조 제2항에 의하여 기본권을 제한할 때 요구되는 비례의 원칙에 위배하여 일반국민의 재산권을 과잉제한하는 경우에 해당하여 헌법 제23조 제1항 및 제37조 제2항에도 위반된다(헌재 1994.12.29. 93헌바21).

① 울산세관의 통관지원과에서 인사업무를 담당하면서 울산세관 공무원들의 공무원증 및 재직증명서 발급업무를 하는 공무원이 울산세관의 다른 공무원의 공무원증 등을 위조하는 행위는 비록 그것이 실질적으로는 직무행위에 속하지 아니한다 할지라도 적어도 외관상으로는 공무원증과 재직증명서를 발급하는 행위로서 직무집행으로 보여지므로 결국 소외인의 공무원증 등 위조행위는 국가배상법 제2조 제1항 소정의 공무원이 직무를 집행함에 당하여 한 행위로 인정된다(대판 2005.1.14. 2004다26805).

② 어떠한 행정처분이 후에 항고소송에서 취소되었다고 할지라도 그 기판력에 의하여 당해 행정처분이 곧바로 공무원의 고의 또는 과실로 인한 것으로서 불법행위를 구성한다고 단정할 수는 없는 것이고, 그 행정처분의 담당공무원이 보통 일반의 공무원을 표준으로 하여 볼 때 객관적 주의의무를 결하여 그 행정처분이 객관적 정당성을 상실하였다고 인정될 정도에 이른 경우에 비로소 국가배상법 제2조 소정의 국가배상책임의 요건을 충족하였다고 봄이 상당하다(대판 2003.11.27. 2001다33789).

④ 배상신청을 하지 않아도 국가배상법상 손해배상의 소송을 제기할 수 있다.

> 국가배상법 제9조 【소송과 배상신청의 관계】 이 법에 따른 손해배상의 소송은 배상심의회(이하 "심의회"라 한다)에 배상신청을 하지 아니하고도 제기할 수 있다.

---

14 Ⅴ 행정상 손실보상 정답 ①

옳은 것은 ㄱ, ㄴ이다.

ㄱ. 헌법 제23조 제3항은 정당한 보상을 전제로 하여 재산권의 수용 등에 관한 가능성을 규정하고 있지만, 재산권 수용의 주체를 한정하지 않고 있다. … 그렇다면 민간기업을 수용의 주체로 규정한 자체를 두고 위헌이라고 할 수 없으며, 나아가 이 사건 수용조항을 통해 민간기업에게 사업시행에 필요한 토지를 수용할 수 있도록 규정할 필요가 있다는 입법자의 인식에도 합리적인 이유가 있다 할 것이다(헌재 2009.9.24. 2007헌바114).

ㄴ. 손실보상은 공공필요에 의한 행정작용에 의하여 사인에게 발생한 특별한 희생에 대한 전보라는 점에서 그 사인에게 특별한 희생이 발생하여야 하는 것은 당연히 요구되는 것이고, 공유수면 매립면허의 고시가 있다고 하여 반드시 그 사업이 시행되고 그로 인하여 손실이 발생한다고 할 수 없으므로, 매립면허 고시 이후 매립공사가 실행되어 관행어업권자에게 실질적이고 현실적인 피해가 발생한 경우에만 공유수면매립법에서 정하는 손실보상청구권이 발생하였다고 할 것이다(대판 2010.12.9. 2007두6571).

ㄷ. 공공사업시행지구 밖에 위치한 영업과 공작물 등에 대한 간접손실에 대하여도 일정한 조건하에서 이를 보상하도록 규정하고 있는 점에 비추어, 공공사업의 시행으로 인하여 그러한 손실이 발생하리라는 것을 쉽게 예견할 수 있고 그 손실의 범위도 구체적으로 이를 특정할 수 있는 경우라면 그 손실의 보상에 관하여 공공용지의 취득 및 손실보상에 관한 특례법 시행규칙의 관련 규정 등을 유추적용할 수 있다고 해석함이 상당하다(대판 1999.10.8. 99다27231).

ㄹ. 이주대책은 헌법 제23조 제3항에 규정된 정당한 보상에 포함되는 것이라기보다는 이에 부가하여 이주자들에게 종전의 생활상태를 회복시키기 위한 생활보상의 일환으로서 국가의 정책적인 배려에 의하여 마련된 제도라고 볼 것이다. 따라서 이주대책의 실시 여부는 입법자의 입법정책적 재량의 영역에 속하므로 공익사업을 위한 토지 등의 취득 및 보상에 관한 법률 시행령 제40조 제3항 제3호가 이주대책의 대상자에서 세입자를 제외하고 있는 것이 세입자의 재산권을 침해하는 것이라 볼 수 없다(헌재 2006.2.23. 2004헌마19).

---

15 Ⅵ 행정심판 정답 ①

① 부작위에 대한 의무이행심판에는 청구기간의 제한이 없지만, 거부처분에 대한 의무이행심판에는 청구기간의 제한이 있다.

> 행정심판법 제27조 【심판청구의 기간】 ① 행정심판은 처분이 있음을 알게 된 날부터 90일 이내에 청구하여야 한다.
> ⑦ 제1항부터 제6항까지의 규정은 무효등확인심판청구와 부작위에 대한 의무이행심판청구에는 적용하지 아니한다.

② 행정심판법 제3조 제2항에 대한 옳은 내용이다.

> 제3조 【행정심판의 대상】 ② 대통령의 처분 또는 부작위에 대하여는 다른 법률에서 행정심판을 청구할 수 있도록 정한 경우 외에는 행정심판을 청구할 수 없다.

③ 행정심판은 위법한 처분·부작위뿐만 아니라 부당한 처분·부작위도 심판대상이 되는 점에서 행정소송에 비하여 구제범위가 넓다.

> 행정심판법 제5조 【행정심판의 종류】 행정심판의 종류는 다음 각 호와 같다.
> 1. 취소심판: 행정청의 위법 또는 부당한 처분을 취소하거나 변경하는 행정심판
> 2. 무효등확인심판: 행정청의 처분의 효력 유무 또는 존재 여부를 확인하는 행정심판
> 3. 의무이행심판: 당사자의 신청에 대한 행정청의 위법 또는 부당한 거부처분이나 부작위에 대하여 일정한 처분을 하도록 하는 행정심판

④ 통상 고시 또는 공고에 의하여 행정처분을 하는 경우에는 그 처분의 상대방이 불특정 다수인이고, 그 처분의 효력이 불특정 다수인에게 일률적으로 적용되는 것이므로, 그 행정처분에 이해관계를 갖는 자는 고시 또는 공고가 있었다는 사실을 현실적으로 알았는지 여부에 관계 없이 고시가 효력을 발생하는 날에 행정처분이 있음을 알았다고 보아

야 하고, 따라서 그에 대한 취소소송은 그 날로부터 90일 이내에 제기하여야 한다(대판 2006.4.14. 2004두3847).

16   Ⅱ 행정행위   정답 ②

정답 분석

② 규제지역 내에서도 토지거래의 자유가 인정되나, 다만 위 허가를 허가 전의 유동적 무효 상태에 있는 법률행위의 효력을 완성시켜 주는 인가적 성질을 띤 것이라고 보는 것이 타당하다(대판 1991.12.24. 90다12243 전합).

선지 분석

① 허가 등의 행정처분은 원칙적으로 처분시의 법령과 허가기준에 의하여 처리되어야 하고 허가신청 당시의 기준에 따라야 하는 것은 아니며, 비록 허가신청 후 허가기준이 변경되었다 하더라도 그 허가관청이 허가신청을 수리하고도 정당한 이유 없이 그 처리를 늦추어 그 사이에 허가기준이 변경된 것이 아닌 이상 변경된 허가기준에 따라서 처분을 하여야 한다(대판 1996.8.20. 95누10877).

③ 도시재개발법 제34조에 의한 행정청의 인가는 주택개량재개발조합의 관리처분계획에 대한 법률상의 효력을 완성시키는 보충행위이다(대판 2001.12.11. 2001두7541).

④ 행정청이 상대방에게 장차 어떤 처분을 하겠다고 확약 또는 공적인 의사표명을 하였다고 하더라도, 그 자체에서 상대방으로 하여금 언제까지 처분의 발령을 신청하도록 유효기간을 두었는데도 그 기간 내에 상대방의 신청이 없었다거나 확약 또는 공적인 의사표명이 있은 후에 사실적·법률적 상태가 변경되었다면, 그와 같은 확약 또는 공적인 의사표명은 행정청의 별다른 의사표시를 기다리지 않고 실효된다(대판 1996.8.20. 95누10877).

17   Ⅵ 행정소송   정답 ③

정답 분석

③ 소음배출시설을 가동할 수 없는 상태라면 처분이 위법하다는 점에 대한 판결을 받아 손해배상청구소송에서 원용할 수 있다 하더라도 처분의 취소를 구할 법률상 이익이 없다.

> #### 관련 판례
>
> 소음·진동배출시설에 대한 설치허가가 취소된 후 그 배출시설이 어떠한 경위로든 철거되어 다시 복구 등을 통하여 배출시설을 가동할 수 없는 상태라면 이는 배출시설 설치허가의 대상이 되지 아니하므로 외형상 설치허가취소행위가 잔존하고 있다고 하여도 특단의 사정이 없는 한 이제 와서 굳이 위 처분의 취소를 구할 법률상의 이익이 없다. … 설령 원고가 이 사건 처분이 위법하다는 점에 대한 판결을 받아 피고에 대한 손해배상청구소송에서 이를 원용할 수 있다거나 위 배출시설을 다른 지역으로 이전하는 경우 행정상의 편의를 제공받을 수 있는 이익이 있다 하더라도, 그러한 이익은 사실적·경제적 이익에 불과하여 이 사건 처분의 취소를 구할 법률상 이익에 해당하지 않는다고 판단하였다(대판 2002.1.11. 2000두2457).

이것도 알면 합격!

법률상 이익과 반사적 이익의 구분

구분	법률상 이익(공권)	반사적 이익
의의	행정상 법률관계에서 개인이 행정주체에게 자신의 이익을 위하여 작위·부작위·수인·급부 등의 특정한 행위를 요구할 수 있는 법률상의 힘	행정법규가 공익목적을 위하여 국가나 개인의 작위·부작위 등을 규정하고 있는 결과, 그 반사적 효과로서 국민이 사실상 받는 이익
성질	법에 의하여 보호되는 이익	법의 보호를 받지 못하는 이익
권리구제	• 소의 제기 인정 • 원고적격 인정 • 손해전보 인정	• 소의 제기 부정 • 원고적격 부정 • 손해전보 부정

선지 분석

① 행정청이 재결에 따라 이전의 신청을 받아들이는 후속처분을 하였더라도 후속처분이 위법한 경우에는 재결에 대한 취소소송을 제기하지 않고도 곧바로 후속처분에 대한 항고소송을 제기하여 다툴 수 있다. 나아가 거부처분을 취소하는 재결이 있더라도 그에 따른 후속처분이 있기까지는 제3자의 권리나 이익에 변동이 있다고 볼 수 없고 후속처분 시에 비로소 제3자의 권리나 이익에 변동이 발생하며, 재결에 대한 항고소송을 제기하여 재결을 취소하는 판결이 확정되더라도 그와 별도로 후속처분이 취소되지 않는 이상 후속처분으로 인한 제3자의 권리나 이익에 대한 침해 상태는 여전히 유지된다. 이러한 점들을 종합하면, 거부처분이 재결에서 취소된 경우 재결에 따른 후속처분이 아니라 그 재결의 취소를 구하는 것은 실효적이고 직접적인 권리구제수단이 될 수 없어 분쟁해결의 유효적절한 수단이라고 할 수 없으므로 법률상 이익이 없다(대판 2017.10.31. 2015두45045).

② 행정처분의 근거 법규 또는 관련 법규에 그 처분으로써 이루어지는 행위 등 사업으로 인하여 환경상 침해를 받으리라고 예상되는 영향권의 범위가 구체적으로 규정되어 있는 경우에는, 그 영향권 내의 주민들에 대하여는 당해 처분으로 인하여 직접적이고 중대한 환경피해를 입으리라고 예상할 수 있고, 이와 같은 환경상의 이익은 주민 개개인에 대하여 개별적으로 보호되는 직접적·구체적 이익으로서 그들에 대하여는 특단의 사정이 없는 한 환경상 이익에 대한 침해 또는 침해 우려가 있는 것으로 사실상 추정된다(대판 2010.4.15. 2007두16127).

④ 토지구획정리사업법에 의한 환지처분이 일단 공고되어 그 효력을 발생한 이상 환지전체의 절차를 처음부터 다시 밟지 않는 한 그 일부만을 따로 떼어 환지처분을 변경할 길이 없으므로 그 환지처분 중 일부 토지에 관하여 환지도 지정하지 아니하고 또 정산금도 지급하지 아니한 위법이 있다 하여도 이를 이유로 민법상의 불법행위로 인한 손해배상을 구할 수 있으므로 그 환지확정처분의 일부에 대하여 취소를 구할 법률상 이익은 없다(대판 1985.4.23. 84누446).

정답 분석

② 권익이 제한되거나 의무가 지속되는 기간을 일, 주, 월 또는 연으로 정한 경우에는 기간의 첫날을 산입한다.

> **행정기본법 제6조【행정에 관한 기간의 계산】** ② 법령 등 또는 처분에서 국민의 권익을 제한하거나 의무를 부과하는 경우 권익이 제한되거나 의무가 지속되는 기간의 계산은 다음 각 호의 기준에 따른다. 다만, 다음 각 호의 기준에 따르는 것이 국민에게 불리한 경우에는 그러하지 아니하다.
> 1. 기간을 일, 주, 월 또는 연으로 정한 경우에는 기간의 첫날을 산입한다.
> 2. 기간의 말일이 토요일 또는 공휴일인 경우에도 기간은 그 날로 만료한다.

선지 분석

① 행정기본법 제6조 제1항에 대한 옳은 내용이다.

> **제6조【행정에 관한 기간의 계산】** ① 행정에 관한 기간의 계산에 관하여는 이 법 또는 다른 법령 등에 특별한 규정이 있는 경우를 제외하고는 민법을 준용한다.

③ 행정기본법 제7조 제2호에 대한 옳은 내용이다.

> **제7조【법령 등 시행일의 기간 계산】** 법령 등(훈령·예규·고시·지침 등을 포함한다. 이하 이 조에서 같다)의 시행일을 정하거나 계산할 때에는 다음 각 호의 기준에 따른다.
> 2. 법령 등을 공포한 날부터 일정 기간이 경과한 날부터 시행하는 경우 법령 등을 공포한 날을 첫날에 산입하지 아니한다.

④ 행정기본법 제7조 제3호에 대한 옳은 내용이다.

> **제7조【법령 등 시행일의 기간 계산】** 법령 등(훈령·예규·고시·지침 등을 포함한다. 이하 이 조에서 같다)의 시행일을 정하거나 계산할 때에는 다음 각 호의 기준에 따른다.
> 3. 법령 등을 공포한 날부터 일정 기간이 경과한 날부터 시행하는 경우 그 기간의 말일이 토요일 또는 공휴일인 때에는 그 말일로 기간이 만료한다.

---

19 | Ⅵ 당사자소송 | 정답 ①

정답 분석

① 법원행정처장의 거부의사표시는 행정처분이 아니라 공법상의 법률관계의 한쪽 당사자로서 의견을 밝힌 것에 불과하므로, 미지급 명예퇴직수당액의 지급을 구하는 소송은 당사자소송에 의하여야 한다.

> **관련 판례**
>
> 명예퇴직수당 지급대상자로 결정된 법관에 대하여 지급할 수당액은 명예퇴직수당규칙 제4조 [별표 1]에 산정 기준이 정해져 있으므로, 위 법관은 위 규정에서 정한 정당한 산정 기준에 따라 산정된 명예퇴직수당액을 수령할 구체적인 권리를 가진다. 따라서 위 법관이 이미 수령한 수당액이 위 규정에서 정한 정당한 명예퇴직수당액에 미치지 못한다고 주장하며 차액의 지급을 신청함에 대하여 법원행정처장이 거부하는 의사를 표시했더라도, 그 의사표시는 명예퇴직수당액을 형성·확정하는 행정처분이 아니라 공법상의 법률관계의 한쪽 당사자로서 지급의무의 존부 및 범위에 관하여 자신의 의견을 밝힌 것에 불과하므로 행정처분으로 볼 수 없다. 결국 명예퇴직한 법관이 미지급 명예퇴직수당액에 대하여 가지는 권리는 명예퇴직수당 지급대상자 결정 절차를 거쳐 명예퇴직수당규칙에 의하여 확정된 공법상 법률관계에 관한 권리로서, 그 지급을 구하는 소송은 행정소송법의 당사자소송에 해당하며, 그 법률관계의 당사자인 국가를 상대로 제기하여야 한다 (대판 2016.5.24. 2013두14863).

선지 분석

② 고용보험 및 산업재해보상보험의 보험료징수 등에 관한 법률 제4조, 제16조의2, 제17조, 제19조, 제23조의 각 규정에 의하면, 사업주가 당연가입자가 되는 고용보험 및 산재보험에서 보험료 납부의무 부존재 확인의 소는 공법상의 법률관계 자체를 다투는 소송으로서 공법상 당사자소송이다(대판 2016.10.13. 2016다221658).

③ 토지수용법 제75조의2 제2항의 규정은 그 제1항에 의하여 이의재결에 대하여 불복하는 행정소송을 제기하는 경우, 이것이 보상금의 증감에 관한 소송인 때에는 이의재결에서 정한 보상금이 증액 변경될 것을 전제로 하여 기업자를 상대로 보상금의 지급을 구하는 공법상의 당사자소송을 규정한 것으로 볼 것이다(대판 1991.11.26. 91누285).

④ 납세의무자에 대한 국가의 부가가치세 환급세액 지급의무는 그 납세의무자로부터 어느 과세기간에 과다하게 거래징수된 세액 상당을 국가가 실제로 납부받았는지와 관계없이 부가가치세법령의 규정에 의하여 직접 발생하는 것으로서, 그 법적 성질은 정의와 공평의 관념에서 수익자와 손실자 사이의 재산상태 조정을 위해 인정되는 부당이득 반환의무가 아니라 부가가치세법령에 의하여 그 존부나 범위가 구체적으로 확정되고 조세 정책적 관점에서 특별히 인정되는 공법상 의무라고 봄이 타당하다. 그렇다면 납세의무자에 대한 국가의 부가가치세 환급세액 지급의무에 대응하는 국가에 대한 납세의무자의 부가가치세 환급세액 지급청구는 민사소송이 아니라 행정소송법 제3조 제2호에 규정된 당사자소송의 절차에 따라야 한다(대판 2013.3.21. 2011다95564 전합).

---

20 | Ⅵ 행정소송 | 정답 ③

정답 분석

③ 소의 변경에 관한 허가결정에 대하여는 즉시항고할 수 있다.

> **행정소송법 제21조【소의 변경】** ③ 제1항의 규정에 의한 허가결정에 대하여는 즉시항고할 수 있다.

선지 분석

① 행정소송법 제21조 제1항에 대한 옳은 내용이다.

> 제21조 【소의 변경】 ① 법원은 취소소송을 당해 처분 등에 관계
> 되는 사무가 귀속하는 국가 또는 공공단체에 대한 당사자소
> 송 또는 취소소송 외의 항고소송으로 변경하는 것이 상당하
> 다고 인정할 때에는 청구의 기초에 변경이 없는 한 사실심의
> 변론종결시까지 원고의 신청에 의하여 결정으로써 소의 변경
> 을 허가할 수 있다.

② 행정소송법 제21조 제2항에 대한 옳은 내용이다.

> 제21조 【소의 변경】 ② 제1항의 규정에 의한 허가를 하는 경우
> 피고를 달리하게 될 때에는 법원은 새로이 피고로 될 자의 의
> 견을 들어야 한다.

④ 행정소송법 제14조 제5항, 제21조 제4항에 대한 옳은 내용이다.

> 제14조 【피고경정】 ⑤ 제1항의 규정에 의한 결정이 있은 때에는
> 종전의 피고에 대한 소송은 취하된 것으로 본다.

> 제21조 【소의 변경】 ④ 제1항의 규정에 의한 허가결정에 대하여
> 는 제14조 제2항·제4항 및 제5항의 규정을 준용한다.

21 Ⅶ 행정청의 권한
정답 ④

정답 분석

④ 내부위임이나 대리권을 수여받은 데 불과하여 원행정청 명의나 대리
관계를 밝히지 아니하고는 그의 명의로 처분 등을 할 권한이 없는 행
정청이 권한 없이 그의 명의로 한 처분에 대하여도 처분명의자인 행
정청이 피고가 되어야 한다(대판 1994.6.14. 94누1197).

선지 분석

①② 행정권한의 위임은 행정관청이 법률에 따라 특정한 권한을 다른 행
정관청에 이전하여 수임관청의 권한으로 행사하도록 하는 것이어서
권한의 법적인 귀속을 변경하는 것이므로 법률이 위임을 허용하고 있
는 경우에 한하여 인정된다 할 것이고, 이에 반하여 행정권한의 내부
위임은 법률이 위임을 허용하고 있지 아니한 경우에도 행정관청의 내
부적인 사무처리의 편의를 도모하기 위하여 그의 보조기관 또는 하
급 행정관청으로 하여금 그의 권한을 사실상 행사하게 하는 것이므
로, 권한위임의 경우에는 수임관청이 자기의 이름으로 그 권한행사를
할 수 있지만 내부위임의 경우에는 수임관청은 위임관청의 이름으로
만 그 권한을 행사할 수 있을 뿐 자기의 이름으로는 그 권한을 행사
할 수 없다(대판 1995.11.28. 94누6475).

③ 체납취득세에 대한 압류처분권한은 도지사로부터 시장에게 권한위임
된 것이고 시장으로부터 압류처분권한을 내부위임받은 데 불과한 구
청장으로서는 시장 명의로 압류처분을 대행처리할 수 있을 뿐이고 자
신의 명의로 이를 할 수 없다 할 것이므로 구청장이 자신의 명의로 한
압류처분은 권한 없는 자에 의하여 행하여진 위법무효의 처분이다(대
판 1993.5.27. 93누6621).

22 Ⅶ 병역법
정답 ②

정답 분석

② 병 및 대체역의 경우 전역이 아닌 면역이 된다.

> 병역법 제72조 【병역의무의 종료】 ① 현역·예비역·보충역의 병,
> 전시근로역 및 대체역의 병역의무는 40세까지로 하고, 예비
> 역·보충역의 장교·준사관 및 부사관의 병역의무는 군인사법
> 에 따른 그 계급의 연령정년이 되는 해까지로 한다.
> ② 제1항에 따른 병역의무기간을 마치면 장교·준사관 및 부사
> 관의 경우는 퇴역이 되고, 병 및 대체역의 경우는 면역이 된다.

선지 분석

① 병역법 제8조에 대한 옳은 내용이다.

> 제8조 【병역준비역 편입】 대한민국 국민인 남성은 18세부터 병
> 역준비역에 편입된다.

③ 병역법 제12조의2 제1항에 대한 옳은 내용이다.

> 제12조의2 【군의관의 파견】 ① 병무청장은 병역판정검사전담의
> 사와 병역판정검사전문의사만으로 신체검사업무 등을 수행하
> 기 어렵다고 인정하는 경우 신체검사업무 등에 필요한 군의관
> 의 파견을 국방부장관에게 요청할 수 있다.

④ 병역법 제77조 제1항에 대한 옳은 내용이다.

> 제77조 【병무행정의 주관】 ① 징집·소집과 그 밖의 병무행정은
> 병무청장이 관장한다.

23 Ⅶ 공무원
정답 ①

정답 분석

① 과거에 이미 종결된 법률관계를 새로이 평가하는 것이 아니므로 소급
입법에 의한 재산권 침해가 될 수 없다.

> 🔑 관련 판례
>
> 퇴직연금수급권의 기초가 되는 급여의 사유가 이미 발생한 후에
> 그 퇴직연금수급권을 대상으로 하지만, 이미 발생하여 이행기에
> 도달한 퇴직연금수급권의 내용을 변경함이 없이 장래 이행기가
> 도래하는 퇴직연금수급권의 내용만을 변경하는 것에 불과하여,
> 이미 완성 또는 종료된 과거 사실 또는 법률관계에 새로운 법률
> 을 소급적으로 적용하여 과거를 법적으로 새로이 평가하는 것이
> 아니므로 소급입법에 의한 재산권 침해가 될 수 없고, 위 헌법불
> 합치 결정에 따라 개선입법이 이루어질 것을 충분히 예상할 수
> 있으므로 개선입법 후 비로소 이행기가 도래하는 퇴직연금수급
> 권에 대해서까지 급여제한처분이 없으리라는 신뢰가 합리적이고
> 정당한 것이라고 보기 어려워 甲의 신뢰보호를 위하여 신법의 적
> 용을 제한할 여지가 없음에도, 신법 시행 전에 지급사유가 발생
> 한 퇴직연금수급권에 관해서는 신법 시행 이후에 이행기가 도래

하는 부분의 급여에 대하여도 지급을 제한할 수 없다고 보아 위 처분이 위법하다고 본 원심판결에 법리오해의 위법이 있다(대판 2014.4.24. 2013두26552).

선지 분석

② 구 국가공무원법 제69조에서 규정하고 있는 당연퇴직제도는 같은 법 제33조 제1항 각 호에 규정되어 있는 결격사유가 발생하는 것 자체에 의하여 임용권자의 의사표시 없이 결격사유에 해당하게 된 시점에 당연히 그 공무원으로서의 신분을 상실하게 하는 것이고, 당연퇴직의 효력이 생긴 후에 당연퇴직사유가 소멸한다는 것은 있을 수 없으므로, 국가공무원이 금고 이상의 형의 집행유예를 받은 경우에는 그 이후 형법 제65조에 따라 형의 선고의 효력을 잃게 되었다 하더라도 이미 발생한 당연퇴직의 효력에는 영향이 없다(대판 2011.3.24. 2009다27605).

③ 공무원연금법에 의한 퇴직연금 등은 적법한 공무원으로서의 신분을 취득하여 근무하다가 퇴직하는 경우에 지급되는 것이고, 당연무효인 임용결격자에 대한 임용행위에 의하여서는 공무원의 신분을 취득할 수 없는 것이므로, 임용결격자가 공무원으로 임용되어 사실상 근무하여 왔고 또 공무원연금제도가 공무원의 재직 중의 성실한 복무에 대한 공로보상적 성격과 사회보장적 기능을 가지고 있다고 하더라도, 적법한 공무원으로서의 신분을 취득하지 못한 자로서는 공무원연금법 소정의 퇴직연금을 청구할 수 없다(대판 1995.9.29. 95누7833).

④ 그 처분의 하자가 당사자의 사실은폐나 기타 사위의 방법에 의한 신청행위에 기인한 것이라면 당사자는 그 처분에 의한 이익이 위법하게 취득되었음을 알아 그 취소가능성도 예상하고 있었다고 할 것이므로 그 자신이 위 처분에 관한 신뢰이익을 원용할 수 없음은 물론 행정청이 이를 고려하지 아니하였다고 하여도 재량권의 남용이 되지 않는다. … 허위의 고등학교 졸업증명서를 제출하는 사위의 방법에 의한 하사관 지원의 하자를 이유로 하사관 임용일로부터 33년이 경과한 후에 행정청이 행한 하사관 및 준사관 임용취소처분이 적법하다(대판 2002.2.5. 2001두5286).

24 Ⅲ 정보공개 정답 ④

정답 분석

④ 공공기관의 정보공개에 관한 법률 제6조의2에 대한 옳은 내용이다.

> 제6조의2 【정보공개 담당자의 의무】 공공기관의 정보공개 담당자(정보공개 청구 대상 정보와 관련된 업무 담당자를 포함한다)는 정보공개 업무를 성실하게 수행하여야 하며, 공개 여부의 자의적인 결정, 고의적인 처리 지연 또는 위법한 공개 거부 및 회피 등 부당한 행위를 하여서는 아니 된다.

선지 분석

① 위원회는 지방자치단체가 아닌 국가기관의 일종이라고 볼 수 있다.

> 동법 제2조 【정의】 이 법에서 사용하는 용어의 뜻은 다음과 같다.
> 3. "공공기관"이란 다음 각 목의 기관을 말한다.
> 가. 국가기관
>   1) 국회, 법원, 헌법재판소, 중앙선거관리위원회
>   2) 중앙행정기관(대통령 소속 기관과 국무총리 소속 기관을 포함한다) 및 그 소속 기관

>   3) 행정기관 소속 위원회의 설치·운영에 관한 법률에 따른 위원회

② 직무를 수행한 공무원의 성명과 직위에 대한 정보는 비공개 대상 정보에서 제외된다.

> 동법 제9조 【비공개 대상 정보】 ① 공공기관이 보유·관리하는 정보는 공개 대상이 된다. 다만, 다음 각 호의 어느 하나에 해당하는 정보는 공개하지 아니할 수 있다.
> 6. 해당 정보에 포함되어 있는 성명·주민등록번호 등 개인정보 보호법 제2조 제1호에 따른 개인정보로서 공개될 경우 사생활의 비밀 또는 자유를 침해할 우려가 있다고 인정되는 정보. 다만, 다음 각 목에 열거한 사항은 제외한다.
> 라. 직무를 수행한 공무원의 성명·직위

③ 15일이 아닌 10일 이내에 공개 여부를 결정하여야 한다.

> 동법 제11조 【정보공개 여부의 결정】 ① 공공기관은 제10조에 따라 정보공개의 청구를 받으면 그 청구를 받은 날부터 10일 이내에 공개 여부를 결정하여야 한다.

25 Ⅱ 통지 정답 ③

정답 분석

③ 국가가 공무원임용결격사유가 있는 자에 대하여 결격사유가 있는 것을 알지 못하고 공무원으로 임용하였다가 사후에 결격사유가 있는 자임을 발견하고 공무원 임용행위를 취소하는 것은 당사자에게 원래의 임용행위가 당초부터 당연무효이었음을 통지하여 확인시켜 주는 행위에 지나지 아니하는 것이므로, 그러한 의미에서 당초의 임용처분을 취소함에 있어서는 신의칙 내지 신뢰의 원칙을 적용할 수 없고 또 그러한 의미의 취소권은 시효로 소멸하는 것도 아니다(대판 1987.4.14. 86누459).

선지 분석

① 국가공무원법 제74조에 의하면 공무원이 소정의 정년에 달하면 그 사실에 대한 효과로서 공무담임권이 소멸되어 당연히 퇴직되고 따로 그에 대한 행정처분이 행하여져야 비로소 퇴직되는 것은 아니라 할 것이며 피고(영주지방철도청장)의 원고에 대한 정년퇴직 발령은 정년퇴직 사실을 알리는 이른바 관념의 통지에 불과하므로 행정소송의 대상이 되지 아니한다(대판 1983.2.8. 81누263).

② 국가보훈처장의 원고에 대한 이 사건 서훈취소통보는 상대방 또는 기타 관계자들의 법률상 지위에 직접적인 법률적 변동을 일으키지 아니하는 행위로 항고소송의 대상이 될 수 없는 사실상의 통지에 해당한다(대판 2015.4.23. 2012두26920).

④ 소득금액변동통지는 원천징수의무자인 법인의 납세의무에 직접 영향을 미치는 과세관청의 행위로서, 항고소송의 대상이 되는 조세행정처분이라고 봄이 상당하다(대판 2006.4.20. 2002두1878 전합).

제3과목   경영학

01   Ⅰ 테일러시스템   정답 ④

정답 분석
④ 조명 및 계전기조립 실험은 메이요와 뢰슬리스버거의 인간관계론의 특성에 해당된다.

선지 분석
①, ②, ③은 테일러의 과학적 관리법의 내용에 해당한다.

02   Ⅰ 기업집중, 기업유형   정답 ④

정답 분석
④ 콩글로머릿(conglomerate)은 이종기업 간의 기업집중(결합)방식이다.

03   Ⅰ SWOT   정답 ③

정답 분석
③ 기업 외부의 기회와 위협요소들을 파악·분석하고, 기업 내부의 강점과 약점을 분석하는 기법은 SWOT분석이다.

04   Ⅰ 지식경영   정답 ③

정답 분석
③ 새로운 지식을 체계적으로 생성, 축적, 저장, 공유하여 경영전략에 활용하는 것을 지식경영이라고 한다.

05   Ⅱ 시장세분화   정답 ③

정답 분석
③ 무형성은 시장세분화의 성공요건과 무관하다.

선지 분석
① 접근성, ② 측정성, ④ 실제성은 시장세분화의 성공요건에 해당한다.

06   Ⅱ 마케팅믹스(품질향상)   정답 ①

정답 분석
① 국가품질상 제도는 홍보를 위한 순위결정의 목적으로 운영되는 것은 아니다.

07   Ⅱ BCG매트릭스   정답 ①

정답 분석
① 사업 포트폴리오의 성공적인 순환경로는 '물음표 → 별 → 현금젖소 → 개사업부'이다.

08   Ⅱ 시장세분화 변수   정답 ③

정답 분석
③ 사회심리적 세분화 변수는 제품사용경험, 제품에 대한 태도, 충성도, 종교 등을 근거로 시장을 세분화하며, 이는 행동(행태)적인 시장세분화기준 변수에 해당된다.

09   Ⅲ 직무분석   정답 ③

정답 분석
③ 서열법은 직무분석 방법에 해당되지 않는다.

10   Ⅲ 동기부여이론, 강화이론   정답 ④

정답 분석
④ 소거는 기존에 존재하는 긍정적인 결과를 제거함으로써 부정적인 행동의 확률(빈도의 수)을 낮추는 것이다.

11   Ⅲ 직무특성이론   정답 ③

정답 분석
③ 직무가 다른 사람의 작업이나 생활에 실질적인 영향을 미칠 수 있는 정도는 과업의 중요성이다.

12   Ⅲ   인사고과 오류   정답 ②

정답 분석

② 평가자가 가진 사람에 대한 경직된 고정관념이 평가에 영향을 미치는 인사고과의 오류는 상동적 태도이다.

13   Ⅳ   집단의사결정   정답 ④

정답 분석

④ 집단의사결정은 개인의사결정에 비하여 책임소재가 불명확(책임 분산)한 특징이 있다.

14   Ⅳ   리더십 유형   정답 ①

정답 분석

① 변혁적 리더십은 비전을 제시하고 내재적 보상을 중시하는 것이다.

15   Ⅴ   유연생산시스템   정답 ④

정답 분석

④ 유연생산시스템(FMS)은 컴퓨터를 통한 자동화시스템으로, 설비가 고가여서 초기설비투자비용이 많이 든다.

16   Ⅰ, Ⅳ   매트릭스조직   정답 ②

정답 분석

② 매트릭스조직은 이원적 관리체제(명령제)에 의해 역할의 모호성과 갈등이 초래된다.

17   Ⅵ   경영정보시스템   정답 ②

정답 분석

② 컴퓨터를 이용하여 기업활동에 필요한 정보를 수집·가공·정리·분석하고, 이러한 정보를 신속히 제공함으로써 구성원들 간의 의사소통이 원활해진다.

18   Ⅰ, Ⅳ   의사결정 유형   정답 ④

정답 분석

④ 전략적 의사결정은 기업의 내부와 관련있기 보다는 외부문제와 관련성이 높고, 특히 기업의 진출사업영역을 결정하는 최고경영층에 의해 이루어진다.

19   Ⅵ   정보가치   정답 ④

정답 분석

④ 정보의 가치와 특성은 간단·명료해야 한다.

20   Ⅶ   포트폴리오 위험 유형   정답 ③

정답 분석

③ 전쟁은 체계적(시장) 위험에 해당된다.

21   Ⅶ   투자안의 경제성 평가   정답 ①

정답 분석

① 순현재가치(NPV)는 0보다 큰 투자안을 선택한다.

선지 분석

② 수익성지수(PI)는 1보다 큰 투자안을 선택한다.

③ 내부수익률(IRR)은 자본비용보다 큰 투자안을 선택한다.

④ 평균회계이익률(ARR)은 평균회계적 이익이 높은 투자안을 선택한다.

22   Ⅶ   인수합병전략   정답 ④

정답 분석

④ 새벽의 기습은 공격적인 전략에 해당된다.

23   Ⅷ   자산   정답 ③

정답 분석

③ 유동자산에는 재고자산과 당좌자산이 해당된다.

24   Ⅷ   회계상의 거래   정답 ①

정답 분석

① 주문·계약 등은 회계상의 거래에 해당되지 않는다.

25   Ⅷ   분개(차변, 대변)   정답 ①

정답 분석

① 수익의 발생은 대변에 기재한다.

⟩ 셀프 체크

권장 풀이 시간	75분(OMR 표기 시간 포함)
실제 풀이 시간	___시 ___분 ~ ___시 ___분
맞힌 답의 개수	___개 / 75개

제2회 실전모의고사
모바일 자동 채점 + 성적 분석 서비스
바로 가기(gosi.Hackers.com)

QR코드를 이용하여 해커스공무원의
'모바일 자동 채점 + 성적 분석 서비스'로 바로 접속하세요!
* 해커스공무원 사이트의 가입자에 한해 이용 가능합니다.

⟩ 정답

제1과목 국어

01	②	06	②	11	①	16	①	21	①
02	④	07	②	12	①	17	②	22	③
03	④	08	③	13	③	18	③	23	③
04	②	09	④	14	④	19	②	24	④
05	③	10	③	15	①	20	①	25	②

제2과목 행정법

01	③	06	①	11	③	16	③	21	④
02	②	07	③	12	①	17	③	22	②
03	①	08	④	13	③	18	③	23	④
04	④	09	②	14	③	19	④	24	①
05	②	10	④	15	①	20	①	25	③

제3과목 경영학

01	③	06	①	11	③	16	②	21	①
02	③	07	④	12	②	17	③	22	②
03	①	08	③	13	③	18	②	23	④
04	④	09	③	14	①	19	④	24	①
05	④	10	①	15	④	20	④	25	①

⟩ 취약 단원 분석표

제1과목 국어

단원	맞힌 답의 개수
어법	/ 8
비문학	/ 6
문학	/ 7
어휘	/ 3
혼합	/ 1
TOTAL	/ 25

제2과목 행정법

단원	맞힌 답의 개수
Ⅰ 일반론	/ 4
Ⅱ 행정작용	/ 5
Ⅲ 행정과정	/ 3
Ⅳ 실효성 확보수단	/ 4
Ⅴ 손해전보	/ 1
Ⅵ 행정쟁송	/ 5
Ⅶ 행정법각론	/ 3
TOTAL	/ 25

제3과목 경영학

단원	맞힌 답의 개수
Ⅰ 경영학개론	/ 5
Ⅱ 마케팅	/ 3
Ⅲ 인적자원관리	/ 5
Ⅳ 조직행동론	/ 1
Ⅴ 생산과학	/ 5
Ⅵ 경영과학	/ 2
Ⅶ 재무관리	/ 0
Ⅷ 회계원리	/ 4
TOTAL	/ 25

제1과목　　　　국어

01　어법　표준 발음법　　　정답 ②

정답 설명

② 〈보기〉에서 음의 첨가 현상이 일어나는 것은 ㄱ, ㄷ이므로 답은 ②이다.

- ㄱ. 옷 입다[온닙따]: 두 단어를 이어서 한 마디로 발음하는 경우 앞단어의 끝이 자음이고, 뒤 단어의 첫음절이 '이, 야, 여, 요, 유'일때, 'ㄴ' 음을 첨가하여 발음하므로 '옷 입다'는 [온닙따]로 발음된다.

- ㄷ. 1 연대[일련대]: 두 단어를 이어서 한 마디로 발음하는 경우 앞 단어의 끝이 자음이고, 뒤 단어의 첫음절이 '이, 야, 여, 요, 유'일 때, 'ㄴ' 음이 첨가된다. 이때 'ㄹ' 받침 뒤에 첨가되는 [ㄴ]는 받침 'ㄹ'로 인해 [ㄹ]로 바뀌므로(유음화) '1 연대'는 [일년대 → 일련대]로 발음된다.

오답 분석

ㄴ. 6.25[유기오], ㄹ. 월요일[워료일]: '6.25', '월요일'은 합성어 및 파생어에서 'ㄴ' 음을 첨가하여 발음하지 않는 예외적인 단어에 해당하므로 각각 [유기오], [워료일]로 발음한다.

이것도 알면 합격!

'ㄴ' 음이 첨가되지 않는 경우

「표준 발음법」 제29항에 따르면 합성어 및 파생어에서, 앞이 자음으로 끝나고 뒤가 '이, 야, 여, 요, 유'로 시작하는 경우 'ㄴ' 음을 첨가하여 [니, 냐, 녀, 뇨, 뉴]로 발음해야 한다. 다만, 다음과 같은 단어에서는 'ㄴ(ㄹ)' 소리를 첨가하여 발음하지 않는다.

6·25[유기오]	3·1절[사밀쩔]	8·15[파리로]
송별연[송:벼련]	등용문[등용문]	절약[저략]
월요일[워료일]	목요일[모교일]	금요일[그묘일]

02　문학　작품에 대한 지식 (고대 가요)　　　정답 ④

정답 설명

④ 제시된 작품의 1, 2구에서는 자연물을 묘사하고 3, 4구에서는 화자의 감정이나 생각을 보여 주는 선경 후정의 시상 전개 방식이 사용되고 있다. 그러나 제시된 작품은 임을 잃은 슬픔과 고독한 심정을 노래한 개인적 서정시이므로, 시적 화자가 신화적 성격을 지닌 인물이라고 볼 수 없다. 따라서 정답은 ④이다.

이것도 알면 합격!

유리왕, '황조가(黃鳥歌)'

1. 주제: 사랑하는 임을 잃은 것에 대한 슬픔과 외로움

2. 갈래: 고대 가요, 한역 시가

3. 특징
   (1) 현전하는 최고(最古)의 개인적 서정시임
   (2) 자연물인 꾀꼬리의 처지와 화자의 처지를 대조하여 임을 잃은 슬픈 심정을 우의(寓意)적으로 표현함
   (3) 주술성, 제의성이 강한 집단적 의식요에서 개인적 갈등과 정서를 노래하는 서정시로 넘어가는 과도기적 작품임

03　어휘　고유어　　　정답 ④

정답 설명

④ '늘비하다'는 '질서 없이 여기저기 많이 늘어서 있거나 놓여 있다'를 뜻하므로 '가지런하게 줄지어 늘어서게 하다'를 뜻하는 '정렬하다'와 어울리지 않는다. 따라서 밑줄 친 어휘가 잘못 쓰인 것은 ④이다.

오답 분석

① 자못: 생각보다 매우

② 너름새: 너그럽고 시원스럽게 말로 떠벌려서 일을 주선하는 솜씨

③ 올차다: 허술한 데가 없이 야무지고 기운차다.

04　비문학　내용 추론　　　정답 ②

정답 설명

② 4문단에서 엣지 컴퓨팅은 실시간 대응과 같은 기술이 강조됨을 언급하며, 이러한 기술이 자율 주행 자동차에 도입되면 그 안전성이 한층 강화될 것임을 설명하고 있다. 따라서 엣지 컴퓨팅은 실시간 대응이 가능하므로 자율 주행 자동차 운행 시 돌발 상황이 발생한다면 신속한 대응이 가능함을 추론할 수 있다.

오답 분석

① 2문단 1~4번째 줄에서 엣지 컴퓨팅이 IoT 기기와 가까운 주변이나 기기 내의 다른 주변부로 연산 기능을 분산하여 과부하 문제를 보완함을 설명하고 있다. 그러나 IoT 기기끼리 근접하게 위치하면 엣지 컴퓨팅 기술이 효과적으로 기능하는지는 추론할 수 없다.
   [관련 부분] 엣지 컴퓨팅은 클라우드 컴퓨팅에서 발생할 수 있는 과부하 문제를 보완할 수 있도록 IoT 기기와 가까운 주변이나 기기 내의 다른 주변부(Edge)로 연산 기능을 분산시키는 기술이다.

③ 3문단 끝에서 1~4번째 줄을 통해 엣지 컴퓨팅은 엣지에서 모든 데이터 처리가 이루어져 해킹이 일어나도 정보 유출의 위험성이 적다는 것을 설명하고 있으나, 이를 통해 엣지에서 데이터 정보가 바로 삭제되는지는 추론할 수 없다.
   [관련 부분] 데이터 처리 방식도 중앙 데이터 센터를 거치지 않고 엣지에서 데이터 수집과 연산, 처리를 끝내는 방식이므로 해킹을 당한다고 해도 정보 유출의 위험성을 줄일 수 있다.

④ 1문단 끝에서 1~5번째 줄을 통해 중앙의 데이터 센터에서 처리가 가능한 데이터의 양의 한계로 인해 엣지 컴퓨팅이 클라우드 컴퓨팅에 대한 해결책으로 부상하였음을 알 수 있으나, 데이터를 종류별로 분류하여 센터에 전달했을 때 클라우드 컴퓨팅이 엣지 컴퓨팅보다 빠르게 처리할 수 있는지는 추론할 수 없다.
[관련 부분] 클라우드 컴퓨팅은 수집한 데이터를 모아 중앙의 데이터 센터에서 처리하는데, 센터에서 처리할 수 있는 데이터 양에 한계가 있어 신속한 처리가 어려워진 것이다. ~ 이에 대한 해결책으로 엣지 컴퓨팅(Edge computing)이 부상하고 있다.

---

05 문학 작품에 대한 지식 (소설)   정답 ③

정답 설명

③ 〈보기〉에 제시된 소설의 시대적 배경을 시간 순으로 바르게 나열한 것은 ③ 'ㄹ → ㄴ → ㄱ → ㄷ'이다.

〈보기〉		시대적 배경 및 작품 설명
ㄹ	현진건, 「술 권하는 사회」	1920년대 일제 강점기의 혼란한 사회를 살아가는 지식인의 고뇌를 그려낸 작품이다.
ㄴ	채만식, 「레디메이드 인생」	1930년대 식민지 사회를 살아가는 지식인의 고통과 어두운 현실을 제목을 통해 직접적으로 드러낸 작품이다.
ㄱ	오상원, 「유예」	1950년대 6.25 전쟁 당시 인간이 겪는 고뇌와 전쟁의 비극성을 그려낸 작품이다.
ㄷ	황석영, 「삼포 가는 길」	1970년대 산업화 과정에서 고향을 잃고 떠도는 소외된 사람들의 애환을 그려낸 작품이다.

---

06 문학 갈래에 대한 지식 (가사)   정답 ②

정답 설명

② 〈보기〉는 가사에 대한 설명으로, 가사에 해당하는 작품은 ②이다.
　• '만분가': 조선 초기의 문신 조위가 지은 가사로, 조선 시대 유배 가사의 효시이다. 임과 이별한 여성을 화자로 설정하여 귀양살이의 억울한 심정과 임금에 대한 그리움을 노래한 작품이다.

오답 분석

① '정석가': 작자 미상의 고려 가요로, 불가능한 상황을 전제로 하여 임에 대한 영원한 사랑을 노래하는 작품이다.
③ '신도가': 조선 초기에 정도전이 지은 악장으로, 조선의 개국과 새 도읍을 찬양하기 위해 지은 작품이다.
④ '오륜가': 조건 명종 때 주세붕이 지은 연시조로, 삼강오륜의 유교 사상을 노래한 교훈적인 작품이다.

고려 가요, 악장, 연시조의 특징

갈래	특징
고려 가요	고려 시대 평민들이 주로 부르던 노래로, '고려 속요(俗謠)' 또는 '여요(麗謠)'라고도 함. 3음보를 기본으로, 주로 남녀 간의 사랑, 이별의 안타까움 등 평민들의 감정과 정서가 진솔하게 표출됨 예 동동, 만전춘, 가시리 등
악장	왕의 행차나 궁중의 여러 의식과 연례에 사용되던 음악의 가사로, 조선 초기에만 나타나는 독특한 문학 양식임. 새로운 왕조인 조선에 대한 송축과 임금의 만수무강 등을 노래하였고 주로 궁중에서만 향유되었음 예 용비어천가, 월인천강지곡, 납씨가 등
연시조	조선 후기 주로 사대부의 서정을 일정한 형식 속에 담아내는 평시조가 중첩되어 발전한 형식으로, 3장 6구 45자 내외의 기본형이 여러 연에 걸쳐 제시됨 예 오륜가, 어부가, 도산십이곡, 매화사 등

---

07 어법 의미 (다의어의 의미)   정답 ②

정답 설명

② 〈보기〉의 '밝다'는 '분위기, 표정 등이 환하고 좋아 보이거나 그렇게 느껴지는 데가 있다'라는 의미로, 이와 문맥적 의미가 가장 가까운 것은 ② '그녀의 밝은 목소리에 활기가 돌았다'의 '밝다'이다.

오답 분석

① 그는 항상 인사성이 밝았다: 이때 '밝다'는 '생각이나 태도가 분명하고 바르다'를 뜻한다.
③ 앞으로 우리 회사의 전망이 매우 밝겠는데?: 이때 '밝다'는 '예측되는 미래 상황이 긍정적이고 좋다'를 뜻한다.
④ 그는 어릴 때부터 세상 물정에 밝다는 소리를 들었다: 이때 '밝다'는 '어떤 일에 대해 잘 알아 막히는 데가 없다'를 뜻한다.

---

08 문학 시어의 의미   정답 ③

정답 설명

③ 제시된 작품은 어두운 이미지와 밝은 이미지의 대비를 통해 화자가 처한 혼란한 상황과 소망하는 세상을 드러내고 있다. 이때 ⓒ '하늘'은 화자가 소망하던 '광복을 맞은 조국'을 의미하므로 밝은 이미지의 시어이다. 반면에 ㉠ '밤', ⓛ '헐어진 성터'는 일제 강점기의 어두운 현실과 국권을 빼앗긴 조국을 뜻하고, ⓔ '겨울밤'은 광복 후 혼란스러운 조국의 상황을 의미하므로 어두운 이미지의 시어이다. 따라서 나머지 셋과 성격이 가장 다른 하나는 ③이다.

이것도 알면 합격!

신석정, '꽃덤불'

1. 주제: 광복의 기쁨과 광복 직후 새로운 민족 국가 건설의 소망

2. 특징
   (1) 시간의 흐름에 따라 시상을 전개함
   (2) 유사한 문장 구조를 통해 운율을 구성함
   (3) 밝음과 어둠의 대립적인 이미지를 통해 주제를 형성함

3. 시어의 상징적 의미

	태양을 등진 곳, 밤	일제 강점기의 암담한 현실
어둠	헐어진 성터	일제에 국권을 상실한 조국
	겨울밤	광복 직후 좌우익 대립으로 인한 혼란스러운 현실

↕

	태양	조국의 주권 회복과 광복
밝음	하늘	광복을 맞이한 조국
	봄, 꽃덤불	민족 화합이 이루어진 완전한 광복

---

09 비문학 논지 전개 방식 · 정답 ④

정답 설명

④ 밑줄 친 부분에서는 수피교도들이 커피를 마시게 된 원인으로 '각성 효과'와 '식욕 억제 특성'을 언급하고 있다. 이처럼 어떤 결과를 가져온 원인과 그로 인해 초래된 결과에 초점을 두어 진술하는 설명 방식은 '인과'이므로 답은 ④이다.

오답 분석

① 분류: 어떤 대상이나 생각들을 비슷한 특성에 따라 나누어 진술하는 방식으로, 하위 항목을 상위 항목으로 묶어 나가는 설명 방식

② 분석: 하나의 관념이나 대상을 특정 구성 요소로 나누어 진술하는 설명 방식

③ 서사: 일정한 시간 내에 일어나는 일련의 행동이나, 시간의 흐름에 따라 전개되는 사건에 초점을 두어 진술하는 설명 방식

---

10 어법 한글 맞춤법 (맞춤법에 맞는 표기) · 정답 ③

정답 설명

③ 아빠의 눈에 띄여(×) → 아빠의 눈에 띄어/뜨여(○): '뜨다'의 어간 '뜨-'에 피동 접미사 '-이-'가 결합하여 '띄-'로 줄여 쓸 수 있다. 이때 어간 '뜨-' 뒤에 피동 접미사 '-이-'와 연결 어미 '-어'로 구성된 '-이어'가 하나의 음절로 줄어든 '-여'가 결합하는 것도 인정한다. 따라서 '뜨이어'는 '띄어'와 '뜨여' 두 형태를 모두 준말로 인정하나, 중복해서 줄여 쓰는 '띄여'의 형태는 인정하지 않으므로 정답은 ③이다.

오답 분석

① 오자가 눈에 띄어(○): '뜨다'의 어간 '뜨-'에 피동 접미사 '-이-'가 결합하여 '띄-'로 줄어든 형태에 연결 어미 '-어'가 결합한 것이다.

② 책이 눈에 뜨이어(○): '뜨다'의 어간 '뜨-'에 피동 접미사 '-이-'와 연결 어미 '-어'가 줄어들지 않고 그대로 결합한 형태이다.

④ 가끔 눈에 뜨여(○): '뜨다'의 어간 '뜨-'에 '-이어'가 하나의 음절로 줄어든 '-여'가 결합한 형태이다.

---

11 문학 갈래에 대한 지식 (소설) · 정답 ①

정답 설명

① 〈보기〉는 '개인의 내면적 갈등'에 대한 설명이다. '개인의 내면적 갈등'은 한 인물의 내면에서 두 개 이상의 생각이나 욕구가 충돌하여 대립이 일어나는 갈등 양상을 말하며, '내적 갈등'이라고도 한다.

이것도 알면 합격!

소설의 갈등

인물이 가지고 있는 두 개 이상의 욕구나 정서가 서로 원하는 방향이 달라 충돌을 일으키는 상태를 말한다.

	내적 갈등	한 인물 내부에서 서로 반대되는 두 가지 욕구가 대립하는 갈등 예 현진건, '운수 좋은 날'에서 돈을 더 벌고 싶은 욕구와 병든 아내를 위해 집에 일찍 들어가야 한다는 욕구 사이에서 내적 갈등을 겪는 '김 첨지'
외적 갈등	개인과 개인의 갈등	개인 간의 성격이나 가치관이 대립하면서 겪는 갈등 예 김유정, '봄·봄'에서 빨리 점순과 성례를 치르고 싶은 '나'와 성례를 미루려는 '장인'
	개인과 사회의 갈등	개인과 그가 살고 있는 사회 관습, 제도와 대립하면서 겪는 갈등 예 조세희, '난쟁이가 쏘아 올린 작은 공'에서 도시 재개발 사업이 한창인 사회와 그로 인해 집이 없어진 소외 계층 '난쟁이 일가'
	개인과 자연의 갈등	개인과 자연 환경이 대립하여 겪는 갈등 예 헤밍웨이, '노인과 바다'에서 청새치를 두고 싸우는 상어 떼와 노인 '산티아고'
	개인과 운명의 갈등	개인과 그에게 주어진 운명과 대립하여 겪는 갈등 예 김동리, '역마'에서 고향에 정착하고 싶으나 '역마살'이라는 숙명으로 인해 결국 고향을 떠나는 '성기'

12 | 문학 | 시어의 의미 | 정답 ①

정답 설명

① '잠 싸간'은 '잠을 따간', 즉 '잠을 빼앗아 간'이라는 뜻이므로 의미가 적절하지 않은 것은 ①이다.

지문 풀이

비 오다가 날이 개어 아 눈이 많이 내린 날에
서리어 있는 나무 숲 좁은 굽어 도는 길에
다롱디우셔 마득사리 마득너즈세 너우지
㉠ 잠을 빼앗아 간 임을 생각하지만
그이는 그런 무서운 길(밝기 시작한 길)에 자러 오겠습니까?
(만약 임을 버리고 다른 사람을 택하면)
때때로 벼락이 쳐서 무간지옥에 떨어져
㉡ 바로 ㉢ 죽어 갈 내 몸이
때때로 벼락이 쳐서 무간지옥에 떨어져
바로 죽어갈 내 몸이
내 임을 두고 다른 산을 걷겠습니까
이렇게 저렇게
이렇게 저렇게 하고자 하는 기약이 있겠습니까?
그리 생각지 마소서, 임이시여, 함께 ㉣ 살고자 하는 기약뿐입니다.

– 작자 미상, '이상곡'

🕯 이것도 알면 합격!

작자 미상, '이상곡'의 주제와 특징

1. 주제: 영원한 사랑의 다짐
2. 특징
   - 영원한 사랑의 다짐을 비유적으로 표현함
   - 불교의 윤회 사상이 드러남
   - 악률을 맞추기 위해 의미 없는 여음을 사용함

13 | 비문학+어휘 | 내용 추론, 한자어 | 정답 ③

정답 설명

③ ㉠~㉢에는 각각 ㉠ '區別', ㉡ '假定', ㉢ '現實'이 들어가야 하므로 답은 ③이다.

- ㉠: 1문단에서는 예술의 사회적 기능이 미적 기능과 결부되어 있기에, 정치나 도덕과 같은 다른 문화적 사상과는 분명한 차이가 있으므로 서로 다르게 이해되어야 한다고 주장한다. 따라서 ㉠에는 '區別(구별)'이 들어가야 한다.
  - 區別(구별: 구분할 구, 나눌/다를 별): 성질이나 종류에 따라 차이가 남. 또는 성질이나 종류에 따라 갈라놓음
- ㉡: ㉡ 뒤에 언급되는 '상상(想像)'을 적절하게 꾸며줄 수 있는 단어가 어울리므로 ㉡에는 '假定(가정)'이 들어가야 한다.
  - 假定(가정: 거짓 가, 정할 정): 사실이 아니거나 또는 사실인지 아닌지 분명하지 않은 것을 임시로 인정함

- ㉢: 예술은 상상의 산물이므로 실제적인 것과 구별되어야 한다는 의미의 단어가 들어가야 한다. 따라서 ㉢에는 '상상'과 반대의 의미를 가진 '現實(현실)'이 들어가야 한다.
  - 現實(현실: 나타날 현, 열매 실): 현재 실제로 존재하는 사실이나 상태

오답 분석

- ㉠ 離別(이별: 떠날 이, 나눌/다를 별): 서로 갈리어 떨어짐
- ㉡ 推定(추정: 밀 추, 정할 정): 미루어 생각하여 판정함
- ㉢ 理想(이상: 다스릴 이, 생각 상): 생각할 수 있는 범위 안에서 가장 완전하다고 여겨지는 상태

14 | 비문학 | 세부 내용 파악 | 정답 ④

정답 설명

④ 2문단 2~5번째 줄을 통해 알 수 있는 내용이므로 답은 ④이다.
   [관련 부분] 사람들은 수용자의 의견과 행동에 미치는 대중 매체의 영향력이 자신보다 다른 사람들에게서 더 크게 나타나리라고 믿는 경향이 있다는 것이다.

오답 분석

① 1문단 끝에서 1~3번째 줄을 통해 '제3자 효과'는 대중 매체가 수용자에게 미치는 영향과 관련한 이론임을 알 수 있다.
   [관련 부분] 대중 매체가 수용자에게 미치는 영향과 관련한 '제3자 효과(third-person effect)' 이론을

② 4문단 끝에서 1~3번째 줄에서 사람들은 자신은 대중 매체의 영향을 받지 않는다고 생각하지만 다른 사람들이 영향을 받을 것이라고 생각하므로 자신의 태도와 의견도 결국 여론에 의해 결정됨을 설명하고 있다. 이는 여론과 반대되는 의견을 지닌 사람들이 아닌 여론을 형성하는 사람들이 제3자 효과의 영향을 받는다는 것을 의미한다.
   [관련 부분] 사람들은 자신은 대중 매체의 전달 내용에 쉽게 영향받지 않는다고 생각하면서도 다른 사람들이 영향받을 것을 고려하여 자신의 태도와 행위를 결정한다.

③ 3문단 2~6번째 줄을 통해 대중 매체가 사회적으로 바람직한 내용을 전달할 때보다 폭력물이나 음란물처럼 유해한 내용을 전달할 때 제3자 효과가 더 크게 나타남을 알 수 있다.
   [관련 부분] 대중 매체가 건강 캠페인과 같이 사회적으로 바람직한 내용을 전달할 때보다 폭력물이나 음란물처럼 유해한 내용을 전달할 때, 사람들은 자신보다 다른 사람들에게 미치는 영향력을 더욱 크게 인식한다는 것이다.

15 | 어법 | 문장 (문장 성분) | 정답 ①

정답 설명

① '물로'는 부사어이고, ②③④는 모두 보어이므로 정답은 ①이다.
   - 얼음이 물로 되었다: 이때 '물로'는 '체언+부사격 조사'로 이루어진 부사어이다. 참고로, '되다, 아니다' 앞에 오는 체언에 보격 조사 '이/가'가 붙으면 보어이지만 부사격 조사 '(으)로'가 붙으면 부사어로 처리한다.

28 해커스군무원 army.Hackers.com

오답 분석

②③④는 모두 서술어 '되다, 아니다' 앞에서 '체언＋보격 조사' 혹은 '체언＋보조사' 구성으로 이루어진 보어이다.

② 그는 나쁜 <u>사람은</u> 아니다: 이때 '사람은'은 명사 '사람'에 강조의 뜻을 나타내는 보조사 '은'이 결합된 구성으로, 서술어 '아니다' 앞에 위치해 보어 역할을 한다.

③ 남동생은 곧 <u>고등학생이</u> 된다: 이때 '고등학생이'는 명사 '고등학생'에 보격 조사 '이'가 결합된 구성으로, 서술어 '되다' 앞에 위치해 보어 역할을 한다.

④ 알고 보니 그는 <u>대학생도</u> 아니었다: 이때 '대학생도'는 명사 '대학생'에 더함의 뜻을 나타내는 보조사 '도'가 결합된 구성으로, 서술어 '아니다' 앞에 위치해 보어 역할을 한다.

---

16 문학 표현상의 특징과 효과   정답 ①

정답 설명

① 〈보기〉는 역설법에 대한 설명으로, 이 표현 방법이 적용된 시구는 ①이다. ①에서 '외로운'과 '눈부심'이라는 이치에 맞지 않는 표현을 함께 사용함으로써 억압된 현실일수록 '네 이름(민주주의)'이 눈부시게 빛날 것임을 강조하고 있음을 확인할 수 있다.

오답 분석

② 대조법: 삶에 대한 의미를 규정하기 위해 '요절'과 '덤'이라는 상반되는 두 시어를 사용하는 대조법이 쓰였다.

③ 반어법: 부정적인 현실에 대한 문제 의식을 드러내기 위해 '보다 긴 말'을 하고 싶어도 이를 '침묵해 다오'라고 반대로 말함으로써 표현이 제한된 시대 분위기를 비판하고 있는 반어법이 쓰였다.

④ • 도치법: 화자의 유리 같은 여린 마음을 강조하기 위해 말의 배열 순서를 일부러 바꿔 표현하는 도치법이 쓰였다.

 • 은유법, 직유법: '내 마음(원관념)'의 여린 속성과 '유리(보조 관념)'를 동일시하여 표현한 은유법과 '내 마음(원관념)'의 잘 흐려지는 속성과 '겨울 한울(보조 관념)'을 연결어 '~처럼'으로 결합해 직접 비유한 직유법이 쓰였다.

---

17 비문학 글의 구조 파악 (접속어의 사용)   정답 ②

정답 설명

② ㉠의 앞뒤 내용이 서로 상반되는 사실을 나타내는 관계이므로 ㉠에는 서로 일치하지 않거나 상반되는 사실을 나타내는 '하지만'과 '그렇지만' 모두 들어갈 수 있다. 또한 ㉡의 뒤 문장이 앞 문장의 내용을 요약하여 다시 말하고 있으므로 ㉡에는 '다시 말하여'의 뜻을 가진 '즉'이 들어가야 한다.

 • ㉠ 앞뒤 내용: 동물의 세계에는 학습이 만연해 있으나, 인간은 이미 학습의 단계를 넘어서 탐구의 단계로 들어섬

 • ㉡ 앞뒤 내용: 지구상 생명체 중 무언가를 탐구할 수 있는 존재는 오직 인간뿐이며, 다시 말해 인간은 스스로 탐구할 수 있는 능력을 가진 존재로 진화함

🖋 이것도 알면 **합격!**

접속어의 기능

그리고, 그러므로, 그러니, 그래서	순접	앞의 내용을 이어받아 순조롭게 연결함
그러나, 하지만, 그렇지만	역접	앞의 내용과 반대되거나 일치하지 않는 내용을 연결함
그러므로, 따라서, 그래서	인과	앞과 뒤의 내용을 원인과 결과의 관계로 이음
그리고, 또한, 및	대등	앞과 뒤의 내용을 동등한 자격으로 나열하여 이음
그리고, 아울러, 게다가, 더구나	첨가, 보충	앞의 내용에 새로운 내용을 덧붙이거나 보충함
그런데, 한편, 아무튼	전환	앞의 내용과 다른 생각이나 사실을 서술하여 화제를 바꿈
예를 들면, 예컨대, 이를테면, 가령	예시	앞 내용의 구체적인 예를 듦
요컨대, 즉, 요약하자면, 말하자면, 바꾸어 말하면, 다시 말하면	요약, 환언	앞의 내용을 요약하거나, 말을 바꾸어 다시 말함

---

18 어휘 한자 성어   정답 ③

정답 설명

③ '다기망양(多岐亡羊)'과 '망양지탄(亡羊之嘆)' 모두 학문이나 목표에 도달하기 위한 길이 많아 하나의 진리도 얻기 힘듦을 이르는 말이므로 정답은 ③이다.

 • 다기망양(多岐亡羊): '갈림길이 많아 잃어버린 양을 찾지 못한다'라는 뜻으로, 두루 섭렵하기만 하고 전공하는 바가 없어 끝내 성취하지 못함을 이르는 말

 • 망양지탄(亡羊之嘆): '갈림길이 매우 많아 잃어버린 양을 찾을 길이 없음을 탄식한다'라는 뜻으로, 학문의 길이 여러 갈래여서 한 갈래의 진리도 얻기 어려움을 이르는 말

오답 분석

① • 조삼모사(朝三暮四): 간사한 꾀로 남을 속여 희롱함을 이르는 말

 • 조변석개(朝變夕改): '아침저녁으로 뜯어 고친다'라는 뜻으로, 계획이나 결정 등을 일관성이 없이 자주 고침을 이르는 말

② • 포의한사(布衣寒士): '베옷을 입은 가난한 선비'라는 뜻으로, 벼슬이 없는 가난한 선비를 이르는 말

 • 포식난의(飽食暖衣): '배부르게 먹고 따뜻하게 입는다'라는 뜻으로, 의식(衣食)이 넉넉하게 지냄을 이르는 말

④ • 환과고독(鰥寡孤獨): 1. 늙어서 아내 없는 사람, 늙어서 남편 없는 사람, 어려서 어버이 없는 사람, 늙어서 자식 없는 사람을 아울러 이르는 말 2. 외롭고 의지할 데 없는 처지

 • 환해풍파(宦海風波): 벼슬살이에서 겪는 온갖 험한 일

19　어법　문장 (서술어의 자릿수)　정답 ②

정답 설명
② '붉다'는 주어(꽃이)만을 필요로 하는 한 자리 서술어인 반면, ①③④의 서술어는 주어 외에 또 하나의 문장 성분을 필요로 하는 두 자리 서술어이므로 정답은 ②이다.

오답 분석
① '닮다'는 '~와(과) 닮다'의 형태로 쓰이므로, 주어(선웅이는)와 필수적 부사어(엄마와)를 모두 필요로 하는 두 자리 서술어이다.
③ '되다'는 '~이(가) 되다'의 형태로 쓰이므로, 주어(현우는)와 보어(아빠가)를 모두 필요로 하는 두 자리 서술어이다.
④ '읽다'는 '~을(를) 읽다'의 형태로 쓰이므로, 주어(수민이가)와 목적어(책을)를 모두 필요로 하는 두 자리 서술어이다.

20　어법　외래어 표기　정답 ①

정답 설명
① 외래어 표기법에 맞지 않는 단어는 '잉글리쉬(English)' 뿐이다.
  • 잉글리쉬 English[íŋgliʃ](×) → 잉글리시(○): 'English'의 'sh'는 [ʃ]로 소리나며, 이때 어말의 [ʃ]는 '시'로 적어야 한다.

오답 분석
• 팸플릿 pamphlet[pǽmflət](○): 외래어 표기법에서 [æ]로 소리 나는 것은 모음 'ㅐ'로 적으므로 'pamphlet'은 '팸플릿'으로 표기한다.
• 배트 bat[bæt](○): 짧은 모음 다음의 어말 무성 파열음 [t]는 받침으로 적는 것이 원칙이나, 이미 굳어진 외래어는 관용을 존중하여 적으므로 'bat'는 '배트'로 표기한다.
• 프라이 fry[fraɪ](○): 외래어 표기법에서 'f'는 'ㅍ'으로만 표기하므로 'fry'는 '프라이'로 표기한다.
• 시그널 signal[sígnəl](○): 어말과 모든 자음 앞에 오는 유성 파열음 [g]는 '으'를 붙여 적으므로 'signal'은 '시그널'로 표기한다.

21　비문학　내용 추론　정답 ①

정답 설명
① 1문단 끝에서 1~3번째 줄을 통해 지급 받는 보험금은 사고 발생 조건에 따라 결정됨을 알 수 있다. 따라서 동일한 보험료를 지불했더라도 사고 발생 조건에 따라 보험금이 다르게 지급될 수 있음을 추론할 수 있다.
[관련 부분] 보험금 지급은 사고 발생이라는 우연적 조건에 따라 결정되는데, 이처럼 보험은 조건의 실현 여부에 따라 받을 수 있는 재화나 서비스가 달라지는 조건부 상품이다.

오답 분석
② 1문단 3~4번째 줄을 통해 보험은 장래의 우연한 사고로 인한 손실을 보상하는 상품이므로 손실을 입은 사람의 입장에서 사고의 우연성을 따져야 한다. 따라서 ②의 내용은 추론으로 적절하지 않다.

[관련 부분] 보험 상품을 구입한 사람은 장래의 우연한 사고로 인한 경제적 손실에 대비할 수 있다.
③④ 제시문을 통해 알 수 없는 내용이다.

22　어법　한글 맞춤법 (띄어쓰기)　정답 ③

정답 설명
③ 단음절로 된 단어가 연이어 나타날 때는 띄어 쓰는 것이 원칙이며 붙여 씀도 허용한다. 따라서 '좀∨더∨큰∨것'은 '좀더∨큰것'으로, '이∨말∨저∨말'은 '이말∨저말'로 붙여 쓸 수 있으므로 정답은 ③이다.

오답 분석
① 호나 자 등이 성명 앞에 놓이는 경우, 이름인 고유 명사와는 별개의 단위로 처리하므로 '율곡∨이이', '백범∨김구'와 같이 띄어 써야 한다.
② 성명 이외의 고유 명사는 단어별로 띄어 씀을 원칙으로 하나, 산, 강, 산맥, 평야, 고원의 이름과 같이 굳어진 지명은 띄어 쓰지 않는다. 따라서 '북한산', '개마고원'과 같이 붙여 써야 한다.
④ 두 말을 이어 주거나 열거할 때 쓰이는 말은 앞말과 띄어 쓴다. 따라서 '국장∨겸∨과장', '사과,∨배,∨귤∨등'으로 띄어 써야 한다.

23　어휘　고유어　정답 ③

정답 설명
③ '흰소리'는 '터무니없이 자랑으로 떠벌리거나 거드럭거리며 허풍을 떠는 말'을 뜻한다. 따라서 어휘의 뜻풀이가 바르지 않은 것은 ③이다. 참고로, '상대편의 말을 슬쩍 받아 엉뚱한 말로 재치 있게 넘기는 말'을 뜻하는 어휘는 '신소리'이다.

24　어법　국어의 로마자 표기　정답 ④

정답 설명
④ 왕십리[왕심니] Wangsimni(○): '왕십리'의 발음은 [왕심니]이다. '십'의 받침 'ㅂ' 뒤에서 '리'의 'ㄹ'이 [ㄴ]으로 발음되고, 이때 [ㄴ]으로 인해 받침 'ㅂ'이 [ㅁ]으로 동화되어 발음된다(비음화). 국어의 로마자 표기는 자음 사이에서 동화 작용이 일어나는 경우, 이를 반영하여 적으므로 '왕십리[왕심니]'는 'Wangsimni'로 표기한다.

오답 분석
① 설악[서락] Seolak(×) → Seorak(○): '설악'의 발음은 [서락]이다. 'ㄹ'은 모음 앞에서 'r'로 적으므로 'Seorak'으로 표기해야 한다.
② 잡혀[자펴] japhyeo(×) → japyeo(○): '잡혀'의 발음은 [자펴]이다. '잡'의 받침 'ㅂ'이 뒤의 'ㅎ'와 결합하여 거센소리 [ㅍ]로 축약되어 발음된다. 국어의 로마자 표기는 'ㄱ, ㄷ, ㅅ, ㅈ'이 'ㅎ'과 결합하여 거센소리로 소리 나는 경우, 이를 반영하여 적으므로 'japyeo'로 표기해야 한다. 참고로, 체언에서 받침 'ㄱ, ㄷ, ㅂ' 뒤에 'ㅎ'가 따를 때에는 'ㅎ'를 밝혀 적는다.

③ 호법[호ː법] Hobbeop(×) → Hobeop(○): '호법'의 발음은 [호ː법]이다. 'ㅂ'은 모음 앞에서 'b'로 적고 자음 앞이나 어말에서는 'p'로 적으므로 'Hobeop'으로 표기해야 한다. 참고로, 국어의 로마자 표기에서 장모음의 표기는 따로 하지 않는다.

---

25 비문학 적용하기   정답 ②

정답 설명

② 1~3번째 줄을 통해 '양적 연구 방법'은 현상을 수치화하여 측정하며, 그 측정된 값을 통계적으로 분석하는 계량적인 방법임을 알 수 있다. 이러한 '양적 연구 방법'만 사용한 것을 〈보기〉에서 모두 고른 것은 ② 'ㄱ, ㄷ'이다.

- ㄱ: 갑작스러운 상황에서 사람들이 나타내는 반응을 소리의 크기(dB)로 수치화하여 사람들의 폭력성을 측정하였으므로 양적 연구 방법을 사용한 예에 해당한다.
- ㄷ: 설문 조사를 통하여 학교 폭력 현상을 통계적으로 분석하였으므로 양적 연구 방법을 사용한 예에 해당한다.

오답 분석

- ㄴ: 스마트폰 의존도가 높은 사람과 인터뷰를 진행하여 스마트폰 중독과 우울증의 상관관계를 직관적 통찰로 유추하고자 하였으므로 인간 행위의 동기나 목적, 의미 등을 심층적으로 분석하고자 하는 질적 연구 방법이 사용된 예에 해당한다.
- ㄹ: 20대 청년들을 대상으로 만족도 지수를 1~10까지의 수치로 나누어 조사하는 양적 연구 방법과 심층 면접을 진행하여 젊은 세대들이 삶에 만족을 느끼는 요인을 확인하는 질적 연구 방법이 모두 사용된 예에 해당한다.

01 Ⅰ 법률유보의 원칙 정답 ③

정답 분석

③ 헌법 제75조, 제95조의 문리해석상 및 법리해석상 포괄적인 위임입법의 금지는 법규적 효력을 가지는 행정입법의 제정을 그 주된 대상으로 하고 있다. … 따라서 법률이 정관에 자치법적 사항을 위임한 경우에는 헌법 제75조, 제95조가 정하는 포괄적인 위임입법의 금지는 원칙적으로 적용되지 않는다고 봄이 상당하다(헌재 2006.3.30. 2005헌바31).

선지 분석

① 예산은 일종의 법규범이고 법률과 마찬가지로 국회의 의결을 거쳐 제정되지만 법률과 달리 국가기관만을 구속할 뿐 일반국민을 구속하지 않는다. 국회가 의결한 예산 또는 국회의 예산안 의결은 헌법재판소법 제68조 제1항 소정의 '공권력의 행사'에 해당하지 않고 따라서 헌법소원의 대상이 되지 아니한다(헌재 2006.4.25. 2006헌마409).

② 부관의 사후변경은, 법률에 명문의 규정이 있거나 그 변경이 미리 유보되어 있는 경우 또는 상대방의 동의가 있는 경우에 한하여 허용되는 것이 원칙이지만, 사정변경으로 인하여 당초에 부담을 부가한 목적을 달성할 수 없게 된 경우에도 그 목적달성에 필요한 범위 내에서 예외적으로 허용된다(대판 1997.5.30. 97누2627).

④ 국가사무가 지방자치단체의 장에게 위임된 기관위임사무와 같이 지방자치단체의 장이 국가기관의 지위에서 수행하는 사무일 뿐 지방자치단체 자체의 사무라고 할 수 없는 것은 원칙적으로 자치조례의 제정범위에 속하지 않는다(대판 1999.9.17. 99추30).

02 Ⅰ 행정법의 법원 정답 ②

정답 분석

② 가산세는 본세와 함께 부과하면서 세액만 병기하고, 더구나 가산세의 종류가 여러 가지인 경우에도 그 합계액만 표시하는 것이 오랜 과세관행처럼 되어 있었다. 하지만 가산세라고 하여 적법절차 원칙의 법정신을 완화하여 적용할 합당한 근거는 어디에도 없다. … 그러므로 가산세 부과처분이라고 하여 그 종류와 세액의 산출근거 등을 전혀 밝히지 않고 가산세의 합계액만을 기재한 경우에는 그 부과처분은 위법함을 면할 수 없다(대판 2012.10.18. 2010두12347 전합).

선지 분석

① 지방자치단체의 초·중·고등학교에서 실시하는 학교급식을 위해 위 지방자치단체에서 생산되는 우수 농수축산물과 이를 재료로 사용하는 가공식품(이하 '우수농산물'이라고 한다)을 우선적으로 사용하도록 하고 그러한 우수농산물을 사용하는 자를 선별하여 식재료나 식재료 구입비의 일부를 지원하며 지원을 받은 학교는 지원금을 반드시 우수농산물을 구입하는 데 사용하도록 하는 것을 내용으로 하는 위 지방자치단체의 조례안은 내국민대우원칙을 규정한 '1994년 관세 및 무역에 관한 일반협정'에 위반되어 그 효력이 없다(대판 2005.9.9. 2004추10).

③ WTO 협정은 국가와 국가 사이의 권리·의무관계를 설정하는 국제협정으로, 그 내용 및 성질에 비추어 이와 관련한 법적 분쟁은 위 WTO 분쟁해결기구에서 해결하는 것이 원칙이고, 사인(私人)에 대하여는 위 협정의 직접 효력이 미치지 아니한다고 보아야 할 것이므로, 위 협정에 따른 회원국 정부의 반덤핑부과처분이 WTO 협정위반이라는 이유만으로 사인이 직접 국내 법원에 회원국 정부를 상대로 그 처분의 취소를 구하는 소를 제기하거나 위 협정위반을 처분의 독립된 취소사유로 주장할 수는 없다(대판 2009.1.30. 2008두17936).

④ 행정청에 부여된 재량권은 그것이 기속재량의 경우는 물론 자유재량의 경우라도 스스로 지켜야 할 한계가 있고 그 한계는 법의 규정뿐만 아니라 관습법 또는 일반 조리에 의하여 정하여져야 할 것이므로 이와 같은 여러기준에 비추어 심히 부당하다고 인정되는 경우에는 그 재량권행사는 부당하다기 보다는 사법심사의 대상이 되는 위법한 행위가 된다(대판 1985.2.26. 84누588).

03 Ⅰ 행정법의 일반원칙 정답 ①

정답 분석

① 대법원도 행정의 자기구속의 원칙을 인정하고 있다.

> **관련 판례**
>
> 재량권 행사의 준칙인 행정규칙이 그 정한 바에 따라 되풀이 시행되어 행정관행이 이루어지게 되면 평등의 원칙이나 신뢰보호의 원칙에 따라 행정기관은 그 상대방에 대한 관계에서 그 규칙에 따라야 할 자기구속을 받게 되므로, 이러한 경우에는 특별한 사정이 없는 한 그를 위반하는 처분은 평등의 원칙이나 신뢰보호의 원칙에 위배되어 재량권을 일탈·남용한 위법한 처분이 된다(대판 2009.12.24. 2009두7967).

> **이것도 알면 합격!**
>
> **행정의 자기구속의 원칙 적용요건**
> 1. 재량성이 인정되는 영역일 것
> 2. 동종의 사안일 것
> 3. 동일한 행정청일 것
> 4. 선례가 존재할 것(다수설, 판례)

선지 분석

② 사회환경이나 경제여건의 변화에 따른 필요성에 의하여 법률은 신축적으로 변할 수밖에 없고, 변경된 새로운 법질서와 기존의 법질서 사이에는 이해관계의 상충이 불가피하므로 국민이 가지는 모든 기대 내지 신뢰가 헌법상 권리로서 보호될 것은 아니고, 보호 여부는 기존의 제도를 신뢰한 자의 신뢰를 보호할 필요성과 새로운 제도를 통해 달성하려고 하는 공익을 비교형량하여 판단하여야 한다(대판 2016.11.9. 2014두3228).

③ 학설과 판례로 정립된 행정법의 일반원칙인 부당결부금지의 원칙은 행정기본법의 제정으로 실정법상 근거 규정이 마련되었다.

> 행정기본법 제13조【부당결부금지의 원칙】행정청은 행정작용을 할 때 상대방에게 해당 행정작용과 실질적인 관련이 없는 의무를 부과해서는 아니 된다.

④ 일반적으로 조세 법률관계에서 과세관청의 행위에 대하여 신의성실의 원칙이 적용되기 위하여는 과세관청이 납세자에게 신뢰의 대상이 되는 공적인 견해표명을 하여야 하고, 또한 국세기본법 제18조 제3항에서 말하는 비과세관행이 성립하려면 상당한 기간에 걸쳐 과세를 하지 아니한 객관적 사실이 존재할 뿐만 아니라 과세관청 자신이 그 사항에 관하여 과세할 수 있음을 알면서도 어떤 특별한 사정 때문에 과세하지 않는다는 의사가 있어야 하며 위와 같은 공적 견해나 의사는 명시적 또는 묵시적으로 표시되어야 하지만, 묵시적 표시가 있다고 하기 위하여는 단순한 과세 누락과는 달리 과세관청이 상당기간 불과세 상태에 대하여 과세하지 않겠다는 의사표시를 한 것으로 볼 수 있는 사정이 있어야 하고, 이 경우 특히 과세관청의 의사표시가 일반론적인 견해표명에 불과한 경우에는 위 원칙의 적용을 부정하여야 한다(대판 2001.4.24. 2000두5203).

---

04   Ⅰ   신뢰보호의 원칙   정답 ④

정답 분석

④ 폐기물관리법령에 의한 폐기물처리업 사업계획에 대한 적정통보와 국토이용관리법령에 의한 국토이용계획변경은 각기 그 제도적 취지와 결정단계에서 고려해야 할 사항들이 다르다는 이유로, 폐기물처리업 사업계획에 대하여 적정통보를 한 것만으로 그 사업부지 토지에 대한 국토이용계획변경신청을 승인하여 주겠다는 취지의 공적인 견해표명을 한 것으로 볼 수 없다(대판 2005.4.28. 2004두8828).

선지 분석

①②③ 소급입법은 새로운 입법으로 이미 종료된 사실관계 또는 법률관계에 적용케 하는 진정소급입법과 현재 진행 중인 사실관계 또는 법률관계에 적용케 하는 부진정소급입법으로 나눌 수 있는데, 이 중에서 기존의 법에 의하여 이미 형성된 개인의 법적 지위를 사후입법을 통하여 박탈하는 것을 내용으로 하는 진정소급입법은 개인의 신뢰보호와 법적 안정성을 내용으로 하는 법치국가 원리에 의하여 허용되지 아니하는 것이 원칙인 데 반하여, 부진정소급입법은 원칙적으로 허용되지만 소급효를 요구하는 공익상의 사유와 신뢰보호를 요구하는 개인보호의 사유 사이의 교량과정에서 그 범위에 제한이 가하여지는 것이다(대판 2014.6.12. 2014다12270).

이것도 알면 합격!

신뢰보호원칙의 요건

1. 행정청이 개인에 대하여 신뢰의 대상이 되는 공적인 견해표명을 할 것
2. 그 견해표명이 정당하다고 신뢰한 데에 대하여 그 개인에게 귀책사유가 없을 것
3. 그 개인이 그 견해표명을 신뢰하고 이에 상응하는 어떠한 행위를 할 것
4. 공적 견해표명과 사인의 행위에 인과관계가 있을 것
5. 행정청이 그 견해표명에 반하는 처분을 함으로써 그 견해표명을 신뢰한 개인의 이익이 침해되는 결과가 초래될 것
6. 그 견해표명에 따른 행정처분을 할 경우 이로 인하여 공익 또는 제3자의 정당한 이익을 현저히 해할 우려가 있는 경우가 아닐 것

---

05   Ⅱ   행정규칙   정답 ②

정답 분석

② 전결과 같은 행정권한의 내부위임은 법령상 처분권자인 행정관청이 내부적인 사무처리의 편의를 도모하기 위하여 그의 보조기관 또는 하급 행정관청으로 하여금 그의 권한을 사실상 행사하게 하는 것으로서 법률이 위임을 허용하지 않는 경우에도 인정되는 것이므로, 설사 행정관청 내부의 사무처리규정에 불과한 전결규정에 위반하여 원래의 전결권자 아닌 보조기관 등이 처분권자인 행정관청의 이름으로 행정처분을 하였다고 하더라도 그 처분이 권한 없는 자에 의하여 행하여진 무효의 처분이라고는 할 수 없다(대판 1998.2.27. 97누1105).

선지 분석

① 제재적 행정처분이 그 처분에서 정한 제재기간의 경과로 인하여 그 효과가 소멸되었으나, 부령인 시행규칙 또는 지방자치단체의 규칙의 형식으로 정한 처분기준에서 제재적 행정처분을 받은 것을 가중사유나 전제요건으로 삼아 장래의 제재적 행정처분을 하도록 정하고 있는 경우, 선행처분인 제재적 행정처분을 받은 상대방이 그 처분에서 정한 제재기간이 경과하였다 하더라도 그 처분의 취소를 구할 법률상 이익이 있다(대판 2006.6.22. 2003두1684 전합).

③ 행정규칙에 의한 '불문경고조치'가 비록 법률상의 징계처분은 아니지만 위 처분을 받지 아니하였다면 차후 다른 징계처분이나 경고를 받게 될 경우 징계감경사유로 사용될 수 있었던 표창공적의 사용가능성을 소멸시키는 효과와 1년 동안 인사기록카드에 등재됨으로써 그 동안은 장관표창이나 도지사표창 대상자에서 제외시키는 효과 등이 있다는 이유로 항고소송의 대상이 되는 행정처분에 해당한다(대판 2002.7.26. 2001두3532).

④ 행정규칙이나 규정이 상위법령의 위임범위를 벗어난 경우에는 법규명령으로서 대외적 구속력을 인정할 여지는 없다. 이는 행정규칙이나 규정 '내용'이 위임범위를 벗어난 경우뿐 아니라 상위법령의 위임규정에서 특정하여 정한 권한행사의 '절차'나 '방식'에 위배되는 경우도 마찬가지이므로, 상위법령에서 세부사항 등을 시행규칙으로 정하도록 위임하였음에도 이를 고시 등 행정규칙으로 정하였다면 그 역시 대외적 구속력을 가지는 법규명령으로서 효력이 인정될 수 없다(대판 2012.7.5. 2010다72076).

---

06   Ⅱ   허가   정답 ①

정답 분석

옳은 것은 ㄱ, ㄴ이다.

ㄱ. 일반적으로 행정처분에 효력기간이 정하여져 있는 경우에는 그 기간의 경과로 그 행정처분의 효력은 상실되고, 다만 허가에 붙은 기한이 그 허가된 사업의 성질상 부당하게 짧은 경우에는 이를 그 허가 자체의 존속기간이 아니라 그 허가조건의 존속기간으로 보아 그 기한이 도래함으로써 그 조건의 개정을 고려한다는 뜻으로 해석할 수는 있다(대판 2007.10.11. 2005두12404).

ㄴ. 그 허가기간이 연장되기 위하여는 그 종기가 도래하기 전에 그 허가기간의 연장에 관한 신청이 있어야 하며, 만일 그러한 연장신청이 없는 상태에서 허가기간이 만료하였다면 그 허가의 효력은 상실된다(대판 2007.10.11. 2005두12404).

ㄷ. 종전의 허가가 기한의 도래로 실효한 이상 원고가 종전 허가의 유효 기간이 지나서 신청한 이 사건 기간연장신청은 그에 대한 종전의 허가처분을 전제로 하여 단순히 그 유효기간을 연장하여 주는 행정처분을 구하는 것이라기 보다는 종전의 허가처분과는 별도의 새로운 허가를 내용으로 하는 행정처분을 구하는 것이라고 보아야 할 것이어서, 이러한 경우 허가권자는 이를 새로운 허가신청으로 보아 법의 관계 규정에 의하여 허가요건의 적합 여부를 새로이 판단하여 그 허가 여부를 결정하여야 할 것이다(대판 1995.11.10. 94누11866).

ㄹ. 허가 등의 행정처분은 원칙적으로 처분시의 법령과 허가기준에 의하여 처리되어야 하고 허가신청 당시의 기준에 따라야 하는 것은 아니며, 비록 허가신청 후 허가기준이 변경되었다 하더라도 그 허가관청이 허가신청을 수리하고도 정당한 이유 없이 그 처리를 늦추어 그 사이에 허가기준이 변경된 것이 아닌 이상 변경된 허가기준에 따라서 처분을 하여야 한다(대판 2006.8.25. 2004두2974).

---

07 Ⅱ 행정행위의 효력 정답 ③

③ 위헌결정의 기속력과 헌법을 최고규범으로 하는 법질서의 체계적 요청에 비추어 국가기관 및 지방자치단체는 위헌으로 선언된 법률규정에 근거하여 새로운 행정처분을 할 수 없음은 물론이고, 위헌결정 전에 이미 형성된 법률관계에 기한 후속처분이라도 그것이 새로운 위헌적 법률관계를 생성·확대하는 경우라면 이를 허용할 수 없다(대판 2012.2.16. 2010두10907 전합).

① 법률에 근거하여 행정처분이 발하여진 후에 헌법재판소가 그 행정처분의 근거가 된 법률을 위헌으로 결정하였다면 결과적으로 행정처분은 법률의 근거가 없이 행하여진 것과 마찬가지가 되어 하자가 있는 것이 되나, 하자 있는 행정처분이 당연무효가 되기 위하여는 그 하자가 중대할 뿐만 아니라 명백한 것이어야 하는데, 일반적으로 법률이 헌법에 위반된다는 사정이 헌법재판소의 위헌결정이 있기 전에는 객관적으로 명백한 것이라고 할 수는 없으므로 헌법재판소의 위헌결정 전에 행정처분의 근거되는 당해 법률이 헌법에 위반된다는 사유는 특별한 사정이 없는 한 그 행정처분의 취소소송의 전제가 될 수 있을 뿐 당연무효사유는 아니라고 봄이 상당하다(대판 1994.10.28. 92누9463).

② 위헌인 법률에 근거한 행정처분이 당연무효인지의 여부는 위헌결정의 소급효와는 별개의 문제로서, 위헌결정의 소급효가 인정된다고 하여 위헌인 법률에 근거한 행정처분이 당연무효가 된다고는 할 수 없고, 오히려 이미 취소소송의 제기기간을 경과하여 확정력이 발생한 행정처분에는 위헌결정의 소급효가 미치지 않는다고 보아야 한다(대판 1994.10.28. 92누9463).

④ 위헌결정의 효력은 그 미치는 범위가 무한정일 수는 없고 다른 법리에 의하여 그 소급효를 제한하는 것까지 부정되는 것은 아니라 할 것이며, 법적 안정성의 유지나 당사자의 신뢰보호를 위하여 불가피한 경우에 위헌결정의 소급효를 제한하는 것은 오히려 법치주의의 원칙상 요청되는 바라 할 것이다(대판 2005.11.10. 2005두5628).

---

08 Ⅱ 행정행위의 취소와 철회 정답 ④

④ 행정처분을 한 처분청은 그 처분에 하자가 있는 경우에는 별도의 법적 근거가 없더라도 스스로 이를 취소하거나 변경할 수 있다(대판 2008.2.15. 2006두3957).

① 행정행위를 한 처분청은 그 처분 당시에 그 행정처분에 별다른 하자가 없었고 또 그 처분 후에 이를 취소할 별도의 법적 근거가 없다 하더라도 원래의 처분을 그대로 존속시킬 필요가 없게 된 사정변경이 생겼거나 또는 중대한 공익상의 필요가 발생한 경우에는 별개의 행정행위로 이를 철회하거나 변경할 수 있다(대판 1992.1.17. 91누3130).

② 법령의 근거가 없어도 수익적 행정행위에 대하여 철회권을 유보하는 부관을 부가할 수 있다.

> ⚖️ **관련 판례**
>
> 행정행위의 부관으로 취소권이 유보되어 있는 경우, 당해 행정행위를 한 행정청은 그 취소사유가 법령에 규정되어 있는 경우뿐만 아니라 의무위반이 있는 경우, 사정변경이 있는 경우, 좁은 의미의 취소권이 유보된 경우, 또는 중대한 공익상의 필요가 발생한 경우 등에도 그 행정처분을 취소할 수 있는 것이다(대판 1984.11.13. 84누269).

③ 제소기간이 이미 도과하여 불가쟁력이 생긴 행정처분에 대하여는 개별 법규에서 그 변경을 요구할 신청권을 규정하고 있거나 관계 법령의 해석상 그러한 신청권이 인정될 수 있는 등 특별한 사정이 없는 한 국민에게 그 행정처분의 변경을 구할 신청권이 있다 할 수 없다(대판 2007.4.26. 2005두11104).

---

09 Ⅲ 정보공개 정답 ②

② 공개청구의 취지에 어긋나지 아니하는 범위에서 두 부분을 분리할 수 있는 경우에는 비공개 대상 정보를 제외하고 공개하여야 한다.

> 공공기관의 정보공개에 관한 법률 제14조【부분 공개】 공개청구한 정보가 제9조 제1항 각 호의 어느 하나에 해당하는 부분과 공개 가능한 부분이 혼합되어 있는 경우로서 공개청구의 취지에 어긋나지 아니하는 범위에서 두 부분을 분리할 수 있는 경우에는 제9조 제1항 각 호의 어느 하나에 해당하는 부분을 제외하고 공개하여야 한다.

① 동법 제13조 제2항에 대한 옳은 내용이다.

> 제13조【정보공개 여부 결정의 통지】② 공공기관은 청구인이 사본 또는 복제물의 교부를 원하는 경우에는 이를 교부하여야 한다.

③ 정보공개제도는 공공기관이 보유·관리하는 정보를 그 상태대로 공개하는 제도로서 공개를 구하는 정보를 공공기관이 보유·관리하고 있을 상당한 개연성이 있다는 점에 대하여 원칙적으로 공개청구자에게 증명책임이 있다고 할 것이지만, 공개를 구하는 정보를 공공기관이 한때 보유·관리하였으나 후에 그 정보가 담긴 문서 등이 폐기되어 존재하지 않게 된 것이라면 그 정보를 더 이상 보유·관리하고 있지 아니하다는 점에 대한 증명책임은 공공기관에게 있다(대판 2004.12.9. 2003두12707).

④ 동법 제19조 제2항, 제20조 제1항에 대한 옳은 내용이다.

> 제19조 【행정심판】 ② 청구인은 제18조에 따른 이의신청 절차를 거치지 아니하고 행정심판을 청구할 수 있다.
>
> 제20조 【행정소송】 ① 청구인이 정보공개와 관련한 공공기관의 결정에 대하여 불복이 있거나 정보공개청구 후 20일이 경과하도록 정보공개결정이 없는 때에는 행정소송법에서 정하는 바에 따라 행정소송을 제기할 수 있다.

10 Ⅳ 행정대집행   정답 ④

정답 분석

④ 행정대집행의 방법으로 공유재산에 설치한 시설물을 철거할 수 있고, 이러한 행정대집행의 절차가 인정되는 경우에는 민사소송의 방법으로 시설물의 철거를 구하는 것은 허용되지 아니한다(대판 2017.4.13. 2013다207941).

선지 분석

① 단순한 부작위의무의 위반의 경우, 관계 법령에 근거 규정이 있는 경우가 아닌 한 원칙적으로 대집행을 할 수 없다.

> 🔨 관련 판례
>
> 행정대집행법 제2조는 대집행의 대상이 되는 의무를 "법률(법률의 위임에 의한 명령, 지방자치단체의 조례를 포함한다. 이하 같다)에 의하여 직접 명령되었거나 또는 법률에 의거한 행정청의 명령에 의한 행위로서 타인이 대신하여 행할 수 있는 행위"라고 규정하고 있으므로, 대집행계고처분을 하기 위하여는 법령에 의하여 직접 명령되거나 법령에 근거한 행정청의 명령에 의한 의무자의 대체적 작위의무 위반행위가 있어야 한다(대판 1996.6.28. 96누4374).

② 피수용자 등이 기업자에 대하여 부담하는 수용대상 토지의 인도의무에 관한 구 토지수용법 제63조, 제64조, 제77조 규정에서의 '인도'에는 명도도 포함되는 것으로 보아야 하고, 이러한 명도의무는 그것을 강제적으로 실현하면서 직접적인 실력행사가 필요한 것이지 대체적 작위의무라고 볼 수 없으므로 특별한 사정이 없는 한 행정대집행법에 의한 대집행의 대상이 될 수 있는 것이 아니다(대판 2005.8.19. 2004다2809).

③ 지방재정법 제85조 제1항은, 공유재산을 정당한 이유 없이 점유하거나 그에 시설을 한 때에는 이를 강제로 철거하게 할 수 있다고 규정하고, 그 제2항은, 지방자치단체의 장이 제1항의 규정에 의한 강제철거를 하게 하고자 할 때에는 행정대집행법 제3조 내지 제6조의 규정을 준용한다고 규정하고 있는바, 공유재산의 점유자가 그 공유재산에 관하여 대부계약 외 달리 정당한 권원이 있다는 자료가 없는 경우 그 대부계약이 적법하게 해지된 이상 그 점유자의 공유재산에 대한 점유는 정당한 이유 없는 점유라 할 것이고, 따라서 지방자치단체의 장은 지방재정법 제85조에 의하여 행정대집행의 방법으로 그 지상물을 철거시킬 수 있다(대판 2001.10.12. 2001두4078).

11 Ⅳ 행정상 즉시강제   정답 ③

정답 분석

③ 행정상의 즉시강제 또는 행정대집행과 같은 사실행위는 그 실행이 완료된 이후에 있어서는 그 행위의 위법을 이유로 하는 손해배상 또는 원상회복의 청구를 하는 것은 몰라도, 그 처분의 취소를 구하는 것은 권리보호의 이익이 없다(대판 1965.5.31. 65누25).

선지 분석

① 종래에는 경찰긴급권이론에 의해 경찰상 긴급한 상태에 있어서는 법적 근거 없이도 행정상 즉시강제가 가능하다고 보았지만, 법치주의가 확립된 오늘날에는 행정상 즉시강제에는 법적 근거가 필요하다고 보고 있다.

② 즉시강제는 행정상 장해가 현존하거나 목전에 급박한 경우에 발동할 수 있다.

④ 행정상 즉시강제란 급박한 행정상의 장해를 제거할 필요가 있는 경우에 미리 의무를 명할 시간적 여유가 없을 때 또는 그 성질상 의무를 명해서는 목적달성이 곤란할 때 즉시 국민의 신체 또는 재산에 실력을 가하여 행정상의 필요한 상태를 실현하는 행정작용을 말한다.

12 Ⅳ 행정벌   정답 ①

정답 분석

① 행정질서벌인 과태료는 고의 또는 과실이 있는 경우에 부과된다.

> 질서위반행위규제법 제7조 【고의 또는 과실】 고의 또는 과실이 없는 질서위반행위는 과태료를 부과하지 아니한다.

선지 분석

② 질서위반행위규제법 제11조 제1항에 대한 옳은 내용이다.

> 제11조 【법인의 처리 등】 ① 법인의 대표자, 법인 또는 개인의 대리인·사용인 및 그 밖의 종업원이 업무에 관하여 법인 또는 그 개인에게 부과된 법률상의 의무를 위반한 때에는 법인 또는 그 개인에게 과태료를 부과한다.

③ 양벌규정에 의한 영업주의 처벌은 금지위반행위자인 종업원의 처벌에 종속하는 것이 아니라 독립하여 그 자신의 종업원에 대한 선임감독상의 과실로 인하여 처벌되는 것이므로 종업원의 범죄성립이나 처벌이 영업주 처벌의 전제조건이 될 필요는 없다(대판 1987.11.10. 87도1213).

④ 형벌법규, 특히 어떤 행정목적을 달성하기 위하여 규제하고 그 행정목적의 실현을 담보하기 위하여 그 위반을 처벌하는 행정형벌법규의 경우에는 법문의 엄격한 해석이 요구된다(대판 1990.4.27. 89도1886).

🖋️ 이것도 알면 **합격!**

행정벌의 구분

구분	행정형벌	행정질서벌
목적	행정목적 및 사회공익	행정질서
성질	행정목적의 직접적 침해에 대한 제재	단순한 행정상 의무태만에 대한 제재
처벌 방식	형법상 형벌	과태료
형법총칙	적용됨(원칙)	적용되지 않음
고의 또는 과실	필요	필요
처벌 절차	형사소송법 (단, 통고처분, 즉결심판 제외)	질서위반행위규제법 (단, 지방자치법 제외)
양자의 병과 여부	• 대법원: 병과 인정(대판 2000.10.27. 2000도3874)	• 헌법재판소: 병과 인정(헌재 1994.6.30. 92헌바38)

---

13 Ⅳ 과태료 정답 ③

③ 질서위반행위규제법 제8조에 대한 옳은 내용이다.

> 제8조 【위법성의 착오】 자신의 행위가 위법하지 아니한 것으로 오인하고 행한 질서위반행위는 그 오인에 정당한 이유가 있는 때에 한하여 과태료를 부과하지 아니한다.

① 행정법상의 질서벌인 과태료의 부과처분과 형사처벌은 그 성질이나 목적을 달리하는 별개의 것이므로 행정법상의 질서벌인 과태료를 납부한 후에 형사처벌을 한다고 하여 이를 일사부재리의 원칙에 반하는 것이라고 할 수는 없다(대판 1996.4.12. 96도158).

② 여객자동차 운수사업법 제76조, 제85조에서 정하는 과태료처분이나 감차처분 등은 규정 위반자에 대하여 처벌 또는 제재를 가하는 것이므로 같은 법이 정하고 있는 처분대상인 위반행위를 함부로 유추해석하거나 확대해석하여서는 아니 된다(대판 2007.3.30. 2004두7665).

④ 신분이 없는 자에 대하여도 질서위반행위가 성립한다.

> 질서위반행위규제법 제12조 【다수인의 질서위반행위 가담】 ② 신분에 의하여 성립하는 질서위반행위에 신분이 없는 자가 가담한 때에는 신분이 없는 자에 대하여도 질서위반행위가 성립한다.

---

14 Ⅴ 국가배상 정답 ③

③ 영조물이 기능상 결함이 있었더라도 객관적으로 보아 손해발생의 예견가능성과 회피가능성이 없는 경우 영조물의 설치·관리상의 하자가 인정되지 않는다.

> 🔍 **관련 판례**
>
> 국가배상법 제5조 제1항 소정의 영조물의 설치 또는 관리의 하자라 함은 영조물이 그 용도에 따라 통상 갖추어야 할 안전성을 갖추지 못한 상태에 있음을 말하는 것으로서, 영조물이 완전무결한 상태에 있지 아니하고 그 기능상 어떠한 결함이 있다는 것만으로 영조물의 설치 또는 관리에 하자가 있다고 할 수 없는 것이고, … 객관적으로 보아 시간적·장소적으로 영조물의 기능상 결함으로 인한 손해발생의 예견가능성과 회피가능성이 없는 경우, 즉 그 영조물의 결함이 영조물의 설치관리자의 관리행위가 미칠 수 없는 상황 아래에 있는 경우에는 영조물의 설치·관리상의 하자를 인정할 수 없다(대판 2007.9.21. 2005다65678).

①② 국가배상법 제5조 제1항 소정의 "공공의 영조물"이라 함은 국가 또는 지방자치단체에 의하여 특정 공공의 목적에 공여된 유체물 내지 물적 설비를 지칭하며, 특정 공공의 목적에 공여된 물이라 함은 일반 공중의 자유로운 사용에 직접적으로 제공되는 공공용물에 한하지 아니하고, 행정주체 자신의 사용에 제공되는 공용물도 포함하며 국가 또는 지방자치단체가 소유권, 임차권 그 밖의 권한에 기하여 관리하고 있는 경우뿐만 아니라 사실상의 관리를 하고 있는 경우도 포함한다(대판 1995.1.24. 94다45302).

④ 영조물 설치의 '하자'라 함은 영조물의 축조에 불완전한 점이 있어 이 때문에 영조물 자체가 통상 갖추어야 할 완전성을 갖추지 못한 상태에 있음을 말한다고 할 것인바 그 '하자' 유무는 객관적 견지에서 본 안전성의 문제이고 그 설치자의 재정사정이나 영조물의 사용목적에 의한 사정은 안전성을 요구하는 데 대한 정도 문제로서 참작사유에는 해당할지언정 안전성을 결정지을 절대적 요건에는 해당하지 아니한다 할 것이다(대판 1967.2.21. 66다1723).

정답 분석

① 자동으로 승계하는 것이 아니라 위원회의 허가를 받아 승계할 수 있다.

> **행정심판법 제16조【청구인의 지위 승계】** ⑤ 심판청구의 대상과 관계되는 권리나 이익을 양수한 자는 위원회의 허가를 받아 청구인의 지위를 승계할 수 있다.

선지 분석

② 행정심판법 제16조 제2항에 대한 옳은 내용이다.

> **제16조【청구인의 지위 승계】** ② 법인인 청구인이 합병(合倂)에 따라 소멸하였을 때에는 합병 후 존속하는 법인이나 합병에 따라 설립된 법인이 청구인의 지위를 승계한다.

③ 행정심판법 제20조 제1항·제2항·제5항, 제21조 제1항에 대한 옳은 내용이다.

> **제20조【심판참가】** ① 행정심판의 결과에 이해관계가 있는 제3자나 행정청은 해당 심판청구에 대한 제7조 제6항 또는 제8조 제7항에 따른 위원회나 소위원회의 의결이 있기 전까지 그 사건에 대하여 심판참가를 할 수 있다.
> ② 제1항에 따른 심판참가를 하려는 자는 참가의 취지와 이유를 적은 참가신청서를 위원회에 제출하여야 한다. 이 경우 당사자의 수만큼 참가신청서 부본을 함께 제출하여야 한다.
> ⑤ 위원회는 제2항에 따라 참가신청을 받으면 허가 여부를 결정하고, 지체 없이 신청인에게는 결정서 정본을, 당사자와 다른 참가인에게는 결정서 등본을 송달하여야 한다.
>
> **제21조【심판참가의 요구】** ① 위원회는 필요하다고 인정하면 그 행정심판 결과에 이해관계가 있는 제3자나 행정청에 그 사건 심판에 참가할 것을 요구할 수 있다.

④ 행정심판법 제2조 제4호에 대한 옳은 내용이다.

> **제2조【정의】** 이 법에서 사용하는 용어의 뜻은 다음과 같다.
> 4. "행정청"이란 행정에 관한 의사를 결정하여 표시하는 국가 또는 지방자치단체의 기관, 그 밖에 법령 또는 자치법규에 따라 행정권한을 가지고 있거나 위탁을 받은 공공단체나 그 기관 또는 사인(私人)을 말한다.

정답 분석

③ 처분 후 근거법령이 개정되어 더 이상 부관을 붙일 수 없게 되었다 하더라도 당초의 부관의 효력이 소급하여 효력이 소멸하는 것은 아니다.

> **⚖️ 관련 판례**
>
> 행정청이 수익적 행정처분을 하면서 부가한 부담의 위법 여부는 처분 당시 법령을 기준으로 판단하여야 하고, 부담이 처분 당시 법령을 기준으로 적법하다면 처분 후 부담의 전제가 된 주된 행정처분의 근거법령이 개정됨으로써 행정청이 더 이상 부관을 붙일 수 없게 되었다 하더라도 곧바로 위법하게 되거나 그 효력이 소멸하게 되는 것은 아니다. 따라서 행정처분의 상대방이 수익적 행정처분을 얻기 위하여 행정청과 사이에 행정처분에 부가할 부담에 관한 협약을 체결하고 행정청이 수익적 행정처분을 하면서 협약상의 의무를 부담으로 부가하였으나 부담의 전제가 된 주된 행정처분의 근거법령이 개정됨으로써 행정청이 더 이상 부관을 붙일 수 없게 된 경우에도 곧바로 협약의 효력이 소멸하는 것은 아니다(대판 2009.2.12. 2005다65500).

선지 분석

① 행정기본법 제17조 제1항·제2항에 대한 옳은 내용이다.

> **제17조【부관】** ① 행정청은 처분에 재량이 있는 경우에는 부관(조건, 기한, 부담, 철회권의 유보 등을 말한다. 이하 이 조에서 같다)을 붙일 수 있다.
> ② 행정청은 처분에 재량이 없는 경우에는 법률에 근거가 있는 경우에 부관을 붙일 수 있다.

> **⚖️ 관련 판례**
>
> 일반적으로 기속행위나 기속적 재량행위에는 부관을 붙을 수 없고 가사 부관을 붙였다 하더라도 이는 무효의 것이다(대판 1988.4.27. 87누1106).

② 행정처분에 이미 부담이 부가되어 있는 상태에서 그 의무의 범위 또는 내용 등을 변경하는 부관의 사후변경은, 법률에 명문의 규정이 있거나 그 변경이 미리 유보되어 있는 경우 또는 상대방의 동의가 있는 경우에 한하여 허용되는 것이 원칙이지만, 사정변경으로 인하여 당초에 부담을 부가한 목적을 달성할 수 없게 된 경우에도 그 목적달성에 필요한 범위 내에서 예외적으로 허용된다(대판 1997.5.30. 97누2627).

④ 행정기본법 제17조 제4항에 대한 옳은 내용이다.

> **제17조【부관】** ④ 부관은 다음 각 호의 요건에 적합하여야 한다.
> 1. 해당 처분의 목적에 위배되지 아니할 것
> 2. 해당 처분과 실질적인 관련이 있을 것
> 3. 해당 처분의 목적을 달성하기 위하여 필요한 최소한의 범위일 것

정답 분석

③ 행정처분의 취소 또는 무효확인을 구하는 행정소송은 다른 법률에 특별한 규정이 없는 한 그 처분을 행한 행정청을 피고로 하여야 하며, 행정처분을 행할 적법한 권한 있는 상급 행정청으로부터 내부위임을 받은 데 불과한 하급 행정청이 권한 없이 행정처분을 한 경우에도 실제로 그 처분을 행한 하급 행정청을 피고로 하여야 할 것이지 그 처분을 행할 적법한 권한 있는 상급 행정청을 피고로 할 것이 아니다(대판 1991.2.22. 90누5641).

선지 분석

① 건축협의 취소는 상대방이 다른 지방자치단체 등 행정주체라 하더라도 '행정청이 행하는 구체적 사실에 관한 법집행으로서의 공권력 행사'(행정소송법 제2조 제1항 제1호)로서 처분에 해당한다고 볼 수 있고, 지방자치단체인 원고가 이를 다툴 실효적 해결 수단이 없는 이상, 원고는 건축물 소재지 관할 허가권자인 지방자치단체의 장을 상대로 항고소송을 통해 건축협의 취소의 취소를 구할 수 있다(대판 2014.2.27. 2012두22980).

② 노동위원회법 제27조 제1항에 대한 옳은 내용이다.

> 제27조【중앙노동위원회의 처분에 대한 소송】① 중앙노동위원회의 처분에 대한 소송은 중앙노동위원회 위원장을 피고(被告)로 하여 처분의 송달을 받은 날부터 15일 이내에 제기하여야 한다.

④ 수용재결에 불복하여 취소소송을 제기하는 때에는 이의신청을 거친 경우에도 수용재결을 한 중앙토지수용위원회 또는 지방토지수용위원회를 피고로 하여 수용재결의 취소를 구하여야 하고, 다만 이의신청에 대한 재결 자체에 고유한 위법이 있음을 이유로 하는 경우에는 그 이의재결을 한 중앙토지수용위원회를 피고로 하여 이의재결의 취소를 구할 수 있다고 보아야 한다(대판 2010.1.28. 2008두1504).

정답 분석

③ 교도소장이 수형자 甲을 '접견내용 녹음·녹화 및 접견 시 교도관 참여대상자'로 지정한 사안에서, 위 지정행위는 수형자의 구체적 권리의무에 직접적 변동을 가져오는 행정청의 공법상 행위로서 항고소송의 대상이 되는 '처분'에 해당한다(대판 2014.2.13. 2013두20899).

선지 분석

① 감사원의 변상판정처분에 대하여서는 행정소송을 제기할 수 없고, 재결에 해당하는 재심의 판정에 대하여서만 감사원을 피고로 하여 행정소송을 제기할 수 있다(대판 1984.4.10. 84누91).

② 증액경정처분은 당초 처분과 증액되는 부분을 포함하여 전체로서 하나의 과세표준과 세액을 다시 결정하는 것이어서 당초 처분은 증액경정처분에 흡수되어 독립된 존재가치를 상실하고 오직 증액경정처분만이 쟁송의 대상이 된다(대판 2004.2.13. 2002두9971).

④ 국세환급금결정에 의하여 비로소 환급청구권이 확정되는 것은 아니므로, 위 국세환급금결정이나 이 결정을 구하는 신청에 대한 환급거부결정은 납세의무자가 갖는 환급청구권의 존부나 범위에 구체적이고 직접적인 영향을 미치는 처분이 아니어서 항고소송의 대상이 되는 처분이라고 볼 수 없다(대판 2009.11.26. 2007두4018).

정답 분석

④ 관련청구소송의 이송 및 병합에 대한 규정(행정소송법 제10조)은 당사자소송에 준용한다.

> 행정소송법 제44조【준용규정】② 제10조의 규정은 당사자소송과 관련청구소송이 각각 다른 법원에 계속되고 있는 경우의 이송과 이들 소송의 병합의 경우에 준용한다.

선지 분석

① 행정소송법 제10조 제1항에 대한 옳은 내용이다.

> 제10조【관련청구소송의 이송 및 병합】① 취소소송과 다음 각 호의 1에 해당하는 소송(이하 "관련청구소송"이라 한다)이 각각 다른 법원에 계속되고 있는 경우에 관련청구소송이 계속된 법원이 상당하다고 인정하는 때에는 당사자의 신청 또는 직권에 의하여 이를 취소소송이 계속된 법원으로 이송할 수 있다.
> 1. 당해 처분 등과 관련되는 손해배상·부당이득반환·원상회복 등 청구소송
> 2. 당해 처분 등과 관련되는 취소소송

② 손해배상청구 등의 민사소송이 행정소송에 관련청구로 병합되기 위해서는 그 청구의 내용 또는 발생원인이 행정소송의 대상인 처분 등과 법률상 또는 사실상 공통되거나, 그 처분의 효력이나 존부 유무가 선결문제로 되는 등의 관계에 있어야 함이 원칙이다(대판 2000.10.27. 99두561).

③ 행정소송법 제38조, 제10조에 의한 관련청구소송의 병합은 본래의 항고소송이 적법할 것을 요건으로 하는 것이어서 본래의 항고소송이 부적법하여 각하되면 그에 병합된 관련청구도 소송요건을 흠결한 부적합한 것으로 각하되어야 한다(대판 2001.11.27. 2000두697).

정답 분석

① 판례는 판결의 기속력에 결과제거의무(원상회복의무)가 포함된다고 보며, 근거조항으로 행정소송법 제30조 제1항을 들기도 한다.

> **관련 판례**
>
> 어떤 행정처분을 위법하다고 판단하여 취소하는 판결이 확정되면 행정청은 취소판결의 기속력에 따라 그 판결에서 확인된 위법사유를 배제한 상태에서 다시 처분을 하거나 그 밖에 위법한 결과를 제거하는 조치를 할 의무가 있다(행정소송법 제30조). 그리고 행정처분이 불복기간의 경과로 인하여 확정될 경우 그 확정력은, 처분으로 인하여 법률상 이익을 침해받은 자가 해당 처분이나 재결의 효력을 더 이상 다툴 수 없다는 의미일 뿐, 더 나아가 판결에 있어서와 같은 기판력이 인정되는 것은 아니어서 처분의 기초가 된 사실관계나 법률적 판단이 확정되고 당사자들이나 법원이 이에 기속되어 모순되는 주장이나 판단을 할 수 없게 되는 것은 아니다(대판 2019.10.17. 2018두104).

> 행정소송법 제30조【취소판결 등의 기속력】① 처분 등을 취소하는 확정판결은 그 사건에 관하여 당사자인 행정청과 그 밖의 관계행정청을 기속한다.

선지 분석

② 행정소송법 제34조 제1항, 제30조 제2항에 대한 옳은 내용이다.

> 제34조【거부처분취소판결의 간접강제】① 행정청이 제30조 제2항의 규정에 의한 처분을 하지 아니하는 때에는 제1심 수소법원은 당사자의 신청에 의하여 결정으로써 상당한 기간을 정하고 행정청이 그 기간 내에 이행하지 아니하는 때에는 그 지연기간에 따라 일정한 배상을 할 것을 명하거나 즉시 손해배상을 할 것을 명할 수 있다.
>
> 제30조【취소판결 등의 기속력】② 판결에 의하여 취소되는 처분이 당사자의 신청을 거부하는 것을 내용으로 하는 경우에는 그 처분을 행한 행정청은 판결의 취지에 따라 다시 이전의 신청에 대한 처분을 하여야 한다.

③ 행정소송법 제30조 제2항에 의하면, 행정청의 거부처분을 취소하는 판결이 확정된 경우에는 처분을 행한 행정청이 판결의 취지에 따라 이전 신청에 대하여 재처분을 할 의무가 있다. 행정처분의 적법 여부는 행정처분이 행하여진 때의 법령과 사실을 기준으로 판단하는 것이므로 확정판결의 당사자인 처분 행정청은 종전 처분 후에 발생한 새로운 사유를 내세워 다시 거부처분을 할 수 있고, 그러한 처분도 위 조항에 규정된 재처분에 해당한다(대판 2011.10.27. 2011두14401).

④ 영업의 금지를 명한 영업허가취소처분 자체가 나중에 행정쟁송절차에 의하여 취소되었다면 그 영업허가취소처분은 그 처분시에 소급하여 효력을 잃게 되며, 그 영업허가취소처분에 복종할 의무가 원래부터 없었음이 확정되었다고 봄이 타당하고, 영업허가취소처분이 장래에 향하여서만 효력을 잃게 된다고 볼 것은 아니므로 그 영업허가취소처분 이후의 영업행위를 무허가영업이라고 볼 수는 없다(대판 1993.6.25. 93도277).

21 Ⅲ 개인정보 보호법 정답 ④

정답 분석

④ '상당한 기한 내에'가 아닌 지체 없이 알려야 한다.

> 개인정보 보호법 제34조【개인정보 유출 등의 통지·신고】① 개인정보처리자는 개인정보가 분실·도난·유출(이하 이 조에서 "유출등"이라 한다)되었음을 알게 되었을 때에는 지체 없이 해당 정보주체에게 다음 각 호의 사항을 알려야 한다.

선지 분석

① 개인정보 보호법 제29조에 대한 옳은 내용이다.

> 제29조【안전조치의무】개인정보처리자는 개인정보가 분실·도난·유출·위조·변조 또는 훼손되지 아니하도록 내부 관리계획 수립, 접속기록 보관 등 대통령령으로 정하는 바에 따라 안전성 확보에 필요한 기술적·관리적 및 물리적 조치를 하여야 한다.

② 개인정보 보호법 제32조의2 제1항·제2항에 대한 옳은 내용이다.

> 제32조의2【개인정보 보호 인증】① 보호위원회는 개인정보처리자의 개인정보 처리 및 보호와 관련한 일련의 조치가 이 법에 부합하는지 등에 관하여 인증할 수 있다.
> ② 제1항에 따른 인증의 유효기간은 3년으로 한다.

③ 개인정보 보호법 제28조의2 제1항에 대한 옳은 내용이다.

> 제28조의2【가명정보의 처리 등】① 개인정보처리자는 통계작성, 과학적 연구, 공익적 기록보존 등을 위하여 정보주체의 동의 없이 가명정보를 처리할 수 있다.

22 Ⅶ 공무원 정답 ②

정답 분석

② 직위해제처분이 공무원에 대한 불이익처분이기는 하나 징계처분과 같은 성질의 처분이라 할 수 없다(대판 1976.4.13. 75누121).

선지 분석

① 군인사법 및 그 시행령의 관계 규정에 따르면, 원고와 같이 진급예정자 명단에 포함된 자는 진급예정자명단에서 삭제되거나 진급선발이 취소되지 않는 한 진급예정자 명단 순위에 따라 진급하게 되므로, 이 사건 처분과 같이 진급선발을 취소하는 처분은 진급예정자로서 가지는 원고의 이익을 침해하는 처분이라 할 것이고, 한편 군인사법 및 그 시행령에 이 사건 처분과 같이 진급예정자 명단에 포함된 자의 진급선발을 취소하는 처분을 함에 있어 행정절차에 준하는 절차를 거치도록 하는 규정이 없을 뿐만 아니라 위 처분이 성질상 행정절차를 거치기 곤란하거나 불필요하다고 인정되는 처분이라고 보기도 어렵다고 할 것이어서 이 사건 처분이 행정절차법의 적용이 제외되는 경우에 해당한다고 할 수 없으며, 나아가 원고가 수사과정 및 징계과정에서 자신의 비위행위에 대한 해명기회를 가졌다는 사정만으로 이 사건 처분이 행정절차법 제21조 제4항 제3호, 제22조 제4항에 따라 원고에게 사전통지를 하지 않거나 의견제출의 기회를 주지 아니하여도 되는 예외적인 경우에 해당한다고 할 수 없으므로, 피고가 이 사건 처분을 함에 있어 원고에게 의견제출의 기회를 부여하지 아니한 이상, 이 사건 처분은 절차상 하자가 있어 위법하다(대판 2007.9.21. 2006두20631).

③ 당연퇴직의 인사발령은 법률상 당연히 발생하는 퇴직사유를 공적으로 확인하여 알려주는 이른바 관념의 통지에 불과하다(헌재 2003.10.30. 2002헌가24).

④ 국민으로부터 널리 공무를 수탁하여 국민 전체를 위해 근무하는 공무원의 지위를 고려할 때 공무원의 품위손상행위는 본인은 물론 공직사회에 대한 국민의 신뢰를 실추시킬 우려가 있으므로 지방공무원법 제55조는 국가공무원법 제63조와 함께 공무원에게 직무와 관련된 부분은 물론 사적인 부분에 있어서도 건실한 생활을 할 것을 요구하는 '품위유지의무'를 규정하고 있고, 여기에서 '품위'라 함은 주권자인 국민의 수임자로서의 직책을 맡아 수행해 나가기에 손색이 없는 인품을 말한다(대판 1998.2.27. 97누18172).

정답 분석

④ 대체역이 아니라 보충역에 해당한다.

> 병역법 제5조【병역의 종류】① 병역은 다음 각 호와 같이 구분한다.
>   3. 보충역: 다음 각 목의 어느 하나에 해당하는 사람
>   가. 병역판정검사 결과 현역 복무를 할 수 있다고 판정된 사람 중에서 병력수급(兵力需給) 사정에 의하여 현역병입영 대상자로 결정되지 아니한 사람
>   나. 다음의 어느 하나에 해당하는 사람으로 복무하고 있거나 그 복무를 마친 사람

선지 분석

① 병역법 제5조 제1항 제4호에 대한 옳은 내용이다.

> 제5조【병역의 종류】① 병역은 다음 각 호와 같이 구분한다.
>   4. 병역준비역: 병역의무자로서 현역, 예비역, 보충역, 전시근로역 및 대체역이 아닌 사람

② 병역법 제5조 제1항 제1호에 대한 옳은 내용이다.

> 제5조【병역의 종류】① 병역은 다음 각 호와 같이 구분한다.
>   1. 현역: 다음 각 목의 어느 하나에 해당하는 사람
>   가. 징집이나 지원에 의하여 입영한 병(兵)
>   나. 이 법 또는 군인사법에 따라 현역으로 임용 또는 선발된 장교(將校)·준사관(準士官)·부사관(副士官) 및 군간부후보생

③ 병역법 제5조 제1항 제5호에 대한 옳은 내용이다.

> 제5조【병역의 종류】① 병역은 다음 각 호와 같이 구분한다.
>   5. 전시근로역: 다음 각 목의 어느 하나에 해당하는 사람
>   가. 병역판정검사 또는 신체검사 결과 현역 또는 보충역 복무는 할 수 없으나 전시근로소집에 의한 군사지원업무는 감당할 수 있다고 결정된 사람
>   나. 그 밖에 이 법에 따라 전시근로역에 편입된 사람

정답 분석

① 도로의 특별사용은 반드시 독점적, 배타적인 것이 아니라 그 사용목적에 따라서는 도로의 일반사용과 병존이 가능한 경우도 있고, 이러한 경우에는 도로점용 부분이 동시에 일반공중의 교통에 공용되고 있다고 하여 도로점용이 아니라고 말할 수 없다(대판 1998.9.22. 96누7342).

선지 분석

② 행정재산에 해당하는 국유의 공공용물은 시효취득이 인정되지 않는다.

> 국유재산법 제7조【국유재산의 보호】② 행정재산은 민법 제245조에도 불구하고 시효취득의 대상이 되지 아니한다.

③ 국유 하천부지는 공공용 재산이므로 그 일부가 사실상 대지화되어 그 본래의 용도에 공여되지 않는 상태에 놓여 있더라도 국유재산법령에 의한 용도폐지를 하지 않은 이상 당연히 잡종재산으로 된다고는 할 수 없다(대판 1997.8.22. 96다10737).

④ 공용폐지의 의사표시는 명시적이든 묵시적이든 상관없으나 적법한 의사표시가 있어야 하며, 행정재산이 사실상 본래의 용도에 사용되고 있지 않다는 사실만으로 공용폐지의 의사표시가 있었다고 볼 수 없고, 원래의 행정재산이 공용폐지되어 취득시효의 대상이 된다는 입증책임은 시효취득을 주장하는 자에게 있다(대판 1997.8.22. 96다10737).

정답 분석

③ 처분기간을 미리 공표'하여야' 한다.

> 행정절차법 제19조【처리기간의 설정·공표】① 행정청은 신청인의 편의를 위하여 처분의 처리기간을 종류별로 미리 정하여 공표하여야 한다.

선지 분석

① 행정절차법 제9조 제3호에 대한 옳은 내용이다.

> 제9조【당사자 등의 자격】다음 각 호의 어느 하나에 해당하는 자는 행정절차에서 당사자 등이 될 수 있다.
>   3. 그 밖에 다른 법령 등에 따라 권리·의무의 주체가 될 수 있는 자

② 행정절차법 제10조 제1항에 대한 옳은 내용이다.

> 제10조【지위의 승계】① 당사자 등이 사망하였을 때의 상속인과 다른 법령 등에 따라 당사자 등의 권리 또는 이익을 승계한 자는 당사자 등의 지위를 승계한다.

④ 행정절차법 제24조 제1항·제3항에 대한 옳은 내용이다.

> 제24조【처분의 방식】① 행정청이 처분을 할 때에는 다른 법령 등에 특별한 규정이 있는 경우를 제외하고는 문서로 하여야 하며, 다음 각 호의 어느 하나에 해당하는 경우에는 전자문서로 할 수 있다.
>   1. 당사자등의 동의가 있는 경우
>   2. 당사자가 전자문서로 처분을 신청한 경우
> ③ 처분을 하는 문서에는 그 처분 행정청과 담당자의 소속·성명 및 연락처(전화번호, 팩스번호, 전자우편주소 등을 말한다)를 적어야 한다.

제3과목 / 경영학

01 Ⅰ 포드시스템 정답 ③

정답 분석

③ 포드시스템은 동시관리를 통하여 대량생산체제의 기틀을 마련하였다.

선지 분석

①, ②, ④ 테일러시스템의 특성이다.

02 Ⅰ 산업환경(구조) 분석 모형 정답 ③

정답 분석

③ 노조의 교섭력은 마이클 포터(M. Poter)의 산업환경 분석의 5가지 경쟁요인과 무관하다.

03 Ⅰ 경영혁신기법(윤리적 경영, 책임경영) 정답 ①

정답 분석

① 수익성 제고는 윤리적 경영 또는 이슈와 무관하다.

04 Ⅰ 주식회사 특징 정답 ④

정답 분석

④ 자본조달이 용이하고 과세대상 이익에 대해서 법인세를 납부하는 것은 주식회사의 특징에 해당한다.

선지 분석

① 주식회사는 소유권 이전이 가능하다.

② 소유와 경영의 분리를 특징으로 한다.

③ 물적기업의 대표적인 형태로, 법적 규제가 강하다.

05 Ⅰ 기업성장전략 정답 ④

정답 분석

④ 다각화전략이란 신제품을 통해 신시장에 진출하는 기업성장전략이다.

06 Ⅱ 관계마케팅 정답 ①

정답 분석

① 관계마케팅은 경쟁자의 증가로 인해서 소비자와의 지속적인 관계를 통한 고객만족 및 효율성을 추구하는 것이다.

07 Ⅱ 제품수명주기 특성 정답 ④

정답 분석

④ 시장세분화를 실시하고 시장침투가격을 시행하는 것은 성장기에 적합한 전략이다.

08 Ⅱ 마케팅 개념 정답 ③

정답 분석

③ 전통적 마케팅은 고압적 마케팅, 현대적 마케팅은 저압적 마케팅의 특징을 가진다.

09 Ⅲ 직무기술서 정답 ③

정답 분석

③ 직무수행에 필요한 지식이나 기술은 직무명세서에 기재된다.

10 Ⅲ 임금수준 정답 ①

정답 분석

① 노조의 단체교섭력이 클수록 임금수준이 높아질 확률이 높다.

11 Ⅱ, Ⅲ, Ⅳ 델파이법 정답 ③

정답 분석

③ 일련의 설문지를 비대면적(우편조사)으로 전문가들에 반복적으로 의뢰하여 질 좋은 예측치(만장일치)를 구하는 방법은 델파이법이다.

12   Ⅲ   타당성   정답 ②

정답 분석

② 예측타당성은 선발시험의 합격한 사람의 성적과 시험성적과 입사 후 달성한 직무성과와의 상관관계를 비교·측정하는 지표이다.

13   Ⅲ   모집   정답 ③

정답 분석

③ 조직분위기 쇄신은 외부모집의 장점에 해당한다.

선지 분석

① 모집에 소요되는 시간·비용의 최소화, ② 기업문화에 대한 적응 용이, ④ 승진기회의 확대로 종업원의 동기부여 향상은 내부모집의 장점에 해당한다.

14   Ⅳ   매트릭스조직   정답 ①

정답 분석

① 명령통일의 원칙을 무시하고 개인이 두 상급자의 지시를 받고 보고를 하는 조직구조로서, 동태적이고 복잡한 환경에 적합한 것은 매트릭스조직이다. 이러한 매트릭스조직은 이원명령제, 기능식조직 + 프로젝트조직의 결합, 인적자원의 신축적·효율적 활용 등의 특성을 가진다.

15   Ⅴ   적시생산시스템   정답 ④

정답 분석

④ JIT시스템은 소로트(lot), 소시장 등의 특성을 가진다.

16   Ⅴ   6시그마와 TQM   정답 ②

선지 분석

①, ③, ④ 6시그마는 구체적·정량적(통계적), 체계적, 의무적, 상의하달의 특성을 가지며, TQM은 모든 계층(구성원)에서 자발적으로 고객만족의 목표로 한다.

17   Ⅴ   자재소요계획   정답 ③

정답 분석

③ 설명에 해당하는 생산시스템은 자재소요계획(MRP)이다.

18   Ⅴ   경제적 주문량   정답 ②

정답 분석

② $EOQ = \sqrt{\dfrac{2DS}{H}} = \sqrt{\dfrac{2 \times 10,000 \times 200}{100}} = \sqrt{40,000} = 200$

19   Ⅴ   시계열분석   정답 ④

정답 분석

④ 인과변동은 시계열변동의 4가지 구성요소와 무관하다.

20   Ⅵ   경영정보시스템유형   정답 ④

선지 분석

① 의사결정지원시스템은 계량적 기법이나 통계적 기법을 활용하는 정보시스템이다.

② 전사적 자원관리시스템은 기업 내부의 활동을 통합시스템화하는 정보시스템이다.

③ 전문가시스템은 전문적 지식을 통해 추론과정을 거쳐 인간전문가 수준의 의사결정을 지원하는 정보시스템이다.

21   Ⅵ   전문가시스템   정답 ①

정답 분석

① 계획기관은 전문가시스템(ES)의 구성요소와 무관하다.

22   Ⅷ   회계의 유형   정답 ②

정답 분석

② 재무제표 작성을 주목적으로 하는 것은 재무회계에 대한 설명에 해당한다.

23 Ⅷ 현금흐름표 정답 ④

정답 분석

④ 재화와 용역의 구입에 따른 현금유출은 영업활동을 통한 현금흐름에 해당한다.

선지 분석

① 유·무형의 자산의 취득과 처분으로 미래 영업현금흐름을 창출할 자원의 확보는 투자활동으로 인한 현금흐름에 해당한다.

② 유가증권과 토지의 매입과 매각, 예금 및 대여금의 회수는 투자활동으로 인한 현금흐름에 해당한다.

③ 배당금 지급과 현금의 차입과 상환과 관련된 현금흐름은 재무활동으로 인한 현금흐름에 해당한다.

24 Ⅷ 재무상태표 정답 ①

정답 분석

① 매출원가는 포괄손익계산서의 비용에 해당한다.

25 Ⅷ 분개 정답 ①

정답 분석

① 자본증가는 대변에 해당한다.

제2회 | 경영학 해커스공무원 군수직 FINAL 봉투모의고사(국어+행정법+경영학)

❯ 셀프 체크

권장 풀이 시간	75분(OMR 표기 시간 포함)
실제 풀이 시간	___시 ___분 ~ ___시 ___분
맞힌 답의 개수	___개 / 75개

제3회 실전모의고사
모바일 자동 채점 + 성적 분석 서비스
바로 가기(gosi.Hackers.com)

QR코드를 이용하여 해커스공무원의
'모바일 자동 채점 + 성적 분석 서비스'로 바로 접속하세요!
* 해커스공무원 사이트의 가입자에 한해 이용 가능합니다.

❯ 정답

제1과목 국어

01	④	06	③	11	③	16	④	21	①
02	③	07	③	12	④	17	②	22	②
03	②	08	②	13	③	18	③	23	④
04	①	09	③	14	①	19	④	24	①
05	④	10	①	15	③	20	③	25	③

제2과목 행정법

01	④	06	④	11	②	16	③	21	①
02	③	07	④	12	③	17	④	22	③
03	②	08	③	13	①	18	②	23	①
04	③	09	③	14	④	19	③	24	③
05	①	10	④	15	①	20	②	25	①

제3과목 경영학

01	①	06	②	11	①	16	②	21	③
02	④	07	②	12	③	17	④	22	①
03	②	08	②	13	②	18	④	23	④
04	④	09	②	14	④	19	①	24	③
05	②	10	③	15	①	20	①	25	①

❯ 취약 단원 분석표

제1과목 국어

단원	맞힌 답의 개수
어법	/ 10
비문학	/ 6
문학	/ 6
어휘	/ 2
혼합	/ 1
TOTAL	/ 25

제2과목 행정법

단원	맞힌 답의 개수
Ⅰ 일반론	/ 4
Ⅱ 행정작용	/ 4
Ⅲ 행정과정	/ 3
Ⅳ 실효성 확보수단	/ 4
Ⅴ 손해전보	/ 2
Ⅵ 행정쟁송	/ 5
Ⅶ 행정법각론	/ 3
TOTAL	/ 25

제3과목 경영학

단원	맞힌 답의 개수
Ⅰ 경영학개론	/ 3
Ⅱ 마케팅	/ 3
Ⅲ 인적자원관리	/ 7
Ⅳ 조직행동론	/ 3
Ⅴ 생산과학	/ 3
Ⅵ 경영과학	/ 1
Ⅶ 재무관리	/ 2
Ⅷ 회계원리	/ 3
TOTAL	/ 25

제1과목 국어

01 어법 문장 (문장 성분) 정답 ④

정답 설명

④ 시험에 떨어진 주체가 '민희'이므로 '민희조차'는 문장의 주어이고, ① '어서들', ② '4년마다', ③ '가로수길도'는 부사어이므로 밑줄 친 부분의 문장 성분이 다른 하나는 ④이다. 참고로, '민희조차'에 쓰인 '조차'는 이미 어떤 것이 포함되고 그 위에 더함의 뜻을 나타내는 보조사이며, 주격 조사 '가'로 바꾸어 쓸 수 있다.

오답 분석

① '어서들'은 부사 '어서'와 문장의 주어가 복수임을 나타내는 보조사 '들'이 결합한 말로, 용언 '타라'를 수식하고 있으므로 부사어이다.

② '4년마다'는 체언 '4년'에 '앞말이 가리키는 시기에 한 번씩'의 뜻을 나타내는 보조사인 '마다'가 결합한 말로, 용언 '치러진다'를 수식하고 있으므로 부사어이다. 이때, '4년마다'의 조사 '마다'는 시간을 나타내는 부사격 조사 '에'로 바꾸어 쓸 수 있다.

③ '가로수길도'는 체언 '가로수길'에 '이미 어떤 것이 포함되고 그 위에 더함'의 뜻을 나타내는 보조사인 '도'가 결합한 말로, 용언 '피었다'를 수식하고 있으므로 부사어이다. 이때, '가로수길도'의 조사 '도'는 처소를 나타내는 부사격 조사 '에'로 바꾸어 쓸 수 있다.

02 어법 한글 맞춤법 (맞춤법에 맞는 표기) 정답 ③

정답 설명

③ 한글 맞춤법에 따라 바르게 표기된 것은 ③ '짧다 – 짤막한 – 짤따란'이다. 용언의 어간 뒤에 자음으로 시작된 접미사가 붙는 말은 어간의 원형을 밝혀 적어야 하나, '짤막한'과 '짤따란'은 겹받침 'ㄼ'에서 끝소리 'ㅂ'이 드러나지 않으므로 소리 나는 대로 표기한다.

오답 분석

① 널직한(×) → 널찍한(○): '널찍한[널찌칸]'은 어간의 겹받침 'ㄼ'에서 끝소리가 드러나지 않고 앞에 있는 받침 'ㄹ'만 소리 나는 경우에 해당하므로 원형을 밝혀 적지 않고, 소리 나는 대로 적어야 한다.

② 굵직한(×) → 굵직한(○): '굵직한[국찌칸]'은 어간의 겹받침 'ㄺ'에서 끝소리가 드러나므로 어간과 접미사의 원형을 밝혀 '굵직한'으로 적는다.

④ 얇다란(×) → 얄따란(○): '얄따란[얄따란]'은 어간의 겹받침 'ㄼ'에서 끝소리가 드러나지 않고 앞에 있는 받침 'ㄹ'만 소리 나는 경우에 해당하므로 원형을 밝혀 적지 않고, 소리 나는 대로 적어야 한다.

03 문학+어휘 주제 및 중심 내용 파악 정답 ②

정답 설명

② 제시된 시는 타인을 더 사랑하지 못했던 자신의 삶에 대한 고백과 반성을 그린 작품이므로, 시의 주제로 가장 적절한 한자어는 ②이다.
- 내성(內省): 자신을 돌이켜 살펴봄

오답 분석

① 좌절(挫折): 1. 마음이나 기운이 꺾임 2. 어떠한 계획이나 일 등이 도중에 실패로 돌아감

③ 이기(利己): 자기 자신의 이익만을 꾀함

④ 회고(回告): 돌아보아서 고함

📌 이것도 알면 합격!

문정희, '비망록'

1. 주제: 과거의 삶에 대한 반성과 남을 사랑하는 사람이 되고픈 소망

2. 특징
   (1) 담담한 어조로 자신의 삶에 대한 반성적 인식을 드러냄
   (2) 유사한 통사 구조의 반복을 통해 화자의 마음가짐을 강조함

04 어휘 속담, 한자 성어 정답 ①

정답 설명

① '굴러온 돌이 박힌 돌 뺀다'와 '賊反荷杖(적반하장)'은 서로 의미가 유사하지 않으므로 답은 ①이다.
- 굴러온 돌이 박힌 돌 뺀다: 외부에서 들어온 지 얼마 안 되는 사람이 오래전부터 있던 사람을 내쫓거나 해치려 함을 이르는 말
- 賊反荷杖(적반하장): '도둑이 도리어 매를 든다'라는 뜻으로, 잘못한 사람이 아무 잘못도 없는 사람을 나무람을 이르는 말

오답 분석

② • 벙어리 속은 벙어리가 안다: 같은 처지에 있는 사람이라야 그 마음을 알 수 있음을 비유적으로 이르는 말
- 同病相憐(동병상련): '같은 병을 앓는 사람끼리 서로 가엾게 여긴다'라는 뜻으로, 어려운 처지에 있는 사람끼리 서로 가엾게 여김을 이르는 말

③ • 미역국 먹고 생선 가시 내랴: '미역국을 먹고 생선 가시를 낼 수 없는데도 내놓으라 한다'라는 뜻으로, 불가능한 일을 자꾸 우겨 댐을 비꼬는 말
- 緣木求魚(연목구어): '나무에 올라가서 물고기를 구한다'라는 뜻으로, 도저히 불가능한 일을 굳이 하려 함을 비유적으로 이르는 말

④ • 발만 보고도 무엇까지 보았다고: 남의 일을 크게 과장하여 말을 하는 경우를 비꼬는 말
- 針小棒大(침소봉대): 작은 일을 크게 불리어 떠벌림

05 비문학 주제 및 중심 내용 파악 정답 ④

정답 설명

④ 3문단에서 유전자 변형체가 질병을 치료하여 긍정적인 효과를 미칠 수도 있지만 진화 과정에서 어떤 위험을 초래할지 예측 및 통제하는 것이 불가능하다고 하였다. 이를 미루어 보아 유전자 변형 기술은 위험성이 통제되지 않아 신중하게 개발되어야 함을 이끌어낼 수 있으므로 글의 주장으로 적절한 것은 ④이다.

이황, '도산십이곡'의 구성

전반부(제1~6곡)	언지(言地)	자신이 세운 도산 서원 주변을 둘러보며 자연 속에서 일어나는 감흥을 노래함
후반부(제7~12곡)	언학(言學)	학문 수양에 힘쓰고자 하는 의지를 드러냄

09 어법 한글 맞춤법 (띄어쓰기) 정답 ③

정답 설명

③ 보살펴드렸다(×) → 보살펴∨드렸다(○): '보살피다(본용언) + 드리다(보조 용언)'가 결합한 형태로, 이때 '드리다'는 보조 용언이므로 3음절 이상의 본용언과 띄어 쓰는 것이 원칙이다.

오답 분석

① 알려드릴게요(○): '알리다(본용언) + 드리다(보조 용언)'가 결합한 형태로, 이때 '드리다'는 보조 용언이므로 본용언과 띄어 쓰는 것이 원칙이나 본용언의 활용형이 '알려'와 같이 2음절 이하일 때는 '알려드리다'와 같이 붙여 쓰는 것도 허용한다.

② 말씀드리기(○): 이때 '-드리다'는 '공손한 행위'의 뜻을 더하고 동사를 만드는 접미사이므로 앞말에 붙여 써야 한다. 참고로 '긴 말씀(을) 드리다, 위로(의) 말씀(을) 드리다'와 같이 '말씀'을 꾸며 주는 관형어가 있는 경우에는 '말씀∨드리다'로 띄어 쓴다.

④ 도와드렸다(○): 이때 '도와드리다'는 '도와주다'의 높임 표현이므로 붙여 쓴다.

10 어법 한글 맞춤법 (맞춤법에 맞는 표기) 정답 ①

정답 설명

① 맞춤법 사용이 올바르지 않은 것으로만 묶인 것은 ① '닁큼, 짭잘한, 꼼꼼이'이다.

- 닁큼(×) → 닁큼(○): 자음을 첫소리로 가지고 있는 음절의 '늬'는 'ㅣ'로 소리 나는 경우가 있더라도 '늬'로 적는다.
- 짭잘한(×) → 짭짤한(○): 한 단어 안에서 같은 음절이나 비슷한 음절이 겹쳐 나는 부분은 같은 글자로 적는다.
- 꼼꼼이(×) → 꼼꼼히(○): 부사의 끝음절이 분명히 '히'로만 소리 나거나, 또는 '이'나 '히'로 소리 나면서 '-하다'가 붙는 어근 뒤에서는 '-히'로 적는다.

오답 분석

② • 틔여(×) → 티어/트여(○): '트이어'의 준말은 '티어' 또는 '트여'로 쓸 수 있다.
- 등교길(×) → 등굣길(○): '등교(登校) + 길'이 결합한 합성어로, 앞말이 모음 'ㅛ'로 끝나고 뒷말의 첫소리 'ㄱ'이 된소리 [ㄲ]으로 소리 나므로 사이시옷을 받쳐 적는다.

- 쏟뜨리다(○): '쏟다'의 어간에 '강조'의 뜻을 더하는 접미사 '-뜨리다'가 결합한 말로, 같은 의미의 단어로는 '쏟트리다'가 있다.

③ • 굽도리(○): 어간에 '-이'나 '-음/-ㅁ'이 붙어서 명사로 된 것은 그 어간의 원형을 밝혀 적으나, 그 어간의 뜻과 멀어진 것은 원형을 밝혀 적지 않는다. '굽도리'는 '굽다'의 어간에 '돌다'의 어간과 접미사 '-이'가 결합하여 명사가 된 말이나, 어간의 본래 뜻과 멀어진 경우이므로 원형을 밝혀 적지 않는다.

- 우짖다(○): '울- + 짖다'가 결합한 말로, 끝소리가 'ㄹ'인 말과 다른 말이 어울릴 때 'ㄹ' 소리가 나지 않는 것은 소리 나지 않는 대로 적는다.

- 해쓱하다(○): 한 단어 내 두 모음 사이에서 뚜렷한 까닭 없이 나는 된소리는 소리 나는 대로 적는다.

④ • 경쟁율(×) → 경쟁률(○): 모음이나 'ㄴ' 받침 뒤에 이어지는 '률'은 '율'로 적는다.

- 반짇고리(○): '반질(바느질) + 고리'가 결합한 말로, 끝소리가 'ㄹ'인 말과 다른 말이 어울릴 때 'ㄹ' 소리가 'ㄷ' 소리로 나는 것은 'ㄷ'으로 적는다.

- 달성코자(○): '달성하고자'의 준말로, '하'가 통째로 줄지 않고 'ㅏ'만 줄어 들어 'ㅎ'이 뒤에 오는 말의 첫소리와 어울려 거센소리가 되는 경우에는 소리 나는 대로 적는다.

11 어법 한글 맞춤법 (준말) 정답 ③

정답 설명

③ 마뜩찮다(×) → 마뜩잖다(○): '마뜩잖다'는 '마뜩하지 않다'의 준말로, 이미 한 단어로 굳어진 형태이다. 따라서 원형을 밝히지 않고 소리 나는 대로 '잖'으로 적는다.

오답 분석

① 변변찮다(○): '변변찮다'는 '변변하지 않다'의 준말로, '-하지' 뒤에 '않-'이 어울려 '-찮'으로 줄어든다.

② 시답잖다(○): '시답잖다'는 '시답지 않다'의 준말로, 이미 한 단어로 굳어져 원형을 밝히지 않고 소리 나는 대로 '잖'으로 적는다.

④ 올곧잖다(○): '올곧잖다'는 '올곧지 않다'의 준말로, 이미 한 단어로 굳어져 원형을 밝히지 않고 소리 나는 대로 '잖'으로 적는다.

'-지 않다'와 '-하지 않다'의 준말 표기

어미 '-지' 뒤에 '않 -'이 어울리는 경우에는 '-잖-'으로 표기하며 '-하지' 뒤에 '않-'이 어울리는 경우에는 '-찮-'으로 표기한다.

본말	준말	본말	준말
그렇지 않은	그렇잖은	만만하지 않다	만만찮다
적지 않은	적잖은	변변하지 않다	변변찮다

이미 한 단어로 굳어져 원형을 밝혀야 할 필요가 없는 경우에는 소리 나는 대로 '잖', '찮'으로 적는 것이 합리적이다.

본말	준말	본말	준말
달갑지 않다	달갑잖다	오죽하지 않다	오죽잖다
시답지 않다	시답잖다	당하지 않다	당찮다
올곧지 않다	올곧잖다	편하지 않다	편찮다

정답 설명

④ (라)는 동일한 대상이 언어마다 다르게 표현되는 것을 말한다. 이는 언어의 형식과 의미가 가지는 관계가 필연적이지 않음을 뜻하는 것이므로 ⓐ '자의성'에 해당하는 예이다.

오답 분석

① (가)는 언어의 '역사성'에 해당하는 예이다.

② (나)는 언어의 '분절성'에 해당하는 예이다.

③ (다)는 언어의 '규칙성'에 해당하는 예이다.

이것도 알면 합격!

언어의 특징

기호성	언어는 음성과 뜻이 결합하여 나타나는 기호 체계임
자의성	언어의 의미(내용)와 말소리(형식) 사이에는 필연적인 관계가 없음
사회성	어떤 말소리에 일정한 뜻이 주어진 후에는, 그 언어가 언어를 사용하는 사람들 사이에서 사회적 약속으로 굳어진 것이므로 개인이 임의로 바꿀 수 없음
역사성	언어는 시간이 지나면서 새로 만들어지기도 하고(생성), 변하기도 하며(발전), 없어지기도 함(소멸)
분절성	언어는 여러 단위로 나누어지거나 결합할 수 있음. 또한 언어는 연속적으로 이루어져 있는 세계를 불연속적인 것처럼 끊어서 표현함
추상성	'추상(抽象)'이란 서로 다른 개별적인 대상으로부터 공통적인 요소를 뽑는 것으로, 대부분의 단어들은 상당한 수준의 추상화 과정을 거쳐 형성된 개념을 전달함
규칙성	언어에는 일정한 규칙인 문법이 있음
창조성	언어는 때에 따라 새로운 말을 만들어 표현할 수 있음

정답 설명

③ 나중에 **커서** 어떤 사람이 되고 싶니?: 동사와 형용사의 품사는 용언의 어간에 어미가 결합할 수 있느냐 없느냐에 따라 구분된다. ③의 '크다'는 '사람이 자라서 어른이 되다'를 뜻하며, 이때 '크다'는 '나중에 큰다'와 같이 용언의 어간 '크-'에 현재 시제 선어말 어미 '-ㄴ-'이 결합할 수 있는 동사이다. 반면에 ①②④의 '크다'는 용언의 어간에 어미가 결합할 수 없으므로 모두 형용사이다. 따라서 밑줄 친 부분의 품사가 다른 하나는 ③이다.

오답 분석

①②④의 '크다'는 모두 용언의 어간에 현재 시제 선어말 어미 '-ㄴ-'이 결합할 수 없는 형용사이다.

① 너에게 기대하는 바가 **크다**: 이때 '크다'는 '일의 규모, 범위, 정도, 힘 등이 대단하거나 강하다'를 뜻하는 형용사이다.

② 단독 범행이 아닐 가능성이 **크다**: 이때 '크다'는 '가능성 등이 많다'를 뜻하는 형용사이다.

④ 책의 구성은 크게 둘로 나눌 수 있다: 이때 '크다'는 '대강', '대충'의 뜻을 나타내는 형용사이다.

이것도 알면 합격!

동사와 형용사의 구분

1. 구분 방법

의미로 구분	동작이나 과정을 나타내면 동사이고, 성질이나 상태를 나타내면 형용사임	
어미 결합 여부로 구분	현재 시제 선어말 어미 '-는-/-ㄴ-'과 관형사형 어미 '-는'	→ 결합할 수 있으면 동사 → 결합할 수 없으면 형용사
	의도의 어미 '-려', 목적의 어미 '-러'	
	명령형 어미 '-아라/-어라', 청유형 어미 '-자'	

2. 헷갈리기 쉬운 동사와 형용사

동사	늙다, 자다, 맞다, 모자라다, 쪼들리다, 닮다, 쑤시다, 붐비다, 잘생기다
형용사	알맞다, 걸맞다, 건강하다, 급급하다, 없다, 젊다, 성실하다, 정직하다
동사, 형용사 모두 쓰이는 단어	크다, 감사하다, 있다, 늦다, 밝다, 길다

정답 설명

① 문맥상 ⓐ에는 '망연한', ⓑ에는 '여전히 기다릴 도리밖에 없다는 것'이 들어가야 한다.

ⓐ: 역사 안에 있는 사람들 대부분이 아무 말도 없이 멍하니 난로 불빛을 응시하고 있는 상황이므로 '망연한'이 들어가야 한다.

• 망연하다: 아무 생각이 없이 멍하다.

ⓑ: 앞 문장에서 삶을 열차에 비유해 '열차를 세울 수도 탈 수도 없다'라고 표현하였으므로 남겨진 자기 몫의 삶은 '(그 열차를) 여전히 기다릴 도리밖에 없다는 것'으로 추론할 수 있다.

이것도 알면 합격!

임철우, '사평역'의 줄거리 및 주제 의식

'사평역'은 눈 내리는 겨울밤을 배경으로 시골 간이역 대합실에서 막차를 기다리는 사람들의 삶과 내면 의식을 그린 작품이다. 30대 중반의 농부와 병든 아버지, 교도소에서 출감한 중년의 사내, 대학에서 제적 당한 청년, 서울 여자 등 여러 인물의 사연을 통해 '사는 것이 과연 무엇인가'하는 삶에 대한 성찰을 전하고 있다.

15 어휘 한자어의 표기 정답 ③

정답 설명
③ 辨濟(분별할 변, 건널 제)(○): '남에게 진 빚을 갚음'을 뜻하는 '辨濟(변제)'가 문맥에 맞게 쓰였다.

오답 분석
① 開進(열 개, 나아갈 진)(×) → 開陳(열 개, 베풀 진)(○): 문맥상 '주장이나 사실 등을 밝히기 위하여 의견이나 내용을 드러내어 말하거나 글로 씀'을 뜻하는 '開陳(개진)'으로 쓰는 것이 적절하다.
  • 開進(개진): 사람의 지혜나 문물이 열려 점차 발달함
② 有勢(있을 유, 형세 세)(×) → 遊說(놀 유, 달랠 세)(○): 문맥상 '자기 의견 또는 자기 소속 정당의 주장을 선전하며 돌아다님'을 뜻하는 '遊說(유세)'로 쓰는 것이 적절하다.
  • 有勢(유세): 1. 세력이 있음 2. 자랑삼아 세력을 부림
④ 剖決(쪼갤 부, 결단할 결)(×) → 否決(아닐 부, 결단할 결)(○): 문맥상 '의논한 안건을 받아들이지 않기로 결정함'을 뜻하는 '否決(부결)'로 쓰는 것이 적절하다.
  • 剖決(부결): 시비나 선악을 판단하여 결정함

16 문학 시구의 의미 정답 ④

정답 설명
④ ②의 '산꿩도 섧게 울은 슬픈 날'은 가족을 잃고 여승이 된 여인의 비애감을 드러내는 표현으로, 이때 '산꿩'은 감정 이입의 대상은 맞으나 화자의 정서를 드러내는 것이 아닌 여승이 된 여인의 정서를 드러낸다. 따라서 적절하지 않은 설명은 ④이다.
  • 감정 이입: 상대방과 자신을 서로 동일하게 여겨 상대방처럼 느끼고 생각하는 것

오답 분석
① ㉠의 '나'는 여승의 삶을 관찰자적 입장에서 바라보는 화자이며, '서러워졌다'라는 표현을 통해 시적 화자가 여승의 기구한 삶에 연민을 느끼고 있음을 알 수 있다.
② ㉡은 화자와 여인이 처음 만났던 날을 회상한 것으로, 시간의 흐름이 뒤바뀐 역순행적 구성 방식으로 시상이 전개되고 있다.
③ ㉢은 남편에 이어 어린 딸마저 잃은 여인의 비극적인 삶을 함축적으로 보여 주는 부분이다.

🔖 이것도 알면 합격!

백석, '여승'의 역순행적 구성 방식
'여승'은 시간의 흐름에 따른 순행적 구성이 아닌 역순행적 구성 방식으로 시상을 전개하고 있다. 여인의 비극적 삶을 2~4연에 걸쳐 압축적으로 제시함으로써 시의 주제 의식이 선명하게 드러난다.

연 구분	시간	내용
1연	현재	여승을 바라보는 시적 화자
2연	과거	화자와 여인의 첫 만남
3연		남편과 딸을 모두 잃은 여인의 비극적인 삶
4연		한을 이기지 못하고 여승이 된 여인

17 비문학 내용 추론 정답 ②

정답 설명
② 제시문은 분수의 특성에 대해 설명하는 글로, 이때 '물의 운명'이란 높은 데서 낮은 데로 흐르는 물의 자연스러운 성질을 의미한다. 반면 '도전하는 물줄기', '문명의 질서', '힘의 동력'은 이러한 자연스러운 물의 성질에 반하여 땅에서 하늘로 뻗쳐 올라가는 분수의 특성과 유사한 의미를 가지므로 문맥적 의미가 다른 하나는 ②이다.

18 비문학 관점 및 태도 파악 정답 ③

정답 설명
③ 윗글과 <보기>를 바르게 이해한 것으로 가장 적절한 것은 ③이다.
  • 윗글: 필자는 잘못된 외래어 수용 태도가 우리말에 끼치는 부정적 영향과 우려되는 상황에 대해 말하고, 우리 옛말을 되살리거나 다듬는 작업을 매우 가치 있는 일이라고 평가하고 있다. 이를 통해 윗글은 우리말 다듬기의 필요성에 대해 주장하고 있음을 알 수 있다.
  • <보기>: 끝에서 1~5번째 줄을 통해 인류사회의 구성원이 누구나 평등한 관계에서 자기의 언어와 문화를 발전시키는 것이 세계화를 위한 방법이라고 언급하고 있다.

오답 분석
① 윗글과 <보기> 모두 외래어의 무분별한 수용과 영어의 공용어화에 대해 부정적인 입장을 취하고 있긴 하나, 외래 문화와 외국어를 배척해야 한다는 입장을 취하고 있는 부분은 확인할 수 없다.
② 윗글에서는 4문단을 통해 무분별한 외래어 수용을 극복하기 위한 현재의 노력에 대해 언급하고 있으나, <보기>에서는 확인할 수 없다.
  [관련 부분] 그러나 지금의 상황을 살펴보면 희망적인 측면이 전혀 없는 것은 아니다. 근래에 와서 외래어의 남용을 경계하고 고유어를 살려 쓰자는 주장이 힘을 얻으면서 ~ 이미 그 결과물들이 속속 나와 실제 말글살이에 도움을 주고 있다.
④ 윗글은 1문단을 통해 '외래어 표기'의 문제점이 아닌 '외래어 수용 태도'에 대해 부정적인 관점을 취하고 있음을 알 수 있다. 참고로 <보기>가 영어의 공용어화에 대해 부정적인 관점을 취한다는 내용은 맞는 설명이다.
  [관련 부분]
  • 윗글: 잘못된 외래어 수용 태도는 우리말에 두 가지 방식으로 큰 손상을 주게 되는데 ~ 이런 식의 외래어 수용 태도 때문에, 고유어휘는 꼼짝 못하고 죽어가거나 비천한 지위로 떨어질 수밖에 없는 것이다.
  • <보기>: 영어의 우상을 섬기는 제단에 몸을 던져 기꺼이 희생물이 되어야 남들보다 앞설 수 있다고 한다. 그것은 심한 착각이다. 그 반대의 방향으로 나아가는 것이 우리가 택할 길이다.

정답 설명

④ 제시문의 밑줄 친 부분은 '잘못된 외래어 수용 태도가 우리말에 손상을 주는 두 가지 방식'에 대한 '예시'가 사용되었다. 이와 같은 내용 전개 방식이 사용된 것은 ④로, ④ 역시 수치 지도가 활용되는 예를 들어 내용을 전개하고 있다. 참고로 ④는 '지리 정보 체계[GIS]'의 뜻을 규정하는 '정의'도 사용되었다.

오답 분석

① 정의: '기업 결합'의 뜻을 분명하게 규정하고 있다.
② 인과: 언어가 소멸하는 원인에 대해 밝히고 있다.
③ 과정: 눈 벽돌로 얼음집을 만드는 변화 과정에 초점을 맞춰 설명하고 있다.

정답 설명

③ '구보'는 '경성역 삼등 대합실'의 군중 속에서 고독을 피할 수 있을 것이라 기대하지만, 오히려 그곳에서 타인에게 무관심한 사람들을 보며 고독감을 느끼게 된다. 따라서 작품에 대한 설명으로 적절하지 않은 것은 ③이다.
[관련 부분] 그는 눈앞의 경성역을 본다. ~ 다만 구보는 고독을 삼등 대합실 군중 속에서 피할 수 있으면 그만이다. 그러나 오히려 고독은 그곳에 있었다.

오답 분석

① 4문단 끝에서 1~4번째 줄을 통해 타인에게 무관심한 도시인들의 모습이 드러난다.
[관련 부분] 그네들은 거의 옆의 사람에게 한마디 말을 건네는 일도 없이, 오직 자기네들 사무에 바빴고, 그리고 간혹 말을 건네도, 그것은 자기네가 타고 갈 열차의 시각이나 그러한 것에 지나지 않았다.
② '경성역'이라는 표현을 통해 작품의 시대적 배경이 일제 강점기임을 알 수 있다. 작가는 목적지가 분명한 사람들과는 대조적으로 정처 없이 배회하고 있는 '구보'의 모습을 통해 식민지 시대를 살아가는 무기력한 지식인의 일상을 보여 주고 있다.
④ '구보'가 정해진 목적지 없이 서울 거리를 배회하며 느끼는 내면 의식의 변화를 '의식의 흐름 기법'으로 서술하고 있다.
  • 의식의 흐름 기법: 등장인물의 머릿속에 떠오르는 생각, 기억, 내면의 느낌 등을 연속적인 흐름 그대로 적는 기법

이것도 알면 합격!

박태원, '소설가 구보 씨의 일일'

1. 주제: 1930년대 무기력한 지식인의 눈에 비친 도시의 일상과 그의 내면 의식
2. 특징
  (1) 한 시점으로 여러 곳의 상황을 동시에 기술하는 '몽타주 기법'이 사용됨
  (2) 직접 관찰한 내용을 노트에 적고 그것을 그대로 소설화하는 고현학적 창작 기법이 드러남
  (3) 특별한 서사 구조 없이 인물의 내면 의식을 따라 내용을 기술하는 '의식의 흐름 기법'이 사용됨

정답 설명

① 훑는다[훈는다](×) → [훌른다](○): 겹받침 'ㄾ'은 자음으로 시작하는 어미 앞에서 [ㄹ]로 발음하며, 이때 받침 [ㄹ] 뒤에 오는 'ㄴ'은 유음화로 인해 [ㄹ]로 발음되므로 '훑는다'의 표준 발음은 [훌른다]이다.

오답 분석

② 아니오[아니오/아니요](○): '아니오'는 [아니오]로 발음하는 것을 원칙으로 하되, [아니요]로 발음하는 것도 허용한다.
③ 삼일절[사밀쩔](○): '삼일절'에서 받침 'ㅁ'은 연음하여 발음하고, 받침 'ㄹ' 뒤에 오는 'ㅈ'은 된소리로 발음하므로 '삼일절'의 표준 발음은 [사밀쩔]이다.
④ 고갯짓[고개찓/고갠찓](○): 앞말이 모음이고, 뒷말이 첫소리가 안울림 예사소리 'ㅈ'인 단어 앞에 사이시옷이 올 때는 'ㅈ'만 된소리로 발음하는 것을 원칙으로 하되, [고갠찓]과 같이 사이시옷을 [ㄷ]으로 발음하는 것도 허용한다.

정답 설명

② 〈보기〉는 선비의 인격적 조건인 '지조' 정신에 대해 설명하고 있으며, 이와 가장 가까운 내용을 담은 것은 ②이다. ②는 안민영의 '매화사'로, 추운 겨울에 피는 꽃인 매화의 지조와 절개를 예찬하고 있으며 이때 '매화'는 '선비'를 의인화하여 표현한 것이다. 따라서 '매화사'는 지조 높은 선비의 모습을 상징적으로 표현한 작품이므로 정답은 ②이다.

오답 분석

① 이황의 시조로, 자연에 순응하며 순리대로 살아 가려는 마음을 담은 작품이다.
③ 임제의 시조로, 황진이의 죽음을 애도하며 인생의 허무함을 노래한 작품이다.
④ 한호의 시조로, 세속에서 벗어나 자연 속의 소박한 풍류를 추구하는 자연 친화적 삶의 태도가 드러난 작품이다.

지문 풀이

① 이런들 어떠하며 저런들 어떠하랴?
  시골에 묻혀 사는 어리석은 사람이 이렇게 산다고 해서 어떠하랴?
  더구나 자연을 버리고는 살 수 없는 마음을 고쳐 무엇하랴?
② 얼음같이 맑고 깨끗한 모습과 구슬처럼 아름다운 바탕이여,
  눈 속에 피어난 바로 너로구나.
  가만히 향기를 풍기며 저녁에 뜨는 달을 기다리니
  아마도 아담한 풍치와 높은 절개는 너뿐인가 하노라.
③ 푸른 풀이 우거진 골짜기에 자느냐 누웠느냐.
  그 곱고 아름다운 얼굴은 어디 가고 백골(白骨)만 묻혔느냐.
  잔 잡아 권할 이 없으니 그것을 슬퍼하노라.
④ 짚으로 만든 방석을 내지 마라. 낙엽엔들 앉지 못하겠느냐.
  관솔불을 켜지 마라. 어제 졌던 밝은 달이 다시 떠오른다.
  아이야. 변변하지 않은 술과 나물일지라도 좋으니 없다 말고 내오너라.

23 문학 작품의 종합적 감상 (현대 시) 정답 ④

정답 설명

④ 제시된 작품은 시적 대상인 '바위'에 인격적 속성을 부여(의인화)하여 외적 시련(비, 바람, 구름, 원뢰)에 굴복하지 않고 인간적인 감정(애련, 희로)에 휘둘리지 않는 모습을 형상화하고 있다. 이를 통해 자신을 내적으로 단련하려는 화자의 태도를 표현하고 있으므로 답은 ④이다.

오답 분석

① 제시된 작품은 처음과 끝이 '~되리라'로 종결되는 강인한 어조를 사용하고 있으나, 이는 '바위'와 같은 초극적 삶을 다짐하는 화자의 의지를 나타내는 것일 뿐 나라와 민족을 위하여 제 몸을 바쳐 일하려는 지사적 기개를 표현한 것은 아니므로 적절하지 않다.

② 생명마저 망각한 초탈의 경지에 이른 화자의 모습을 8~9행에서 '흐르는 구름'과 '머언 원뢰'로 함축적으로 표현했으므로 '구름'과 '원뢰'는 외부의 자극이나 시련을 의미함을 알 수 있다.

③ 제시된 작품에서 시상의 극적 전환은 나타나지 않으므로 적절하지 않다.

24 비문학 세부 내용 파악 정답 ①

정답 설명

① 7문단을 통해 유명 연예인이 광고에 출연함으로써 유행 효과가 일어남을 알 수 있으나, 이러한 광고가 상품에 대한 신뢰도를 높인다는 내용은 제시문에서 확인할 수 없다. 따라서 정답은 ①이다.

오답 분석

② 6문단을 통해 '스마트 카트' 기술이 소비자에게 '상품의 인기도'라는 정보를 제공함으로써 구매를 유도한다는 점을 알 수 있다.
[관련 부분] 이렇게 모아진 구매 정보는 각 상품이 진열된 선반에 붙어 있는 화면에 게시된다. ~ 고객들에게 인기 있는 상품으로 드러나면 안심하고 그것을 사기로 결정한다. 반면에 아무도 사지 않는 상품이라면 주저하지 않고 선반 위에 도로 올려놓는다.

③ 4문단을 통해 유행 효과는 타인의 행동을 따라하는 군집 지능과 밀접한 연관이 있음을 을 알 수 있다.
[관련 부분] 심리학자들은 이 유행 효과의 배후에 '군집 지능'이 있다고 말한다. ~ 군집 지능에 따라 행동한다는 것은 다른 사람들이 어떤 행동을 하면 본능적으로 그 행동을 따라 한다는 것을 뜻한다.

④ 3문단 1~5번째 줄을 통해 베스트셀러 목록에 오르는 것만으로도 책의 수요가 증대될 수 있음을 알 수 있다.
[관련 부분] 어떤 책이 베스트셀러 목록에 올랐다는 것은 많은 사람들이 그 책을 읽을 만하다고 평가한다는 것을 뜻한다. ~ 베스트셀러 목록에 오르면서 상승 작용에 의해 수요가 더욱 커질 수 있는 이유가 바로 여기에 있다.

25 비문학 글의 구조 파악 (문단 배열) 정답 ③

정답 설명

③ (라)-(가)-(다)-(나)의 순서가 가장 자연스럽다.

순서	중심 내용	순서 판단의 단서와 근거
(라)	이집트에서 발전된 '음력': 나일강의 물, 농사와 관계가 있음	글의 중심 화제인 이집트에서 발전된 역(曆)에 대해 소개하며, 가장 처음 만들어진 음력에 대해 설명함
(가)	나일강의 범람(홍수) 사이의 기간이 일정하지 않음	키워드 '나일강의 범람': (라)에서 제시된 나일강의 물, 즉 농사와 관계가 있는 음력을 만들었으나 더 규칙적인 사건이 필요함을 설명하고 있음
(다)	• 시리우스 별의 규칙성 • 한 해 시작의 기준이 된 시리우스 별의 출현	키워드 '이런 사건': (다) 문단에서 언급된 '더 규칙적인 사건'을 의미하므로 (다)에 이어 제시되는 것이 적절함
(나)	'양력'의 등장: 음력의 문제점인 달의 운동에 따른 변화를 해결함	앞서 언급된 음력의 문제점을 극복한 '양력'을 소개하고 있으므로 가장 마지막에 제시되는 것이 적절함

제2과목 행정법

01 Ⅰ 평등의 원칙
정답 ④

정답 분석
④ 그 직무의 특성에 따라 차별적으로 취급하는 것은 합리적 차별에 해당한다고 보아 평등의 원칙에 위반되지 아니한다.

> ⚖️ **관련 판례**
>
> 대략 같은 정도의 비위를 저지른 자들에 대하여 그 구체적인 직무의 특성, 금전 수수의 경우에는 그 액수와 횟수, 의도적·적극적 행위인지 여부, 개전의 정이 있는지 여부 등에 따라 징계의 종류의 선택과 양정에 있어서 차별적으로 취급하는 것은 사안의 성질에 따른 합리적 차별로서 이를 자의적 취급이라고 할 수 없어 평등의 원칙 내지 형평에 반하지 아니한다(대판 2008.6.26. 2008두6387).

선지 분석
① 평등위반 여부를 심사함에 있어 엄격한 심사척도에 의할 것인지, 완화된 심사척도에 의할 것인지는 입법자에게 인정되는 입법형성권의 정도에 따라 달라지게 될 것이나, 헌법에서 특별히 평등을 요구하고 있는 경우와 차별적 취급으로 인하여 관련 기본권에 대한 중대한 제한을 초래하게 된다면 입법형성권은 축소되어 보다 엄격한 심사척도가 적용되어야 할 것이다(헌재 1999.12.23. 98헌마363).

② 재량권 행사의 준칙인 행정규칙이 그 정한 바에 따라 되풀이 시행되어 행정관행이 이루어지게 되면 평등의 원칙이나 신뢰보호의 원칙에 따라 행정기관은 그 상대방에 대한 관계에서 그 규칙에 따라야 할 자기구속을 받게 된다(대판 2009.12.24. 2009두7967).

③ 평등의 원칙은 본질적으로 같은 것을 자의적으로 다르게 취급함을 금지하는 것이고, 위법한 행정처분이 수차례에 걸쳐 반복적으로 행하여졌다 하더라도 그러한 처분이 위법한 것인 때에는 행정청에 대하여 자기구속력을 갖게 된다고 할 수 없다(대판 2009.6.25. 2008두13132).

02 Ⅰ 행정상 법률관계
정답 ③

정답 분석
③ 민사소송이 아닌 행정소송의 대상이다.

> ⚖️ **관련 판례**
>
> 국가나 지방자치단체에 근무하는 청원경찰은 국가공무원법이나 지방공무원법상의 공무원은 아니지만, 다른 청원경찰과는 달리 그 임용권자가 행정기관의 장이고, 국가나 지방자치단체로부터 보수를 받으며, 산업재해보상보험법이나 근로기준법이 아닌 공무원연금법에 따른 재해보상과 퇴직급여를 지급받고, 직무상의 불법행위에 대하여도 민법이 아닌 국가배상법이 적용되는 등의 특질이 있으며 그 외 임용자격, 직무, 복무의무 내용 등을 종합하여 볼 때, 그 근무관계를 사법상의 고용계약관계로 보기는 어려우므로 그에 대한 징계처분의 시정을 구하는 소는 행정소송의 대상이지 민사소송의 대상이 아니다(대판 1993.7.13. 92다47564).

선지 분석
① 행정청이 자신과 상대방 사이의 법률관계를 일방적인 의사표시로 종료시켰다고 하더라도 곧바로 의사표시가 행정청으로서 공권력을 행사하여 행하는 행정처분이라고 단정할 수는 없고, 관계 법령이 상대방의 법률관계에 관하여 구체적으로 어떻게 규정하고 있는지에 따라 의사표시가 항고소송의 대상이 되는 행정처분에 해당하는지 아니면 공법상 계약관계의 일방 당사자로서 대등한 지위에서 행하는 의사표시인지를 개별적으로 판단하여야 한다(대판 2015.8.27. 2015두41449).

② 중소기업기술정보진흥원장이 甲 주식회사와 중소기업 정보화지원사업 지원대상인 사업의 지원에 관한 협약을 체결하였는데, 협약이 甲 회사에 책임이 있는 사업실패로 해지되었다는 이유로 협약에서 정한 대로 지급받은 정부지원금을 반환할 것을 통보한 사안에서, 중소기업 정보화지원사업에 따른 지원금 출연을 위하여 중소기업청장이 체결하는 협약은 공법상 대등한 당사자 사이의 의사표시의 합치로 성립하는 공법상 계약에 해당한다(대판 2015.8.27. 2015두41449).

④ 지방자치단체가 설립·경영하는 학교의 부지 확보, 부지의 사용료 지급 등의 사무는 특별한 사정이 없는 한 지방교육자치의 주체인 지방자치단체의 고유사무인 자치사무라 할 것이고, 국가는 법률과 예산의 범위 안에서 지방교육자치를 실현하고 있는 지방자치단체에게 재정을 지원할 의무가 있다고 할 것이며, 이러한 국가의 지원범위를 벗어나 지방자치단체가 법률상 원인 없이 국유재산을 학교부지로 임의 사용하는 경우에는 민법상 부당이득이 성립될 수 있다고 할 것이다(대판 2014.12.24. 2011다92497).

03 Ⅰ 개인적 공권
정답 ②

정답 분석
② 공사중지명령의 해제를 요구할 수 있는 조리상 권리가 인정된다.

> ⚖️ **관련 판례**
>
> 지방자치단체장이 공장시설을 신축하는 회사에 대하여 사업승인 내지 건축허가 당시 부가하였던 조건을 이행할 때까지 신축공사를 중지하라는 명령을 한 경우, 위 회사에게는 중지명령의 원인사유가 해소되었음을 이유로 당해 공사중지명령의 해제를 요구할 수 있는 권리가 조리상 인정된다(대판 2007.5.11. 2007두1811).

선지 분석
① 상수원보호구역 설정의 근거가 되는 수도법 제5조 제1항 및 동 시행령 제7조 제1항이 보호하고자 하는 것은 상수원의 확보와 수질보전일 뿐이고, 그 상수원에서 급수를 받고 있는 지역주민들이 가지는 상수원의 오염을 막아 양질의 급수를 받을 이익은 직접적이고 구체적으로는 보호하고 있지 않음이 명백하여 위 지역주민들이 가지는 이익은 상수원의 확보와 수질보호라는 공공의 이익이 달성됨에 따라 반사적으로 얻게 되는 이익에 불과하므로 지역주민들에 불과한 원고들에게는 위 상수원보호구역변경처분의 취소를 구할 법률상의 이익이 없다(대판 1995.9.26. 94누14544).

③ 한의사 면허는 경찰금지를 해제하는 명령적 행위(강학상 허가)에 해당하고, 한약조제시험을 통하여 약사에게 한약조제권을 인정함으로써 한의사들의 영업상 이익이 감소되었다고 하더라도 이러한 이익은 사실상의 이익에 불과하고 약사법이나 의료법 등의 법률에 의하여 보호되는 이익이라고는 볼 수 없다(대판 1998.3.10. 97누4289).

④ 기간제로 임용되어 임용기간이 만료된 국·공립대학의 조교수는 교원으로서의 능력과 자질에 관하여 합리적인 기준에 의한 공정한 심사를 받아 위 기준에 부합되면 특별한 사정이 없는 한 재임용되리라는 기대를 가지고 재임용 여부에 관하여 합리적인 기준에 의한 공정한 심사를 요구할 법규상 또는 조리상 신청권을 가진다(대판 2004.4.22. 2000두7735 전합).

04 Ⅰ 행정법의 효력 정답 ③

정답 분석

③ 수강신청이 있은 후 징계요건을 완화하는 학칙개정이 있고, 이어 당해 시험이 실시되어 그 개정된 학칙에 따라 징계처분을 한 것은 부진정소급효에 해당하므로, 구 학칙의 존속에 관한 학생의 신뢰보호를 침해한 위법한 행정에 해당한다고 볼 수 없다.

> **⚖️ 관련 판례**
>
> 소급효는 이미 과거에 완성된 사실관계를 규율의 대상으로 하는 이른바 진정소급효와 과거에 시작하였으나 아직 완성되지 아니하고 진행과정에 있는 사실관계를 규율대상으로 하는 이른바 부진정소급효를 상정할 수 있는바, 대학이 성적불량을 이유로 학생에 대하여 징계처분을 하는 경우에 있어서 수강신청이 있은 후 징계요건을 완화하는 학칙개정이 이루어지고 이어 당해 시험이 실시되어 그 개정학칙에 따라 징계처분을 한 경우라면 이는 이른바 부진정소급효에 관한 것으로서 구 학칙의 존속에 관한 학생의 신뢰보호가 대학당국의 학칙개정의 목적달성보다 더 중요하다고 인정되는 특별한 사정이 없는 한 위법이라고 할 수 없다(대판 1989.7.11. 87누1123).

선지 분석

① 법령 등 공포에 관한 법률 제13조에 대한 옳은 내용이다.

> 제13조【시행일】 대통령령, 총리령 및 부령은 특별한 규정이 없으면 공포한 날부터 20일이 경과함으로써 효력을 발생한다.

② 기존의 법에 의하여 형성되어 이미 굳어진 개인의 법적 지위를 사후입법을 통하여 박탈하는 것 등을 내용으로 하는 진정소급입법은 개인의 신뢰보호와 법적 안정성을 내용으로 하는 법치국가원리에 의하여 특단의 사정이 없는 한 헌법적으로 허용되지 아니하는 것이 원칙이고, 다만 일반적으로 국민이 소급입법을 예상할 수 있었거나 법적 상태가 불확실하고 혼란스러워 보호할 만한 신뢰이익이 적은 경우와 소급입법에 의한 당사자의 손실이 없거나 아주 경미한 경우 그리고 신뢰보호의 요청에 우선하는 심히 중대한 공익상의 사유가 소급입법을 정당화하는 경우 등에는 예외적으로 진정소급입법이 허용된다(헌재 1999.7.22. 97헌바76).

④ 구 주택개량촉진에 관한 임시조치법(1973.3.5. 법률 제2581호, 실효)이 그 시행기간의 경과로 실효되어도 시행 당시 그 법에 의하여 이루어진 재개발구역 지정이 근거 법령의 실효로 그 효력을 잃는 것은 아니다(대판 2000.6.23. 99다71559).

05 Ⅱ 기속행위와 재량행위 정답 ①

정답 분석

① 허가 등의 행정처분은 원칙적으로 처분시의 법령과 허가기준에 의하여 처리되어야 하고 허가신청 당시의 기준에 따라야 하는 것은 아니며, 비록 허가신청 후 허가기준이 변경되었다 하더라도 그 허가관청이 허가신청을 수리하고도 정당한 이유 없이 그 처리를 늦추어 그 사이에 허가기준이 변경된 것이 아닌 이상 변경된 허가기준에 따라서 처분을 하여야 한다(대판 2006.8.25. 2004두2974).

선지 분석

② 기속행위가 아닌 재량행위 내지 자유재량행위에 속하는 것이라고 본다.

> **⚖️ 관련 판례**
>
> 구 도시계획법 및 관련 법령의 규정을 살펴보면, 도시의 무질서한 확산을 방지하고 도시주변의 자연환경을 보전하여 도시민의 건전한 생활환경을 확보하기 위하여 지정되는 개발제한구역 내에서는 구역 지정의 목적상 건축물의 건축이나 그 용도변경은 원칙적으로 금지되고, 다만 구체적인 경우에 위와 같은 구역 지정의 목적에 위배되지 아니할 경우 예외적으로 허가에 의하여 그러한 행위를 할 수 있게 되어 있음이 위와 같은 관련 규정의 체재와 문언상 분명한 한편, 이러한 건축물의 용도변경에 대한 예외적인 허가는 그 상대방에게 수익적인 것에 틀림이 없으므로, 이는 그 법률적 성질이 재량행위 내지 자유재량행위에 속하는 것이라고 할 것이고, 따라서 그 위법 여부에 대한 심사는 재량권 일탈·남용의 유무를 그 대상으로 한다(대판 2001.2.9. 98두17593).

③ 행정청의 폭넓은 재량이 인정되는 것이 아니라, 법에서 정한 요건을 구비한 때에는 이를 반드시 허가하여야 한다.

> **⚖️ 관련 판례**
>
> 식품위생법상의 유흥접객업허가는 성질상 일반적 금지에 대한 해제에 불과하므로 허가권자는 허가신청이 법에서 정한 요건을 구비한 때에는 이를 반드시 허가하여야 하고, 다만 자신의 재량으로 공익상의 필요가 있는지를 판단하여 허가 여부를 결정할 수 있는 것이며, 그러한 경우에도 위 재량권은 허가를 제한하여 달성하려는 공익과 이로 인하여 받게 되는 상대방의 불이익을 교량하여 신중히 행사되어야 할 것이다(대판 1992.10.23. 91누10183).

④ 구 공유수면관리법에 따른 공유수면의 점·사용허가는 특정인에게 공유수면 이용권이라는 독점적 권리를 설정하여 주는 처분으로서 그 처분(= 특허)의 여부 및 내용의 결정은 원칙적으로 행정청의 재량에 속한다고 할 것이다(대판 2004.5.28. 2002두5016).

> **📌 이것도 알면 합격!**
>
> | 구분 | 기속행위 | 재량행위 |
> | --- | --- | --- |
> | 문언 | '~하여야 한다' | '~할 수 있다' |
> | 법적 성질 | • 강학상 허가
• 주로 침익적 행위
• 기본권 관련성 | • 강학상 특허
• 주로 수익적 행위
• 공익 관련성 |

정답 분석

④ 7일이 아닌 14일이 지난 때에 그 효력이 발생한다.

> **행정절차법 제15조【송달의 효력 발생】** ③ 제14조 제4항의 경우에는 다른 법령 등에 특별한 규정이 있는 경우를 제외하고는 공고일부터 14일이 지난 때에 그 효력이 발생한다. 다만, 긴급히 시행하여야 할 특별한 사유가 있어 효력 발생 시기를 달리 정하여 공고한 경우에는 그에 따른다.
>
> **제14조【송달】** ④ 다음 각 호의 어느 하나에 해당하는 경우에는 송달받을 자가 알기 쉽도록 관보, 공보, 게시판, 일간신문 중 하나 이상에 공고하고 인터넷에도 공고하여야 한다.
> 1. 송달받을 자의 주소 등을 통상적인 방법으로 확인할 수 없는 경우
> 2. 송달이 불가능한 경우

선지 분석

① 행정절차법은 제3자인 이해관계인에 대한 통지의무를 규정하고 있지 않다. 다만, 개별법에서 통지의무를 부과하고 있는 경우가 있다.

② 행정처분의 효력발생요건으로서의 도달이란 상대방이 그 내용을 현실적으로 양지할 필요까지는 없고, 다만 양지할 수 있는 상태에 놓여짐으로써 충분하다(대판 1989.9.26. 89누4963).

③ 내용증명우편이나 등기우편과는 달리, 보통우편의 방법으로 발송되었다는 사실만으로는 그 우편물이 상당기간 내에 도달하였다고 추정할 수 없고 송달의 효력을 주장하는 측에서 증거에 의하여 도달사실을 입증하여야 한다(대판 2002.7.26. 2000다25002).

정답 분석

④ 선행처분인 대집행계고처분에 불가쟁력이 발생하였더라도 후행처분의 효력을 다투는 취소소송에서 위법한 것이라고 주장할 수 있다.

> 🔨 **관련 판례**
>
> 대집행의 계고, 대집행영장에 의한 통지, 대집행의 실행, 대집행에 요한 비용의 납부명령 등은 타인이 대신하여 행할 수 있는 행정의무의 이행을 의무자의 비용부담하에 확보하고자 하는, 동일한 행정목적을 달성하기 위하여 단계적인 일련의 절차로 연속하여 행하여지는 것으로서, 서로 결합하여 하나의 법률효과를 발생시키는 것이므로, 선행처분인 계고처분이 하자가 있는 위법한 처분이라면, 비록 그 하자가 중대하고도 명백한 것이 아니어서 당연무효의 처분이라고 볼 수 없고 행정소송으로 효력이 다투어지지도 아니하여 이미 불가쟁력이 생겼으며, 후행처분인 대집행영장발부통보처분 자체에는 아무런 하자가 없다고 하더라도, 후행처분인 대집행영장발부통보처분의 취소를 청구하는 소송에서 청구원인으로 선행처분인 계고처분이 위법한 것이기 때문에 그 계고처분을 전제로 행하여진 대집행영장발부통보처분도 위법한 것이라는 주장을 할 수 있다(대판 1996.2.9. 95누12507).

선지 분석

① 표준지공시지가결정은 이를 기초로 한 수용재결 등과는 별개의 독립된 처분으로서 서로 독립하여 별개의 법률효과를 목적으로 하지만, … 위법한 표준지공시지가결정에 대하여 그 정해진 시정절차를 통하여 시정하도록 요구하지 않았다는 이유로 위법한 표준지공시지가를 기초로 한 수용재결 등 후행 행정처분에서 표준지공시지가결정의 위법을 주장할 수 없도록 하는 것은 수인한도를 넘는 불이익을 강요하는 것으로서 국민의 재산권과 재판받을 권리를 보장한 헌법의 이념에도 부합하는 것이 아니다. 따라서 표준지공시지가결정이 위법한 경우에는 그 자체를 행정소송의 대상이 되는 행정처분으로 보아 그 위법 여부를 다툴 수 있음은 물론, 수용보상금의 증액을 구하는 소송에서도 선행처분으로서 그 수용대상 토지 가격 산정의 기초가 된 비교표준지공시지가결정의 위법을 독립한 사유로 주장할 수 있다(대판 2008.8.21. 2007두13845).

② 구 병역법의 각 규정에 의하면, 보충역편입처분 등의 병역처분은 구체적인 병역의무부과를 위한 전제로서 징병검사 결과 신체등위와 학력·연령 등 자질을 감안하여 역종을 부과하는 처분임에 반하여, 공익근무요원소집처분은 보충역편입처분을 받은 공익근무요원소집대상자에게 기초적 군사훈련과 구체적인 복무기관 및 복무분야를 정한 공익근무요원으로서의 복무를 명하는 구체적인 행정처분이므로, 위 두 처분은 후자의 처분이 전자의 처분을 전제로 하는 것이기는 하나 각각 단계적으로 별개의 법률효과를 발생하는 독립된 행정처분이라고 할 것이므로, … 보충역편입처분에 대하여 쟁송을 제기하여야 할 것이며, 그 처분을 다투지 아니하여 이미 불가쟁력이 생겨 그 효력을 다툴 수 없게 된 경우에는, 병역처분변경신청에 의하는 경우는 별론으로 하고, 보충역편입처분에 하자가 있다고 할지라도 그것이 당연무효라고 볼만한 특단의 사정이 없는 한 그 위법을 이유로 공익근무요원소집처분의 효력을 다툴 수 없다(대판 2002.12.10. 2001두5422).

③ 건물철거명령에 대한 소원이나 소송을 제기하여 그 위법함을 소구하는 절차를 거치지 아니하였다면 위 선행행위인 건물철거명령은 적법한 것으로 확정되었다고 할 것이니 후행 행위인 대집행계고처분에서는 동 건물이 무허가건물이 아닌 적법한 건축물이라는 주장이나 그러한 사실인정을 하지 못한다(대판 1982.7.27. 81누293).

정답 분석

③ 그 하자가 치유되었다고 볼 수 없다.

> 🔨 **관련 판례**
>
> 과세처분이 있은 지 4년이 지나서 그 취소소송이 제기된 때에 보정된 납세고지서를 송달하였다는 사실이나 오랜 기간(4년)의 경과로써 과세처분의 하자가 치유되었다고 볼 수는 없다(대판 1983.7.26. 82누420).

선지 분석

① 하자 있는 행정행위의 치유나 전환은 행정행위의 성질이나 법치주의의 관점에서 볼 때 원칙적으로 허용될 수 없는 것이지만, 행정행위의 무용한 반복을 피하고 당사자의 법적 안정성을 위해 이를 허용하는 때에도 국민의 권리와 이익을 침해하지 않는 범위에서 구체적 사정에 따라 합목적적으로 인정해야 할 것이다(대판 1983.7.26. 82누420).

② 과세처분시 납세고지서에 과세표준, 세율, 세액의 산출근거 등이 누락된 경우에는 늦어도 과세처분에 대한 불복여부의 결정 및 불복신청에 편의를 줄 수 있는 상당한 기간 내에 보정행위를 하여야 그 하자가 치유된다 할 것이다(대판 1983.7.26. 82누420).

④ 주택재개발정비사업조합 설립추진위원회가 주택재개발정비사업조합 설립인가처분의 취소소송에 대한 1심 판결 이후 정비구역 내 토지 등 소유자의 4분의 3을 초과하는 조합설립동의서를 새로 받았다고 하더라도, 위 설립인가처분의 하자가 치유된다고 볼 수 없다(대판 2010.8.26. 2010두2579).

---

09 Ⅳ 대집행 정답 ③

정답 분석

③ 단순한 부작위의무의 위반, 즉 관계 법령에 정하고 있는 절대적 금지나 허가를 유보한 상대적 금지를 위반한 경우에는 당해 법령에서 그 위반자에 대하여 위반에 의하여 생긴 유형적 결과의 시정을 명하는 행정처분의 권한을 인정하는 규정을 두고 있지 아니한 이상, 법치주의의 원리에 비추어 볼 때 위와 같은 부작위의무로부터 그 의무를 위반함으로써 생긴 결과를 시정하기 위한 작위의무를 당연히 끌어낼 수는 없으며, 또 위 금지규정(특히 허가를 유보한 상대적 금지규정)으로부터 작위의무, 즉 위반결과의 시정을 명하는 권한이 당연히 추론(推論)되는 것도 아니다(대판 1996.6.28. 96누4374).

선지 분석

① 제2차, 제3차의 계고처분은 제1차 계고처분에 대한 대집행기한의 연기통지에 불과하다고 본다.

> **관련 판례**
> 건물의 소유자에게 위법건축물을 일정기간까지 철거할 것을 명함과 아울러 불이행할 때에는 대집행한다는 내용의 철거대집행 계고처분을 고지한 후 이에 불응하자 다시 제2차, 제3차 계고서를 발송하여 일정기간까지의 자진철거를 촉구하고 불이행하면 대집행을 한다는 뜻을 고지하였다면 행정대집행법상의 건물철거의무는 제1차 철거명령 및 계고처분으로서 발생하였고 제2차, 제3차의 계고처분은 새로운 철거의무를 부과한 것이 아니고, 다만 대집행기한의 연기통지에 불과하므로 행정처분이 아니다(대판 1994.10.28. 94누5144).

② 토지의 인도의무는 대집행의 대상이 될 수 없다.

> **관련 판례**
> 피수용자 등이 기업자에 대하여 부담하는 수용대상 토지의 인도의무에 관한 구 토지수용법 제63조·제64조·제77조 규정에서의 '인도'에는 명도도 포함되는 것으로 보아야 하고, 이러한 명도의무는 그것을 강제적으로 실현하면서 직접적인 실력행사가 필요한 것이지 대체적 작위의무라고 볼 수 없으므로 특별한 사정이 없는 한 행정대집행법에 의한 대집행의 대상이 될 수 있는 것이 아니다(대판 2005.8.19. 2004다2809).

---

④ 계고서라는 1장의 문서로 한 건축법상 철거명령과 행정대집행상 계고처분은 각각 독립적인 처분으로 본다.

> **관련 판례**
> 계고서라는 명칭의 1장의 문서로서 일정기간 내에 위법건축물의 자진철거를 명함과 동시에 그 소정기한 내에 자진철거를 하지 아니할 때에는 대집행할 뜻을 미리 계고한 경우라도 건축법에 의한 철거명령과 행정대집행법에 의한 계고처분은 독립하여 있는 것으로서 각 그 요건이 충족되었다고 볼 것이다(대판 1992.6.12. 91누13564).

---

10 Ⅳ 질서위반행위규제법 정답 ④

정답 분석

④ 하나의 행위가 2 이상의 질서위반행위에 해당하는 경우(질서위반행위규제법 제13조 제1항)를 제외하고, 2 이상의 질서위반행위가 경합하는 경우(질서위반행위규제법 제13조 제2항)에는 각각의 과태료를 부과하도록 규정하고 있다.

> **질서위반행위규제법 제13조【수 개의 질서위반행위의 처리】** ① 하나의 행위가 2 이상의 질서위반행위에 해당하는 경우에는 각 질서위반행위에 대하여 정한 과태료 중 가장 중한 과태료를 부과한다.
> ② 제1항의 경우를 제외하고 2 이상의 질서위반행위가 경합하는 경우에는 각 질서위반행위에 대하여 정한 과태료를 각각 부과한다. 다만, 다른 법령(지방자치단체의 조례를 포함한다. 이하 같다)에 특별한 규정이 있는 경우에는 그 법령으로 정하는 바에 따른다.

선지 분석

① 질서위반행위규제법 제8조에 대한 옳은 내용이다.

> **제8조【위법성의 착오】** 자신의 행위가 위법하지 아니한 것으로 오인하고 행한 질서위반행위는 그 오인에 정당한 이유가 있는 때에 한하여 과태료를 부과하지 아니한다.

② 질서위반행위규제법 제10조 제1항에 대한 옳은 내용이다.

> **제10조【심신장애】** ① 심신(心神)장애로 인하여 행위의 옳고 그름을 판단할 능력이 없거나 그 판단에 따른 행위를 할 능력이 없는 자의 질서위반행위는 과태료를 부과하지 아니한다.

③ 질서위반행위규제법 제12조 제2항에 대한 옳은 내용이다.

> **제12조【다수인의 질서위반행위 가담】** ② 신분에 의하여 성립하는 질서위반행위에 신분이 없는 자가 가담한 때에는 신분이 없는 자에 대하여도 질서위반행위가 성립한다.

정답 분석

② 본세의 산출세액이 없다 하더라도 가산세만 독립하여 부과·징수할 수 있다.

> **관련 판례**
>
> 가산세는 과세권의 행사와 조세채권의 실현을 용이하게 하기 위하여 세법에 규정된 의무를 정당한 이유 없이 위반한 납세자에게 부과하는 일종의 행정상 제재로서, 개별 세법에 의하여 산출한 법인세 등 본세에 가산세를 가산한 금액을 본세의 명목으로 징수한다 하더라도 이는 징수절차의 편의상 본세의 세액에 가산하여 함께 징수하는 것일 뿐 세법이 정하는 바에 의하여 성립·확정되는 본세와는 그 성질이 다르므로, 본세의 산출세액이 없는 경우에는 가산세도 부과·징수하지 아니한다는 등의 특별한 규정이 없는 한, 본세의 산출세액이 없다 하더라도 가산세만 독립하여 부과·징수할 수 있다(대판 2007.3.15. 2005두12725).

선지 분석

① 세법상 가산세는 과세권의 행사 및 조세채권의 실현을 용이하게 하기 위하여 납세자가 정당한 이유 없이 법에 규정된 신고·납세의무 등을 위반한 경우에 법이 정하는 바에 의하여 부과하는 행정상의 제재로서 납세자의 고의·과실은 고려되지 아니하는 것이며 법령의 부지 따위는 그 정당한 사유에 해당한다고 볼 수 없다(대판 1994.8.26. 93누20467).

③ 관세추징부과처분취소 소송에서 승소한 자들이 위 부과처분을 한 행정청을 상대로 기납부한 추징금액 이외에 위 납부금액에 국세기본법 제52조, 같은 법 시행령 제30조의 규정을 유추적용한 가산금을 첨가하여 지급할 의무가 있다는 권리관계의 확인을 구하는 것은 민사소송으로 제기되어야 할 것이고 행정소송 중 이른바 당사자소송에 의할 것은 아니다(대판 1984.12.26. 82누344).

④ 공익사업을 위한 토지 등의 취득 및 보상에 관한 법률 제87조의 '보상금'에는 같은 법 제30조 제3항에 따른 지연가산금도 포함된다고 보아, 수용재결에서 인정된 가산금에 관하여 재결서 정본을 받은 날부터 판결일까지의 기간에 대하여 소송촉진 등에 관한 특례법 제3조에 따른 법정이율을 적용하여 산정한 가산금을 지급할 의무가 있다고 본 원심 판단을 수긍하였다(대판 2019.1.17. 2018두54675).

이것도 알면 합격!

새로운 의무이행확보수단

금전적 제재	과징금, 부과금, 가산세, 가산금 등
비금전적 제재	공급거부, 공표, 관허사업의 제한, 행정행위의 철회·정지, 취업제한, 해외여행제한, 세무조사 등

정답 분석

③ 명예훼손을 판단하는 데 있어서 행정청은 무거운 주의의무를 가지며, 언론이나 사인보다 훨씬 더 엄격한 기준이 요구된다.

> **관련 판례**
>
> 행정상의 공표의 방법으로 실명을 공개함으로써 타인의 명예를 훼손한 경우, 그 대상자에 관하여 적시된 사실의 내용이 진실이라는 증명이 없더라도 그 공표의 주체가 공표 당시 이를 진실이라고 믿었고 또 그렇게 믿을 만한 상당한 이유가 있다면 위법성이 없는 것이고, 이 점은 언론을 포함한 사인에 의한 명예훼손의 경우와 다를 바가 없다 하겠으나, 그러한 상당한 이유가 있는지 여부의 판단에 있어서는 실명공표 자체가 매우 신중하게 이루어져야 한다는 요청에서 비롯되는 무거운 주의의무와 공권력을 행사하는 공표 주체의 광범한 사실조사 능력, 그리고 공표된 사실이 진실하리라는 점에 대한 국민의 강한 기대와 신뢰 등에 비추어 볼 때 사인의 행위에 의한 경우보다는 훨씬 더 엄격한 기준이 요구되므로, 그 공표사실이 의심의 여지 없이 확실히 진실이라고 믿을 만한 객관적이고도 타당한 확증과 근거가 있는 경우가 아니라면 그러한 상당한 이유가 있다고 할 수 없다(대판 1998.5.22. 97다57689).

선지 분석

① 공표는 그 달성하고자 하는 행정목적을 위하여 필요한 최소한도에 그쳐야 하는 등 비례원칙에 의한 한계가 있고, 개인의 인격권과 프라이버시권 등 기본권과 이익형량하여 공익상 필요성이 큰 경우에만 허용되어야 하고, 개인의 프라이버시권의 '핵심영역'을 침해하는 것도 허용되지 않는다.

② 판례는 예방적 금지소송을 인정하지 않는 입장이다.

> **관련 판례**
>
> 피고에 대하여 이 사건 신축건물의 준공처분을 하여서는 아니 된다는 내용의 부작위를 구하는 원고의 예비적 청구는 행정소송에서 허용되지 아니하는 것이므로 부적법하다(대판 1987.3.24. 86누182).

④ 헌법재판소법은 명문의 규정을 두고 있지는 않으나, 같은 법 제68조 제1항 헌법소원심판절차에서도 가처분의 필요성이 있을 수 있고 또 이를 허용하지 아니할 상당한 이유를 찾아볼 수 없으므로, 가처분이 허용된다(대판 1998.5.22. 97다57689).

13 V 행정상 손실보상   정답 ①

정답 분석

① 사업시행지 밖에서 발생한 간접손실에 대하여도 일정한 조건하에서 보상을 청구할 수 있다.

> **관련 판례**
>
> 공공사업시행지구 밖에 위치한 영업과 공작물 등에 대한 간접 손실에 대하여도 일정한 조건하에서 이를 보상하도록 규정하고 있는 점에 비추어, 공공사업의 시행으로 인하여 그러한 손실이 발생하리라는 것을 쉽게 예견할 수 있고 그 손실의 범위도 구체적으로 이를 특정할 수 있는 경우라면 그 손실의 보상에 관하여 공공용지의 취득 및 손실보상에 관한 특례법 시행규칙의 관련 규정 등을 유추적용할 수 있다고 해석함이 상당하다(대판 1999.10.8. 99다27231).

선지 분석

② 개발제한구역의 지정으로 인한 개발가능성의 소멸과 그에 따른 지가의 하락이나 지가상승률의 상대적 감소는 토지소유자가 감수해야 하는 사회적 제약의 범주에 속하는 것으로 보아야 한다. 자신의 토지를 장래에 건축이나 개발목적으로 사용할 수 있으리라는 기대가능성이나 신뢰 및 이에 따른 지가상승의 기회는 원칙적으로 재산권의 보호범위에 속하지 않는다. 구역지정 당시의 상태대로 토지를 사용·수익·처분할 수 있는 이상, 구역지정에 따른 단순한 토지이용의 제한은 원칙적으로 재산권에 내재하는 사회적 제약의 범주를 넘지 않는다(헌재 1998.12.24. 89헌마214).

③ 공공용물에 관하여 적법한 개발행위 등이 이루어짐으로 말미암아 이에 대한 일정범위의 사람들의 일반사용이 종전에 비하여 제한받게 되었다 하더라도 특별한 사정이 없는 한 그로 인한 불이익은 손실보상의 대상이 되는 특별한 손실에 해당한다고 할 수 없다(대판 2002.2.26. 99다35300).

④ 문화적, 학술적 가치는 특별한 사정이 없는 한 그 토지의 부동산으로서의 경제적, 재산적 가치를 높여 주는 것이 아니므로 토지수용법 제51조 소정의 손실보상의 대상이 될 수 없으니, 이 사건 토지가 철새 도래지로서 자연 문화적인 학술가치를 지녔다 하더라도 손실보상의 대상이 될 수 없다(대판 1989.9.12. 88누11216).

14 V 국가배상   정답 ④

정답 분석

④ 국가배상법 제5조 제1항 소정의 "공공의 영조물"이라 함은 국가 또는 지방자치단체에 의하여 특정 공공의 목적에 공여된 유체물 내지 물적 설비를 지칭하며, 특정 공공의 목적에 공여된 물이라 함은 일반공중의 자유로운 사용에 직접적으로 제공되는 공공용물에 한하지 아니하고, 행정주체 자신의 사용에 제공되는 공용물도 포함하며 국가 또는 지방자치단체가 소유권, 임차권 그밖의 권한에 기하여 관리하고 있는 경우뿐만 아니라 사실상의 관리를 하고 있는 경우도 포함한다(대판 1995.1.24. 94다45302).

선지 분석

① 설치·관리상의 하자를 인정하지 않는다.

> **관련 판례**
>
> 고등학교 3학년 학생이 교사의 단속을 피해 담배를 피우기 위하여 3층 건물 화장실 밖의 난간을 지나다가 실족하여 사망한 사안에서 학교 관리자에게 그와 같은 이례적인 사고가 있을 것을 예상하여 복도나 화장실 창문에 난간으로의 출입을 막기 위하여 출입금지장치나 추락위험을 알리는 경고표지판을 설치할 의무가 있다고 볼 수는 없다는 이유로 학교시설의 설치·관리상의 하자는 없다(대판 1997.5.16. 96다54102).

② 수인한도를 넘는 피해가 요구된다.

> **관련 판례**
>
> 국가배상법 제5조 제1항에 정하여진 '영조물의 설치 또는 관리의 하자'라 함은 공공의 목적에 공여된 영조물이 그 용도에 따라 갖추어야 할 안전성을 갖추지 못한 상태에 있음을 말하고, 안전성을 갖추지 못한 상태, 즉 타인에게 위해를 끼칠 위험성이 있는 상태라 함은 당해 영조물을 구성하는 물적 시설 그 자체에 있는 물리적·외형적 흠결이나 불비로 인하여 그 이용자에게 위해를 끼칠 위험성이 있는 경우뿐만 아니라, 그 영조물이 공공의 목적에 이용됨에 있어 그 이용상태 및 정도가 일정한 한도를 초과하여 제3자에게 사회통념상 수인할 것이 기대되는 한도를 넘는 피해를 입히는 경우까지 포함된다고 보아야 한다(대판 2005.1.27. 2003다49566).

③ 도로의 점유·관리자가 그에 대한 관리 가능성이 없다면 도로의 관리·보존상의 하자가 인정되지 않는다.

> **관련 판례**
>
> 편도 2차선 도로의 1차선 상에 교통사고의 원인이 될 수 있는 크기의 돌멩이가 방치되어 있는 경우, 도로의 점유·관리자가 그에 대한 관리 가능성이 없다는 입증을 하지 못하는 한 이는 도로의 관리·보존상의 하자에 해당한다(대판 1998.2.10. 97다32536).

15 VI 행정심판   정답 ①

정답 분석

① 행정심판법상 선정대표자는 청구인들 중에서 선정할 수 있다.

> **행정심판법 제15조【선정대표자】** ① 여러 명의 청구인이 공동으로 심판청구를 할 때에는 청구인들 중에서 3명 이하의 선정대표자를 선정할 수 있다.

> **관련 판례**
>
> 행정심판절차에서 청구인들이 당사자가 아닌 자를 선정대표자로 선정하였더라도 행정심판법 제11조에 위반되어 그 선정행위는 그 효력이 없다(대판 1991.1.25. 90누7791).

② 헌법 제107조 제3항에 대한 옳은 내용이다.

> 제107조 ③ 재판의 전심절차로서 행정심판을 할 수 있다. 행정
> 심판의 절차는 법률로 정하되, 사법절차가 준용되어야 한다.

③ 행정심판법 제27조 제3항·제6항에 대한 옳은 내용이다.

> 제27조【심판청구의 기간】③ 행정심판은 처분이 있었던 날부터
> 180일이 지나면 청구하지 못한다. 다만, 정당한 사유가 있는 경
> 우에는 그러하지 아니하다.
> ⑥ 행정청이 심판청구 기간을 알리지 아니한 경우에는 제3항
> 에 규정된 기간에 심판청구를 할 수 있다.

④ 행정처분의 상대방이 아닌 제3자가 이해관계인으로서 행정심판을 청
구하는 경우에 그가 행정심판법 제18조 제3항 본문의 청구기간 내에
심판청구를 제기하지 아니하였다 하더라도 그 심판청구기간 내에 심
판청구가 가능하였다는 특별한 사정이 없는 한 동 조항 단서에서 규
정하고 있는 기간을 지키지 못한 정당한 사유가 있는 때에 해당한
다고 보아 심판청구기간의 제한을 받지 아니한다고 할 것이다(대판
1991.5.28. 90누1359).

16   Ⅵ 행정심판위원회   정답 ③

③ 행정심판의 재결에 불복하는 행정심판을 재청구할 수 없다.

> 행정심판법 제51조【행정심판 재청구의 금지】심판청구에 대한
> 재결이 있으면 그 재결 및 같은 처분 또는 부작위에 대하여 다
> 시 행정심판을 청구할 수 없다.

① 행정청이 식품위생법령에 따라 영업자에게 행정제재처분을 한 후 그
처분을 영업자에게 유리하게 변경하는 처분을 한 경우, 변경처분에
의하여 당초 처분은 소멸하는 것이 아니고 당초부터 유리하게 변경
된 내용의 처분으로 존재하는 것이므로, 변경처분에 의하여 유리하게
변경된 내용의 행정제재가 위법하다 하여 그 취소를 구하는 경우 그
취소소송의 대상은 변경된 내용의 당초 처분이지 변경처분은 아니고,
제소기간의 준수 여부도 변경처분이 아닌 변경된 내용의 당초 처분을
기준으로 판단하여야 한다(대판 2007.4.27. 2004두9302).

② 행정심판법 제17조 제2항에 대한 옳은 내용이다.

> 제17조【피청구인의 적격 및 경정】② 청구인이 피청구인을 잘못
> 지정한 경우에는 위원회는 직권으로 또는 당사자의 신청에 의
> 하여 결정으로써 피청구인을 경정(更正)할 수 있다.

④ 행정심판법 제31조 제1항에 대한 옳은 내용이다.

> 제31조【임시처분】① 위원회는 처분 또는 부작위가 위법·부당
> 하다고 상당히 의심되는 경우로서 처분 또는 부작위 때문에
> 당사자가 받을 우려가 있는 중대한 불이익이나 당사자에게 생
> 길 급박한 위험을 막기 위하여 임시지위를 정하여야 할 필요
> 가 있는 경우에는 직권으로 또는 당사자의 신청에 의하여 임
> 시처분을 결정할 수 있다.

17   Ⅲ 행정기본법상 행정작용   정답 ④

④ 행정청은 행정기본법 제35조 제1항에 따라 특정인을 위한 행정서비
스를 제공받는 자에게 법령으로 정하는 바에 따라 수수료를 받을 수
있다.

> 제35조【수수료 및 사용료】① 행정청은 특정인을 위한 행정서
> 비스를 제공받는 자에게 법령으로 정하는 바에 따라 수수료
> 를 받을 수 있다.
> ② 행정청은 공공시설 및 재산 등의 이용 또는 사용에 대하여
> 사전에 공개된 금액이나 기준에 따라 사용료를 받을 수 있다.
> ③ 제1항 및 제2항에도 불구하고 지방자치단체의 경우에는 지
> 방자치법에 따른다.

① 특별한 규정이 있는 경우를 제외하고는 법령의 효력 발생 전에 종결
된 사실관계 또는 법률관계에 대해서는 적용되지 아니한다.

> 행정기본법 제14조【법 적용의 기준】① 새로운 법령 등은 법령
> 등에 특별한 규정이 있는 경우를 제외하고는 그 법령 등의 효
> 력 발생 전에 완성되거나 종결된 사실관계 또는 법률관계에 대
> 해서는 적용되지 아니한다.
> ② 당사자의 신청에 따른 처분은 법령 등에 특별한 규정이 있
> 거나 처분 당시의 법령 등을 적용하기 곤란한 특별한 사정이
> 있는 경우를 제외하고는 처분 당시의 법령 등에 따른다.
> ③ 법령 등을 위반한 행위의 성립과 이에 대한 제재처분은 법
> 령 등에 특별한 규정이 있는 경우를 제외하고는 법령 등을 위
> 반한 행위 당시의 법령 등에 따른다. 다만, 법령 등을 위반한
> 행위 후 법령 등의 변경에 의하여 그 행위가 법령 등을 위반한
> 행위에 해당하지 아니하거나 제재처분 기준이 가벼워진 경우
> 로서 해당 법령 등에 특별한 규정이 없는 경우에는 변경된 법
> 령 등을 적용한다.

② 처분에 재량이 있는 경우에는 인공지능 기술을 적용한 시스템으로 처
분을 할 수 없다.

> 행정기본법 제20조【자동적 처분】행정청은 법률로 정하는 바에
> 따라 완전히 자동화된 시스템(인공지능 기술을 적용한 시스템
> 을 포함한다)으로 처분을 할 수 있다. 다만, 처분에 재량이 있
> 는 경우는 그러하지 아니하다.

③ 공법상 계약의 체결시 계약의 목적 및 내용을 명확하게 적은 계약서
를 작성하여야 한다.

> 행정기본법 제27조【공법상 계약의 체결】① 행정청은 법령 등
> 을 위반하지 아니하는 범위에서 행정목적을 달성하기 위하여
> 필요한 경우에는 공법상 법률관계에 관한 계약(이하 "공법상
> 계약"이라 한다)을 체결할 수 있다. 이 경우 계약의 목적 및 내
> 용을 명확하게 적은 계약서를 작성하여야 한다.

18 Ⅵ 행정소송의 제소기간 정답 ②

정답 분석

② 취소소송의 제소기간을 준수한 것으로 보지 않는다.

> ⚖ **관련 판례**
>
> 처분이 있음을 안 날부터 90일을 넘겨 청구한 부적법한 행정심판청구에 대한 재결이 있은 후 재결서를 송달받은 날부터 90일 이내에 원래의 처분에 대하여 취소소송을 제기하였다고 하여 취소소송이 다시 제소기간을 준수한 것으로 되는 것은 아니다(대판 2011.11.24. 2011두18786).

선지 분석

① 통상 고시 또는 공고에 의하여 행정처분을 하는 경우에는 그 처분의 상대방이 불특정 다수인이고, 그 처분의 효력이 불특정 다수인에게 일률적으로 적용되는 것이므로, 그 행정처분에 이해관계를 갖는 자는 고시 또는 공고가 있었다는 사실을 현실적으로 알았는지 여부에 관계없이 고시가 효력을 발생하는 날에 행정처분이 있음을 알았다고 보아야 하고, 따라서 그에 대한 취소소송은 그 날로부터 90일 이내에 제기하여야 한다(대판 2006.4.14. 2004두3847).

③ 이미 제소기간이 지남으로써 불가쟁력이 발생하여 불복청구를 할 수 없었던 경우라면 그 이후에 행정청이 행정심판청구를 할 수 있다고 잘못 알렸다고 하더라도 그 때문에 처분 상대방이 적법한 제소기간 내에 취소소송을 제기할 수 있는 기회를 상실하게 된 것은 아니므로 이러한 경우에 잘못된 안내에 따라 청구된 행정심판 재결서 정본을 송달받은 날부터 다시 취소소송의 제소기간이 기산되는 것은 아니다. 불가쟁력이 발생하여 더 이상 불복청구를 할 수 없는 처분에 대하여 행정청의 잘못된 안내가 있었다고 하여 처분 상대방의 불복청구 권리가 새로이 생겨나거나 부활한다고 볼 수는 없기 때문이다(대판 2012.9.27. 2011두27247).

④ 행정소송법 제20조가 제소기간을 규정하면서 '처분 등이 있는 날' 또는 '처분 등이 있음을 안 날'을 각 제소기간의 기산점으로 삼은 것은 그때 비로소 적법한 취소소송을 제기할 객관적 또는 주관적 여지가 발생하기 때문이므로, 처분 당시에는 취소소송의 제기가 법제상 허용되지 않아 소송을 제기할 수 없다가 위헌결정으로 인하여 비로소 취소소송을 제기할 수 있게 된 경우, 객관적으로는 '위헌결정이 있는 날', 주관적으로는 '위헌결정이 있음을 안 날' 비로소 취소소송을 제기할 수 있게 되어 이때를 제소기간의 기산점으로 삼아야 한다(대판 2008.2.1. 2007두20997).

19 Ⅵ 판결의 효력 정답 ①

정답 분석

① 사정판결에서는 처분의 위법성에 대한 기판력이 인정된다.

> **행정소송법 제28조【사정판결】** ① 원고의 청구가 이유있다고 인정하는 경우에도 처분 등을 취소하는 것이 현저히 공공복리에 적합하지 아니하다고 인정하는 때에는 법원은 원고의 청구를 기각할 수 있다. 이 경우 법원은 그 판결의 주문에서 그 처분 등이 위법함을 명시하여야 한다.

선지 분석

② 그 요건인 '현저히 공공복리에 적합하지 아니한가'의 여부를 판단할 때에는 위법·부당한 행정처분을 취소·변경하여야 할 필요와 그 취소·변경으로 발생할 수 있는 공공복리에 반하는 사태 등을 비교·교량하여 그 적용 여부를 판단하여야 한다(대판 2009.12.10. 2009두8359).

③ 사정판결은 당사자의 명백한 주장이 없는 경우에도 기록에 나타난 여러 사정을 기초로 직권으로 할 수 있는 것이나, 그 요건인 현저히 공공복리에 적합하지 아니한지 여부는 위법한 행정처분을 취소·변경하여야 할 필요와 그 취소·변경으로 인하여 발생할 수 있는 공공복리에 반하는 사태 등을 비교·교량하여 판단하여야 한다(대판 2006.9.22. 2005두2506).

④ 행정처분이 위법한 때에는 이를 취소함이 원칙이고, 그 위법한 처분을 취소·변경하는 것이 도리어 현저히 공공의 복리에 적합하지 않은 경우에 극히 예외적으로 위법한 행정처분의 취소를 허용하지 않는다는 사정판결을 할 수 있으므로, 사정판결의 적용은 극히 엄격한 요건 아래 제한적으로 하여야 한다(대판 2018.10.12. 2016두46670).

20 Ⅵ 무효등 확인소송 정답 ②

정답 분석

② 쾌적한 환경에서 생활할 수 있는 이익을 향수할 수 있는 주체라고 보지 아니하여, 무효등 확인을 구할 법률상 이익을 인정하지 않았다.

> ⚖ **관련 판례**
>
> 자연인이 아닌 甲 수녀원은 쾌적한 환경에서 생활할 수 있는 이익을 향수할 수 있는 주체가 아니므로 위 처분으로 위와 같은 생활상의 이익이 직접적으로 침해되는 관계에 있다고 볼 수도 없으며, 위 처분으로 환경에 영향을 주어 甲 수녀원이 운영하는 쨈 공장에 직접적이고 구체적인 재산적 피해가 발생한다거나 甲 수녀원이 폐쇄되고 이전해야 하는 등의 피해를 받거나 받을 우려가 있다는 점 등에 관한 증명도 부족하다는 이유로, 甲 수녀원에 처분의 무효 확인을 구할 원고적격이 없다(대판 2012.6.28. 2010두2005).

선지 분석

① 행정처분의 근거 법률에 의하여 보호되는 직접적이고 구체적인 이익이 있는 경우에는 행정소송법 제35조에 규정된 '무효확인을 구할 법률상 이익'이 있다고 보아야 하고, 이와 별도로 무효확인소송의 보충성이 요구되는 것은 아니므로 행정처분의 무효를 전제로 한 이행소송 등과 같은 직접적인 구제수단이 있는지 여부를 따질 필요가 없다고 해석함이 상당하다(대판 2008.3.20. 2007두6342 전합).

③ 절차상 또는 형식상 하자로 무효인 행정처분에 대하여 행정청이 적법한 절차 또는 형식을 갖추어 다시 동일한 행정처분을 하였다면, 종전의 무효인 행정처분에 대한 무효확인 청구는 과거의 법률관계의 효력을 다투는 것에 불과하므로 무효확인을 구할 법률상 이익이 없다(대판 2010.4.29. 2009두16879).

④ 행정처분의 당연무효를 선언하는 의미에서 그 취소를 구하는 행정소송을 제기하는 경우에는 전치절차와 그 제소기간의 준수 등 취소소송의 제소요건을 갖추어야 한다(대판 1987.6.9. 87누219).

정답 분석

① 지방의회는 수정안을 의결할 수 없다.

> ⚖️ **관련 판례**
>
> 지방의회의원이 지방자치단체의 장이 조례안으로서 제안한 행정기구를 종류 및 업무가 다른 행정기구로 전환하는 수정안을 발의하여 지방의회가 의결 및 재의결하는 것은 지방자치단체의 장의 고유 권한에 속하는 사항의 행사에 관하여 사전에 적극적으로 개입하는 것으로서 허용되지 아니한다(대판 2005.8.19. 2005추48).

선지 분석

② 지방자체단체로서의 도는 1개의 법인이 존재할 뿐이고, 다만 사무의 영역에 따라 도지사와 교육감이 별개의 집행 및 대표기관으로 병존할 뿐이므로 도 교육감이 도를 대표하여 도지사가 대표하는 도를 상대로 제기한 소유권 확인의 소는 자기가 자기를 상대로 제기한 것으로 권리보호의 이익이 없어 부적법하다(대판 2001.5.8. 99다69341).

③ 집행기관의 구성원의 전부 또는 일부를 지방의회가 임면하도록 하는 것은 지방의회가 집행기관의 인사권에 사전에 적극적으로 개입하는 것이어서 원칙적으로 허용되지 않지만, 지방자치단체의 집행기관의 구성원을 집행기관의 장이 임면하되 다만 그 임면에 지방의회의 동의를 얻도록 하는 것은 지방의회가 집행기관의 인사권에 소극적으로 개입하는 것으로서 지방자치법이 정하고 있는 지방의회의 집행기관에 대한 견제권의 범위 안에 드는 적법한 것이므로, 지방의회가 조례로써 옴부즈맨의 위촉(임명)·해촉시에 지방의회의 동의를 얻도록 정하였다고 해서 집행기관의 인사권을 침해한 것이라 할 수 없다(대판 1997.4.11. 96추138).

④ 지방자치단체는 그 소관 사무의 범위 내에서 필요한 경우에는 심의 등을 목적으로 자문기관을 조례로 설치할 수 있는 외에, 그 소관 사무의 일부를 독립하여 수행할 필요가 있을 경우에는 합의제 행정기관을 조례가 정하는 바에 의하여 설치할 수 있는바, 그러한 합의제 행정기관에는 그 의사와 판단을 결정하여 외부에 표시하는 권한을 가지는 합의제 행정관청뿐만 아니라 행정주체 내부에서 행정에 관한 의사 또는 판단을 결정할 수 있는 권한만을 가지는 의결기관도 포함되는 것이므로, 지방의회가 재의결한 조례안에서 주민자치위원회가 지역주민이 이용할 수 있도록 동사무소에 설치된 각종 문화·복지·편익시설과 프로그램을 총칭하는 주민자치센터의 운영에 관하여 의결을 할 수 있는 것으로 규정하고 있는 것 자체는, 그러한 의결기관으로서의 주민자치위원회의 설치에 관하여 같은 법 시행령 제41조에서 규정하고 있는 행정자치부 장관의 승인이 가능한 것인지의 여부는 별론으로 하고, 같은 법 제159조 제3항에서 재의결의 효력 배제의 사유로 정하고 있는 법령 위반에 해당한다고 단정할 수 없다(대판 2000.11.10. 2000추36).

정답 분석

③ 항고소송의 대상이 된다고 본다.

> ⚖️ **관련 판례**
>
> '행정규칙에 의한 불문경고조치'가 비록 법률상의 징계처분은 아니지만 위 처분을 받지 아니하였다면 차후 다른 징계처분이나 경고를 받게 될 경우 징계감경사유로 사용될 수 있었던 표창공적의 사용가능성을 소멸시키는 효과와 1년 동안 인사기록카드에 등재됨으로써 그 동안은 장관표창이나 도지사표창 대상자에서 제외시키는 효과 등이 있다는 이유로 항고소송의 대상이 되는 행정처분에 해당한다고 본다(대판 2002.7.26. 2001두3532).

선지 분석

① 임용당시 공무원임용결격사유가 있었다면 비록 국가의 과실에 의하여 임용결격자임을 밝혀내지 못하였다 하더라도 그 임용행위는 당연무효로 보아야 한다(대판 1987.4.14. 86누459).

② 국민으로부터 널리 공무를 수탁하여 국민 전체를 위해 근무하는 공무원의 지위를 고려할 때 공무원의 품위손상행위는 본인은 물론 공직사회에 대한 국민의 신뢰를 실추시킬 우려가 있으므로 지방공무원법 제55조는 국가공무원법 제63조와 함께 공무원에게 직무와 관련된 부분은 물론 사적인 부분에 있어서도 건실한 생활을 할 것을 요구하는 '품위유지의무'를 규정하고 있고, 여기에서 '품위'라 함은 주권자인 국민의 수임자로서의 직책을 맡아 수행해 나가기에 손색이 없는 인품을 말한다(대판 1998.2.27. 97누18172).

④ 4급 공무원이 당해 지방자치단체 인사위원회의 심의를 거쳐 3급 승진대상자로 결정되고 임용권자가 그 사실을 대내외에 공표까지 하였다면, 그 공무원은 승진임용에 관한 법률상 이익을 가진 자로서 임용권자에 대하여 3급 승진임용 신청을 할 조리상의 권리가 있다(대판 2008.4.10. 2007두18611).

정답 분석

옳지 않은 것은 ㄱ, ㄷ이다.

ㄱ. 여성에 대한 병역의무는 병역법에서 명문으로 규정하고 있다.

> **병역법 제3조【병역의무】**① 대한민국 국민인 남성은 대한민국 헌법과 이 법에서 정하는 바에 따라 병역의무를 성실히 수행하여야 한다. 여성은 지원에 의하여 현역 및 예비역으로만 복무할 수 있다.

ㄷ. 병역법에 따르지 않은 병역의무에 대한 특례는 규정할 수 없다.

> **병역법 제3조【병역의무】**② 이 법에 따르지 아니하고는 병역의무에 대한 특례(特例)를 규정할 수 없다.

ㄹ. 병역법 제3조 제3항에 대한 옳은 내용이다.

> 제3조【병역의무】③ 제1항에 따른 병역의무 및 지원은 인종, 피
> 부색 등을 이유로 차별하여서는 아니 된다.

24   Ⅲ 행정절차법   정답 ③

정답 분석

③ 직접 응원할 수 있는 행정청에 요청하여야 한다.

> 행정절차법 제8조【행정응원】③ 행정응원은 해당 직무를 직접
> 응원할 수 있는 행정청에 요청하여야 한다.

선지 분석

① 행정절차법 제8조 제2항 제1호에 대한 옳은 내용이다.

> 제8조【행정응원】② 제1항에 따라 행정응원을 요청받은 행정청
> 은 다음 각 호의 어느 하나에 해당하는 경우에는 응원을 거
> 부할 수 있다.
> 1. 다른 행정청이 보다 능률적이거나 경제적으로 응원할 수 있
>   는 명백한 이유가 있는 경우

② 행정절차법 제8조 제5항에 대한 옳은 내용이다.

> 제8조【행정응원】⑤ 행정응원을 위하여 파견된 직원은 응원을
> 요청한 행정청의 지휘·감독을 받는다. 다만, 해당 직원의 복
> 무에 관하여 다른 법령 등에 특별한 규정이 있는 경우에는 그
> 에 따른다.

④ 행정절차법 제8조 제1항 제2호에 대한 옳은 내용이다.

> 제8조【행정응원】① 행정청은 다음 각 호의 어느 하나에 해
> 당하는 경우에는 다른 행정청에 행정응원(行政應援)을 요청
> 할 수 있다.
> 2. 인원·장비의 부족 등 사실상의 이유로 독자적인 직무 수행
>   이 어려운 경우

25   Ⅲ 정보공개   정답 ①

정답 분석

① 국회사무총장이 아닌 행정안전부장관에 대한 내용이다.

> 공공기관의 정보공개에 관한 법률 제26조【국회에의 보고】① 행
> 정안전부장관은 전년도의 정보공개 운영에 관한 보고서를 매
> 년 정기국회 개회 전까지 국회에 제출하여야 한다.

선지 분석

② 동법 제4조 제3항에 대한 옳은 내용이다.

> 제4조【적용 범위】③ 국가안전보장에 관련되는 정보 및 보안 업
> 무를 관장하는 기관에서 국가안전보장과 관련된 정보의 분석
> 을 목적으로 수집하거나 작성한 정보에 대해서는 이 법을 적용
> 하지 아니한다. 다만, 제8조 제1항에 따른 정보목록의 작성·비
> 치 및 공개에 대해서는 그러하지 아니한다.

③ 동법 제28조에 대한 옳은 내용이다.

> 제28조【신분보장】누구든지 이 법에 따른 정당한 정보공개를
> 이유로 징계조치 등 어떠한 신분상 불이익이나 근무조건상의
> 차별을 받지 아니한다.

④ 동법 제23조 제5항에 대한 옳은 내용이다.

> 제23조【위원회의 구성 등】⑤ 위원장·부위원장 및 위원 중 공
> 무원이 아닌 사람은 형법이나 그 밖의 법률에 따른 벌칙을 적
> 용할 때에는 공무원으로 본다.

제3과목 경영학

01 Ⅰ 경영혁신기법(친환경 경영) 정답 ①

정답 분석

① 6시그마는 구체적·정량적(통계적)인 품질관리기법이며 제품생산량 100만개 중에서 불량품을 3~4개 이하로 하자는 운동으로, 친환경 경영정책과는 관련성이 적다.

02 Ⅰ SECI모델 정답 ④

정답 분석

④ 노나카의 지식창조 프로세스 모델에서의 지식변환과정 중 형식지에서 암묵지로의 전환은 내면화(행동과 실천)이다.

03 Ⅰ 기업집중 정답 ②

정답 분석

② 생산 공정의 합리화는 카르텔과 무관하다.

04 Ⅱ 시장세분화 기준변수 정답 ④

정답 분석

④ 인구통계학적 기준변수는 나이, 성별, 가족 수, 결혼 여부, 직업, 학력 등이다.

05 Ⅱ 마케팅 개념 정답 ②

정답 분석

② 마케팅 개념의 변천(발전) 과정은 '생산개념 – 제품개념 – 판매개념 – 마케팅개념 – 사회지향적 마케팅개념' 순서이다.

06 Ⅱ 수요상황에 따른 마케팅전략 정답 ②

정답 분석

② 자사 상품의 초과된 수요만큼 의도적으로 수요를 감소시키는 마케팅 기법은 디마케팅이다.

07 Ⅲ 다면평가 정답 ②

정답 분석

② 현대적 인사고과 제도인 다면평가는 결과를 피평가자에게 공개하는 것이 원칙이다.

08 Ⅲ 임금관리(체계) 정답 ③

정답 분석

③ 동일 직무를 수행하면 동일 임금을 지급하는 것은 직무급에 대한 설명이다. 직능급은 직무수행능력에 따라 임금을 차등지급하는 방식이다.

09 Ⅳ 커뮤니케이션네트워크 정답 ②

정답 분석

② Y자형은 강력한 리더가 존재하지 않아도 어느 정도 대표성이 있는 인물을 통해 비교적 공식적인 계층을 따라 의사소통이 신속하게 이루어지는 의사소통네트워크이다.

10 Ⅲ 직무충실화 정답 ③

정답 분석

③ 직무충실화는 상사의 권한을 위양하여 부하의 재량권과 자율성과 책임성을 강화하는 직무설계 방법이다.

11 Ⅳ 조직구조의 유형 정답 ①

정답 분석

① 고객의 욕구 및 환경이 안정적이고 예측가능성이 높은 경우에 효과적인 것은 기계적 조직이다.

12   Ⅲ   직무특성이론(5가지)   정답 ③

정답 분석

③ 개인이 수행하는 직무가 조직 혁신에 어느 정도 기여할 수 있는가를 의미하는 직무 혁신성은 핵심직무특성과 무관하다.

13   Ⅲ   단체교섭   정답 ②

정답 분석

② 대각선교섭은 산업별 노동조합이 개별 기업 사용자와 개별적으로 행하는 경우의 단체교섭의 유형이다.

14   Ⅲ   교육훈련   정답 ④

정답 분석

④ 조직차원으로 상사의 협조가 필요한 교육훈련은 직장 외 교육훈련(Off JT)과 관련된다.

15   Ⅲ, Ⅳ   후광(현혹)효과   정답 ①

정답 분석

① 후광효과는 개인의 일부 특성을 기반으로 전체를 평가하는 지각 경향을 말한다.

16   Ⅲ   교섭유형   정답 ②

정답 분석

② 당사자들 사이의 이해관계보다 각 당사자의 입장에 초점을 맞추는 것은 분배적 협상(교섭)의 특성이다.

17   Ⅴ   P시스템과 Q시스템   정답 ④

선지 분석

① P시스템은 Q시스템보다 더 많은 안전재고가 필요하다.

② P시스템은 정기적으로 비정량의 주문량이며, Q시스템의 주문주기는 가변적이다.

③ Q시스템은 투빈법으로 품절을 방지한다.

18   Ⅱ, Ⅴ   생산과 경쟁우위확보   정답 ④

정답 분석

④ 재고시스템과 연계된 생산시스템을 도입하여 재고회전률을 대폭 높임으로써 경쟁우위를 확보할 수 있다.

19   Ⅴ   경제적 주문량   정답 ①

정답 분석

① EOQ가정에서 주문비용은 주문량(발주량)과 무관하게 일정하다.

20   Ⅵ   경영정보시스템 유형   정답 ①

정답 분석

① TPS는 거래를 처리하는 과정에서 발생하는 데이터를 저장하고 관리하는 가장 기본적인 시스템이다.

21   Ⅶ   투자안의 경제성평가   정답 ③

선지 분석

① 내부수익률법은 화폐의 시간가치를 고려한다.

② 수익성지수가 1보다 클 때 경제성이 있다.

④ 회계적 이익률법은 화폐의 시간가치를 고려하지 않는다.

22   Ⅶ   인수합병 전략   정답 ①

정답 분석

① 주식공개매수(take-over bid)는 공격적 수단에 해당된다.

23   Ⅷ   회계감사   정답 ④

정답 분석

④ 감사거절은 회계감사의 의견유형과 무관하다.

24 | VIII 회계의 순환과정 | 정답 ③

정답 분석

③ 회계의 순환과정은 '거래발생 → 분개 → 원장전기 → 수정전 시산표
작성 → 결산수정사항 분개 → 재무제표 작성' 순서이다.

25 | VIII 재무제표 | 정답 ①

정답 분석

① 재무제표의 양식은 보고식을 원칙으로 하며, 재무상태표의 경우에는
계정식을 허용한다.

◆ 셀프 체크

권장 풀이 시간	75분(OMR 표기 시간 포함)
실제 풀이 시간	___시 ___분 ~ ___시 ___분
맞힌 답의 개수	___개 / 75개

제4회 실전모의고사
모바일 자동 채점 + 성적 분석 서비스
바로 가기(gosi.Hackers.com)

QR코드를 이용하여 해커스공무원의
'모바일 자동 채점 + 성적 분석 서비스'로 바로 접속하세요!
* 해커스공무원 사이트의 가입자에 한해 이용 가능합니다.

◆ 정답

제1과목 국어

01	③	06	②	11	①	16	③	21	③
02	④	07	①	12	④	17	①	22	③
03	②	08	③	13	②	18	③	23	②
04	③	09	②	14	④	19	④	24	③
05	③	10	③	15	①	20	③	25	④

제2과목 행정법

01	①	06	③	11	④	16	①	21	②
02	①	07	③	12	③	17	④	22	①
03	①	08	②	13	②	18	②	23	④
04	④	09	②	14	①	19	④	24	②
05	②	10	①	15	③	20	①	25	④

제3과목 경영학

01	③	06	④	11	④	16	②	21	④
02	①	07	③	12	③	17	①	22	③
03	③	08	②	13	②	18	①	23	①
04	④	09	②	14	③	19	④	24	③
05	①	10	②	15	①	20	①	25	④

◆ 취약 단원 분석표

제1과목 국어

단원	맞힌 답의 개수
어법	/ 7
비문학	/ 8
문학	/ 5
어휘	/ 3
혼합	/ 2
TOTAL	/ 25

제2과목 행정법

단원	맞힌 답의 개수
Ⅰ 일반론	/ 2
Ⅱ 행정작용	/ 5
Ⅲ 행정과정	/ 5
Ⅳ 실효성 확보수단	/ 5
Ⅴ 손해전보	/ 1
Ⅵ 행정쟁송	/ 4
Ⅶ 행정법각론	/ 3
TOTAL	/ 25

제3과목 경영학

단원	맞힌 답의 개수
Ⅰ 경영학개론	/ 5
Ⅱ 마케팅	/ 1
Ⅲ 인적자원관리	/ 8
Ⅳ 조직행동론	/ 4
Ⅴ 생산과학	/ 4
Ⅵ 경영과학	/ 1
Ⅶ 재무관리	/ 1
Ⅷ 회계원리	/ 1
TOTAL	/ 25

01   어법   단어 (형태소의 의미)   정답 ③

정답 설명

③ 주로 체언에 결합하여 격을 나타내는 말은 조사이며, 조사는 문법적 관계만을 나타내는 형식 형태소이므로 ③의 설명은 옳지 않다. 참고로, 형식 형태소로는 조사와 어미 등이 있다.

오답 분석

① 형태소는 더 나누면 뜻을 잃어버리는 최소 의미 단위이므로 옳은 설명이다.

② '아름'은 단독으로 쓰이지 않을 뿐만 아니라 '-답다' 외의 다른 형태소와는 결합하지 않는 유일 형태소이다.

④ 용언의 어간은 실질적인 뜻을 가지고 있으므로 실질 형태소이면서, 홀로 쓰일 수 없는 의존 형태소이다.

📝 이것도 알면 **합격!**

형태소의 종류

구분	종류	예 하늘이 매우 맑다
자립성의 유무에 따라	자립 형태소 (홀로 쓰일 수 있는 형태소)	하늘, 매우
	의존 형태소 (홀로 쓰일 수 없는 형태소)	이, 맑-, -다
의미의 유형에 따라	실질 형태소 (실질적인 뜻을 지닌 형태소)	하늘, 매우, 맑-
	형식 형태소 (문법적인 기능을 지닌 형태소)	이, -다

02   어법   올바른 문장 표현   정답 ④

정답 설명

④ 앞 절인 '대한민국의 주권은 국민에게 있다'와 뒤 절인 '모든 권력은 국민에게서 나오다'가 연결 어미 '-고'로 대등하게 이어진 올바른 문장이다. 참고로, 이때 뒤의 절의 부사격 조사 '에게서'를 영어의 'from'을 직역하여 '모든 권력은 국민으로부터 나오다'와 같은 영어 번역 투 문장으로 쓰지 않도록 유의한다.

오답 분석

① 낮은 취업률은 비단 우리나라만의 문제가 되어 버렸다(×) → 낮은 취업률은 비단 우리나라만의 문제가 아니다(○): 부사어 '비단'은 부정하는 말 앞에서 '다만', '오직'의 뜻으로 쓰이는 부사이므로 이와 호응할 수 있는 부정의 서술어 '아니다'로 고쳐 써야 한다.

② 그는 전기 자동차 회사의 설립과 최근에는 우주 사업도 하고 있다(×) → 그는 전기 자동차 회사를 설립했고 최근에는 우주 사업도 하고 있다(○): 접속 조사 '과'를 통해 이어진 '(그는) 전기 자동차 회사의 설립'과 '(그는) 우주 사업도 하고 있다'의 문장 구조가 대응되지 않는 문장이다. 따라서 선행하는 문장 구조를 후행하는 문장 구조와 동일하게 '(그는) 전기 자동차 회사를 설립했고'와 같이 고쳐 쓰는 것이 적절하다.

③ 정부가 다음 달부터 만 75세 이상 고령층을 대상으로 시작하기로 했다(×) → 정부가 다음 달부터 만 75세 이상 고령층을 대상으로 예방 접종을 시작하기로 했다(○): 서술어 '시작하다'와 호응하는 목적어가 생략되어 있으므로 이와 호응할 수 있는 목적어 '예방접종'을 추가하는 것이 적절하다.

03   어휘   속담, 한자 성어   정답 ②

정답 설명

② 속담과 한자 성어의 뜻이 가장 비슷한 것은 ②이다.
- 노루 보고 그물 짊어진다: 무슨 일을 미리 준비하지 않고 일을 당해서야 허겁지겁 준비함을 비유적으로 이르는 말
- 갈이천정(渴而穿井): '목이 말라야 비로소 샘을 판다'라는 뜻으로, 미리 준비를 하지 않고 있다가 일이 지나간 뒤에는 아무리 서둘러 봐도 아무 소용이 없음을 이르거나 자기가 급해야 서둘러서 일을 함을 비유적으로 이르는 말

오답 분석

① • 술 익자 체 장수 간다: '술이 익어 체로 걸러야 할 때에 마침 체 장수가 지나간다'라는 뜻으로, 일이 공교롭게 잘 맞아 감을 비유적으로 이르는 말
- 마부위침(磨斧爲針): '도끼를 갈아서 바늘을 만든다'라는 뜻으로, 아무리 어려운 일이라도 끊임없이 노력하면 반드시 이룰 수 있음을 이르는 말

③ • 마당 벌어진 데 웬 솔뿌리 걱정: '마당이 벌어졌는데 그릇이 터졌을 때 필요한 솔뿌리를 걱정한다'라는 뜻으로, 당치도 않은 것으로 사건을 수습하려 하는 어리석음을 비웃는 말
- 소극침주(小隙沈舟): '조그만 틈으로 물이 새어 들어 배가 가라앉는다'라는 뜻으로, 작은 일을 게을리하면 큰 재앙이 닥치게 됨을 이르는 말

④ • 때리는 시늉하면 우는 시늉을 한다: 서로 손발이 잘 맞는다는 말
- 작학관보(雀學鸛步): '참새가 황새의 걸음을 배운다'라는 뜻으로, 자기의 역량은 생각하지 않고 억지로 남을 모방함을 비유적으로 이르는 말

04   문학   작품에 대한 지식 (고대 가요)   정답 ③

정답 설명

③ 제시된 작품은 '해가(海歌)'로, 이때 '거북'은 수로 부인을 납치한 존재이므로 경외의 대상이 아닌 위협의 대상이다. 따라서 제시된 작품에 대한 설명으로 가장 옳지 않은 것은 ③이다.

오답 분석

① '해가(海歌)'는 신라 성덕왕 때의 노래로, 수로왕의 강림을 기원하는 고대 가요 '구지가'와 내용 및 형식이 매우 유사하다. 이를 통해 '해가'가 '구지가'를 계승한 노래임을 알 수 있다.

② '해가'는 『삼국유사』에 7언 4구의 한역 시가와 배경 설화가 함께 전하는데, 신라 성덕왕 때 순정공이 강릉 태수로 부임하던 도중 바다의 용

이 나타나 그의 아내인 수로 부인을 바닷속으로 끌고 들어갔을 때 백성들이 수로 부인의 귀환을 요구하며 부른 노래로 전해진다.

④ '호명(거북아 거북아) – 명령(수로 부인을 내놓아라) – 가정(내어 놓지 않으면) – 위협(그물로 잡아 구워 먹으리)'의 구조로 이루어져 있다.

이것도 알면 합격!

'해가'와 '구지가'의 비교

구분		구지가	해가
공통점	성격	노래를 부름으로써 목적을 달성하고자 하는 주술적 성격을 띰	
	어조	상대를 위협하는 말하기 방식임	
	구조	'호명 – 명령 – 가정 – 위협'의 구조로 구성됨	
차이점	요구 내용과 목적	공적인 목적: 임금(수로왕)의 출현	사적인 목적: 수로 부인의 구출
	거북의 역할	소망을 들어주는 존재이자 경외의 대상임	수로 부인을 납치한 부정적 대상임

---

05 문학 작품의 종합적 감상 (시조)   정답 ③

정답 설명

③ ⓒ '가마귀'는 (나)의 중장을 통해 겉과 속이 같은 대상임을 알 수 있는 반면, '白鷺(백로)'는 (나)의 종장을 통해 겉과 속이 같지 않은 대상임을 알 수 있다. 따라서 표리부동한 모습에 비판적 태도를 드러내고 있는 대상은 ⓒ '가마귀'가 아닌 '白鷺(백로)'이므로 답은 ③이다.
- 표리부동(表裏不同): 겉으로 드러나는 언행과 속으로 가지는 생각이 다름

오답 분석

① (가)의 중장을 통해 ③ '가마귀'가 '白鷺(백로)'를 시기하는 부정적 대상으로 표현되고 있음을 알 수 있다.

② (나)의 중장에서 설의법을 사용하여 '가마귀'가 겉은 검지만 양심은 올바른 존재임을 강조하고 있다. 이는 화자가 조선 건국에 협력한 자신(개국 공신)의 태도를 정당화하고 있는 것이며, 조선의 개국 공신을 비난하는 이들을 겉은 희지만 양심은 올바르지 않은 존재로 표현한 것이다.

④ (가)와 (나) 모두 '가마귀'와 '白鷺(백로)'에서 흑백의 색채 대비가 나타난다.

지문 풀이

> (가) ③ 까마귀 모여 다투는 곳에 백로야 가지 마라.
> 성이 난 까마귀들이 새하얀 너의 몸빛을 보고 시기하고 미워할 것이니
> 청강에서 기껏 깨끗이 씻은 너의 결백한 심신(心身)이 더럽혀질까 걱정이 되는구나.
>
> (나) ⓒ 까마귀 겉모습이 검다고 해서 백로야 비웃지 마라
> 겉은 검다고 해서 속까지 검겠느냐?
> 아마도 겉이 희고 속 검은 것은 너밖에 없을 것이다.

---

06 어법 단어 (용언의 활용)   정답 ②

정답 설명

② 들려서(×) → 들러서(○): 기본형은 '들르다'로, 어간 '들르-'의 끝소리 'ㅡ'가 모음 어미 앞에서 탈락하므로 '들르-+-어서'는 '들러서'로 적어야 한다. 참고로 '들려서'는 기본형 '들리다'의 활용형으로, 어간 '들리-'의 'ㅣ'와 모음 어미 '-어서'의 'ㅓ'가 결합하여 'ㅕ'로 축약되므로 '들려서'로 적는다.

오답 분석

① 치러서(○): 기본형은 '치르다'로, 어간 '치르-'의 끝소리 'ㅡ'가 모음 어미 앞에서 탈락하므로 '치르-+-어서'는 '치러서'로 적는다. 참고로 '치루다'는 동사 '치르다'의 잘못된 표기이다.

③ 질러서(○): 기본형은 '지르다'로, 어간의 끝음절 '르'가 모음 어미 앞에서 'ㄹㄹ'로 바뀌는 '르' 불규칙 동사이므로 '질러'로 적는다.

④ 갈려서(○): 기본형은 '갈리다'로, 동사 '가르다'의 피동사이다. 이때 어간 '갈리-'의 'ㅣ'와 모음 어미 '-어서'의 'ㅓ'가 결합하여 'ㅕ'로 축약되므로 '갈려서'로 적는다.

---

07 비문학 글의 전략 파악   정답 ①

정답 설명

① IMF 이후 약간의 경기 침체만 보여도 불안해하는 한국인들의 증상(사회적 현상)을 심리학 개념인 '부적응적 불안'으로 설명하고 있으므로 적절하다.

오답 분석

② 1문단에서 주 40시간 근무제가 시행된 직후의 직장인들의 상황(일상의 사례)을 제시하고 있으나, 이는 '부적응적 불안'의 구체적인 사례일 뿐 현상의 위험성을 경고하는 것은 아니므로 적절하지 않다.

③④ 제시문에서 확인할 수 없는 서술 방식이다.

---

08 비문학 세부 내용 파악   정답 ③

정답 설명

③ 4문단 4~5번째 줄을 통해 '부적응적 불안'은 불필요하게 과도한 불안과 공포가 정상적인 삶을 방해하는 것임을 알 수 있다. 이때 5문단 1~3번째 줄에서 부적응적 불안을 겪는 사람은 불안해할 필요가 없는 상황에서도 불안을 유발하는 요인을 찾아내 불안해할 준비를 한다고 하였다. 이를 통해 과도한 불안과 공포를 겪는 사람은 불안할 필요가 없는 상황에서도 불안 요인을 찾을 것임을 알 수 있다. 따라서 답은 ③이다.

오답 분석

① 4문단 1~2번째 줄을 통해 불안과 공포는 인간의 생존을 위해 반드시 필요한 것임을 알 수 있다. 하지만 불안과 공포가 자연에서 생존하기 위해 터득한 진화의 산물인지에 대한 내용은 제시문에서 확인할 수 없다.

② 5문단 끝에서 1~3번째 줄에서 오늘날 IMF를 겪은 한국인들은 집단적인 부적응적 불안을 겪고 있다고 하였다. 이를 통해 부적응적 불안은 후천적으로 획득될 수 있음을 알 수 있다. 또한 부적응적 불안이 인간의 선천적인 정신적 결함인지에 대한 내용은 제시문에서 확인할 수 없다.

④ 5문단 1~3번째 줄에서 불안해 할 필요가 없는 상황에서도 불안을 유발하는 요인을 찾아낸다고 하였다. 즉 부적응적 불안을 겪는 사람의 특징은 불안을 느낄 필요가 없는 안정적인 상황에서도 불안을 유발하는 요인을 찾는 것임을 알 수 있으므로 ④의 설명은 제시문에 대한 이해로 적절하지 않다.

---

09 어법 한글 맞춤법 (띄어쓰기) 정답 ②

정답 설명

② 어려울∨성∨싶다(×) → 어려울∨성싶다(○): '성싶다'는 앞말이 뜻하는 상태를 어느 정도 느끼고 있거나 짐작함을 나타내는 보조 형용사로, 한 단어이므로 붙여 써야 한다.

오답 분석

① 탄∨듯(○): 이때 '듯'은 '유사하거나 같은 정도'의 뜻을 나타내는 의존 명사이므로 앞말과 띄어 쓴다.

③ 온데간데없다(○): '온데간데없다'는 '감쪽같이 자취를 감추어 찾을 수가 없다'를 뜻하는 형용사로, 한 단어이므로 붙여 쓴다.

④ 오∨개국의(○): '개국'은 나라를 세는 단위를 나타내는 의존 명사이므로 수 관형사 '오'와 띄어 쓴다.

✏️ 이것도 알면 합격!

유의해야 하는 보조 용언의 띄어쓰기

보조 용언	의미
듯싶다, 듯하다	앞말이 뜻하는 사건이나 상태 따위를 짐작하거나 추측함을 나타내는 말 예 내가 실수한 듯싶다.
마지않다	앞말이 뜻하는 행동을 진심으로 함을 강조하여 나타내는 말 예 환영해 마지않다.
만하다	1. 어떤 대상이 앞말이 뜻하는 행동을 할 타당한 이유를 가질 정도로 가치가 있음을 나타내는 말 예 한 번쯤 먹어볼 만하다. 2. 앞말이 뜻하는 행동을 하는 것이 가능함을 나타내는 말 예 너를 가르칠 만한 능력이 없다.
버릇하다	앞말이 뜻하는 행동을 습관적으로 거듭함을 나타내는 말 예 낮잠을 자 버릇하면 수면의 질이 떨어진다.
뻔하다	앞말이 뜻하는 상황이 실제 일어나지는 않았지만 그럴 가능성이 매우 높음을 나타내는 말 예 하마터면 거울을 깨뜨릴 뻔했다.
성부르다, 성싶다, 성하다	앞말이 뜻하는 상태를 어느 정도 느끼고 있거나 짐작함을 나타내는 말 예 내가 가만히 당하고 있을 성부르냐?
양하다	1. 앞말이 뜻하는 행동을 짐짓 취함을 나타내는 말 예 시치미를 떼고 아무것도 모르는 양했다. 2. 앞말이 뜻하는 모양을 하고 있음을 나타내는 말 예 표정을 보아하니 기분이 좋은 양하다.
직하다	앞말이 뜻하는 내용이 발생할 가능성이 많음을 나타내는 말 예 언젠가는 있음 직한 일이다.
척하다	앞말이 뜻하는 행동이나 상태를 거짓으로 그럴듯하게 꾸밈을 나타내는 말 예 공부를 하는 척하며 스마트폰을 했다.

---

10 비문학 내용 추론 정답 ③

정답 설명

③ ⊙ 앞에서 '초자아'가 '이드'의 욕구를 사회적으로 용인되는 행동으로 바꾼다고 하였고, ⊙ 뒤에서 인간은 꿈을 통해 욕망을 드러내며, 이에 대한 해석이 가능하다는 프로이트의 의견을 제시하고 있다. 따라서 '이드'는 '초자아'에 의해 통제받아 꿈을 통해서만 소망을 실현할 수 있으므로 ⊙에 들어갈 말로 가장 적절한 것은 ③이다.

오답 분석

①④ 제시문을 통해 추론할 수 없으므로 적절하지 않다.

② 끝에서 5~6번째 줄을 통해 인간이 꿈에서 자신의 욕망을 드러냄은 알 수 있으나 이를 통해 욕망을 해소하여 도덕적인 사회를 만든다는 내용은 추론할 수 없다.

---

11 문학 시구의 의미 정답 ①

정답 설명

① 제시된 작품에서 화자는 '당신'을 기다리며 심의, 도포, 자리옷 등 '당신'에게 줄 옷을 정성스럽게 지어 놓았다. 이처럼 화자는 옷을 짓는 행위로 '당신'에 대한 정성과 사랑을 드러내고 있으므로 ⊙ '옷을 다 지어 놓았습니다'가 임에 대한 사랑의 표현이라는 ①의 이해는 적절하다.

오답 분석

② 화자는 마음이 아플 때 '수놓기'를 하면 '맑은 노래'가 자신의 마음이 된다고 표현한다. 이를 통해 '수놓기'는 화자가 마음을 정화하는 방법이자 사랑하는 임을 기다리는 행위를 의미함을 알 수 있다. 즉 '수놓는 금실'은 '수놓기'를 완성하기 위한 도구이며 임을 사랑하고 있는, 임의 실상을 구현해 나가는 화자의 분신이므로 ⓒ '수놓는 금실'이 '임의 분신'이라는 ②는 적절하지 않다.

③ 화자는 '당신'이 부재한 상황에서 수를 놓으며 정신을 수양하고 있고 그 과정의 결과물로 ⓒ '맑은 노래'를 얻는다. 다시 말해, 화자에게 '수 놓기'는 임을 기다리며 마음을 다스리는 방법이라고 할 수 있고 그 결과물인 ⓒ'맑은 노래'는 번뇌를 견뎌낸 후 얻게 되는 '마음의 정화와 위안'임을 알 수 있다. 따라서 ⓒ '맑은 노래'가 '임의 응답'이라는 ③은 적절하지 않다.

④ 화자에게 주머니에 수를 놓는 것은 당신을 기다리는 행위임과 동시에 그에 대한 정성과 사랑을 표현하는 행위이다. 이러한 점에서 미루어 볼 때, 주머니를 완성한다는 것은 당신을 기다리는 행위의 종결을 뜻하므로 ⓔ '짓고 싶어서 다 짓지 않는 것'은 당신에 대한 영원한 사랑을 역설적으로 강조하는 것임을 알 수 있다. 따라서 ⓔ '짓고 싶어서 다 짓지 않는 것'이 화자의 저항 의지를 나타낸다는 ④는 적절하지 않다.

이것도 알면 합격!

한용운, '수의 비밀'의 주제와 특징

1. 주제: 수(繡)에 담긴 임에 대한 화자의 사랑
2. 특징
   - 경어체를 통해 화자의 정서를 표현함
   - 역설법을 사용하여 임에 대한 화자의 사랑을 강조함

---

12 문학 작품의 종합적 감상 (가사) 정답 ④

정답 설명

④ 제시된 작품은 조선 시대 정학유가 지은 가사인 '농가월령가(農家月令歌)'로, 농가에서 각 달과 절기에 해야 할 농사일, 세시풍속 등을 소개한 작품이다. 따라서 〈보기〉는 '민요'가 아니라 '가사'이므로 옳지 않은 것은 ④이다.

오답 분석

① 작품에서 3·4조와 4·4조의 운율이 모두 나타나고 있음을 확인할 수 있다.

예 · 3·4조: 낮이면 / 이영 녁고 / 밤의는 / 시기 꼬아
　　　　　　 3　　　 4　　　　3　　　 4
　　 · 4·4조: 실과(實果) 나모 / 벗꼿 싸고 / 가지 스이 / 돌 씨오기
　　　　　　　　 4　　　　　 4　　　　 4　　　　 4

② '지거름(재로 만든 거름)', '벗꼿(보굿)' 등 실제 농사일과 관련된 구체적인 어휘가 제시되고 있다.
   - 보굿: 굵은 나무줄기에 비늘 모양으로 덮여 있는 겉껍질. 이것을 벗겨 두면 나무에 벌레가 붙지 않는다고 함

③ '미리 ㅎ라', '밋ㅎ여라'와 같이 명령의 뜻을 나타내는 종결 어미 '-라'를 사용하여 농민들에게 봄에 해야 하는 농사일을 교육시키고, 이를 지킬 것을 강조하는 계몽적인 내용을 전하고 있다.

지문 풀이

한 해의 농사 계획은 봄에 하는 것이니 모든 준비를 미리 하라.
봄에 만약 때를 놓치면 그 해 일이 낭패되네.
농사 지을 땅을 다스리고 농사일에 부리는 소를 살펴 먹여
재거름 재워 놓고 한편으로 실어 내어
보리밭에 오줌 주기를 새해가 되기 전보다 힘써 하소.
늙으니 기운이 없어 힘든 일은 못 하여도
낮이면 이엉을 엮고 밤에는 새끼를 꼬아
때 맞추어 지붕을 이니 큰 근심 덜었도다.
과일나무 보굿을 벗겨 내고 가지 사이에 돌 끼우기
정월 초하룻날 날 밝기 전에 시험 삼아 해 보소.
며느리는 잊지 말고 송국주를 걸러라.
온갖 꽃이 만발한 봄날에 화전을 안주 삼아 한번 취하여 보자.

이것도 알면 합격!

정학유, '농가월령가(農家月令歌)'

1. 주제: 각 달과 절기에 따른 농사일과 세시풍속을 소개함
2. 특징
   (1) 농민들을 계몽·교화시키고자 하는 계몽적, 교훈적 성격이 강함
   (2) 서사에서 1~12월령까지 총 13장으로 구성되어 있는 월령체 가사이며, 월령체 작품 중 가장 길고 짜임새 있는 작품으로 평가받음
   (3) 실제 농사일과 절기에 따른 세시풍속을 노래하여 당시 농민들의 실생활에 도움이 되도록 하였고, 현대에는 조선 시대 생활사와 풍속사를 알 수 있는 자료로서의 가치를 지님

---

13 어법 단어 (용언의 활용) 정답 ②

정답 설명

② '푸르다'는 어간이 '르'로 끝나는 용언으로, 이때 결합하는 어미 '-어'가 '러'로 바뀌어 '푸르러' 등으로 활용하는 '러' 불규칙 활용 동사이다. 반면, ①③④는 용언 어간의 끝소리 '르'가 모음 앞에서 'ㄹㄹ'로 바뀌어 각각 '날라', '흘러', '일러' 등으로 활용하는 '르' 불규칙 활용 동사이므로 답은 ②이다.

이것도 알면 합격!

불규칙 활용의 종류

1. 어간이 바뀌는 경우

종류	형태 변화의 양상	예
'ㅅ' 불규칙	어간 끝소리 'ㅅ'이 모음 앞에서 탈락	붓 + 어 → 부어
'ㅂ' 불규칙	어간 끝소리 'ㅂ'이 모음 앞에서 '오/우'로 바뀜	여쭙 + 어 → 여쭈어
'ㄷ' 불규칙	어간 끝소리 'ㄷ'이 모음 앞에서 'ㄹ'로 바뀜	듣 + 어 → 들어
'르' 불규칙	어간 끝소리 '르'가 모음 앞에서 'ㄹㄹ'로 바뀜	흐르 + 어 → 흘러
'우' 불규칙	어간 끝소리 '우'가 모음 어미 앞에서 탈락	푸 + 어 → 퍼

2. 어미가 바뀌는 경우

종류	형태 변화의 양상	예
'여' 불규칙	'하-' 뒤에 오는 어미 '-아/-어'가 '-여'로 바뀜	공부하 + 어 → 공부하여
'러' 불규칙	어간이 '르'로 끝나는 일부 용언에서 어미 '-어'가 '-러'로 바뀜	푸르 + 어 → 푸르러
'오' 불규칙	'달-/다-'의 명령형 어미가 '-오'로 바뀜	달 + 아 → 다오

3. 어간과 어미가 모두 바뀌는 경우

종류	형태 변화의 양상	예
'ㅎ' 불규칙	'ㅎ'으로 끝나는 어간에 모음으로 시작하는 어미가 오면 'ㅎ'이 없어지고 어미도 바뀜	파랑 + 아 → 파래

14 　비문학　관점과 태도 파악　　　정답 ④

정답 설명

④ 4문단에서 '할로우'는 부모와의 접촉을 통해 형성된 애착이 아동 발달에 중요한 요소이며 부모와의 접촉이 잦은 아동이 접촉이 적은 아동보다 정서적인 측면에서 보다 긍정적으로 발달할 것이라고 하였으므로 '할로우'의 견해로 가장 적절한 것은 ④이다.

오답 분석

① 1문단 2~4번째 줄을 통해 '할로우'가 아닌 20세기 초 대다수 심리학자들의 의견임을 알 수 있으므로 적절하지 않다.

②③ 제시문을 통해 확인할 수 없는 내용이다.

15 　어법　단어 (단어의 형성)　　　정답 ①

정답 설명

① '억수'는 하나의 실질 형태소로 이루어진 단일어인 반면, ②③④는 모두 둘 이상의 형태소로 이루어진 복합어이므로 단어 형성 구조가 다른 것은 ①이다.
- 억수: 물을 퍼붓듯이 세차게 내리는 비

오답 분석

②③④는 모두 둘 이상의 형태소가 결합된 복합어이다.

② 숫눈(숫- + 눈): '더럽혀지지 않아 깨끗한'의 뜻을 더하는 접두사 '숫-'에 어근 '눈'이 결합한 파생어이다.
- 숫눈: 눈이 와서 쌓인 상태 그대로의 깨끗한 눈

③ 된서리(되- + -ㄴ + 서리): 용언 '되다'의 어간 '되-'에 관형사형 어미 '-ㄴ'과 어근 '서리'가 결합한 통사적 합성어이다.
- 된서리: 늦가을에 아주 되게 내리는 서리

④ 건들바람(건들 + 바람): '바람이 부드럽게 불어오는 모양'을 뜻하는 부사 '건들'과 명사 '바람'이 결합한 비통사적 합성어이다.
- 건들바람: 초가을에 선들선들 부는 바람

16 　어휘　고유어　　　정답 ③

정답 설명

③ 고유어의 의미로 알맞은 것은 ③ '메떨어지다'이다.

오답 분석

① 귀중중하다: 매우 더럽고 지저분하다.

② 암팡스럽다: 몸은 작아도 야무지고 다부진 면이 있다.

④ 버력: 광석이나 석탄을 캘 때 나오는, 광물 성분이 섞이지 않은 잡돌

17 　문학+어휘　한자 성어　　　정답 ①

정답 설명

① 제시된 작품은 고려 왕조에 대한 '절개'를 눈 속에서도 푸르름을 잃지 않는 '대나무'에 비유한 시조로, 이와 관련이 없는 한자 성어는 '切磋琢磨(절차탁마)'이다.
- 切磋琢磨(절차탁마): '옥이나 돌 등을 갈고 닦아서 빛을 낸다'라는 뜻으로, 부지런히 학문과 덕행을 닦음을 이르는 말

오답 분석

② 獨也靑靑(독야청청): 남들이 모두 절개를 꺾는 상황 속에서도 홀로 절개를 굳세게 지키고 있음을 비유적으로 이르는 말

③ 氷貞玉潔(빙정옥결): 절개가 얼음이나 옥과 같이 깨끗하고 조금도 흠이 없음을 이르는 말

④ 雪中松柏(설중송백): '눈 속의 소나무와 잣나무'라는 뜻으로, 높고 굳은 절개를 이르는 말

지문 풀이

눈 맞아 휘어진 대나무를 누가 굽었다고 했던가?
굽힐 절개라면 눈 속에서도 푸를 것인가?
아마도 한겨울의 추위를 이기는 높은 절개는 너뿐인가 하노라.

이것도 알면 합격!

원천석, '눈 마즈 휘여진 디를'

1. 주제
   : 고려 왕조에 대한 절개와 변하지 않는 충절

2. 특징
   (1) '흰 눈'과 '푸른 대나무'의 뚜렷한 색채 대비를 보임
   (2) 상징법과 설의법, 의인법 등 다양한 비유적 표현을 통해 주제를 강조함

3. 시어의 상징적 의미

흰 눈	새 왕조(조선)에 협력할 것을 강요하는 무리
푸른 대나무	고려 왕조에 대한 절개를 지키려는 화자

18 | 어휘 | 고유어 | 정답 ③

정답 설명

③ '투미하다'는 '어리석고 둔하다'를 뜻하므로 어휘의 뜻풀이가 옳지 않은 것은 ③이다.

19 | 비문학 | 주제 및 중심 내용 파악 | 정답 ④

정답 설명

④ 제시문은 과거부터 춤을 기록하기 위한 다양한 시도가 있었으나 춤을 정확하게 기록하는 것은 쉽지 않음을 설명하고 있다. 1문단에서는 기호를 통해 춤을 표기하기 위한 시도와 한계가 제시되고 있고, 2문단에서는 비디오를 통해 춤을 표기하기 위한 시도와 한계가 제시되어 있다. 즉 두 가지 방법 모두 춤을 정확하게 기록하는 데 한계를 지니고 있으므로 제시문의 중심 내용으로 가장 적절한 것은 ④이다.

오답 분석

① 제시문을 통해 알 수 없는 내용이므로 적절하지 않다.

② 1문단 1~3번째 줄을 통해 알 수 있으나 부분적인 내용에 해당하므로 적절하지 않다.

[관련 부분] 춤에 대한 기록은 주로 몸짓을 글로 묘사하는 방법으로 이루어졌다. ~ 묘사는 개인의 주관적인 해석이 개입될 수밖에 없어

③ 1문단 끝에서 1~4번째 줄을 통해 '라바노테이션'이 일정한 기호를 통해 춤을 기록하고자 했던 표기 체계이지만 한계가 있었다고 설명하고 있으므로, 제시문의 중심 내용으로 적절하지 않다.

[관련 부분] 이(라바노테이션)는 작은 몸짓에서부터 체중의 이동에 이르기까지 인간의 모든 동작을 기호로 표현하는 방법이었다. 그러나 이 역시 ~ 춤 동작을 완전하게 포착할 수는 없었다.

20 | 문학 | 시어의 의미 | 정답 ②

정답 설명

② '밤눈'은 화자가 느끼는 생활의 무게를 의미하는 반면, ①③④는 모두 화자의 문학적 신념과 관련된 시어이므로 의미하는 바가 가장 이질적인 것은 ②이다.

오답 분석

① '시(詩)'는 화자가 예술가로서 갖고 있는 문학적 신념을 뜻한다.

③ '노신(魯迅)'은 중국의 문학가 '루쉰'을 한자음으로 발음한 것으로, '루쉰'은 고통스러운 현실 속에서도 자신의 문학적 신념을 유지한 인물이다. 화자는 자신과 노신의 동일시를 통해 가난한 현실 속에서도 자신의 문학적 신념을 지키고자 하는 의지를 보여 주고 있다.

④ '등불'은 어려운 상황 속에서도 노신이 지키던 문학적 신념과 의지를 의미한다. 따라서 화자는 '등불'을 통해 노신과 같이 문학에 대한 신념을 지키며, 어려운 현실을 극복하고자 하는 의지를 보여 주고 있다.

🖋️ **이것도 알면 합격!**

김광균, '노신(魯迅)'

1. 주제

   가난한 현실과 문학적 이상 사이에서의 갈등과 현실 극복 의지

2. 특징

   (1) 화자의 현실적인 고뇌를 진솔하고 담담하게 표현함

   (2) 현실 공간과 중국의 문학가 '노신'을 떠올리는 상상 공간이라는 이중 구조를 지님

21 | 어법 | 한글 맞춤법 (맞춤법에 맞는 표기) | 정답 ③

정답 설명

③ 무에(○): '무에'는 '무엇이'의 준말로, 체언과 조사가 결합하여 줄어지는 경우 준 대로 적는다. 참고로, '무엇이'는 '뭣이'로도 줄여 쓸 수 있다.

오답 분석

① 싯퍼런(×) → 시퍼런(○): 접두사 '새-/시-'는 된소리, 거센소리, 'ㅎ' 앞에서 결합하며, 접두사 '샛-/싯-'은 유성음 앞에서 결합한다. 이때 뒷말이 양성 모음일 때는 '새-/샛-'이 결합하지만 음성 모음일 때는 '시-/싯-'이 결합하므로 '싯퍼런'은 '시퍼런'으로 고쳐 써야 한다.

② 넘어(×) → 너머(○): 문맥상 담장으로 가로막은 부분의 공간을 본다는 의미이므로 '넘어'는 '너머'로 고쳐 써야 한다. 참고로, '넘어'는 '산을 넘어 간다'와 같이 동작을 나타낼 때 쓸 수 있다.

  • 너머: 높이나 경계로 가로막은 사물의 저쪽. 또는 그 공간

④ 낚싯터(×) → 낚시터(○): '낚시 + 터'가 결합한 순우리말 합성어로, 앞말이 모음 'ㅣ'로 끝나지만 뒷말의 첫소리가 'ㄴ, ㅁ'로 시작되거나 [ㄴ] 또는 [ㄴㄴ] 소리가 덧나지 않으므로 사이시옷을 받쳐 적지 않는다.

22 | 비문학 | 글의 구조 파악 (문단 배열) | 정답 ③

정답 설명

③ 'ⓒ - ⑦ - ② - ⑥'의 순서가 가장 자연스럽다.

순서	중심 내용	순서 판단의 단서와 근거
ⓒ	'새말'의 개념	지시어나 접속어로 시작하지 않으면서 글의 중심 화제인 '새말'의 개념을 제시함
⑦	• '새말'은 두 가지로 분류됨 – 자연 발생적으로 만들어진 새말 – 정책상 계획적으로 보급된 새말 • 자연 발생적으로 만들어진 '새말'의 종류	ⓒ에서 제시한 '새말'을 분류하여 구체적으로 설명함

㉢	정책상 계획적으로 보급된 '새말'의 종류	키워드 '정책적인 계획 조어': ㉠에서 언급되었던 '정책상 계획적으로 보급된 새말'에 대해 설명함
㉣	어원이 불분명한 '새말'의 종류	접속어 '그러나': 화제를 전환하여 ㉠, ㉢에서 제시된 새말과는 달리 대중들에 의해 자연스럽게 만들어져 어원이 불분명한 새말의 종류에 대해 설명함

23　어법 + 어휘　의미 (의미 관계), 속담　정답 ②

정답 설명

② '쏘아 놓은 살이요 엎지른 물이다'는 '한번 저지른 일을 다시 고치거나 중지할 수 없음'을 비유적으로 이르는 말로, 이때 '살'과 '물'은 이미 일어난 일을 뜻하므로 의미상 유의 관계에 있다. ②의 '감'과 '배' 또한 공연한 간섭을 뜻하므로 의미상 유의 관계이다.
  • 남의 잔치에 감 놓아라 배 놓아라 한다: 남의 일에 공연히 간섭하고 나섬을 비유적으로 이르는 말

오답 분석

① 이때 '호랑이'는 뛰어난 존재를, '토끼'는 보잘것없는 존재를 뜻하므로 두 단어는 의미상 대립 관계에 있다.
  • 호랑이 없는 골에 토끼가 왕 노릇 한다: 뛰어난 사람이 없는 곳에서 보잘것없는 사람이 득세함을 비유적으로 이르는 말
③ 이때 '도끼'는 크고 강한 도구를, '바늘'은 작고 약한 도구를 뜻하므로 두 단어는 의미상 대립 관계에 있다.
  • 도끼 가진 놈이 바늘 가진 놈을 못 당한다: 도끼같이 큰 무기를 가지고 있다고 하여 상대편의 사정을 봐주다가는 도리어 바늘을 가지고 있는 사람에게 진다는 말
④ 이때 '발뒤축'은 '며느리'의 신체 중 한 부분을 뜻하므로 두 단어는 의미상 부분 관계에 있다.
  • 며느리가 미우면 발뒤축이 달걀 같다고 나무란다: 미운 사람에 대해서 공연히 트집을 잡아 억지로 허물을 지어낸다는 말

24　비문학　논지 전개 방식　정답 ③

정답 설명

③ 〈보기〉는 옹기가 구워지는 단계를 설명하는 '과정'의 방식으로 서술되었다. 이와 설명 방식이 가장 가까운 것은 ③으로, 암석이 화성암이 되기까지의 변화 단계를 설명하는 '과정'이 사용되었다.

오답 분석

① '수필'을 '난, 학, 여인, 길' 등 다른 사물에 빗대어 표현하는 '비유'가 사용되었다.
② 탄소로만 이루어진 물질의 예를 나열하고 있으므로 '예시'가 사용되었다.

④ 집을 수리한 경험을 통해 깨달은 이치를 '사람의 몸'도 마찬가지일 것이라고 비교하여 설명하는 '유추'가 사용되었다.

25　비문학　관점과 태도 파악　정답 ④

정답 설명

④ 제시문을 통해 글 속에 글쓴이의 지성의 깊이가 드러난다는 내용은 확인할 수 없다. 오히려 필자는 7문단을 통해 글을 쓸 때 지나치게 현학적인 표현은 지양해야 한다고 생각함을 알 수 있다.

오답 분석

① 2문단에서 글을 쓰는 것은 자기의 마음을 반성하고 살피는 일임을 말하고 있고, 3문단에서는 미래를 위해 인생의 이정표를 세우는 일임을 말하고 있다.
  [관련 부분]
  • 2문단: 가장 좋은 것은 반성의 자세로 글을 쓰는 일일 것이다. ~ 자기 자신을 비추어 주는 자화상이다.
  • 3문단: 글을 쓰는 것은 자기의 과거와 현재를 기록하고 장래를 위하여 인생의 이정표를 세우는 알뜰한 작업이다.
② 4문단 마지막 문장에서 확인할 수 있다.
  [관련 부분] 스스로 하고 싶은 바를 아무에게도 피해를 주지 않고 할 수 있는 일, 따라서 그것은 즐거운 작업이다.
③ 3문단에서 확인할 수 있다.
  [관련 부분] 글을 쓴다는 것은, 자기 자신의 엉클어지고 흐트러진 감정을 가라앉힘으로써 다시 고요한 자신으로 돌아오는 묘방(妙方)이기도 하다.

제2과목 행정법

01 Ⅰ 부당결부금지의 원칙 정답 ①

정답 분석

① 부당결부금지의 원칙에 반하지 않는다.

> **관련 판례**
>
> 고속국도 관리청이 고속도로 부지와 접도구역에 송유관 매설을 허가하면서 상대방과 체결한 협약에 따라 송유관 시설을 이전하게 될 경우 그 비용을 상대방에게 부담하도록 하였고, 그 후 도로법 시행규칙이 개정되어 접도구역에는 관리청의 허가 없이도 송유관을 매설할 수 있게 된 사안에서, 위 협약이 효력을 상실하지 않을 뿐만 아니라 위 협약에 포함된 부관이 부당결부금지의 원칙에도 반하지 않는다(대판 2009.2.12. 2005다65500).

선지 분석

② 지방자치단체장이 사업자에게 주택사업계획승인을 하면서 그 주택사업과는 아무런 관련이 없는 토지를 기부채납하도록 하는 부관을 주택사업계획승인에 붙인 경우, 그 부관은 부당결부금지의 원칙에 위반되어 위법하다(대판 1997.3.11. 96다49650).

③ 행정행위의 부관은 행정행위의 일반적인 효력이나 효과를 제한하기 위하여 의사표시의 주된 내용에 부가되는 종된 의사표시이지 그 자체로서 직접 법적 효과를 발생하는 독립된 처분이 아니므로 현행 행정쟁송제도 아래서는 부관 그 자체만을 독립된 쟁송의 대상으로 할 수 없는 것이 원칙이나 행정행위의 부관 중에서도 행정행위에 부수하여 그 행정행위의 상대방에게 일정한 의무를 부과하는 행정청의 의사표시인 부담의 경우에는 다른 부관과는 달리 행정행위의 불가분적인 요소가 아니고 그 존속이 본체인 행정행위의 존재를 전제로 하는 것일 뿐이므로 부담 그 자체로서 행정쟁송의 대상이 될 수 있다(대판 1992.1.21. 91누1264).

④ 일반적으로 기속행위나 기속적 재량행위에는 부관을 붙일 수 없고 가사 부관을 붙였다 하더라도 무효이다(대판 1995.6.13. 94다56883).

02 Ⅰ 행정상 법률관계 정답 ①

정답 분석

① 사법상의 법률행위가 아닌 행정소송의 대상이 되는 행정처분으로 본다.

> **관련 판례**
>
> 국유재산의 관리청이 그 무단점유자에 대하여 하는 변상금부과처분은 순전히 사경제 주체로서 행하는 사법상의 법률행위라 할 수 없고 이는 관리청이 공권력을 가진 우월적 지위에서 행한 것으로서 행정소송의 대상이 되는 행정처분이라고 보아야 한다(대판 1988.2.23. 87누1046).

선지 분석

② 공익사업을 위한 토지 등의 취득 및 보상에 관한 법령에 의한 협의취득은 사법상의 법률행위이므로 당사자 사이의 자유로운 의사에 따라 채무불이행책임이나 매매대금 과부족금에 대한 지급의무를 약정할 수 있다(대판 2012.2.23. 2010다91206).

③ 국유재산법 제31조, 제32조 제3항, 산림법 제75조 제1항의 규정 등에 의하여 국유잡종재산에 관한 관리 처분의 권한을 위임받은 기관이 국유잡종재산을 대부하는 행위는 국가가 사경제 주체로서 상대방과 대등한 위치에서 행하는 사법상의 계약이고, … 국유잡종재산에 관한 대부료의 납부고지 역시 사법상의 이행청구에 해당하고, 이를 행정처분이라고 할 수 없다(대판 2000.2.11. 99다61675).

④ 구 공익사업을 위한 토지 등의 취득 및 보상에 관한 법률 제91조에 규정된 환매권은 상대방에 대한 의사표시를 요하는 형성권의 일종으로서 재판상이든 재판 외든 위 규정에 따른 기간 내에 행사하면 매매의 효력이 생기는바, 이러한 환매권의 존부에 관한 확인을 구하는 소송 및 구 공익사업법 제91조 제4항에 따라 환매금액의 증감을 구하는 소송 역시 민사소송에 해당한다(대판 2013.2.28. 2010두22368).

03 Ⅱ 공법상 계약 정답 ①

정답 분석

① 민사소송이 아니라 공법상 당사자소송으로 제기하여야 한다.

> **관련 판례**
>
> 공법상 계약의 한쪽 당사자가 다른 당사자를 상대로 효력을 다투거나 이행을 청구하는 소송은 공법상의 법률관계에 관한 분쟁이므로 분쟁의 실질이 공법상 권리·의무의 존부·범위에 관한 다툼이 아니라 손해배상액의 구체적인 산정방법·금액에 국한되는 등의 특별한 사정이 없는 한 공법상 당사자소송으로 제기하여야 한다(대판 2021.2.4. 2019다277133).

선지 분석

② 중소기업 정보화지원사업에 따른 지원금 출연을 위하여 중소기업청장이 체결하는 협약은 공법상 대등한 당사자 사이의 의사표시의 합치로 성립하는 공법상 계약에 해당한다(대판 2015.8.27. 2015두41449).

③ 지방재정법에 따라 지방자치단체가 당사자가 되어 체결하는 계약은 사법상의 계약일 뿐, 공권력을 행사하는 것이거나 공권력 작용과 일체성을 가진 것은 아니라고 할 것이므로 이에 관한 분쟁은 행정소송의 대상이 될 수 없다(대판 1996.12.20. 96누14708).

④ 광주광역시문화예술회관장의 단원 위촉은 광주광역시문화예술회관장이 행정청으로서 공권력을 행사하여 행하는 행정처분이 아니라 공법상의 근무관계의 설정을 목적으로 하여 광주광역시와 단원이 되고자 하는 자 사이에 대등한 지위에서 의사가 합치되어 성립하는 공법상 근로계약에 해당한다고 보아야 할 것이므로, 광주광역시립합창단원으로서 위촉기간이 만료되는 자들의 재위촉 신청에 대하여 광주광역시문화예술회관장이 실기와 근무성적에 대한 평정을 실시하여 재위촉을 하지 아니한 것을 항고소송의 대상이 되는 불합격처분이라고 할 수는 없다(대판 2001.12.11. 2001두7794).

정답 분석

④ 상대방과 협의하여 부담의 내용을 협약의 형식으로 미리 정한 후 다음 행정처분을 하면서 부가할 수도 있다.

> ⚖️ **관련 판례**
>
> 수익적 행정처분에 있어서는 법령에 특별한 근거규정이 없다고 하더라도 그 부관으로서 부담을 붙일 수 있고, 그와 같은 부담은 행정청이 행정처분을 하면서 일방적으로 부가할 수도 있지만 부담을 부가하기 이전에 상대방과 협의하여 부담의 내용을 협약의 형식으로 미리 정한 다음 행정처분을 하면서 이를 부가할 수도 있다(대판 2009.2.12. 2005다65500).

선지 분석

① 건축허가를 하면서 일정 토지를 기부채납하도록 하는 내용의 허가조건은 부관을 붙일 수 없는 기속행위 내지 기속적 재량행위인 건축허가에 붙인 부담이거나 또는 법령상 아무런 근거가 없는 부관이어서 무효이다(대판 1995.6.13. 94다56883).

② 부담부 행정처분에 있어서 처분의 상대방이 부담(의무)을 이행하지 아니한 경우에 처분행정청으로서는 이를 들어 당해 처분을 취소(철회)할 수 있는 것이다(대판 1989.10.24. 89누2431).

③ 행정행위의 부관은 부담인 경우를 제외하고는 독립하여 행정소송의 대상이 될 수 없는바, 기부채납받은 행정재산에 대한 사용·수익허가에서 공유재산의 관리청이 정한 사용·수익허가의 기간은 그 허가의 효력을 제한하기 위한 행정행위의 부관으로서 이러한 사용·수익허가의 기간에 대해서는 독립하여 행정소송을 제기할 수 없다(대판 2001.6.15. 99두509).

정답 분석

② 행정행위의 하자가 취소사유에 불과한 경우에는 그로 인한 이득을 부당이득(법률상 원인 없는 이득)이라고 볼 수는 없다고 판시하였다.

> ⚖️ **관련 판례**
>
> 행정처분이 아무리 위법하다고 하여도 그 하자가 중대하고 명백하여 당연무효라고 보아야 할 사유가 있는 경우를 제외하고는 아무도 그 하자를 이유로 무단히 그 효과를 부정하지 못하는 것으로, 이러한 행정행위의 공정력은 판결의 기판력과 같은 효력은 아니지만 그 공정력의 객관적 범위에 속하는 행정행위의 하자가 취소사유에 불과한 때에는 그 처분이 취소되지 않는 한 처분의 효력을 부정하여 그로 인한 이득을 법률상 원인 없는 이득이라고 말할 수 없는 것이다(대판 1994.11.11. 94다28000).

선지 분석

① 건물의 소유자인 피고인이 관할 소방서장으로부터 소방시설 불량사항에 관한 시정보완명령을 받고도 따르지 아니하였다는 내용으로 기소된 사안에서, 담당 소방공무원이 행정처분인 위 명령을 구술로 고지한 것은 행정절차법 제24조를 위반한 것으로 하자가 중대하고 명백하여 당연무효이므로, … 이와 달리 위 명령이 유효함을 전제로 유죄를 인정한 원심판결에는 행정처분의 무효와 행정형벌의 부과에 관한 법리오해의 위법이 있다고 한 사례(대판 2011.11.10. 2011도11109).

③ 주택법 제91조에 의하여 행정청으로부터 공사의 중지, 원상복구 그 밖의 필요한 조치명령을 받은 자가 이에 위반한 경우 이로 인하여 주택법 제98조 제11호에 정한 처벌을 하기 위하여는 그 처분이나 조치명령이 적법한 것이라야 하고, 그 조치명령이 당연무효가 아니라 하더라도 그것이 위법한 것으로 인정되는 한 법 제98조 제11호 위반죄가 성립될 수 없다고 할 것이다(대판 2007.7.13. 2007도3918).

④ 위법한 행정대집행이 완료되면 그 처분의 무효확인 또는 취소를 구할 소의 이익은 없다 하더라도, 미리 그 행정처분의 취소판결이 있어야만, 그 행정처분의 위법임을 이유로 한 손해배상 청구를 할 수 있는 것은 아니다(대판 1972.4.28. 72다337).

정답 분석

③ 공정거래위원회가 부당한 공동행위를 행한 사업자로서 구 독점규제 및 공정거래에 관한 법률 제22조의2에서 정한 자진신고자나 조사협조자에 대하여 과징금 부과처분(이하 '선행처분'이라 한다)을 한 뒤, 독점규제 및 공정거래에 관한 법률 시행령 제35조 제3항에 따라 다시 자진신고자 등에 대한 사건을 분리하여 자진신고 등을 이유로 한 과징금 감면처분(이하 '후행처분'이라 한다)을 하였다면, 후행처분은 자진신고 감면까지 포함하여 처분 상대방이 실제로 납부하여야 할 최종적인 과징금액을 결정하는 종국적 처분이고, 선행처분은 이러한 종국적 처분을 예정하고 있는 일종의 잠정적 처분으로서 후행처분이 있을 경우 선행처분은 후행처분에 흡수되어 소멸한다(대판 2015.2.12. 2013두987).

선지 분석

① 공정력이나 불가쟁력과 같은 효력은 인정되지 아니한다.

> ⚖️ **관련 판례**
>
> 어업권면허에 선행하는 우선순위결정은 행정청이 우선권자로 결정된 자의 신청이 있으면 어업권면허처분을 하겠다는 것을 약속하는 행위로서 강학상 확약에 불과하고 행정처분은 아니므로, 우선순위결정에 공정력이나 불가쟁력과 같은 효력은 인정되지 아니한다(대판 1995.1.20. 94누6529).

② 징계 요구는 항고소송의 대상이 되는 처분에 해당하지 않는다.

> ⚖️ **관련 판례**
>
> 甲 시장이 감사원으로부터 감사원법 제32조에 따라 乙에 대하여 징계의 종류를 정직으로 정한 징계 요구를 받게 되자 감사원법 제36조 제2항에 따라 감사원에 징계 요구에 대한 재심의를 청구하였고, 감사원이 재심의청구를 기각하자 乙이 감사원의 징계 요구와 그에 대한 재심의결정의 취소를 구하고 甲 시장이

감사원의 재심의결정 취소를 구하는 소를 제기한 사안에서, 징계 요구는 징계 요구를 받은 기관의 장이 요구받은 내용대로 처분하지 않더라도 불이익을 받는 규정도 없고, 징계 요구 내용대로 효과가 발생하는 것도 아니며, 징계 요구에 의하여 행정청이 일정한 행정처분을 하였을 때 비로소 이해관계인의 권리관계에 영향을 미칠 뿐, 징계 요구 자체만으로는 징계 요구 대상 공무원의 권리·의무에 직접적인 변동을 초래하지도 아니하므로, 행정청 사이의 내부적인 의사결정의 경로로서 '징계 요구, 징계 절차 회부, 징계'로 이어지는 과정에서의 중간처분에 불과하여, 감사원의 징계 요구와 재심의결정이 항고소송의 대상이 되는 행정처분이라고 할 수 없다(대판 2016.12.27. 2014두5637).

④ 건설허가처분이 있게 되면 부지사전승인처분의 취소를 구하는 소는 소의 이익을 잃는다고 보았다.

> **관련 판례**
>
> 원자로 및 관계 시설의 부지사전승인처분은 그 자체로서 건설 부지를 확정하고 사전공사를 허용하는 법률효과를 지닌 독립한 행정처분이기는 하지만, 건설허가 전에 신청자의 편의를 위하여 미리 그 건설허가의 일부 요건을 심사하여 행하는 사전적 부분 건설허가처분의 성격을 갖고 있는 것이어서 나중에 건설허가처분이 있게 되면 그 건설허가처분에 흡수되어 독립된 존재가치를 상실함으로써 그 건설허가처분만이 쟁송의 대상이 되는 것이므로, 부지사전승인처분의 취소를 구하는 소는 소의 이익을 잃게 되고, 따라서 부지사전승인처분의 위법성은 나중에 내려진 건설허가처분의 취소를 구하는 소송에서 이를 다투면 된다(대판 1998.9.4. 97누19588).

07 Ⅱ 행정지도 정답 ③

정답 분석

③ 위법한 행정지도에 따른 것이라는 이유만으로는 사인의 위법성이 조각되지는 않는다.

> **관련 판례**
>
> 토지의 매매대금을 허위로 신고하고 계약을 체결하였다면 이는 계약예정금액에 대하여 허위의 신고를 하고 토지 등의 거래계약을 체결한 것으로서 구 국토이용관리법 제33조 제4호에 해당한다고 할 것이고, 행정관청이 국토이용관리법 소정의 토지거래계약신고에 관하여 공시된 기준시가를 기준으로 매매가격을 신고하도록 행정지도를 하여 그에 따라 허위신고를 한 것이라 하더라도 이와 같은 행정지도는 법에 어긋나는 것으로서 그와 같은 행정지도나 관행에 따라 허위신고행위에 이르렀다고 하여도 이것만 가지고서는 그 범법행위가 정당화될 수 없다(대판 1994.6.14. 93도3247).

선지 분석

① 행정절차법 제49조에 대한 옳은 내용이다.

> **제49조 【행정지도의 방식】** ① 행정지도를 하는 자는 그 상대방에게 그 행정지도의 취지 및 내용과 신분을 밝혀야 한다.
> ② 행정지도가 말로 이루어지는 경우에 상대방이 제1항의 사항을 적은 서면의 교부를 요구하면 그 행정지도를 하는 자는 직무 수행에 특별한 지장이 없으면 이를 교부하여야 한다.

② 행정절차법 제51조에 대한 옳은 내용이다.

> **제51조 【다수인을 대상으로 하는 행정지도】** 행정기관이 같은 행정목적을 실현하기 위하여 많은 상대방에게 행정지도를 하려는 경우에는 특별한 사정이 없으면 행정지도에 공통적인 내용이 되는 사항을 공표하여야 한다.

④ 행정지도가 강제성을 띠지 않은 비권력적 작용으로서 행정지도의 한계를 일탈하지 아니하였다면, 그로 인하여 상대방에게 어떤 손해가 발생하였다 하더라도 행정기관은 그에 대한 손해배상책임이 없다(대판 2008.9.25. 2006다18228).

08 Ⅲ 행정절차 정답 ②

정답 분석

② 인·허가 요건에 관한 일체의 심사를 배제하려는 것으로 보기는 어렵다.

> **관련 판례**
>
> 건축법에서 인·허가의제 제도를 둔 취지는, 인·허가의제사항과 관련하여 건축허가의 관할 행정청으로 창구를 단일화하고 절차를 간소화하며 비용과 시간을 절감함으로써 국민의 권익을 보호하려는 것이지, 인·허가의제사항 관련 법률에 따른 각각의 인·허가 요건에 관한 일체의 심사를 배제하려는 것으로 보기는 어려우므로, 도시계획시설인 주차장에 대한 건축허가신청을 받은 행정청으로서는 건축법상 허가 요건뿐 아니라 국토의 계획 및 이용에 관한 법령이 정한 도시계획시설사업에 관한 실시계획인가 요건도 충족하는 경우에 한하여 이를 허가해야 한다(대판 2015.7.9. 2015두39590).

선지 분석

① 행정절차법 제23조 제1항은 행정청은 처분을 하는 때에는 당사자에게 그 근거와 이유를 제시하여야 한다고 규정하고 있는바, 일반적으로 당사자가 근거규정 등을 명시하여 신청하는 인·허가 등을 거부하는 처분을 함에 있어 당사자가 그 근거를 알 수 있을 정도로 상당한 이유를 제시한 경우에는 당해 처분의 근거 및 이유를 구체적 조항 및 내용까지 명시하지 않았더라도 그로 말미암아 그 처분이 위법한 것이 된다고 할 수 없다(대판 2002.5.17. 2000두8912).

③ 행정절차법 제21조 제1항, 제22조 제3항 및 제2조 제4호의 각 규정에 의하면, 행정청이 당사자에게 의무를 과하거나 권익을 제한하는 처분을 할 때에는 당사자 등에게 처분의 사전통지를 하고 의견제출의 기회를 주어야 하며, 여기서 당사자란 행정청의 처분에 대하여 직접 그 상대가 되는 자를 의미한다. … 공매 등의 절차에 따라 체육시설업자

의 지위를 승계한 자가 관계 행정청에 이를 신고하여 행정청이 수리하는 경우에는 종전 체육시설업자는 적법한 신고를 마친 체육시설업자의 지위를 부인당할 불안정한 상태에 놓이게 된다. 따라서 … 행정청이 그 신고를 수리하는 처분을 할 때에는 행정절차법 규정에서 정한 당사자에 해당하는 종전 유원시설업자 또는 체육시설업자에 대하여 위 규정에서 정한 행정절차를 실시하고 처분을 하여야 한다(대판 2012.12.13. 2011두29144).

④ 공무원 인사관계 법령에 의한 처분에 관한 사항 전부에 대하여 행정절차법의 적용이 배제되는 것이 아니라 성질상 행정절차를 거치기 곤란하거나 불필요하다고 인정되는 처분이나 행정절차에 준하는 절차를 거치도록 하고 있는 처분의 경우에만 행정절차법의 적용이 배제된다(대판 2007.9.21. 2006두20631).

09 | Ⅲ 정보공개 | 정답 ②

정답 분석

옳은 것은 ㄱ, ㄷ이다.

ㄱ. 정보공개제도는 공공기관이 보유·관리하는 정보를 그 상태대로 공개하는 제도로서 공개를 구하는 정보를 공공기관이 보유·관리하고 있을 상당한 개연성이 있다는 점에 대하여 원칙적으로 공개청구자에게 증명책임이 있다(대판 2004.12.9. 2003두12707).

ㄷ. 치과의사 국가시험에서 채택하고 있는 문제은행 출제방식이 출제의 시간·비용을 줄이면서도 양질의 문항을 확보할 수 있는 등 많은 장점을 가지고 있는 점, 그 시험문제를 공개할 경우 발생하게 될 결과와 시험업무에 초래될 부작용 등을 감안하면, 위 시험의 문제지와 그 정답지를 공개하는 것은 시험업무의 공정한 수행이나 연구·개발에 현저한 지장을 초래한다고 인정할 만한 상당한 이유가 있는 경우에 해당하므로, 공공기관의 정보공개에 관한 법률 제9조 제1항 제5호에 따라 이를 공개하지 않을 수 있다(대판 2007.6.15. 2006두15936).

선지 분석

ㄴ. 비공개 대상 정보에 해당하지 않는다.

> 🔨 **관련 판례**
>
> 아파트재건축주택조합의 조합원들에게 제공될 무상보상평수의 사업수익성 등을 검토한 자료가 구 공공기관의 정보공개에 관한 법률 제7조 제1항에서 정한 비공개 대상 정보에 해당하지 않는다(대판 2006.1.13. 2003두9459).

ㄹ. 공공기관에는 공개방법을 선택할 재량권이 없다.

> 🔨 **관련 판례**
>
> 공공기관의 정보공개에 관한 법률 제2조 제2항, 제3조, 제5조, 제8조 제1항, 같은 법 시행령 제14조, 같은 법 시행규칙 제2조 [별지 제1호 서식] 등의 각 규정을 종합하면, 정보공개를 청구하는 자가 공공기관에 대해 정보의 사본 또는 출력물의 교부의 방법으로 공개방법을 선택하여 정보공개청구를 한 경우에 공개청구를 받은 공공기관으로서는 같은 법 제8조 제2항에서 규정한 정보의 사본 또는 복제물의 교부를 제한할 수 있는 사유에 해당하지 않는 한 정보공개청구자가 선택한 공개방법에 따라 정보를 공개하여야 하므로 그 공개방법을 선택할 재량권이 없다고 해석함이 상당하다(대판 2003.12.12. 2003두8050).

10 | Ⅳ 이행강제금 | 정답 ①

정답 분석

① 이미 부과된 이행강제금은 징수하여야 한다.

> **건축법 제80조【이행강제금】** ⑥ 허가권자는 제79조 제1항에 따라 시정명령을 받은 자가 이를 이행하면 새로운 이행강제금의 부과를 즉시 중지하되, 이미 부과된 이행강제금은 징수하여야 한다.

선지 분석

② 건축법 제78조에 의한 무허가 건축행위에 대한 형사처벌과 건축법 제83조 제1항에 의한 시정명령 위반에 대한 이행강제금의 부과는 그 처벌 내지 제재대상이 되는 기본적 사실관계로서의 행위를 달리하며, 또한 그 보호법익과 목적에서도 차이가 있으므로 헌법 제13조 제1항이 금지하는 이중처벌에 해당한다고 할 수 없다(헌재 2004.2.26. 2001헌바80).

③ 구 건축법상의 이행강제금은 구 건축법의 위반행위에 대하여 시정명령을 받은 후 시정기간 내에 당해 시정명령을 이행하지 아니한 건축주 등에 대하여 부과되는 간접강제의 일종으로서 그 이행강제금 납부의무는 상속인 기타의 사람에게 승계될 수 없는 일신전속적인 성질의 것이므로 이미 사망한 사람에게 이행강제금을 부과하는 내용의 처분이나 결정은 당연무효이고, 이행강제금을 부과받은 사람의 이의에 의하여 비송사건절차법에 의한 재판절차가 개시된 후에 그 이의한 사람이 사망한 때에는 사건 자체가 목적을 잃고 절차가 종료한다(대결 2006.12.8. 2006마470).

④ 건축법상의 이행강제금은 시정명령의 불이행이라는 과거의 위반행위에 대한 제재가 아니라, 의무자에게 시정명령을 받은 의무의 이행을 명하고 그 이행기간 안에 의무를 이행하지 않으면 이행강제금이 부과된다는 사실을 고지함으로써 의무자에게 심리적 압박을 주어 의무의 이행을 간접적으로 강제하는 행정상의 간접강제 수단에 해당한다. 이러한 이행강제금의 본질상 시정명령을 받은 의무자가 이행강제금이 부과되기 전에 그 의무를 이행한 경우에는 비록 시정명령에서 정한 기간을 지나서 이행한 경우라도 이행강제금을 부과할 수 없다(대판 2018.1.25. 2015두35116).

11 | Ⅳ 통고처분 | 정답 ④

정답 분석

④ 통고처분에 따른 범칙금을 납부한 후에는 과벌절차가 종료되므로, 일사부재리의 원칙이 적용되어 동일한 사건에 대하여 다시 형사처벌을 받지 아니한다.

선지 분석

① 도로교통법 제118조에서 규정하는 경찰서장의 통고처분은 행정소송의 대상이 되는 행정처분이 아니므로 그 처분의 취소를 구하는 소송은 부적법하고, 도로교통법상의 통고처분을 받은 자가 그 처분에 대하여 이의가 있는 경우에는 통고처분에 따른 범칙금의 납부를 이행하지 아니함으로써 경찰서장의 즉결심판청구에 의하여 법원의 심판을 받을 수 있게 될 뿐이다(대판 1995.6.29. 95누4674).

②③ 지방국세청장 또는 세무서장이 조세범칙행위에 대하여 고발을 한 후에 동일한 조세범칙행위에 대하여 통고처분을 하였더라도, 이는 법적 권한 소멸 후에 이루어진 것으로서 특별한 사정이 없는 한 효력이 없고, 조세범칙행위자가 이러한 통고처분을 이행하였더라도 조세범 처벌절차법 제15조 제3항에서 정한 일사부재리의 원칙이 적용될 수 없다(대판 2016.9.28. 2014도10748).

🎓 이것도 알면 합격!

통고처분(범칙금)

유형	행정형벌
부과주체	행정청
항고소송의 대상 여부	불인정
효과	• 이행시: 확정판결과 동일한 효력 발생, 일사부재리의 원칙 적용 • 불이행시: 통고처분의 효력 상실, 행정청의 고발에 따른 형사 소송절차 진행

---

12 Ⅳ 새로운 의무이행 확보수단   정답 ③

정답 분석

③ 이미 특허 등을 받은 사람에 대하여는 취소하여야 한다.

> **병역법 제76조【병역의무 불이행자에 대한 제재】** ① 국가기관, 지방자치단체의 장 또는 고용주는 다음 각 호의 어느 하나에 해당하는 사람을 공무원이나 임직원으로 임용하거나 채용할 수 없으며, 재직 중인 경우에는 해직하여야 한다.
> ② 국가기관 또는 지방자치단체의 장은 제1항 각 호의 어느 하나에 해당하는 사람에 대하여는 각종 관허업(官許業)의 특허·허가·인가·면허·등록 또는 지정 등(이하 이 조에서 "특허 등"이라 한다)을 하여서는 아니 되며, 이미 이를 받은 사람에 대하여는 취소하여야 한다.

선지 분석

①② 전기사업법(이하 '법'이라 한다) 제14조는 "발전사업자 및 전기판매사업자(이하 '전기판매사업자 등'이라 한다)는 정당한 사유 없이 전기의 공급을 거부하여서는 아니 된다"라고 규정하고 있고, 법 시행규칙 제13조는 전기판매사업자 등이 전기의 공급을 거부할 수 있는 8가지 사유를 열거하고 있는바, 전기판매사업자 등은 법 시행규칙에서 열거된 사유에 해당되지 않는 한 원칙적으로 전기의 공급을 거부할 수 없다. 다만, 법 시행규칙 제13조 제1호는 '전기요금을 납기일까지 납부하지 아니한 전기사용자가 법 제16조에 따른 전기공급약관에서 정하는 기한까지 해당 요금을 내지 아니하는 경우'를 전기공급을 거부할 수 있는 사유로 규정하고 있으므로, 전기판매사업자 등은 특별한 사정이 없는 한 전기공급약관에 따른 전기요금을 납부하지 않은 전기사용자에 대하여는 전기의 공급을 거부할 수 있다(대결 2010.2.11. 2009마1930).

④ 구 국세징수법(1961.12.8. 법률 제819호) 제23조 소정의 관허사업은 널리 허가, 인가, 면허 등을 얻어 경영하는 사업 모두가 포함된다 할 것이고 건설업 면허를 받아 건설업을 경영하는 자도 위 법 제23조 소정의 관허사업을 경영하는 자에 해당한다(대판 1976.4.27. 74누284).

---

13 Ⅳ 과징금   정답 ②

정답 분석

② 신설회사에게 분할하는 회사의 분할 전 법 위반행위를 이유로 과징금을 부과하는 것은 허용되지 않는다.

> **⚖ 관련 판례**
>
> 회사 분할 시 신설회사 또는 존속회사가 승계하는 것은 분할하는 회사의 권리와 의무이고, 분할하는 회사의 분할 전 법 위반행위를 이유로 과징금이 부과되기 전까지는 단순한 사실행위만 존재할 뿐 과징금과 관련하여 분할하는 회사에 승계 대상이 되는 어떠한 의무가 있다고 할 수 없으므로, 특별한 규정이 없는 한 신설회사에 대하여 분할하는 회사의 분할 전 법 위반행위를 이유로 과징금을 부과하는 것은 허용되지 않는다(대판 2011.5.26. 2008두18335).

선지 분석

① 과징금은 행정법상의 의무를 위반한 자에 대하여 당해 위반행위로 얻게 된 경제적 이익을 박탈하기 위한 목적으로 부과하는 금전적인 제재로서, 같은 법이 규정한 범위 내에서 그 부과처분 당시까지 부과관청이 확인한 사실을 기초로 일의적으로 확정되어야 할 것이고, 그렇지 아니하고 부과관청이 과징금을 부과하면서 추후에 부과금 산정 기준이 되는 새로운 자료가 나올 경우에는 과징금액이 변경될 수도 있다고 유보한다든지, 실제로 추후에 새로운 자료가 나왔다고 하여 새로운 부과처분을 할 수는 없다 할 것인바, 왜냐하면 과징금의 부과와 같이 재산권의 직접적인 침해를 가져오는 처분을 변경하려면 법령에 그 요건 및 절차가 명백히 규정되어 있어야 할 것인데, 위와 같은 변경처분에 대한 법령상의 근거규정이 없고, 이를 인정하여야 할 합리적인 이유 또한 찾아 볼 수 없기 때문이다(대판 1999.5.28. 99두1571).

③ 행정소송법 제10조는 처분의 취소를 구하는 취소소송에 당해 처분과 관련되는 부당이득반환소송을 관련 청구로 병합할 수 있다고 규정하고 있는바, 이 조항을 둔 취지에 비추어 보면, 취소소송에 병합할 수 있는 당해 처분과 관련되는 부당이득반환소송에는 당해 처분의 취소를 선결문제로 하는 부당이득반환청구가 포함되고, 이러한 부당이득반환청구가 인용되기 위해서는 그 소송절차에서 판결에 의해 당해 처분이 취소되면 충분하고 그 처분의 취소가 확정되어야 하는 것은 아니라고 보아야 한다(대판 2009.4.9. 2008두23153).

④ 부동산 실권리자 명의등기에 관한 법률 제5조에 의하여 부과된 과징금은 행정상의 의무위반자에게 부과되는 것으로서 행정벌의 성격을 갖고 있지만 그 채무는 대체적 급부가 가능한 의무이므로 위 과징금을 부과받은 자가 사망한 경우 그 상속인에게 포괄승계된다(대판 1999.5.14. 99두35).

🎓 이것도 알면 합격!

과태료와 과징금의 비교

구분	과태료	과징금
성질	의무위반에 대한 질서벌	의무이행확보수단
부과주체	(원칙적으로)행정청	행정청
금액책정 기준	가벌성의 정도	의무위반·불이행시 예상 수익
불복절차	질서위반행위규제법	행정쟁송법

정답 분석

① 구체적인 사례가 없더라도 인정될 것이라는 기대가 있는 상태면 충분하다.

> **관련 판례**
>
> 우리나라와 외국 사이에 국가배상청구권의 발생요건이 현저히 균형을 상실하지 아니하고 외국에서 정한 요건이 우리나라에서 정한 그것보다 전체로서 과중하지 아니하여 중요한 점에서 실질적으로 거의 차이가 없는 정도라면 국가배상법 제7조가 정하는 상호보증의 요건을 구비하였다고 봄이 타당하다. 그리고 상호보증은 외국의 법령, 판례 및 관례 등에 의하여 발생요건을 비교하여 인정되면 충분하고 반드시 당사국과의 조약이 체결되어 있을 필요는 없으며, 당해 외국에서 구체적으로 우리나라 국민에게 국가배상청구를 인정한 사례가 없더라도 실제로 인정될 것이라고 기대할 수 있는 상태이면 충분하다(대판 2015.6.11. 2013다208388).

선지 분석

② 행정입법에 관여한 공무원이 입법 당시의 상황에서 다양한 요소를 고려하여 나름대로 합리적인 근거를 찾아 어느 하나의 견해에 따라 경과규정을 두는 등의 조치 없이 새 법령을 그대로 시행하거나 적용하였다면, 그와 같은 공무원의 판단이 나중에 대법원이 내린 판단과 같지 아니하여 결과적으로 시행령 등이 신뢰보호의 원칙 등에 위배되는 결과가 되었다고 하더라도, 이러한 경우에까지 국가배상법 제2조 제1항에서 정한 국가배상책임의 성립요건인 공무원의 과실이 있다고 할 수는 없다(대판 2013.4.26. 2011다14428).

③ 공무원의 행위를 원인으로 한 국가배상책임을 인정하기 위하여는 '공무원이 직무를 집행하면서 고의 또는 과실로 법령을 위반하여 타인에게 손해를 입힌 때'라고 하는 국가배상법 제2조 제1항의 요건이 충족되어야 한다. 여기서 '법령을 위반하여'라고 함은 엄격하게 형식적 의미의 법령에 명시적으로 공무원의 행위의무가 정하여져 있음에도 이를 위반하는 경우만을 의미하는 것은 아니고, 인권존중·권력남용금지·신의성실과 같이 공무원으로서 마땅히 지켜야 할 준칙이나 규범을 지키지 아니하고 위반한 경우를 비롯하여 널리 그 행위가 객관적인 정당성을 결여하고 있는 경우도 포함한다(대판 2015.8.27. 2012다204587).

④ 국민의 생명·신체·재산 등에 대하여 절박하고 중대한 위험상태가 발생하였거나 발생할 상당한 우려가 있어서 국민의 생명 등을 보호하는 것을 본래적 사명으로 하는 국가가 초법규적·일차적으로 그 위험의 배제에 나서지 아니하면 국민의 생명 등을 보호할 수 없는 경우에는 형식적 의미의 법령에 근거가 없더라도 국가나 관련 공무원에 대하여 그러한 위험을 배제할 작위의무를 인정할 수 있을 것이다. 그러나 그와 같은 절박하고 중대한 위험상태가 발생하였거나 발생할 상당한 우려가 있는 경우가 아닌 한, 원칙적으로 공무원이 관련 법령에서 정하여진 대로 직무를 수행하였다면 그와 같은 공무원의 부작위를 가지고 '고의 또는 과실로 법령에 위반'하였다고 할 수는 없다(대판 2012.7.26. 2010다95666).

정답 분석

③ 이해관계인은 행정기본법상 당사자에 해당하지 않는다.

> 행정기본법 제2조 【정의】 이 법에서 사용하는 용어의 뜻은 다음과 같다.
> 3. "당사자"란 처분의 상대방을 말한다.

선지 분석

① 행정기본법 제4조에 대한 옳은 내용이다.

> 제4조 【행정의 적극적 추진】 ① 행정은 공공의 이익을 위하여 적극적으로 추진되어야 한다.
> ② 국가와 지방자치단체는 소속 공무원이 공공의 이익을 위하여 적극적으로 직무를 수행할 수 있도록 제반 여건을 조성하고, 이와 관련된 시책 및 조치를 추진하여야 한다.
> ③ 제1항 및 제2항에 따른 행정의 적극적 추진 및 적극행정 활성화를 위한 시책의 구체적인 사항 등은 대통령령으로 정한다.

② 행정기본법 제2조 제1호에 대한 옳은 내용이다.

> 행정기본법 제2조 【정의】 이 법에서 사용하는 용어의 뜻은 다음과 같다.
> 1. "법령 등"이란 다음 각 목의 것을 말한다.
>   가. 법령: 다음의 어느 하나에 해당하는 것
>   1) 법률 및 대통령령·총리령·부령
>   2) 국회규칙·대법원규칙·헌법재판소규칙·중앙선거관리위원회규칙 및 감사원규칙
>   3) 1) 또는 2)의 위임을 받아 중앙행정기관(정부조직법 및 그 밖의 법률에 따라 설치된 중앙행정기관을 말한다. 이하 같다)의 장이 정한 훈령·예규 및 고시 등 행정규칙
>   나. 자치법규: 지방자치단체의 조례 및 규칙

④ 행정기본법 제2조 제4호에 대한 옳은 내용이다.

> 행정기본법 제2조 【정의】 이 법에서 사용하는 용어의 뜻은 다음과 같다.
> 4. "처분"이란 행정청이 구체적 사실에 관하여 행하는 법 집행으로서 공권력의 행사 또는 그 거부와 그 밖에 이에 준하는 행정작용을 말한다.

정답 분석

① 행정청이 골프장 사업계획승인을 얻은 자의 사업시설 착공계획서를 수리한 것에 대하여 인근 주민들이 그 수리처분의 취소를 구하는 행정심판을 청구하자 재결청이 그 청구를 인용하여 수리처분을 취소하는 형성적 재결을 한 경우, 그 수리처분 취소심판청구는 행정심판의 대상이 되지 아니하여 부적법 각하하여야 함에도 위 재결은 그 청구를 인용하여 수리처분을 취소하였으므로 재결 자체에 고유한 하자가 있다고 보았다(대판 2001.5.29. 99두10292).

② 사립학교 교원에 관한 징계처분은 처분성이 없으므로 교원소청심사위원회의 취소결정은 행정심판의 재결이 아닌 원처분에 해당한다. 따라서 교원소청심사위원회의 취소결정은 재결 자체에 고유한 위법이 없더라도 항고소송으로 다툴 수 있다.

> ⚖️ **관련 판례**
>
> 사립학교 교원에 대한 징계처분의 경우에는 학교법인 등의 징계처분은 행정처분성이 없는 것이고 그에 대한 소청심사청구에 따라 위원회가 한 결정이 행정처분이고 교원이나 학교법인 등은 그 결정에 대하여 행정소송으로 다투는 구조가 되므로, 행정소송에서의 심판대상은 학교법인 등의 원 징계처분이 아니라 위원회의 결정이 되고, 따라서 피고도 행정청인 위원회가 되는 것이며, 법원이 위원회의 결정을 취소한 판결이 확정된다고 하더라도 위원회가 다시 그 소청심사청구사건을 재심사하게 될 뿐 학교법인 등이 곧바로 위 판결의 취지에 따라 재징계 등을 하여야 할 의무를 부담하는 것은 아니다(대판 2013.7.25. 2012두12297).

③ 원처분이 아닌 재결에 해당하는 재심의 판정에 대하여서만 감사원을 피고로 행정소송을 제기할 수 있다.

> ⚖️ **관련 판례**
>
> 감사원의 변상판정처분에 대하여서는 행정소송을 제기할 수 없고, 재결에 해당하는 재심의 판정에 대하여서만 감사원을 피고로 하여 행정소송을 제기할 수 있다(대판 1984.4.10. 84누91).

④ 당사자의 신청이 있어야 행정심판위원회가 직접 처분을 할 수 있다.

> **행정심판법 제50조 【위원회의 직접 처분】** ① 위원회는 피청구인이 제49조 제3항에도 불구하고 처분을 하지 아니하는 경우에는 당사자가 신청하면 기간을 정하여 서면으로 시정을 명하고 그 기간에 이행하지 아니하면 직접 처분을 할 수 있다. 다만, 그 처분의 성질이나 그 밖의 불가피한 사유로 위원회가 직접 처분을 할 수 없는 경우에는 그러하지 아니하다.

17 Ⅳ 행정조사   정답 ④

④ 법령상 명확한 위임 근거가 없다고 하더라도 가능하다.

> ⚖️ **관련 판례**
>
> 조사대상자의 자발적인 협조를 전제할 뿐 조사 거부에 대한 어떠한 제재도 없는 임의적 행정조사라면 법령상 명확한 위임 근거가 없다고 하더라도 가능하므로, 이 사건 근거 조항의 '그 밖에 건강검진을 실시하는 데 필요한 사항'에는 검진기관에 대한 임의적 행정조사에 관한 내용도 당연히 포함된다고 볼 수 있다(대판 2017.11.9. 2015두56748).

① 행정조사기본법 제3조 제2항 제2호에 대한 옳은 내용이다.

> **제3조 【적용범위】** ② 다음 각 호의 어느 하나에 해당하는 사항에 대하여는 이 법을 적용하지 아니한다.
> 1. 행정조사를 한다는 사실이나 조사내용이 공개될 경우 국가의 존립을 위태롭게 하거나 국가의 중대한 이익을 현저히 해칠 우려가 있는 국가안전보장·통일 및 외교에 관한 사항
> 2. 국방 및 안전에 관한 사항 중 다음 각 목의 어느 하나에 해당하는 사항
>   가. 군사시설·군사기밀보호 또는 방위사업에 관한 사항
>   나. 병역법·예비군법·민방위기본법·비상대비에 관한 법률·재난관리자원의 관리 등에 관한 법률에 따른 징집·소집·동원 및 훈련에 관한 사항

② 행정조사기본법 제7조 제2호에 대한 옳은 내용이다.

> **제7조 【조사의 주기】** 행정조사는 법령 등 또는 행정조사운영계획으로 정하는 바에 따라 정기적으로 실시함을 원칙으로 한다. 다만, 다음 각 호 중 어느 하나에 해당하는 경우에는 수시조사를 할 수 있다.
> 2. 법령 등의 위반에 대하여 혐의가 있는 경우

③ 세무조사는 국가의 과세권을 실현하기 위한 행정조사의 일종으로서 국세의 과세표준과 세액을 결정 또는 경정하기 위하여 질문을 하고 장부·서류 그 밖의 물건을 검사·조사하거나 그 제출을 명하는 일체의 행위를 말한다(대판 2017.3.16. 2014두8360).

18 Ⅵ 집행정지   정답 ②

② 행정소송법상 집행정지 요건은 '중대한 손해'가 아닌 '회복하기 어려운 손해'로 규정하고 있다.

> ⚖️ **관련 판례**
>
> 행정소송법 제23조 제2항에서 정하고 있는 집행정지 요건인 '회복하기 어려운 손해'란 특별한 사정이 없는 한 금전으로 보상할 수 없는 손해로서 이는 금전보상이 불능인 경우 내지는 금전보상으로는 사회관념상 행정처분을 받은 당사자가 참고 견딜 수 없거나 또는 참고 견디기가 현저히 곤란한 경우의 유형. 무형의 손해를 일컫는다(대결 2010.5.14. 2010무48).

① 행정처분의 효력정지를 구하는 신청사건에 있어서는 행정처분 자체의 적법 여부는 궁극적으로 본안판결에서 심리를 거쳐 판단할 성질의 것이므로 원칙적으로는 판단할 것이 아니고, 그 행정처분의 효력을 정지할 것인가에 대한 행정소송법 제23조 제2항 소정의 요건의 존부만이 판단의 대상이 되나, 본안소송에서의 처분의 취소가능성이 없음에도 불구하고 처분의 효력정지를 인정한다는 것은 제도의 취지에 반하므로, 효력정지사건 자체에 의하여도 신청인의 본안청구가 이유 없음이 명백할 때에는 행정처분의 효력정지를 명할 수 없다(대결 1994.10.11. 94두23).

③ 행정처분의 집행정지는 행정처분집행 부정지의 원칙에 대한 예외로서 인정되는 일시적인 응급처분이라 할 것이므로 집행정지결정을 하려면 이에 대한 본안소송이 법원에 제기되어 계속중임을 요건으로 하는 것이므로 집행정지결정을 한 후에라도 본안소송이 취하되어 소송이 계속하지 아니한 것으로 되면 집행정지결정은 당연히 그 효력이 소멸되는 것이고 별도의 취소조치를 필요로 하는 것이 아니다(대판 1975.11.11. 75누97).

④ 행정소송법 제23조 제5항에 대한 옳은 내용이다.

> **제23조【집행정지】** ⑤ 제2항의 규정에 의한 집행정지의 결정 또는 기각의 결정에 대하여는 즉시항고할 수 있다. 이 경우 집행정지의 결정에 대한 즉시항고에는 결정의 집행을 정지하는 효력이 없다.

---

19   Ⅵ 부작위위법확인소송   정답 ④

④ 부작위위법의 확인을 구하는 취지도 포함되어 있다고 본다.

> **관련 판례**
> 부작위위법확인소송의 이러한 보충적 성격에 비추어 동일한 신청에 대한 거부처분의 취소를 구하는 취소소송에는 특단의 사정이 없는 한 그 신청에 대한 부작위위법의 확인을 구하는 취지도 포함되어 있다고 볼 수 있다(대판 2009.7.23. 2008두10560).

①② 행정소송법 제34조 소정의 간접강제결정에 기한 배상금은 확정판결의 취지에 따른 재처분의 지연에 대한 제재나 손해배상이 아니고 재처분의 이행에 관한 심리적 강제수단에 불과한 것으로 보아야 하므로, 간접강제결정에서 정한 의무이행기한이 경과한 후에라도 확정판결의 취지에 따른 재처분이 행하여지면 배상금을 추심함으로써 심리적 강제를 꾀한다는 당초의 목적이 소멸하여 처분상대방이 더 이상 배상금을 추심하는 것이 허용되지 않는다(대판 2010.12.23. 2009다37725).

③ 부작위위법확인소송의 계속 중 소극적 처분이 있게 되면 부작위위법확인의 소는 소의 이익을 잃어 부적법하게 되고 이 경우 소극적 처분에 대한 취소소송을 제기하여야 하는 등 부작위위법확인의 소는 취소소송의 보충적 성격을 지니고 있다(대판 2009.7.23. 2008두10560).

---

20   Ⅵ 당사자소송   정답 ①

① 당사자소송의 형식으로 보상금 등의 지급을 구하는 이행소송을 직접 제기할 수 있도록 허용하는 취지는 아니라고 본다.

> **관련 판례**
> 민주화운동관련자 명예회복 및 보상 등에 관한 법률 제17조는 보상금 등의 지급에 관한 소송의 형태를 규정하고 있지 않지만, 위 규정 전단에서 말하는 보상금 등의 지급에 관한 소송은 '민주화운동관련자 명예회복 및 보상 심의위원회'의 보상금 등의 지급신청에 관하여 전부 또는 일부를 기각하는 결정에 대한 불복을 구하는 소송이므로 취소소송을 의미한다고 보아야 하며, 후단에서 보상금 등의 지급신청을 한 날부터 90일을 경과한 때에는 그 결정을 거치지 않고 위 소송을 제기할 수 있도록 한 것은 관련자 등에 대한 신속한 권리구제를 위하여 위 기간 내에 보상금 등의 지급 여부 등에 대한 결정을 받지 못한 때에는 지급 거부 결정이 있는 것으로 보아 곧바로 법원에 심의위원회를 상대로 그에 대한 취소소송을 제기할 수 있다고 규정한 취지라고 해석될 뿐, 위 규정이 보상금 등의 지급에 관한 처분의 취소소송을 제한하거나 또는 심의위원회에 의하여 관련자 등으로 결정되지 아니한 신청인에게 국가를 상대로 보상금 등의 지급을 구하는 이행소송을 직접 제기할 수 있도록 허용하는 취지라고 풀이할 수는 없다(대판 2008.4.17. 2005두16185 전합).

② 원고가 고의 또는 중대한 과실 없이 당사자소송으로 제기하여야 할 것을 항고소송으로 잘못 제기한 경우에, 당사자소송으로서의 소송요건을 결하고 있음이 명백하여 당사자소송으로 제기되었더라도 어차피 부적법하게 되는 경우가 아닌 이상, 법원으로서는 원고가 당사자소송으로 소 변경을 하도록 하여 심리·판단하여야 한다(대판 2016.5.24. 2013두14863).

③ 납세의무자에 대한 국가의 부가가치세 환급세액 지급의무에 대응하는 국가에 대한 납세의무자의 부가가치세 환급세액 지급청구는 민사소송이 아니라 행정소송법 제3조 제2호에 규정된 당사자소송의 절차에 따라야 한다(대판 2013.3.21. 2011다95564 전합).

④ 행정소송법 제44조 제1항, 제25조에 대한 옳은 내용이다.

> **제44조【준용규정】** ① 제14조 내지 제17조, 제22조, 제25조, 제26조, 제30조 제1항, 제32조 및 제33조의 규정은 당사자소송의 경우에 준용한다.
>
> **제25조【행정심판기록의 제출명령】** ① 법원은 당사자의 신청이 있는 때에는 결정으로써 재결을 행한 행정청에 대하여 행정심판에 관한 기록의 제출을 명할 수 있다.
> ② 제1항의 규정에 의한 제출명령을 받은 행정청은 지체없이 당해 행정심판에 관한 기록을 법원에 제출하여야 한다.

정답 분석

② 벌금이 아닌 과태료를 부과할 수 있다.

> **지방자치법 제34조 【조례 위반에 대한 과태료】** ① 지방자치단체는 조례를 위반한 행위에 대하여 조례로써 1천만원 이하의 과태료를 정할 수 있다.

선지 분석

① 지방자치법 제32조 제3항에 대한 옳은 내용이다.

> **제32조 【조례와 규칙의 제정 절차 등】** ③ 지방자치단체의 장은 이송받은 조례안에 대하여 이의가 있으면 제2항의 기간에 이유를 붙여 지방의회로 환부(還付)하고, 재의(再議)를 요구할 수 있다. 이 경우 지방자치단체의 장은 조례안의 일부에 대하여 또는 조례안을 수정하여 재의를 요구할 수 없다.

③ 조례가 집행행위의 개입 없이도 그 자체로서 직접 국민의 구체적인 권리의무나 법적 이익에 영향을 미치는 등의 법률상 효과를 발생하는 경우 그 조례는 항고소송의 대상이 되는 행정처분에 해당하고, 이러한 조례에 대한 무효확인소송을 제기함에 있어서 행정소송법 제38조 제1항, 제13조에 의하여 피고적격이 있는 처분 등을 행한 행정청은, 행정주체인 지방자치단체 또는 지방자치단체의 내부적 의결기관으로서 지방자치단체의 의사를 외부에 표시한 권한이 없는 지방의회가 아니라, 구 지방자치법 제19조 제2항, 제92조에 의하여 지방자치단체의 집행기관으로서 조례로서의 효력을 발생시키는 공포권이 있는 지방자치단체의 장이다(대판 1996.9.20. 95누8003).

④ 조례안의 일부 조항이 법령에 위반되어 위법한 경우에는 그 조례안에 대한 재의결은 그 전체의 효력을 부인할 수밖에 없다(대판 2001.11.27. 2001추57).

정답 분석

① 복직처분을 하였더라도 공무원의 신분이 회복되지는 않는다.

> 📖 **관련 판례**
>
> 직위해제처분은 형사사건으로 기소되는 등 국가공무원법 제73조의2 제1항 각 호에 정하는 귀책사유가 있을 때 당해 공무원에게 직위를 부여하지 아니하는 처분이고, 복직처분은 직위해제사유가 소멸되었을 때 직위해제 된 공무원에게 국가공무원법 제73조의2 제2항의 규정에 의하여 다시 직위를 부여하는 처분일 뿐, 이들 처분들이 공무원의 신분을 박탈하거나 설정하는 처분은 아닌 것이므로, 임용권자가 임용결격사유의 발생 사실을 알지 못하고 직위해제되어 있던 중 임용결격사유가 발생하여 당연퇴직된 자에게 복직처분을 하였다고 하더라도 이 때문에 그 자가 공무원의 신분을 회복하는 것은 아니다(대판 1997.7.8. 96누4275).

선지 분석

② 지방공무원법 제25조의2 제2항 제1호에 대한 옳은 내용이다.

> **제25조의2 【외국인과 복수국적자의 임용】** ② 지방자치단체의 장은 다음 각 호의 어느 하나에 해당하는 분야로서 대통령령으로 정하는 분야에는 복수국적자(대한민국 국적과 외국 국적을 함께 가진 사람을 말한다. 이하 같다)의 임용을 제한할 수 있다.
> 1. 국가의 존립과 헌법 기본질서의 유지를 위한 국가안보 분야

③ 공무원이 사직의 의사표시를 하여 의원면직처분을 하는 경우 그 사직의 의사표시는 그 법률관계의 특수성에 비추어 외부적·객관적으로 표시된 바를 존중하여야 할 것이므로, 비록 사직원제출자의 내심의 의사가 사직할 뜻이 아니었다고 하더라도 진의 아닌 의사표시에 관한 민법 제107조는 그 성질상 사직의 의사표시와 같은 사인의 공법행위에는 준용되지 아니하므로 그 의사가 외부에 표시된 이상 그 의사는 표시된 대로 효력을 발한다(대판 1997.12.12. 97누13962).

④ 공무원연금관리공단의 인정에 의하여 퇴직연금을 지급받아 오던 중 공무원연금법령의 개정 등으로 퇴직연금 중 일부 금액의 지급이 정지된 경우에는 당연히 개정된 법령에 따라 퇴직연금이 확정되는 것이지 구 공무원연금법 제26조 제1항에 정해진 공무원연금관리공단의 퇴직연금 결정과 통지에 의하여 비로소 그 금액이 확정되는 것이 아니므로, 공무원연금관리공단이 퇴직연금 중 일부 금액에 대하여 지급거부의 의사표시를 하였다고 하더라도 그 의사표시는 퇴직연금 청구권을 형성·확정하는 행정처분이 아니라 공법상의 법률관계의 한쪽 당사자로서 그 지급의무의 존부 및 범위에 관하여 나름대로의 사실상·법률상 의견을 밝힌 것에 불과하다고 할 것이어서, 이를 행정처분이라고 볼 수는 없고, 그리고 이러한 미지급 퇴직연금에 대한 지급청구권은 공법상 권리로서 그 지급을 구하는 소송은 공법상의 법률관계에 관한 소송인 공법상 당사자소송에 해당한다(대판 2004.12.24. 2003두15195).

정답 분석

④ 행정절차를 끝맺는 행위는 당사자 등의 동의를 요한다.

> **행정절차법 제11조 【대표자】** ④ 대표자는 각자 그를 대표자로 선정한 당사자 등을 위하여 행정절차에 관한 모든 행위를 할 수 있다. 다만, 행정절차를 끝맺는 행위에 대하여는 당사자 등의 동의를 받아야 한다.

선지 분석

① 행정절차법 제11조 제2항에 대한 옳은 내용이다.

> **제11조 【대표자】** ② 행정청은 제1항에 따라 당사자 등이 대표자를 선정하지 아니하거나 대표자가 지나치게 많아 행정절차가 지연될 우려가 있는 경우에는 그 이유를 들어 상당한 기간 내에 3인 이내의 대표자를 선정할 것을 요청할 수 있다. 이 경우 당사자 등이 그 요청에 따르지 아니하였을 때에는 행정청이 직접 대표자를 선정할 수 있다.

② 행정절차법 제11조 제5항에 대한 옳은 내용이다.

> 제11조【대표자】⑤ 대표자가 있는 경우에는 당사자 등은 그 대표자를 통하여서만 행정절차에 관한 행위를 할 수 있다.

③ 행정절차법 제11조 제6항에 대한 옳은 내용이다.

> 제11조【대표자】⑥ 다수의 대표자가 있는 경우 그중 1인에 대한 행정청의 행위는 모든 당사자 등에게 효력이 있다. 다만, 행정청의 통지는 대표자 모두에게 하여야 그 효력이 있다.

24 Ⅲ 개인정보 보호 정답 ②

정답 분석

② 대통령 소속이 아닌 국무총리 소속이다.

> 개인정보 보호법 제7조【개인정보 보호위원회】① 개인정보 보호에 관한 사무를 독립적으로 수행하기 위하여 국무총리 소속으로 개인정보 보호위원회를 둔다.

선지 분석

① 정보주체의 동의 없이 개인정보를 공개함으로써 침해되는 인격적 법익과 정보주체의 동의 없이 자유롭게 개인정보를 공개하는 표현행위로서 보호받을 수 있는 법적 이익이 하나의 법률관계를 둘러싸고 충돌하는 경우에는, 개인이 공적인 존재인지 여부, 개인정보의 공공성 및 공익성, 개인정보 수집의 목적·절차·이용형태의 상당성, 개인정보 이용의 필요성, 개인정보 이용으로 인해 침해되는 이익의 성질 및 내용 등 여러 사정을 종합적으로 고려하여, 개인정보에 관한 인격권 보호에 의하여 얻을 수 있는 이익(비공개 이익)과 표현행위에 의하여 얻을 수 있는 이익(공개 이익)을 구체적으로 비교·형량하여, 어느 쪽 이익이 더욱 우월한 것으로 평가할 수 있는지에 따라 그 행위의 최종적인 위법성 여부를 판단하여야 한다(대판 2011.9.2. 2008다42430 전합).

③ 개인정보 보호법 제7조의4 제2항에 대한 옳은 내용이다.

> 제7조의4【위원의 임기】② 위원이 궐위된 때에는 지체 없이 새로운 위원을 임명 또는 위촉하여야 한다. 이 경우 후임으로 임명 또는 위촉된 위원의 임기는 새로이 개시된다.

④ 개인정보 보호법 제7조의8 제5호에 대한 옳은 내용이다.

> 제7조의8【보호위원회의 소관 사무】 보호위원회는 다음 각 호의 소관 사무를 수행한다.
> 5. 개인정보 보호를 위한 국제기구 및 외국의 개인정보 보호 기구와의 교류·협력

25 Ⅶ 병역법 정답 ④

정답 분석

모두 병역법상 보충역에 해당하는 자이다.

> 병역법 제5조【병역의 종류】① 병역은 다음 각 호와 같이 구분한다.
> 3. 보충역: 다음 각 목의 어느 하나에 해당하는 사람
> 　가. 병역판정검사 결과 현역 복무를 할 수 있다고 판정된 사람 중에서 병력수급(兵力需給) 사정에 의하여 현역병입영 대상자로 결정되지 아니한 사람
> 　나. 다음의 어느 하나에 해당하는 사람으로 복무하고 있거나 그 복무를 마친 사람
> 　　1) 사회복무요원
> 　　2) 삭제
> 　　3) 예술·체육요원
> 　　4) 공중보건의사
> 　　5) 병역판정검사전담의사
> 　　6) 삭제
> 　　7) 공익법무관
> 　　8) 공중방역수의사
> 　　9) 전문연구요원
> 　　10) 산업기능요원
> 　다. 그 밖에 이 법에 따라 보충역에 편입된 사람

제3과목 경영학

01 Ⅰ 경영이론 발달
정답 ③

선지 분석
① 인간관계론은 비공식집단이 생산성에 영향을 미친다고 주장한다.
② 인간의 제한된 합리성을 갖는 의사결정자라고 주장한 것은 사이먼이다.
④ 테일러는 차별적 성과급제를 주장하였다.

02 Ⅰ 가치사슬
정답 ①

정답 분석
① 인적자원관리, 하부조직 활동은 보조활동에 해당된다.

03 Ⅰ 관료제 이론
정답 ③

정답 분석
③ 관료제는 전통적인 조직으로, 상황적합적 관리는 관료제와 무관하다.

04 Ⅰ 국제경영(해외진출)
정답 ④

정답 분석
④ B국에 해외직접투자를 하는 경우 K사 자국 내 소비시점과 차이가 있을 경우에 적합하다.

05 Ⅰ 신제품 가격전략
정답 ①

정답 분석
① 시장진입장벽이 높을 경우에는 저가보다는 고가가격전략이 더 효율적이다.

06 Ⅱ BCG매트릭스
정답 ④

정답 분석
④ 시장철수전략이 적합한 사업부는 사양(개)사업부이다.

07 Ⅲ 동기부여이론
정답 ③

정답 분석
③ 고성과를 낸 종업원의 급여를 증가시키는 것은 위생요인과 관련되며, 나머지는 동기요인(만족요인)에 해당된다.

08 Ⅲ 임금체계(연봉제)
정답 ②

정답 분석
② 기본급이나 수당과 같이 세분화된 임금 항목이 있고 상여금을 별도로 지급하는 제도는 연봉제와 무관하다.

09 Ⅲ 노동조합 가입형태
정답 ②

정답 분석
② 채용 후 일정기간 내에 노동조합에 가입해야 하는 제도는 유니언숍(union shop)이다.

10 Ⅲ 직무만족
정답 ②

선지 분석
① 종업원과 상사 사이의 공유된 가치관은 직무만족을 증가시킨다.
③ 역할의 모호성, 역할 갈등, 역할 과다 등을 경험한 종업원은 직무만족이 낮다.
④ 긍정적 정서와 긍정적 자기평가 성향은 직무만족을 증가시키는 요인이다.

11 Ⅲ 인사고과유형
정답 ④

정답 분석
④ 복수의 평가자들이 적성검사, 시뮬레이션, 사례연구, 심층면접, 심리상담, 역할연기 등의 평가방법을 통해 피평가자들의 행동을 심층 관찰하고 평가하여 선발하는 방법은 현대적 인사고과방법인 인적평정센터법(HAC)이다.

12   Ⅳ   리더십   정답 ③

정답 분석
③ 슈퍼 리더십은 부하들이 능력을 최대한 발휘할 수 있도록 하여, 스스로 판단하고 행동하고 책임질 수 있도록 하는 것(셀프리더)이다.

13   Ⅱ, Ⅲ   타당성   정답 ②

정답 분석
② 직무성과와 관련성이 있는 내용을 측정하는 것을 타당성이라 한다.

14   Ⅲ   임금형태   정답 ③

정답 분석
③ 생산제품의 판매가치와 인건비와의 관계에서 배분액을 계산하는 집단성과급제는 스캔론플랜이다.

15   Ⅳ   동기부여이론   정답 ①

정답 분석
① 성취동기이론은 내용이론에 해당한다.

선지 분석
② 기대이론, ③ 공정성이론, ④ 목표설정이론은 과정이론에 해당한다.

16   Ⅳ   리더십유형   정답 ②

정답 분석
② 허시와 블랜차드(P. Hersey & K.H. Blanchard)의 상황적 리더십이론에 따르면 리더는 부하의 성숙도에 맞는 리더십을 행사함으로써 리더십의 유효성을 높일 수 있다.

선지 분석
① 리더가 부하를 섬기고 헌신하고 봉사함으로써 조직을 이끄는 것은 서번트 리더십에 해당한다.
③ 리더십의 유형을 지시형, 설득형, 지원형, 위임형으로 구분한다.
④ 리더십에 영향을 줄 수 있는 상황적 요소를 과업구조, 리더의 지위권력, 하급자의 관계로 보는 것은 피들러의 이론이다.

17   Ⅲ   맥그리거의 X이론, Y이론   정답 ①

선지 분석
② X이론에서 조직의 감시, 감독, 지시, 통제가 필요하다고 본다.
③ 주로 Y이론에서 쌍방향 의사결정이 발생한다.
④ 주로 Y이론에서 자기통제 및 자율성이 높다.

18   Ⅳ   민쯔버그(경영자 역할)   정답 ①

정답 분석
① 연락자는 민쯔버그의 경영자 역할 중 의사결정자의 범주에 해당하지 않는다.

선지 분석
② 분쟁해결자, ③ 기업가, ④ 자원배분자 및 협상가의 역할은 민쯔버그의 경영자 역할 중에서 의사결정자의 범주에 해당한다.

19   Ⅴ   6시그마   정답 ④

정답 분석
④ 계획은 6시그마의 프로세스 개선 5단계에 해당하지 않는다.

선지 분석
①, ②, ③ 6시그마의 프로세스 개선 5단계는 '정의 – 측정 – 분석 – 개선 – 통제'의 순서이다.

20   Ⅰ, Ⅴ   동시공학   정답 ①

정답 분석
① 컨커런트 엔지니어링(concurrent engineering, 동시공학)은 제품의 디자인에서부터 생산에 이르기까지 각 과정의 설계 작업을 동시에 수행함으로써 생산리드타임을 획기적으로 단축시키는 기법이다.

21   Ⅴ   품질관리(품질비용)   정답 ④

정답 분석
④ 품절비용은 품질비용과 무관하다.

22   Ⅴ 생산관리목표   정답 ③

③ 브랜드는 생산관리의 주요 활동목표와 무관하다.

①, ②, ④ 생산관리의 주요 활동목표는 원가, 품질, 납기와 유연성이다.

23   Ⅶ 재무의사결정   정답 ①

① 위험이 높아지면 기대수익률은 높아진다(고위험 고수익).

24   Ⅷ 자산유형   정답 ③

③ 투자부동산은 비유동자산의 투자자산에 해당된다.

25   Ⅰ, Ⅵ 빅데이터   정답 ④

④ 모호성은 빅데이터의 기본적인 특성에 해당하지 않는다.

①, ②, ③ 빅데이터의 기본적인 3V는 volume(거대한 양), variety(다양한 형태), velocity(생성속도)이다.

◆ 셀프 체크

권장 풀이 시간	75분(OMR 표기 시간 포함)
실제 풀이 시간	___시 ___분 ~ ___시 ___분
맞힌 답의 개수	___개 / 75개

제5회 실전모의고사
모바일 자동 채점 + 성적 분석 서비스
바로 가기(gosi.Hackers.com)

QR코드를 이용하여 해커스공무원의
'모바일 자동 채점 + 성적 분석 서비스'로 바로 접속하세요!
* 해커스공무원 사이트의 가입자에 한해 이용 가능합니다.

◆ 정답

제1과목 국어

01	①	06	①	11	④	16	②	21	③
02	②	07	②	12	③	17	②	22	③
03	④	08	④	13	②	18	②	23	③
04	②	09	④	14	③	19	②	24	③
05	④	10	③	15	②	20	①	25	②

제2과목 행정법

01	①	06	④	11	③	16	②	21	①
02	④	07	③	12	④	17	①	22	①
03	③	08	④	13	①	18	②	23	④
04	④	09	④	14	②	19	③	24	④
05	②	10	③	15	③	20	④	25	④

제3과목 경영학

01	②	06	④	11	③	16	④	21	④
02	①	07	②	12	①	17	②	22	②
03	②	08	③	13	①	18	①	23	④
04	③	09	①	14	③	19	③	24	①
05	③	10	④	15	②	20	②	25	④

◆ 취약 단원 분석표

제1과목 국어

단원	맞힌 답의 개수
어법	/ 7
비문학	/ 10
문학	/ 5
어휘	/ 3
혼합	- / 0
TOTAL	/ 25

제2과목 행정법

단원	맞힌 답의 개수
Ⅰ 일반론	/ 4
Ⅱ 행정작용	/ 6
Ⅲ 행정과정	/ 3
Ⅳ 실효성 확보수단	/ 3
Ⅴ 손해전보	/ 2
Ⅵ 행정쟁송	/ 4
Ⅶ 행정법각론	/ 3
TOTAL	/ 25

제3과목 경영학

단원	맞힌 답의 개수
Ⅰ 경영학개론	/ 4
Ⅱ 마케팅	/ 10
Ⅲ 인적자원관리	/ 1
Ⅳ 조직행동론	/ 3
Ⅴ 생산과학	/ 1
Ⅵ 경영과학	/ 1
Ⅶ 재무관리	/ 3
Ⅷ 회계원리	/ 2
TOTAL	/ 25

제1과목 국어

01 비문학 작문 (조건에 맞는 글쓰기) 정답 ①

정답 설명

① '정조를 지키기 위해 사도 세자를 버릴 수밖에'를 통해 '임오화변(壬午禍變)'이라는 역사적 사실이 제시되어 있음을 알 수 있고, '그녀의 바람 앞의 등불 같았던 삶'이라는 표현을 통해 혜경궁 홍씨의 삶을 '바람 앞의 등불'에 비유하고 있음을 알 수 있다. 또한 '함께 느껴 보시지 않겠습니까?'라는 표현을 통해 작품을 읽어 볼 것을 완곡하게 권유하고 있음을 알 수 있다. 따라서 답은 ①이다.
  • 바람 앞의 등불: 언제 꺼질지 모르는 바람 앞의 등불이란 뜻으로, 매우 위태로운 처지에 놓여 있음을 비유적으로 이르는 말

오답 분석

② '한국 전쟁으로 고향을 떠날 수밖에 없었던'이라는 표현을 통해 한국 전쟁이라는 역사적 사실이 제시되어 있음을 알 수 있고, '둥지를 잃은 아기 새들'이라는 표현을 통해 '세 친구들'을 '아기 새'에 비유하고 있음을 알 수 있다. 하지만 '한번 읽어 보세요'라며 작품을 읽어 볼 것을 직접적으로 권유하고 있다.

③ '임진왜란, 정유재란, 병자호란'을 통해 역사적 사실이 제시되어 있음을 알 수 있고, '들여다볼 수 있는 좋은 기회입니다'라는 표현을 통해 작품을 읽어 볼 것을 완곡하게 권유하고 있음을 알 수 있다. 하지만 비유적 표현은 사용되지 않았다.

④ '현대 사회라는 거대한 물결'이라는 표현을 통해 '현대 사회'를 '거대한 물결'에 비유하고 있음을 알 수 있다. 하지만 역사적 사실과 관련짓지 않았고, '읽어 보시기 바랍니다'라며 작품을 읽어 볼 것을 직접적으로 권유하고 있다.

02 어법 올바른 문장 표현 정답 ②

정답 설명

② 그는 대낮에 술에 취해 정신을 못 차렸다(○): 문장 내 조사 '에'가 올바르게 사용되었다. 동사 '취하다'는 주로 '~에 취하다'의 형태로 쓰이므로 답은 ②이다. 참고로 '대낮에'에 쓰인 '에'는 앞말이 시간의 부사어임을 나타내는 부사격 조사이며, '술에'에 쓰인 '에'는 앞말이 어떤 움직임이나 작용이 미치는 대상임을 나타내는 부사격 조사이다.

오답 분석

① 결과가 보여졌다(×) → 결과가 보였다(○): '보여지다'는 피동사 '보이다'에 피동의 뜻을 나타내는 '-어지다'가 결합한 이중 피동 표현이다. 따라서 '보였다'로 고쳐 쓰는 것이 자연스럽다.

③ 깊은 심호흡을 했다(×) → 심호흡을 했다(○): '깊다'의 의미가 중복 사용된 표현이다. '심호흡(深呼吸)'의 '심(深)'이 '깊다'라는 의미를 가지고 있으므로 관형어 '깊은'은 생략하는 것이 자연스럽다.

④ 최근 장례식장이 들어서려다 중단됐다(×) → 최근 장례식장이 들어서려다 공사가 중단됐다(○): 서술어 '중단됐다'에 호응하는 주어가 생략되어 있는 표현이다. 서술어에 호응하는 주어 '공사가'를 넣어 '공사가 중단됐다'로 고쳐 쓰는 것이 자연스럽다.

03 문학 작품의 내용 파악 정답 ④

정답 설명

④ 그가 '형님 정말 쥐가!'라고 하는 동생의 말을 끝까지 듣지 않고 동생에게 소리를 지른 뒤, 동생을 집 밖으로 쫓아내는 것은 알 수 있으나, 아랫목에서 있는 아내에게 달려들었다는 서술만으로는 그가 아내를 집 밖으로 쫓아냈는지 여부를 알 수 없다. 따라서 ④는 적절하지 않다.

오답 분석

① '나'의 모란봉 꼭대기에 올라선 뒤 노랫소리(배따라기)가 더 잘 들렸다는 서술을 통해 알 수 있다.

② 그가 거울을 산 뒤 기뻐할 아내를 생각하며 항상 들르던 탁줏집에도 들르지 않고 집으로 돌아왔다는 서술을 통해 알 수 있다.

③ 그가 집에 왔을 때 그의 아내와 아우의 옷차림에 대한 묘사를 통해 알 수 있다.

📝 이것도 알면 합격!

김동인, '배따라기'의 주제와 특징

1. 주제: 오해로 인해 비롯된 인간의 비극적 운명
2. 특징
   • 액자식 구성으로 외부 이야기('나'의 이야기)와 내부 이야기('그'의 이야기)로 구성되어 있음
   • 간결하고 사실적인 문체를 사용함

04 어휘 속담 정답 ②

정답 설명

② 노력과 관련된 속담으로 가장 옳은 것은 ②이다.
   • 방죽을 파야 개구리가 뛰어들지: '물이 고일 수 있는 방죽을 파 준비를 해 놓아야 개구리가 뛰어든다'라는 뜻으로, 무슨 일이나 자기가 원하는 결과를 가져오게 하려면 그에 합당한 준비를 갖추거나 노력을 해야 한다는 말

오답 분석

①③④는 모두 노력과 관련이 없는 속담이다.

① 뱁새가 수리를 낳는다: 못난 어버이한테서 훌륭한 아들이 난 경우를 비유적으로 이르는 말

③ 낙숫물은 떨어지던 데 또 떨어진다: 한 번 버릇이 들면 고치기 어려움을 비유적으로 이르는 말

④ 용이 물 밖에 나면 개미가 침노를 한다: 아무리 좋은 처지에 있던 사람이라도 불행한 경우나 환경에 빠지게 되면 하찮은 사람에게서까지 모욕을 당하고 괄시를 받게 된다는 말

축약	두 개의 음운이나 음절이 하나의 음운이나 음절로 합쳐짐 [예] 자음 축약, 모음 축약
첨가	이미 있는 것에 새로운 음운이 덧붙음 [예] 사잇소리 현상

05 | 비문학 세부 내용 파악 　　　　　정답 ④

정답 설명

④ 마지막 문단에서 확인할 수 있다.

[관련 부분] 한반도에 중국인이 유입되면서 중국 음식점이 자리를 잡아가자 조선인도 점차 그 맛에 익숙해지기 시작했다.

오답 분석

① 2문단 끝에서 1~4번째 줄을 통해 조선 사람에 의해 지어진 이름은 '젠빙(煎餅)'이 아닌 '호떡'임을 알 수 있다.

[관련 부분] 젠빙은 한국에서 호떡이라 부르는 음식이다. 호떡은 '오랑캐(胡)가 먹는 떡(餅)'이라는 뜻으로, 청나라를 두고 북방의 오랑캐라고 여긴 조선 사람들이 붙인 이름이다.

② 1문단 2~3번째 줄을 통해 청국 거류지에 거류하는 인원이 모두 남성은 아니었음을 알 수 있다.

[관련 부분] 거류 인원은 총 41가구에 521명이었다. 그 가운데 여성은 단지 23명에 불과했다.

③ 2문단 1~4번째 줄을 통해 인천의 중국 음식점은 그곳에서 집단생활을 하는 중국인들의 식생활 문제를 해결하기 위해 중국인이 운영하였음을 알 수 있다.

[관련 부분] 남성이 다수를 이루는 인천의 중국인들은 집단생활을 하면서 식생활 문제는 그들 중 몇 사람이 음식점을 운영하여 해결했다. 곧 중국인을 상대로 한 식당이 중국인에 의해 생겨난 것이다.

06 | 어법 말소리 (음운의 변동) 　　　　　정답 ①

정답 설명

① '기어[기여], 신라[실라], 집일[짐닐]'에는 모두 동화 현상이 공통으로 적용되므로 답은 ①이다.

- 기어[기여] ('ㅣ' 모음 순행 동화): '기어[기여]'는 뒤 음절의 후설 모음 'ㅓ'가 앞 음절의 전설 모음 'ㅣ'에 의해 이중 모음 [ㅕ]로 바뀌어 발음되는 'ㅣ' 모음 순행 동화 현상이 나타난다. 참고로 'ㅣ' 모음 순행 동화는 '이중 모음화'라고도 부른다.
- 신라[실라] (유음화): '신라'는 앞 음절의 비음 'ㄴ'이 뒤 음절의 유음 'ㄹ'을 만나 유음 [ㄹ]로 바뀌어 발음되는 자음 동화 현상이 나타난다.
- 집일[짐닐] (ㄴ 첨가, 비음화): '집일'은 '집(명사) + 일(명사)'이 결합한 합성어이다. 두 단어가 합쳐져 합성어가 될 때, 뒷말의 첫소리 모음 'ㅣ' 앞에서 [ㄴ] 소리가 첨가되어 [집닐]로 발음된다. 그 다음 앞 음절의 'ㅂ'이 뒤 음절의 비음 [ㄴ]를 만나 비음 [ㅁ]으로 바뀌어 발음되는 자음 동화 현상이 나타난다.

🔩 이것도 알면 합격!

음운 변동의 유형

교체 (대치)	원래의 음운이 다른 음운으로 바뀜 [예] 음절의 끝소리 규칙, 자음 동화, 구개음화, 모음 동화, 된소리되기
탈락	원래 있던 음운이 없어짐 [예] 'ㄹ' 탈락, 'ㅎ' 탈락, 'ㅡ' 탈락, 동음 탈락

07 | 어휘 한자 성어 　　　　　정답 ②

정답 설명

② 〈보기〉의 괄호 안에는 융통성 없이 옛일만 기억하여 고집하는 어리석음을 버려야 한다는 의미의 한자 성어가 들어가야 한다. 따라서 답은 ② '각주구검(刻舟求劍)'이다.

- 각주구검(刻舟求劍): 융통성 없이 현실에 맞지 않는 낡은 생각을 고집하는 어리석음

오답 분석

① 구밀복검(口蜜腹劍): '입에는 꿀이 있고 배 속에는 칼이 있다'라는 뜻으로, 말로는 친한 듯하나 속으로는 해칠 생각이 있음을 이르는 말

③ 단도직입(單刀直入): '혼자서 칼 한 자루를 들고 적진으로 곧장 쳐들어 간다'라는 뜻으로, 여러 말을 늘어놓지 않고 바로 요점이나 본문제를 중심적으로 말함을 이르는 말

④ 명재경각(命在頃刻): 거의 죽게 되어 곧 숨이 끊어질 지경에 이름

08 | 어법 단어 (품사의 구분) 　　　　　정답 ④

정답 설명

④ 밑줄 친 단어의 품사가 옳지 않은 것은 ④이다.

- 그 집의 첫째는 공무원이고, 둘째는 사업가다. 〈수사〉(×) → 〈명사〉(○): 이때 '둘째'는 보조사 '는'과의 결합이 가능하고, 뒤에 수식하는 체언이 없으며 '둘째 자식'이라는 의미로 사용되었으므로 명사이다.
- 둘째 며느리 삼아 보아야 맏며느리 착한 줄 안다. 〈관형사〉(○): 이때 '둘째'는 조사가 결합하지 않고, 체언인 '며느리'를 수식하고 있으며 '순서가 두 번째가 되는 차례의'라는 의미로 사용되었으므로 관형사이다.

오답 분석

① • 그 사람은 꽤나 사교적이다. 〈명사〉(○): 이때 '사교적'은 서술격 조사 '이다'와 결합이 가능하므로 명사이다.

- 그는 사교적 분위기에 어울리는 사람이다. 〈관형사〉(○): 이때 '사교적'은 조사와 결합하지 않고, 체언인 '분위기'를 수식하고 있으므로 관형사이다.

② • 이제 나에게 남은 것은 너뿐이다. 〈조사〉(○): 이때 '뿐'은 체언 '너' 뒤에 붙어 '그것만이고 더는 없음'을 의미하므로 조사이다.

- 그 이야기는 소문으로만 전해질 뿐이다. 〈의존 명사〉(○): 이때 '뿐'은 용언의 관형사형 뒤에서 '다만 어떠하거나 어찌할 따름'이라는 뜻을 나타내므로 의존 명사이다.

③ ・올 시간이 넘었는데 왜 오지 않는 거지? 〈부사〉(○): 이때 '왜'는 뒤에 오는 서술어 '오지 않는'을 수식하고, '무슨 까닭으로' 혹은 '어째서'라는 의미로 쓰여 화자의 태도를 나타내므로 부사이다.

・왜, 자기가 힘들면 남은 신경도 안 쓰게 되잖아. 〈감탄사〉(○): 이때 '왜'는 문장에서 독립적으로 쓰여 '어떤 사실에 대해 확인을 요구할 때 쓰는 말'로 사용되므로 감탄사이다.

---

09 | 비문학 | 내용 추론 | 정답 ④

정답 설명

④ 3문단 끝에서 1~2번째 줄을 통해 별이 적색거성이 되는 것은 보유한 수소를 모두 소진한 상태임을 알 수 있으므로, 태양이 적색거성 상태에 이르면 내부의 수소가 고갈되었음을 추론할 수 있다. 하지만 3문단 끝에서 2~3번째 줄을 통해 내부의 수소를 연소하는 과정에서 외부 압력으로 인해 별이 원래 크기보다 백 배 더 크게 팽창한다는 것을 알 수 있으므로, 적색거성 상태가 된 태양이 현재보다 지름이 감소할 것이라는 추론은 적절하지 않음을 알 수 있다. 따라서 제시문을 통해 추론한 내용으로 적절하지 않은 것은 ④이다.

오답 분석

① 2문단 2~4번째 줄을 통해 질량이 무거울수록 수명이 짧음을 알 수 있다. 이때 2문단 끝에서 1~3번째 줄에서 태양보다 적색왜성의 수명이 길다는 것을 통해 적색왜성이 태양보다 질량이 작음을 추론할 수 있다.

② 1문단 끝에서 2~4번째 줄을 통해 핵융합 반응이 시작되면 가스와 먼지로 이루어진 구체인 원시성(原始星)에서 빛이 남을 알 수 있으므로 핵융합 반응이 일어나지 않으면 별은 빛이 나지 않을 것임을 추론할 수 있다.

③ 1문단 1~3번째 줄을 통해 가스와 먼지로 이루어진 구름이 중력에 의해 응축될 때, 별의 형성이 시작된다고 하였으므로 중력이 없으면 별이 생성될 수 없었을 것임을 추론할 수 있다.

---

10 | 비문학 | 관점과 태도 파악 | 정답 ③

정답 설명

③ 2문단 끝에서 1~4번째 줄에서 필자는 20세기에 대한 냉철한 반성을 하려면 모순과 갈등을 무마하는 밀레니엄 풍조를 비판해야 한다고 주장하고 있다. 따라서 ③ '모순을 덮게 하는 밀레니엄 시류는 지난 세기에 대한 냉철한 반성과 거리가 멀다'는 글쓴이의 입장에 부합한다.
[관련 부분] 바람직한 21세기적 전망을 위해서는 20세기에 대한 보다 냉철한 반성이 필요하다는 취지에서 복음주의적인 선심 내지 모순과 갈등 무마용 밀레니엄 풍조는 냉철히 비판 받아야 마땅하다.

오답 분석

① 2문단 2~5번째 줄에서 근대 자본주의 사회의 갈등과 모순의 대안으로 사회주의가 대두되었으나 위기를 맞았다고 하였으므로, 사회주의가 지난 시대의 갈등을 해결(봉합)했다고 볼 수 없다.
[관련 부분] 근대 자본주의 사회에서 그 갈등과 모순의 치유 혹은 대안으로 대두했던 사회주의가 20세기 초두에 실험 단계를 맞았다가 20세기가 끝나기도 전에 위기를 맞았다.

② 1문단 2~5번째 줄을 통해 지난 시대 모순의 해결은 물리적인 시간이 아니라 개혁 이데올로기의 전위를 통해 이루어짐을 알 수 있으므로 적절하지 않다.
[관련 부분] 물리적인 시간이 인간을 행복에로 한걸음 다가서게 만들어 준 것이 아니라 개혁 이데올로기의 전위가 지난 시대의 갈등과 모순을 해결해 냈기 때문에

④ 2문단 끝에서 8~10번째 줄을 통해 뉴밀레니엄 시대의 지배 계급은 새로운 이데올로기가 등장하지 않기를 바라고 있으므로 이들이 변혁과 진보를 바란다고 볼 수 없다.
[관련 부분] 지배 계급은 별로 새로울 것도 없고, 또 새로운 이데올로기가 등장하지 않기를 바라는 속내에서

---

11 | 어휘 | 한자어 (한자어의 표기) | 정답 ④

정답 설명

④ ② 前望(앞 전, 바랄 망)(×) → 展望(펼 전, 바랄 망)(○): 앞날을 헤아려 내다봄. 또는 내다보이는 장래의 상황
・前望(전망): 벼슬아치로 추천되었던 사람

오답 분석

① ㉠ 矛盾(창 모, 방패 순)(○): 어떤 사실의 앞뒤, 또는 두 사실이 이치상 어긋나서 서로 맞지 않음을 이르는 말

② ㉡ 變革(변할 변, 가죽 혁)(○): 급격하게 바꾸어 아주 달라지게 함

③ ㉢ 奇跡(기특할 기, 발자취 적)(○): 상식으로는 생각할 수 없는 기이한 일

---

12 | 어법 | 한글 맞춤법 (맞춤법에 맞는 표기) | 정답 ③

정답 설명

③ 부신다(○): '부신다'는 '불−＋−시−＋−ㄴ＋−다'가 결합한 것이다. 'ㄹ' 탈락 규칙으로 인해 자음 'ㅅ' 앞에서 어간 '불−'의 받침 'ㄹ'이 탈락하므로 ③ '부신다'로 표기한다.

오답 분석

① 하얍니다(×) → 하얗습니다(○): '하얗습니다'는 '하얗−＋−습니다'가 결합한 것이다. 용언 '하얗다'는 모음으로 시작하는 어미가 오면 어간 '하얗−'의 'ㅎ'이 탈락하고 어미도 바뀌는 'ㅎ' 불규칙 용언이나, '−습니다'는 이에 해당하는 어미가 아니므로 '하얗습니다'로 고쳐 써야 한다. 참고로 2015년에 발표한 국립국어원 표준어 사정 원칙에 따라 어미 '−읍니다'와 '−습니다' 중 '−습니다'만 표준어로 인정하게 되면서 '하얍니다'를 표준어로 인정하지 않고 용례에서도 삭제하였다.

② 제사날(×) → 제삿날(○): '제삿날(祭祀날)'은 순우리말과 한자어로 된 합성어로, 앞말이 모음으로 끝나고 뒷말의 첫소리 'ㄴ' 앞에서 'ㄴ' 소리가 덧나는 경우 사이시옷을 받쳐 적으므로 '제삿날'로 고쳐 써야 한다.

④ 안되서(×) → 안돼서(○): '안되다'의 어간 '안되-'에 이유나 근거를 나타내는 연결 어미 '-어서'가 결합하는 경우에는 '안돼서'로 줄여 써야 한다.

13 비문학 내용 추론   정답 ②

정답 설명

② ㉠의 앞에서 '자질 문자'란 자질 자체가 하나의 독립된 글자로 나타나야 한다고 주장하며, 자형이 자질을 반영하고 있다는 이유만으로 한글을 '자질 문자'로 보는 것에 대해 반박하고 있다. 따라서 ㉠에 들어갈 주장은 ② '한글은 완전한 의미의 자질 문자라고 보기는 어렵다'임을 추론할 수 있다.

오답 분석

① 완전한 의미의 '자질 문자'가 되기 위해서는 자질 자체가 글자여야 하나, 한글은 자질이 자형에 반영된 것에 그쳤으므로 자질 문자라고 할 수 없다.
[관련 부분] '자질 문자'란 명칭은 자질 자체를 글자로 만든 것에 붙여야 한다. 다시 말해, '거셈'이라는 자질이 자형에 반영되기만 해서는 안 되고, 이 자질이 하나의 독립된 글자로 나타나야 한다.

③④ 제시문을 통해 알 수 없는 내용이다.

14 비문학 주제 및 중심 내용 파악   정답 ③

정답 설명

③ 제시문은 음성 문자인 한글이 자질 문자의 특성을 가지고 있는 것에 대해 설명하고 있다. 제시문에 따르면 한글의 'ㄱ, ㅋ'과 'ㄷ, ㅌ'에서 추가된 획은 '거셈'이라는 자질을 나타내고, 이 자질이 자형에 반영되었다고 한다. 다만 '거셈'이라는 자질 자체가 하나의 독립된 글자로 나타난 것은 아니기에 한글을 완전한 자질 문자로 보기는 어렵지만, 자질 문자의 특성을 가졌다고 볼 수는 있다. 따라서 답은 ③이다.

오답 분석

① 끝에서 1~5번째 줄에 따르면 자질이 자형에 반영되기만 한 것은 '자질 문자'로 볼 수 없으며, '자질 문자'는 자질 자체를 글자로 만든 것이어야 한다. 한글의 'ㄱ, ㅋ'과 'ㄷ, ㅌ'에서 추가된 획은 '거셈'이라는 자질을 나타내고 이 자질이 자형에 반영된 것일 뿐, 완전한 자질 문자로 보기 어려우므로 ① '자질 문자로서의 한글'은 제시문의 제목으로 적절하지 않다.

② 한글에서 가획을 통해 소리를 자형과 관련시키고 있다는 내용은 확인할 수 있으나, 이는 한글의 독특한 특성들 중 하나이며 한글이 자질 문자의 특성을 지닌다는 것을 설명하기 위한 예시일 뿐이다. 따라서 ② '한글의 독특한 특성인 가획'은 제시문 전체를 포괄하는 제목으로 보기 어렵다.

④ 제시문 1~2번째 줄에서 한글은 문자 발달사의 마지막 단계인 음운 문자에 속한다고 설명하는 것을 통해 그 우수성을 짐작할 수 있다. 그러나 이는 한글의 특성에 대해 설명하는 내용 중 일부일 뿐, 제시문 전체를 포괄하는 제목으로 보기 어렵다.

15 문학 작품의 종합적 감상 (시)   정답 ②

정답 설명

② 제시된 작품의 마지막 행에서 '밤'과 '바람'을 통해 화자가 암담한 현실 상황에 처해 있음을 알 수 있다. 그러나 화자는 이런 어두운 현실 속에서도 순결한 삶을 살 것을 다짐하고 있을 뿐, 현실에 부딪혀 좌절하는 모습은 나타나지 않는다.

오답 분석

① 시간의 이동에 따라 '과거(1연 1~4행) - 미래(1연 5~8행) - 현재(2연)'로 시상이 전개되고 있다.

③ 암울한 현실을 의미하는 '밤, 바람'과 이상을 의미하는 '하늘, 별'의 이미지를 대립하여 시적 상황을 제시하고 있다.

④ 1연에서 확인할 수 있다.
- 죽는 날까지 하늘을 우러러 / 한 점 부끄럼 없기를: 도덕적이고 순결한 삶을 지향하는 화자의 태도가 드러나 있다.
- 잎새에 이는 바람에도 / 나는 괴로워했다: 순결한 삶을 살고자 했던 화자의 고뇌가 드러나 있다.

16 문학 문학 감상의 관점   정답 ②

정답 설명

② 〈보기〉는 윤동주의 '간(肝)'을 읽은 독자가 작품과 작가의 관계에 초점을 두어 비평한 글이므로, 〈보기〉에서 드러나는 작품 감상의 관점으로 가장 옳은 것은 ② '표현론적 관점'이다. '표현론적 관점'은 외재적 관점 중 하나로, 작가의 배경, 창작 의도, 전기적 사실, 심리적 상태 등 작가와 작품의 관계에 초점을 맞추어 작품을 분석하는 방법이다.

오답 분석

① 절대론적 관점: '내재적 관점'이라고도 하며, 작품 자체의 내재적인 요소를 근거로 하여 작품을 분석하는 방법이다.

③ 효용론적 관점: 외재적 관점 중 하나로, 작품이 독자에게 미치는 영향에 초점을 맞추어 작품을 분석하는 방법이다.

④ 반영론적 관점: 외재적 관점 중 하나로, 작품과 현실 세계의 관계에 초점을 맞추어 작품을 분석하는 방법이다.

이것도 알면 합격!

문학 감상의 관점

1. 내재적 관점(절대주의적 관점)
   작품 이외의 사실에 대한 고려를 배제하고 어조, 운율, 구성, 표현 기법, 미적 가치 등 작품의 내부적 요소를 분석하는 관점

2. 외재적 관점

표현론적 관점 (생산론적 관점)	• 작품이 작가와 맺는 관계를 중시하는 관점 • 작품 속에 작가의 체험, 사상, 감정 등이 표현되어 있다고 봄
효용론적 관점 (수용론적 관점)	• 작품과 독자의 관계를 중시하는 관점 • 작품이 독자에게 주는 의미, 감동, 교훈 등에 초점을 맞추어 감상함
반영론적 관점 (모방론적 관점)	• 작품이 현실 세계를 반영한다고 보는 관점 • 작품과 작품의 대상이 되는 현실 세계와의 관계를 중시함

---

17 어법 단어 (본용언과 보조 용언) 정답 ②

정답 설명

② 깎다(본용언) + 먹다(본용언): 두 번째 용언인 '먹다'가 단독으로 서술어가 되어도 문장이 성립하므로 이때 '먹다'는 본용언이다. 따라서 '본용언 + 보조 용언' 구성이 아닌 것은 ②이다.
   • 참외를 깎았다. (○)
   • 참외를 먹었다. (○)

오답 분석

①③④ 모두 두 번째 용언이 단독으로 서술어가 될 경우 문장이 성립하지 않으므로 '본용언 + 보조 용언' 구성이다.

① 생기다(본용언) + 법하다(보조 용언): '법하다'는 보조 형용사로, 앞말이 뜻하는 상황이 실제 있거나 발생할 가능성이 있음을 나타낸다.
   • 일이 생기다. (○)
   • *일이 법하다. (×)

③ 듣다(본용언) + 보다(보조 용언): 이때 '보다'는 보조 동사로, 어떤 행동을 시험 삼아 함을 나타낸다.
   • 나의 말을 듣다. (○)
   • *나의 말을 보다. (×)

④ 놀다(본용언) + 나다(보조 용언): 이때 '나다'는 보조 동사로, 앞말이 뜻하는 행동을 끝내어 이루었음을 나타낸다.
   • 그의 말에 잘도 놀다. (○)
   • *그의 말에 잘도 나다. (×)

---

18 비문학 글의 전략 파악 정답 ②

정답 설명

② 〈보기〉에서 2001년 대비 2005년 아토피 환자 수와 2003년~2005년 아토피 환자 진료비 통계 수치를 제시하여 '국민 건강'이라는 사회적 문제의 심각성을 환기시키고 있다. 따라서 〈보기〉에 대한 설명으로 옳은 것은 ②이다.

오답 분석

①③④ 모두 〈보기〉와 관련 없는 설명이다.

---

19 문학 작품에 대한 지식 (시조) 정답 ②

정답 설명

② 제시된 작품은 성삼문의 시조로, 세조의 왕위 찬탈에 대한 부당함을 표현한 작품이다. ⓒ '夷齊(이제)'는 전설 속 인물이 아니라 은(殷)나라 말기에 실존했던 충신인 '백이'와 '숙제' 형제를 의미한다. 따라서 정답은 ②이다.

오답 분석

① ⊙ '首陽山(수양산)'은 '백이와 숙제 형제가 숨어 살던 중국의 산' 또는 '수양 대군'을 의미하므로 중의적인 표현이다.

③ ⓒ '採薇(채미)'는 수양산에 들어간 백이와 숙제가 고사리를 캐어 먹은 행위를 의미한다. 화자는 종장을 통해 이 행동을 질책하고 있으므로 ③은 옳은 설명이다.

④ 성삼문은 ⓔ에서 설의법을 사용하여 하찮은 풀이라도 군자가 아닌 사람의 땅에서 난 것이므로 먹지 말아야 한다며 '이제(夷齊)'를 향한 질책의 태도를 보이고 있다. 이는 세조(수양 대군)의 왕위 찬탈을 부당히 여겨 그의 녹을 먹지 않겠다는 의미로 해석할 수 있다. 따라서 ⓔ은 설의법을 통해 단종에 대한 성삼문의 굳은 절개가 드러나는 부분이다.

지문 풀이

수양산을 바라보면서 지조를 끝까지 지키지 못한 백이와 숙제를 원망하며 한탄하노라.
차라리 굶주려 죽을망정 고사리는 왜 캐어 먹었는가?
비록 산에서 아무렇게나 자라는 풀이라 하더라도 그것이 누구의 땅에서 났단 말인가?

이것도 알면 합격!

주의식, 성삼문의 〈절의가(絕義歌)〉 화답 시

주의식의 시조는 성삼문의 〈절의가(絕義歌)〉에 화답하는 형식으로 지어졌으며, 백이와 숙제가 고사리를 캔 이유에 대해서 성삼문과는 다른 시선으로 해석하고 있다. 성삼문은 백이와 숙제가 고사리를 캐어 먹은 것에 대해 절개 없는 행동이라고 보았으나, 주의식은 고사리를 먹으려고 캔 것이 아닌 고사리의 굽은 모양이 안타까워 그것을 펴 보기 위해서라고 노래한다. 즉, 주의식은 성삼문의 〈절의가〉에 대한 화답 시를 통해 백이와 숙제의 지조를 옹호하는 것과 더불어 지조 없는 세상에 대한 비판적 인식을 동시에 드러내고 있다.

주려 주그려 ᄒ고 수양산(首陽山)에 드럿거니
현마 고사리를 머그려 캐야시랴
물성(物性)이 구븐 줄 애다라 펴 보려고 캐미라   – 주의식

[현대어 풀이]
(백이와 숙제가) 굶주려서 죽으려고 수양산에 들어갔던 것인데
설마 고사리를 먹으려고 캐었을 것인가?
고사리의 성질이 굽은 것이 애달파 펴 보려고 캐었을 것이다.

---

20 어법 문장 부호   정답 ①

정답 설명

① 제목 다음에 표시하는 부제의 앞뒤에는 줄표(—)를 써야 하므로 문장
부호에 대한 설명으로 옳은 것은 ①이다.

오답 분석

② 우리말 표기와 원어 표기를 아울러 보일 때는 소괄호(( ))를 써야 한
다. 참고로, 원어에 대응하는 한글 표기를 아울러 보일 때에도 이 규
정을 적용하여 소괄호를 쓴다.

　예 원어에 대응하는 한글 표기: 嗜好(기호), coffee(커피)

③ 열거할 어구들을 생략할 때 사용하는 줄임표 앞에는 쉼표(,)를 쓰지
않는다.

　예 광역시: 광주, 대구, 대전, … (×) → 광역시: 광주, 대구, 대전 … (○)

④ 대비되는 두 개 이상의 어구를 묶어 나타낼 때 그 사이에는 빗금(/)을
써야 한다.

　예 금메달/은메달/동메달, (　　　)이/가 우리나라 보물 제1호이다.

---

21 문학 작품에 대한 지식 (설화)   정답 ③

정답 설명

③ 제시된 작품은 '김현감호(金現感虎)'로, 작품에서 당시 '호랑이'를 두
려움의 대상으로 여기던 사람들의 인식을 확인할 수 있다. 또한 호랑
이에 의한 상처를 치료하는 부분을 통해 당시의 민간 치료법을 확인
할 수 있다. 하지만 신라 원성왕 때의 이야기라는 작품 배경의 구체적
인 시간을 확인할 수 있으며, 신라 왕실의 원찰인 '흥륜사(興輪寺)'와
김현이 세운 '호원사(虎願寺)'와 같은 구체적인 증거물들이 등장하고
있으므로 제시된 작품은 '민담'이 아닌 '전설'로 분류된다. 따라서 옳
지 않은 설명은 ③이다.

오답 분석

① 자신의 몸을 희생하여 '김현'을 출세시키고자 하는 호랑이 처녀의 살
신성인 태도가 드러나는 작품이다.

　• 살신성인(殺身成仁): 자기의 몸을 희생하여 인(仁)을 이룸

② 일연의 『삼국유사』에 수록되어 있으며, 일연은 '김현감호'에 등장하는
인물의 성품과 태도를 예찬하는 시를 지어 인물에 대한 긍정적인 평
가를 남겼다.

④ 호랑이 처녀와 인간 '김현'의 안타까운 사랑을 다루고 있으며 호랑이
가 인간으로 변하는 모습을 확인할 수 있는 변신형 설화이다.

이것도 알면 합격!

'신화', '전설', '민담'의 구분

구분		신화	전설	민담
개념		신적 존재의 탄생과 그 활동에 관한 이야기	실제 있었다고 믿어지는 이야기	흥미를 위주로 꾸며낸 이야기
성격		신성성	진실성	흥미성
배경	시간	아주 먼 옛날	구체적인 시간	구체적으로 제시되지 않음
	공간	신성한 장소	구체적인 장소	구체적으로 제시되지 않음
증거물		포괄적 증거물 (천지, 국가 등)	개별적 증거물 (바위, 연못 등)	없음

---

22 어법 올바른 문장 표현   정답 ③

정답 설명

③ 운동할 때 좋은 동작을 만들 수 있도록(×) → 운동할 때 좋은 동작이
나올 수 있도록(○): '~을 만들다'는 영어의 동사 'make'를 직역한 번
역 투이므로 부자연스러운 표현이다. 이는 우리말 '나오다'로 고쳐 쓰
는 것이 자연스럽다. 따라서 ③은 고쳐 쓰기 전이 옳은 표현이다.

오답 분석

① 프랑스로부터 온 소식(×) → 프랑스에서 온 소식(○): 영어의 전치사
'from'를 직역한 부자연스러운 표현이다. 앞말이 출발점이나 어떤 일의
출처임을 나타내는 부사격 조사 '에서'로 고쳐 쓰는 것이 자연스럽다.

② 효과적인 읽기의 방법(×) → 효과적으로 읽는 방법(○): '~의'의 남용
은 일본어 조사 'の'의 영향을 받은 표현으로 부자연스러운 표현이다.

④ 연구소의 연구원장을 역임한(×) → 연구소의 연구원장을 지낸(○):
'역임하다'는 '여러 직위를 두루 거쳐 지내다'를 뜻한다. 따라서 한 가
지 직위만 쓴 후 '역임하다'를 사용하는 것은 부자연스러운 표현이므
로 '지내다'로 고쳐 쓰는 것이 자연스럽다.

23 비문학 글의 구조 파악 (문단 배열)   정답 ③

정답 ③

정답 설명

③ (라) – (마) – (다) – (가) – (나)의 순서가 가장 자연스럽다.

순서	중심 내용	순서 판단의 단서와 근거
(라)	신데렐라 영화의 대표작인 〈귀여운 여인〉	영화 〈귀여운 여인〉의 등장인물을 소개하며 글에 대한 흥미를 유발함
(마)	에드워드로 인해 우아한 여인으로 변해가는 비비안을 보며 대리만족을 느끼는 여자들	(라)에 이어지는 영화 속 이야기를 제시함
(다)	영화 감독이 작품에 등장하는 오페라로 〈라 트라비아타〉를 선택한 이유	(다)의 첫 문장에서 (마)를 요약한 내용이 드러남: '비비안을 멋진 귀부인으로 변신시킨 에드워드'
(가)	신파의 공식을 모두 담고 있는 〈라 트라비아타〉	(다)에 이어 〈라 트라비아타〉가 가진 특징인 '신파'에 대해 설명함
(나)	오페라 〈라 트라비아타〉의 줄거리	키워드 '신파의 공식': (가)의 마지막 문장에서 이야기한 '신파의 공식'을 재언급하며, 〈라 트라비아타〉의 줄거리를 제시함

24 비문학 세부 내용 파악   정답 ③

정답 설명

③ (나)문단 1~4번째 줄에서 오페라 〈라 트라비아타〉는 남자가 홧김에 다른 여자와 결혼하는 대목을 제외하고는 드라마의 신파와 닮아 있다고 하였다. 이를 통해 〈라 트라비아타〉의 신파는 드라마 속의 신파와 다른 점이 존재함을 알 수 있으므로 ③의 설명은 제시문에 대한 이해로 적절하다.

오답 분석

① (마)문단에 의하면 에드워드의 돈과 호텔 지배인의 도움으로 우아한 여인으로 변모해 가는 비비안의 모습을 본 당대 여성들은 그러한 과정을 마치 자기의 일인 것처럼 흥분하고 즐거워했다고 한다. 따라서 비비안의 사치스러운 모습이 당대 여성들의 비판의 대상이 되었다는 ①의 설명은 적절하지 않다.

② (라)문단 끝에서 1~3번째 줄을 통해 에드워드가 비비안의 순수하고 천진난만한 모습에 끌려 자기와 일주일을 함께 보내기를 제안하였음을 알 수 있다. 하지만 에드워드가 사업의 성공을 위해 의도적으로 비비안에게 접근하였는지는 제시문을 통해 확인할 수 없다. 따라서 ②의 설명은 적절하지 않다.

④ (나)문단 끝에서 3~7번째 줄을 통해 비올레타가 진실한 사랑이라는 명분으로 알프레도와 동거를 시작하였으며, 그 후 비올레타가 화류계 생활을 접었음을 알 수 있다. 하지만 비비안이 비올레타와 마찬가지로 진실한 사랑을 알게 된 후 화류계 생활을 청산하였는지에 대한 내용은 제시문을 통해 확인할 수 없다. 따라서 ④의 설명은 적절하지 않다.

25 비문학 세부 내용 파악   정답 ②

정답 설명

② '제6조 ①항'에 따라 국민은 감염병으로 인한 치료 등을 받는 경우, 이로 인한 피해를 보상받을 수 있다는 것을 확인할 수 있다. 또한 '제6조 ③항'에 따라 국민은 감염병에 대한 진단 및 치료를 받을 권리가 있고, 국가와 지방자치단체는 이에 소요되는 비용을 부담해야 함을 알 수 있다. 따라서 감염병 치료에 소요되는 비용을 국민이 부담해야 한다는 ②의 설명은 적절하지 않다.

오답 분석

① '제5조 ①항'과 '제6조 ②항'에서 확인할 수 있다.

[관련 부분]
- 제5조 ①항: 「의료법」에 따른 의료인 및 의료기관의 장 등은 감염병 환자의 진료에 관한 정보를 제공받을 권리가 있고
- 제6조 ②항: 국민은 감염병 발생 상황, 감염병 예방 및 관리 등에 관한 정보와 대응방법을 알 권리가 있고

③ '제6조 ②항'과 '제5조 ②항'에서 확인할 수 있다.

[관련 부분]
- 제6조 ②항: 국가와 지방자치단체는 신속하게 정보를 공개하여야 한다.
- 제5조 ②항: 「의료법」에 따른 의료인 및 의료기관의 장 등은 ~ 보건복지부장관, 질병관리청장 또는 지방자치단체의 장의 행정명령에 적극 협조하여야 한다.

④ '제5조 ②항'과 '제5조 ①항'에서 확인할 수 있다.

[관련 부분]
- 제5조 ②항: 「의료법」에 따른 의료인 및 의료기관의 장 등은 감염병 환자의 진단·관리·치료 등에 최선을 다하여야 하며,
- 제5조 ①항: 「의료법」에 따른 의료인 및 의료기관의 장 등은 ~ 감염병 환자의 진단 및 치료 등으로 인하여 발생한 피해에 대하여 보상받을 수 있다.

제2과목 행정법

01 Ⅴ 국가배상
정답 ①

정답 분석

① 어떠한 행정처분이 후에 항고소송에서 취소되었다고 할지라도 그 기판력에 의하여 당해 행정처분이 곧바로 공무원의 고의 또는 과실로 인한 것으로서 불법행위를 구성한다고 단정할 수는 없는 것이다(대판 2003.11.27. 2001다33789·33796·33802·33819).

선지 분석

② 판례는 '교통할아버지'를 국가배상법상 공무원으로 인정하여, 지방자치단체에게 국가배상법 제2조의 배상책임이 있다고 본다.

> ⚖️ 관련 판례
>
> 지방자치단체가 '교통할아버지 봉사활동 계획'을 수립한 후 관할 동장으로 하여금 '교통할아버지'를 선정하게 하여 어린이 보호, 교통안내, 거리질서 확립 등의 공무를 위탁하여 집행하게 하던 중 '교통할아버지'로 선정된 노인이 위탁받은 업무 범위를 넘어 교차로 중앙에서 교통정리를 하다가 교통사고를 발생시킨 경우, 지방자치단체가 국가배상법 제2조 소정의 배상책임을 부담한다(대판 2001.1.5. 98다39060).

③ 우리 헌법이 채택하고 있는 의회민주주의하에서 국회는 다원적 의견이나 각가지 이익을 반영시킨 토론과정을 거쳐 다수결의 원리에 따라 통일적인 국가의사를 형성하는 역할을 담당하는 국가기관으로서 그 과정에 참여한 국회의원은 입법에 관하여 원칙적으로 국민 전체에 대한 관계에서 정치적 책임을 질 뿐 국민 개개인의 권리에 대응하여 법적 의무를 지는 것은 아니므로, 국회의원의 입법행위는 그 입법 내용이 헌법의 문언에 명백히 위반됨에도 불구하고 국회가 굳이 당해 입법을 한 것과 같은 특수한 경우가 아닌 한 국가배상법 제2조 제1항 소정의 위법행위에 해당된다고 볼 수 없다(대판 1997.6.13. 96다56115).

④ 국가배상책임은 공무원의 직무집행이 법령에 위반한 것임을 요건으로 하는 것으로서, 공무원의 직무집행이 법령이 정한 요건과 절차에 따라 이루어진 것이라면 특별한 사정이 없는 한 이는 법령에 적합한 것이고 그 과정에서 개인의 권리가 침해되는 일이 생긴다고 하여 그 법령 적합성이 곧바로 부정되는 것은 아니다(대판 1997.7.25. 94다2480).

02 Ⅵ 무효등 확인소송
정답 ④

정답 분석

④ 행정처분의 근거 법률에 의하여 보호되는 직접적이고 구체적인 이익이 있는 경우에는 행정소송법 제35조에 규정된 '무효확인을 구할 법률상 이익'이 있다고 보아야 하고, 이와 별도로 무효확인소송의 보충성이 요구되는 것은 아니므로 행정처분의 무효를 전제로 한 이행소송 등과 같은 직접적인 구제수단이 있는지 여부를 따질 필요가 없다고 해석함이 상당하다(대판 2008.3.20. 2007두6342 전합).

선지 분석

① 행정처분에 대하여 무효확인판결이 내려진 경우에는 그 행정처분이 거부처분인 경우에도 행정청에 판결의 취지에 따른 재처분의무가 인정될 뿐 그에 대하여 간접강제까지 허용되는 것은 아니라고 할 것이다(대결 1998.12.24. 98무37).

② 행정처분의 당연무효를 주장하여 그 무효확인을 구하는 행정소송에 있어서는 원고에게 그 행정처분이 무효인 사유를 주장·입증할 책임이 있다(대판 2000.3.23. 99두11851).

③ 행정처분의 무효확인판결은 비록 형식상은 확인판결이라 하여도 그 확인판결의 효력은 그 취소판결의 경우와 같이 소송의 당사자는 물론 제3자에게도 미친다(대판 1982.7.27. 82다173).

03 Ⅱ 행정작용
정답 ③

정답 분석

③ 교육인적자원부장관의 대학총장들에 대한 이 사건 학칙시정요구는 고등교육법에 따른 것으로서 그 법적 성격은 대학총장의 임의적인 협력을 통하여 사실상의 효과를 발생시키는 행정지도의 일종이지만, 그에 따르지 않을 경우 일정한 불이익조치를 예정하고 있어 사실상 상대방에게 그에 따를 의무를 부과하는 것과 다를 바 없으므로 단순한 행정지도로서의 한계를 넘어 규제적·구속적 성격을 상당히 강하게 갖는 것으로서 헌법소원의 대상이 되는 공권력의 행사라고 볼 수 있다(헌재 2003.6.26. 2002헌마337·2003헌마7·8).

선지 분석

① 토지거래허가지역 내의 토지에 관하여 소유권 등 권리를 이전 또는 설정하는 내용의 거래계약을 체결한 경우, 그 거래계약이 처음부터 허가를 배제하거나 잠탈하는 내용의 계약으로서 확정적으로 무효인 경우를 제외하고는 허가를 받을 때까지는 법률상 미완성의 법률행위로서 유동적 무효 상태에 있다가 일단 허가를 받으면 그 계약은 소급하여 유효한 계약이 되고 이와 달리 불허가가 된 때에는 무효로 확정된다(대판 1997.12.26. 97다41318·41325).

② 행정청이 상대방에게 장차 어떤 처분을 하겠다고 확약 또는 공적인 의사표명을 하였다고 하더라도, 그 자체에서 상대방으로 하여금 언제까지 처분의 발령을 신청을 하도록 유효기간을 두었는데도 그 기간 내에 상대방의 신청이 없었다거나 확약 또는 공적인 의사표명이 있은 후에 사실적·법률적 상태가 변경되었다면, 그와 같은 확약 또는 공적인 의사표명은 행정청의 별다른 의사표시를 기다리지 않고 실효된다(대판 1996.8.20. 95누10877).

④ 전문직공무원인 공중보건의사의 채용계약 해지의 의사표시는 일반공무원에 대한 징계처분과는 달라서 항고소송의 대상이 되는 처분 등의 성격을 가진 것으로 인정되지 아니하고, 일정한 사유가 있을 때에 관할 도지사가 채용계약 관계의 한쪽 당사자로서 대등한 지위에서 행하는 의사표시로 취급하고 있는 것으로 이해되므로, 공중보건의사 채용계약 해지의 의사표시에 대하여는 대등한 당사자간의 소송형식인 공법상의 당사자소송으로 그 의사표시의 무효확인을 청구할 수 있다(대판 1996.5.31. 95누10617).

정답 분석

② 대법원은 재량행위의 경우 부관을 붙일 수 있다고 보았으며, 이러한 대법원의 입장을 행정기본법에서 명문으로 규정하였다.

> 🔨 **관련 판례**
>
> 재량행위에 있어서는 관계 법령에 명시적인 금지규정이 없는 한 행정목적을 달성하기 위하여 조건이나 기한, 부담 등의 부관을 붙일 수 있고, 그 부관의 내용이 이행 가능하고 비례의 원칙 및 평등의 원칙에 적합하며 행정처분의 본질적 효력을 저해하지 아니하는 이상 위법하다고 할 수 없다(대판 2009.10.29. 2008두9829).

> **행정기본법 제17조【부관】** ① 행정청은 처분에 재량이 있는 경우에는 부관(조건, 기한, 부담, 철회권의 유보 등을 말한다. 이하 이 조에서 같다)을 붙일 수 있다.

선지 분석

① 판례는 기속재량과 자유재량 모두 사법심사의 대상이 된다고 본다(대판 1984.1.31. 83누451).

③ 처분을 할 것인지 여부와 처분의 정도에 관하여 재량이 인정되는 과징금 납부명령에 대하여 그 명령이 재량권을 일탈하였을 경우, 법원으로서는 재량권의 일탈 여부만 판단할 수 있을 뿐이지 재량권의 범위 내에서 어느 정도가 적정한 것인지에 관하여는 판단할 수 없어 그 전부를 취소할 수밖에 없고, 법원이 적정하다고 인정하는 부분을 초과한 부분만 취소할 수는 없다(대판 2009.6.23. 2007두18062).

④ 학생에 대한 징계권의 발동이나 징계의 양정이 징계권자의 교육적 재량에 맡겨져 있다 할지라도 법원이 심리한 결과 그 징계처분에 위법사유가 있다고 판단되는 경우에는 이를 취소할 수 있는 것이고, 징계처분이 교육적 재량행위라는 이유만으로 사법심사의 대상에서 당연히 제외되는 것은 아니다(대판 1991.11.22. 91누2144).

✏️ 이것도 알면 합격!

기속행위와 재량행위의 구분

구분	기속행위	재량행위
규정방식	'~하여야 한다'	'~할 수 있다'
위반효과	위법	부당
행정소송	가능	일탈·남용시 가능
부관	불가능 (단, 규정이 있으면 가능)	가능
공권의 성립	발생	발생하지 않음 (단, 무하자재량청구권, 행정개입청구권은 가능)
요건충족시 효과부여	반드시 효과부여를 하여야 함	이익형량의 과정을 거침
불가변력	발생	발생하지 않음
입증책임 주체	행정청	원고
입증할 내용	처분의 적법성	재량의 일탈·남용

정답 분석

② 사전승인을 받거나 협의를 할 것을 요구할 수 없다.

> **행정권한의 위임 및 위탁에 관한 규정 제7조【사전승인 등의 제한】** 수임 및 수탁사무의 처리에 관하여 위임 및 위탁기관은 수임 및 수탁기관에 대하여 사전승인을 받거나 협의를 할 것을 요구할 수 없다.

선지 분석

① 행정처분의 취소 또는 무효확인을 구하는 행정소송은 다른 법률에 특별한 규정이 없는 한 그 처분을 행한 행정청을 피고로 하여야 하며, 행정처분을 행할 적법한 권한 있는 상급행정청으로부터 내부위임을 받은 데 불과한 하급행정청이 권한 없이 행정처분을 한 경우에도 실제로 그 처분을 행한 하급행정청을 피고로 하여야 한다(대판 1991.2.22. 90누5641).

③ 지방자치법과 조례의 규정 내용 등을 종합하여 보면, 서울특별시 농수산식품공사는 서울특별시장으로부터 서울특별시가 개설한 도매시장의 거래질서 유지, 유통 종사자에 대한 지도·감독 등에 관한 업무를 수행하기 위하여 지방공기업법에 따라 설립된 공기업으로서 지방자치법 제104조 제2항과 조례 제16조에 따라 서울특별시장으로부터 그 권한에 속하는 사무의 일부를 위임 또는 위탁받은 공공단체에 해당한다(대판 2018.7.11. 2014두2119).

④ 정부조직법 제6조 제3항에 대한 옳은 내용이다.

> **제6조【권한의 위임 또는 위탁】** ③ 행정기관은 법령으로 정하는 바에 따라 그 소관사무 중 조사·검사·검정·관리 업무 등 국민의 권리·의무와 직접 관계되지 아니하는 사무를 지방자치단체가 아닌 법인·단체 또는 그 기관이나 개인에게 위탁할 수 있다.

정답 분석

④ 허가관청은 산림훼손허가신청 대상토지의 현상과 위치 및 주위의 상황 등을 고려하여 국토 및 자연의 유지와 환경의 보전 등 중대한 공익상 필요가 있다고 인정될 때에는 허가를 거부할 수 있고, 그 경우 법규에 명문의 근거가 없더라도 거부처분을 할 수 있다(대판 1997.9.12. 97누1228).

선지 분석

① 허가 등의 행정처분은 원칙적으로 처분시의 법령과 허가기준에 의하여 처리되어야 하고 허가신청 당시의 기준에 따라야 하는 것은 아니며, 비록 허가신청 후 허가기준이 변경되었다 하더라도 그 허가관청이 허가신청을 수리하고도 정당한 이유 없이 그 처리를 늦추어 그 사이에 허가기준이 변경된 것이 아닌 이상 변경된 허가기준에 따라서 처분을 하여야 한다(대판 1996.8.20. 95누10877).

② 유료직업 소개사업의 허가갱신은 허가취득자에게 종전의 지위를 계속 유지시키는 효과를 갖는 것에 불과하고 갱신 후에는 갱신 전의 법위반사항을 불문에 붙이는 효과를 발생하는 것이 아니므로 일단 갱신이 있은 후에도 갱신 전의 법위반사실을 근거로 허가를 취소할 수 있다(대판 1982.7.27. 81누174).

③ 일반적으로 행정처분에 효력기간이 정하여져 있는 경우에는 그 기간의 경과로 그 행정처분의 효력은 상실되고, 다만 허가에 붙은 기한이 그 허가된 사업의 성질상 부당하게 짧은 경우에는 이를 그 허가 자체의 존속기간이 아니라 그 허가조건의 존속기간으로 보아 그 기한이 도래함으로써 그 조건의 개정을 고려한다는 뜻으로 해석할 수는 있지만, 그와 같은 경우라 하더라도 그 허가기간이 연장되기 위하여는 그 종기가 도래하기 전에 그 허가기간의 연장에 관한 신청이 있어야 하며, 만일 그러한 연장신청이 없는 상태에서 허가기간이 만료하였다면 그 허가의 효력은 상실된다(대판 2007.10.11. 2005두12404).

07 Ⅲ 행정절차   정답 ③

정답 분석

③ 행정절차법 제3조 제2항, 같은 법 시행령 제2조 제6호에 의하면 공정거래위원회의 의결·결정을 거쳐 행하는 사항에는 행정절차법의 적용이 제외되게 되어 있으므로, 설사 공정거래위원회의 시정조치 및 과징금납부명령에 행정절차법 소정의 의견청취절차 생략사유가 존재한다고 하더라도, 공정거래위원회는 행정절차법을 적용하여 의견청취절차를 생략할 수는 없다(대판 2001.5.8. 2000두10212).

선지 분석

① '고시'의 방법으로 불특정 다수인을 상대로 의무를 부과하거나 권익을 제한하는 처분은 성질상 의견제출의 기회를 주어야 하는 상대방을 특정할 수 없으므로, 이와 같은 처분에 있어서까지 구 행정절차법 제22조 제3항에 의하여 그 상대방에게 의견제출의 기회를 주어야 한다고 해석할 것은 아니다(대판 2014.10.27. 2012두7745).

② 귀속재산을 불하받은 자가 사망한 후에 그 수불하자 대하여 한 그 불하처분은 사망자에 대한 행정처분이므로 무효이지만 그 취소처분을 수불하자의 상속인에게 송달한 때에는 그 송달시에 그 상속인에 대하여 다시 그 불하처분을 취소한다는 새로운 행정처분을 한 것이라고 할 것이다(대판 1969.1.21. 68누190).

④ 신청에 따른 처분이 이루어지지 아니한 경우에는 아직 당사자에게 권익이 부과되지 아니하였으므로 특별한 사정이 없는 한 신청에 대한 거부처분이라고 하더라도 직접 당사자의 권익을 제한하는 것은 아니어서 신청에 대한 거부처분을 여기에서 말하는 '당사자의 권익을 제한하는 처분'에 해당한다고 할 수 없는 것이어서 처분의 사전통지대상이 된다고 할 수 없다(대판 2003.11.28. 2003두674).

08 Ⅵ 취소소송의 대상   정답 ④

정답 분석

④ 제재적 행정처분의 가중사유나 전제요건에 관한 규정이 법령이 아니라 규칙의 형식으로 되어 있다고 하더라도, 그러한 규칙이 법령에 근거를 두고 있는 이상 그 법적 성질이 대외적·일반적 구속력을 갖는 법규명령인지 여부와는 상관없이, 관할 행정청이나 담당공무원은 이를 준수할 의무가 있으므로 이들이 그 규칙에 정해진 바에 따라 행정작용을 할 것이 당연히 예견되고, 그 결과 행정작용의 상대방인 국민으로서는 그 규칙의 영향을 받을 수밖에 없다. 따라서 그러한 규칙이 정한 바에 따라 선행처분을 받은 상대방이 그 처분의 존재로 인하여 장래에 받을 불이익, 즉 후행처분의 위험은 구체적이고 현실적인 것이므로, 상대방에게는 선행처분의 취소소송을 통하여 그 불이익을 제거할 필요가 있다(대판 2006.6.22. 2003두1684 전합).

선지 분석

① 상급행정기관의 하급행정기관에 대한 승인·동의·지시 등은 행정기관 상호간의 내부행위로서 국민의 권리·의무에 직접 영향을 미치는 것이 아니므로 항고소송의 대상이 되는 행정처분에 해당한다고 볼 수 없다(대판 2008.5.15. 2008두2583).

② 교도소장이 수형자 甲을 '접견내용 녹음·녹화 및 접견시 교도관 참여대상자'로 지정한 사안에서, 위 지정행위는 수형자의 구체적 권리의무에 직접적 변동을 가져오는 행정청의 공법상 행위로서 항고소송의 대상이 되는 '처분'에 해당한다(대판 2014.2.13. 2013두20899).

③ 행정소송법 제19조에서 말하는 '재결 자체에 고유한 위법'이란 원처분에는 없고 재결에만 있는 재결청의 권한 또는 구성의 위법, 재결의 절차나 형식의 위법, 내용의 위법 등을 뜻하고, 그 중 내용의 위법에는 위법·부당하게 인용재결을 한 경우가 해당한다(대판 1997.9.12. 96누14661).

09 Ⅳ 강제집행   정답 ④

정답 분석

④ 조세의 부과처분과 압류 등의 체납처분은 별개의 행정처분으로서 독립성을 가지므로 부과처분에 하자가 있더라도 그 부과처분이 취소되지 아니하는 한 그 부과처분에 의한 체납처분은 위법이라고 할 수는 없지만, 체납처분은 부과처분의 집행을 위한 절차에 불과하므로 그 부과처분에 중대하고도 명백한 하자가 있어 무효인 경우에는 그 부과처분의 집행을 위한 체납처분도 무효라 할 것이다(대판 1987.9.22. 87누383).

선지 분석

① 체납자 등에 대한 공매통지는 국가의 강제력에 의하여 진행되는 공매절차에서 체납자 등의 권리 내지 재산상 이익을 보호하기 위하여 법률로 규정한 절차적 요건에 해당하지만, 그 통지를 하지 아니한 채 공매처분을 하였다 하여도 그 공매처분이 당연무효로 되는 것은 아니다(대판 2012.7.26. 2010다50625).

② 과세관청이 체납처분으로서 행하는 공매는 우월한 공권력의 행사로서 행정소송의 대상이 되는 공법상의 행정처분이며 공매에 의하여 재산을 매수한 자는 그 공매처분이 취소된 경우에 그 취소처분의 위법을 주장하여 행정소송을 제기할 법률상 이익이 있다(대판 1984.9.25. 84누201).

③ 체납자 등에 대한 공매통지는 국가의 강제력에 의하여 진행되는 공매에서 체납자 등의 권리 내지 재산상의 이익을 보호하기 위하여 법률로 규정한 절차적 요건이라고 보아야 하며, 공매처분을 하면서 체납자 등에게 공매통지를 하지 않았거나 공매통지를 하였더라도 그것이 적법하지 아니한 경우에는 절차상의 흠이 있어 그 공매처분은 위법하다(대판 2008.11.20. 2007두18154 전합).

정답 분석

③ 지방자치단체의 관할 구역 경계변경과 한자 명칭의 변경은 대통령령으로 정한다.

> **지방자치법 제5조【지방자치단체의 명칭과 구역】** ① 지방자치단체의 명칭과 구역은 종전과 같이 하고, 명칭과 구역을 바꾸거나 지방자치단체를 폐지하거나 설치하거나 나누거나 합칠 때에는 법률로 정한다.
> ② 제1항에도 불구하고 지방자치단체의 구역변경 중 관할 구역 경계변경(이하 "경계변경"이라 한다)과 지방자치단체의 한자 명칭의 변경은 대통령령으로 정한다. 이 경우 경계변경의 절차는 제6조에서 정한 절차에 따른다.

선지 분석

① 지방자치법 제28조 제1항에 대한 옳은 내용이다.

> **제28조【조례】** ① 지방자치단체는 법령의 범위 안에서 그 사무에 관하여 조례를 제정할 수 있다. 다만, 주민의 권리 제한 또는 의무 부과에 관한 사항이나 벌칙을 정할 때에는 법률의 위임이 있어야 한다.

② 지방자치법 제8조 제1항에 대한 옳은 내용이다.

> **제8조【구역의 변경 또는 폐지·설치·분리·합병 시의 사무와 재산의 승계】** ① 지방자치단체의 구역을 변경하거나 지방자치단체를 폐지하거나 설치하거나 나누거나 합칠 때에는 새로 그 지역을 관할하게 된 지방자치단체가 그 사무와 재산을 승계한다.

④ 지방자치법 제31조에 대한 옳은 내용이다.

> **제31조【지방자치단체를 신설하거나 격을 변경할 때의 조례·규칙 시행】** 지방자치단체를 나누거나 합하여 새로운 지방자치단체가 설치되거나 지방자치단체의 격이 변경되면 그 지방자치단체의 장은 필요한 사항에 관하여 새로운 조례나 규칙이 제정·시행될 때까지 종래 그 지역에 시행되던 조례나 규칙을 계속 시행할 수 있다.

정답 분석

③ 국립의료원 부설주차장에 관한 이 사건 위탁관리용역운영계약 … 의 실질은 행정재산인 위 부설주차장에 대한 국유재산법 제24조 제1항에 의한 사용·수익 허가로서 이루어진 … 강학상 특허에 해당한다 할 것이고 순전히 사경제주체로서 원고와 대등한 위치에서 행한 사법상의 계약으로 보기 어렵다고 할 것이다(대판 2006.3.9. 2004다31074).

선지 분석

① 공익사업을 위한 토지 등의 취득 및 보상에 관한 법령(이하 '공익사업법령'이라고 한다)에 의한 협의취득은 사법상의 법률행위이므로 당사자 사이의 자유로운 의사에 따라 채무불이행책임이나 매매대금 과부족금에 대한 지급의무를 약정할 수 있다(대판 2012.2.23. 2010다91206).

② 공무원 및 사립학교교직원 의료보험법 등 관계법령의 규정내용에 비추어 보면, 공무원 및 사립학교교직원 의료보험관리공단 직원의 근무관계는 공법관계가 아니라 사법관계이다(대판 1993.11.23. 93누15212).

④ 공법과 사법의 구별기준에 대한 신주체설(또는 귀속설)에 따르면, 공법관계는 공권력의 주체에 대해서만 권리와 의무를 귀속시키며, 반면에 사법관계는 누구에게나 권리와 의무를 귀속시킨다고 한다.

정답 분석

④ 주류판매업 면허는 설권적 행위가 아니라 주류판매의 질서유지, 주세보전의 행정목적 등을 달성하기 위하여 개인의 자연적 자유에 속하는 영업행위를 일반적으로 제한하였다가 특정한 경우에 이를 회복하도록 그 제한을 해제하는 강학상의 허가로 해석되므로 주세법에 열거된 면허제한사유에 해당하지 아니하는 한 면허관청으로서는 임의로 그 면허를 거부할 수 없다(대판 1995.11.10. 95누5714).

선지 분석

① 사업인정이란 공익사업을 토지 등을 수용 또는 사용할 사업으로 결정하는 것으로서 공익사업의 시행자에게 그 후 일정한 절차를 거칠 것을 조건으로 일정한 내용의 수용권을 설정하여 주는 형성행위이다(대판 2011.1.27. 2009두1051).

② 체류자격 변경허가는 신청인에게 당초의 체류자격과 다른 체류자격에 해당하는 활동을 할 수 있는 권한을 부여하는 일종의 설권적 처분의 성격을 가지므로, 허가권자는 신청인이 관계법령에서 정한 요건을 충족하였다고 하더라도, 신청인의 적격성, 체류 목적, 공익상의 영향 등을 참작하여 허가 여부를 결정할 수 있는 재량을 가진다고 할 것이다(대판 2016.7.14. 2015두48846).

③ 재개발조합설립인가신청에 대한 행정청의 조합설립인가처분은 단순히 사인들의 조합설립행위에 대한 보충행위로서의 성질을 가지는 것이 아니라 법령상 일정한 요건을 갖추는 경우 행정주체(공법인)의 지위를 부여하는 일종의 설권적 처분의 성질을 가진다고 보아야 한다(대판 2010.1.28. 2009두4845).

정답 분석

① 법률에서 위임받은 사항을 전혀 규정하지 아니하고 그대로 재위임하는 것은 허용되지 않으며 위임받은 사항에 관하여 대강을 정하고 그 중의 특정사항을 범위를 정하여 하위법령에 다시 위임하는 경우에만 재위임이 허용된다(헌재 1996.2.29. 94헌마213).

② 법령의 위임관계는 반드시 하위 법령의 개별조항에서 위임의 근거가 되는 상위 법령의 해당 조항을 구체적으로 명시하고 있어야만 하는 것은 아니다(대판 1999.12.24. 99두5658).

③ 일반적·추상적·개괄적인 규정이라 할지라도 법관의 법보충 작용으로서의 해석을 통하여 그 의미가 구체화·명확화될 수 있다면 그 규정이 명확성을 결여하여 과세요건명확주의에 반하는 것으로 볼 수는 없다(대판 2001.4.27. 2000두9076).

④ 국회입법에 의한 수권이 입법기관이 아닌 행정기관에게 법률 등으로 구체적인 범위를 정하여 위임한 사항에 관하여는 당해 행정기관에게 법정립의 권한을 갖게 되고, 입법자가 규율의 형식도 선택할 수 있다 할 것이므로, 헌법이 인정하고 있는 위임입법의 형식은 예시적인 것으로 보아야 할 것이고, 그것은 법률이 행정규칙에 위임하더라도 그 행정규칙은 위임된 사항만을 규율할 수 있으므로, 국회입법의 원칙과 상치되지도 않는다(헌재 2006.12.28. 2005헌바59).

14 Ⅳ 행정벌 정답 ②

정답 분석

② 통고처분은 상대방의 임의의 승복을 그 발효요건으로 하기 때문에 그 자체만으로는 통고이행을 강제하거나 상대방에게 아무런 권리의무를 형성하지 않으므로 행정심판이나 행정소송의 대상으로서의 처분성을 부여할 수 없다(헌재 1998.5.28. 96헌바4).

선지 분석

① 양벌규정에 의한 영업주의 처벌은 금지위반행위자인 종업원의 처벌에 종속하는 것이 아니라 독립하여 그 자신의 종업원에 대한 선임감독상의 과실로 인하여 처벌되는 것이므로 종업원의 범죄성립이나 처벌이 영업주 처벌의 전제조건이 될 필요는 없다(대판 2006.2.24. 2005도7673).

③ 행정법상의 질서벌인 과태료의 부과처분과 형사처벌은 그 성질이나 목적을 달리하는 별개의 것이므로 행정법상의 질서벌인 과태료를 납부한 후에 형사처벌을 한다고 하여 이를 일사부재리의 원칙에 반하는 것이라고 할 수는 없다(대판 1996.4.12. 96도158).

④ 행정상의 단속을 주안으로 하는 법규라 하더라도 '명문규정이 있거나 해석상 과실범도 벌할 뜻이 명확한 경우'를 제외하고는 형법의 원칙에 따라 '고의'가 있어야 벌할 수 있다(대판 2010.2.11. 2009도9807).

15 Ⅴ 행정상 손실보상 정답 ③

정답 분석

③ 문화적·학술적 가치는 특별한 사정이 없는 한 그 토지의 부동산으로서의 경제적·재산적 가치를 높여 주는 것이 아니므로 토지수용법 소정의 손실보상의 대상이 될 수 없으니, 이 사건 토지가 철새 도래지로서 자연 문화적인 학술가치를 지녔다 하더라도 손실보상의 대상이 될 수 없다(대판 1989.9.12. 88누11216).

① 구 하천법상 하천구역 편입토지에 대한 손실보상청구권은 … 공법상의 권리임이 분명하므로 그에 관한 쟁송도 행정소송절차에 의하여야 한다(대판 2006.5.18. 2004다6207 전합).

② 구 토지수용법 제46조 제2항이 보상액을 산정함에 있어 개발이익을 배제하고, 기준지가의 고시일 이후 시점보정을 인근토지의 가격변동율과 도매물가상승율 등에 의하여 행하도록 규정한 것은 헌법 제23조 제3항에 규정한 정당보상의 원리에 어긋나지 않는다(헌재 1990.6.25. 89헌마107).

④ 지장물인 건물은 그 건물이 적법한 건축허가를 받아 건축된 것인지 여부에 관계없이 토지수용법상의 사업인정의 고시 이전에 건축된 건물이기만 하면 손실보상의 대상이 됨이 명백하다(대판 2000.3.10. 99두10896).

16 Ⅱ 준법률행위적 행정행위 정답 ②

정답 분석

② 국가공무원법상 당연퇴직은 결격사유가 있을 때 법률상 당연히 퇴직하는 것이지 공무원관계를 소멸시키기 위한 별도의 행정처분을 요하는 것이 아니며, 당연퇴직의 인사발령은 법률상 당연히 발생하는 퇴직사유를 공적으로 확인하여 알려주는 이른바 관념의 통지에 불과하고 공무원의 신분을 상실시키는 새로운 형성적 행위가 아니므로 행정소송의 대상이 되는 독립한 행정처분이라고 할 수 없다(대판 1995.11.14. 95누2036).

선지 분석

① 상표사용권설정등록신청서가 제출된 경우 특허청장은 신청서와 그 첨부서류만을 자료로 형식적으로 심사하여 그 등록신청을 수리할 것인지의 여부를 결정하여야 되는 것으로서, 특허청장의 상표사용권설정등록행위는 사인간의 법률관계의 존부를 공적으로 증명하는 준법률행위적 행정행위임이 분명하다(대판 1991.8.13. 90누9414).

③ 진실·화해를 위한 과거사정리 기본법이 규정하는 진실규명결정은 국민의 권리의무에 직접적으로 영향을 미치는 행위로서 항고소송의 대상이 되는 행정처분이라고 보는 것이 타당하다(대판 2013.1.16. 2010두22856).

④ 의료법에 의거한 서울특별시장 또는 도지사의 의료유사업자 자격증 갱신발급행위는 유사의료업자의 자격을 부여 내지 확인하는 것이 아니라 특정한 사실 또는 법률관계의 존부를 공적으로 증명하는 소위 공증행위에 속하는 행정행위라 할 것이다(대판 1977.5.24. 76누295).

17 Ⅶ 병역법
정답 ①

정답 분석
① 예비역이나 보충역은 포함되지 않는다.

> 병역법 제2조【정의 등】① 이 법에서 사용되는 용어의 뜻은 다음과 같다.
> 1. "징집"이란 국가가 병역의무자에게 현역(現役)에 복무할 의무를 부과하는 것을 말한다.

선지 분석
② 병역법 제2조 제1항 제3호에 대한 옳은 내용이다.

> 제2조【정의 등】① 이 법에서 사용되는 용어의 뜻은 다음과 같다.
> 3. "입영"이란 병역의무자가 징집(徵集)·소집(召集) 또는 지원(志願)에 의하여 군부대에 들어가는 것을 말한다.

③ 병역법 제2조 제1항 제7호에 대한 옳은 내용이다.

> 제2조【정의 등】① 이 법에서 사용되는 용어의 뜻은 다음과 같다.
> 7. "전환복무"란 현역병으로 복무 중인 사람이 의무경찰대원 또는 의무소방원의 임무에 복무하도록 군인으로서의 신분을 다른 신분으로 전환하는 것을 말한다.

④ 병역법 제2조 제1항 제4호에 대한 옳은 내용이다.

> 제2조【정의 등】① 이 법에서 사용되는 용어의 뜻은 다음과 같다.
> 4. "군간부후보생"이란 장교·준사관·부사관의 병적 편입을 위하여 군사교육기관 또는 수련기관 등에서 교육이나 수련 등을 받고 있는 사람을 말한다.

18 Ⅰ 행정상 법률관계
정답 ②

정답 분석
옳은 것은 ㄴ, ㄷ이다.

ㄴ. 광주광역시문화예술회관장의 단원 위촉은 광주광역시문화예술회관장이 행정청으로서 공권력을 행사하여 행하는 행정처분이 아니라 공법상의 근무관계의 설정을 목적으로 하여 광주광역시와 단원이 되고자 하는 자 사이에 대등한 지위에서 의사가 합치되어 성립하는 공법상 근로계약에 해당한다고 보아야 할 것이다(대판 2001.12.11. 2001두7794).

ㄷ. 일정한 자격을 갖추고 소정의 절차에 따라 대학의 장에 의하여 임용된 조교는 법정된 근무기간 동안 신분이 보장되는 교육공무원법상의 교육공무원 내지 국가공무원법상의 특정직공무원 지위가 부여되고, 근무관계는 사법상의 근로계약관계가 아닌 공법상 근무관계에 해당한다(대판 2019.11.14. 2015두52531).

선지 분석
ㄱ. 농지개량조합과 그 직원과의 관계는 사법상의 근로계약관계가 아닌 공법상의 특별권력관계이고, 그 조합의 직원에 대한 징계처분의 취소를 구하는 소송은 행정소송사항에 속한다(대판 1995.6.9. 94누10870).

ㄹ. 서울특별시지하철공사의 임원과 직원의 근무관계의 성질은 지방공기업법의 모든 규정을 살펴보아도 공법상의 특별권력관계라고는 볼 수 없고 사법관계에 속한다(대판 1989.9.12. 89누2103).

🖋️ 이것도 알면 합격!

근무관계의 법적성질 구분

사법관계	공법관계
• 한국조폐공사 직원의 근무관계 • 서울지하철공사 직원의 근무관계 • 청원주에 의해 고용된 청원경찰의 근무관계 • 종합유선방송위원회 직원의 근무관계	• 농지개량조합과 직원의 복무관계 • 도시재개발조합의 조합원 지위확인 • 국가 및 지자체에 근무하는 청원경찰의 근무관계 • 서울특별시 시립무용단원의 위촉

19 Ⅰ 행정법의 법원
정답 ③

정답 분석
③ 남북 사이의 화해와 불가침 및 교류협력에 관한 합의서는 … 합의문서로서, 남북한 당국이 각기 정치적인 책임을 지고 상호간에 그 성의 있는 이행을 약속한 것이기는 하나 법적 구속력이 있는 것은 아니어서 이를 국가간의 조약 또는 이에 준하는 것으로 볼 수 없고, 따라서 국내법과 동일한 효력이 인정되는 것도 아니다(대판 1999.7.23. 98두14525).

선지 분석
① 사회의 거듭된 관행으로 생성된 사회생활규범이 관습법으로 승인되었다고 하더라도 사회 구성원들이 그러한 관행의 법적 구속력에 대하여 확신을 갖지 않게 되었다거나, 사회를 지배하는 기본적 이념이나 사회질서의 변화로 인하여 그러한 관습법을 적용하여야 할 시점에 있어서의 전체 법질서에 부합하지 않게 되었다면 그러한 관습법은 법적 규범으로서의 효력이 부정될 수밖에 없다(대판 2005.7.21. 2002다1178 전합).

② 위 협정은 국가와 국가 사이의 권리·의무관계를 설정하는 국제협정으로, 그 내용 및 성질에 비추어 이와 관련한 법적 분쟁은 위 WTO 분쟁해결기구에서 해결하는 것이 원칙이고, 사인(私人)에 대하여는 위 협정의 직접 효력이 미치지 아니한다고 보아야 할 것이므로, 위 협정에 따른 회원국 정부의 반덤핑부과처분이 WTO 협정위반이라는 이유만으로 사인이 직접 국내 법원에 회원국 정부를 상대로 그 처분의 취소를 구하는 소를 제기하거나 위 협정위반을 처분의 독립된 취소사유로 주장할 수는 없다(대판 2009.1.30. 2008두17936).

④ 대법원의 판례가 법률해석의 일반적인 기준을 제시한 경우에 유사한 사건을 재판하는 하급심법원의 법관은 판례의 견해를 존중하여 재판하여야 하는 것이나, 판례가 사안이 서로 다른 사건을 재판하는 하급심법원을 직접 기속하는 효력이 있는 것은 아니다(대판 1996.10.25. 96다31307).

정답 분석

④ 개발이익환수에 관한 법률에 정한 개발사업을 시행하기 전에, 행정청이 민원예비심사에 대하여 관련부서 의견으로 '저촉사항 없음'이라고 기재하였다고 하더라도, 이후의 개발부담금부과처분에 관하여 신뢰보호의 원칙을 적용하기 위한 요건인, 신뢰의 대상이 되는 공적인 견해표명을 한 것이라고는 보기 어렵다(대판 2006.6.9. 2004두46).

선지 분석

① 평등의 원칙은 본질적으로 같은 것을 자의적으로 다르게 취급함을 금지하는 것이고, 위법한 행정처분이 수차례에 걸쳐 반복적으로 행하여졌다 하더라도 그러한 처분이 위법한 것인 때에는 행정청에 대하여 자기구속력을 갖게 된다고 할 수 없다(대판 2009.6.25. 2008두13132).

② 일반적으로 폐기물처리업 사업계획에 대한 적정통보에 당해 토지에 대한 형질변경허가신청을 허가하는 취지의 공적 견해표명이 있는 것으로는 볼 수 없다고 할 것이고, 더구나 토지의 지목변경 등을 조건으로 그 토지상의 폐기물처리업 사업계획에 대한 적정통보를 한 경우에는 위 조건부적정통보에 토지에 대한 형질변경허가의 공적 견해표명이 포함되어 있었다고 볼 수 없다(대판 1998.9.25. 98두6494).

③ 병무청 담당부서의 담당공무원에게 공적 견해의 표명을 구하는 정식의 서면질의 등을 하지 아니한 채 총무과 민원팀장에 불과한 공무원이 민원봉사차원에서 상담에 응하여 안내한 것을 신뢰한 경우, 신뢰보호 원칙이 적용되지 아니한다(대판 2003.12.26. 2003두1875).

정답 분석

① 집행정지의 적극적 요건으로 행정심판법은 중대한 손해를, 행정소송법은 회복하기 어려운 손해를 규정하고 있다.

> **행정심판법 제30조【집행정지】** ② 위원회는 처분, 처분의 집행 또는 절차의 속행 때문에 중대한 손해가 생기는 것을 예방할 필요성이 긴급하다고 인정할 때에는 직권으로 또는 당사자의 신청에 의하여 처분의 효력, 처분의 집행 또는 절차의 속행의 전부 또는 일부의 정지(이하 '집행정지'라 한다)를 결정할 수 있다. 다만, 처분의 효력정지는 처분의 집행 또는 절차의 속행을 정지함으로써 그 목적을 달성할 수 있을 때에는 허용되지 아니한다.

> **행정소송법 제23조【집행정지】** ② 취소소송이 제기된 경우에 처분 등이나 그 집행 또는 절차의 속행으로 인하여 생길 회복하기 어려운 손해를 예방하기 위하여 긴급한 필요가 있다고 인정할 때에는 본안이 계속되고 있는 법원은 당사자의 신청 또는 직권에 의하여 처분 등의 효력이나 그 집행 또는 절차의 속행의 전부 또는 일부의 정지(이하 "집행정지"라 한다)를 결정할 수 있다. 다만, 처분의 효력정지는 처분 등의 집행 또는 절차의 속행을 정지함으로써 목적을 달성할 수 있는 경우에는 허용되지 아니한다.

선지 분석

② 행정심판법 제29조 제8항에 대한 옳은 내용이다.

> **제29조【청구의 변경】** ⑧ 청구의 변경결정이 있으면 처음 행정심판이 청구되었을 때부터 변경된 청구의 취지나 이유로 행정심판이 청구된 것으로 본다.

③ 고지절차에 관한 규정은 행정처분의 상대방이 그 처분에 대한 행정심판의 절차를 밟는 데 편의를 제공하려는 것이어서 처분청이 위 규정에 따른 고지의무를 이행하지 아니하였다고 하더라도 경우에 따라 행정심판의 제기기간이 연장될 수 있음에 그칠 뿐, 그 때문에 심판의 대상이 되는 행정처분이 위법하다고 할 수는 없다(대판 2018.2.8. 2017두66633).

④ 행정심판법 제18조의2 제1항에 대한 옳은 내용이다.

> **제18조의2【국선대리인】** ① 청구인이 경제적 능력으로 인해 대리인을 선임할 수 없는 경우에는 위원회에 국선대리인을 선임하여 줄 것을 신청할 수 있다.

정답 분석

① 직권으로도 필요한 조사를 할 수 있으며, 당사자 등이 주장하지 아니한 사실에 대하여도 조사할 수 있다.

> **행정절차법 제33조【증거조사】** ① 청문 주재자는 직권으로 또는 당사자의 신청에 따라 필요한 조사를 할 수 있으며, 당사자 등이 주장하지 아니한 사실에 대하여도 조사할 수 있다.

선지 분석

② 행정절차법상 청문에 대한 문서의 열람 및 비밀유지에 대한 규정은 있으나, 공청회에 대하여는 이러한 규정이 없다.

> **행정절차법 제37조【문서의 열람 및 비밀유지】** ⑥ 누구든지 의견제출 또는 청문을 통하여 알게 된 사생활이나 경영상 또는 거래상의 비밀을 정당한 이유 없이 누설하거나 다른 목적으로 사용하여서는 아니 된다.

③ 행정절차법 제30조에 대한 옳은 내용이다.

> **제30조【청문의 공개】** 청문은 당사자가 공개를 신청하거나 청문 주재자가 필요하다고 인정하는 경우 공개할 수 있다. 다만, 공익 또는 제3자의 정당한 이익을 현저히 해칠 우려가 있는 경우에는 공개하여서는 아니 된다.

④ 행정절차법 제36조, 제39조의3에 대한 옳은 내용이다.

> 제36조 【청문의 재개】 행정청은 청문을 마친 후 처분을 할 때까지 새로운 사정이 발견되어 청문을 재개(再開)할 필요가 있다고 인정할 때에는 제35조 제4항에 따라 받은 청문조서 등을 되돌려 보내고 청문의 재개를 명할 수 있다. 이 경우 제31조 제5항을 준용한다.
>
> 제39조의3 【공청회의 재개최】 행정청은 공청회를 마친 후 처분을 할 때까지 새로운 사정이 발견되어 공청회를 다시 개최할 필요가 있다고 인정할 때에는 공청회를 다시 개최할 수 있다.

---

23 | Ⅳ 행정기본법과 과징금

정답 ④

정답 분석

④ 과징금의 근거가 되는 법률에 명시하여야 하는 사항은 5개(ㄱ, ㄴ, ㄷ, ㄹ, ㅁ)이다.

> 행정기본법 제28조 【과징금의 기준】 ① 행정청은 법령 등에 따른 의무를 위반한 자에 대하여 법률로 정하는 바에 따라 그 위반행위에 대한 제재로서 과징금을 부과할 수 있다.
> ② 과징금의 근거가 되는 법률에는 과징금에 관한 다음 각 호의 사항을 명확하게 규정하여야 한다.
> 1. 부과·징수 주체
> 2. 부과 사유
> 3. 상한액
> 4. 가산금을 징수하려는 경우 그 사항
> 5. 과징금 또는 가산금 체납시 강제징수를 하려는 경우 그 사항

---

24 | Ⅵ 행정소송

정답 ④

정답 분석

④ 당사자소송이 아닌 취소소송에 관한 규정을 준용한다.

> 행정소송법 제46조 【준용규정】 ① 민중소송 또는 기관소송으로써 처분 등의 취소를 구하는 소송에는 그 성질에 반하지 아니하는 한 취소소송에 관한 규정을 준용한다.

선지 분석

① 국민투표무효의 소송은 민중소송에 해당한다.

> 국민투표법 제92조 【국민투표무효의 소송】 국민투표의 효력에 관하여 이의가 있는 투표인은 투표인 10만인 이상의 찬성을 얻어 중앙선거관리위원회위원장을 피고로 하여 투표일로부터 20일 이내에 대법원에 제소할 수 있다.

---

② 행정소송법 제45조에 대한 옳은 내용이다.

> 제45조 【소의 제기】 민중소송 및 기관소송은 법률이 정한 경우에 법률에 정한 자에 한하여 제기할 수 있다.

③ 행정소송법 제46조 제2항에 대한 옳은 내용이다.

> 제46조 【준용규정】 ② 민중소송 또는 기관소송으로써 처분 등의 효력 유무 또는 존재 여부나 부작위의 위법의 확인을 구하는 소송에는 그 성질에 반하지 아니하는 한 각각 무효등 확인소송 또는 부작위위법확인소송에 관한 규정을 준용한다.

---

25 | Ⅲ 정보공개 및 개인정보 보호

정답 ④

정답 분석

④ 이미 공개된 개인정보를 정보주체의 동의가 있었다고 객관적으로 인정되는 범위 내에서 수집·이용·제공 등 처리를 할 때는 정보주체의 별도의 동의는 불필요하다고 보아야 하고, 별도의 동의를 받지 아니하였다고 하여 개인정보 보호법 제15조나 제17조를 위반한 것으로 볼 수 없다(대판 2016.8.17. 2014다235080).

선지 분석

① 구 공공기관의 정보공개에 관한 법률 제4조 제1항은 "정보의 공개에 관하여는 다른 법률에 특별한 규정이 있는 경우를 제외하고는 이 법이 정하는 바에 의한다."라고 규정하고 있다. 여기서 '정보공개에 관하여 다른 법률에 특별한 규정이 있는 경우'에 해당한다고 하여 정보공개법의 적용을 배제하기 위해서는, 특별한 규정이 '법률'이어야 하고, 내용이 정보공개의 대상 및 범위, 정보공개의 절차, 비공개대상정보 등에 관하여 정보공개법과 달리 규정하고 있는 것이어야 한다(대판 2014.4.10. 2012두17384).

② 교육기관정보공개법은 공공기관이 직무상 작성 또는 취득하여 관리하고 있는 정보 가운데 교육관련기관이 학교교육과 관련하여 직무상 작성 또는 취득하여 관리하고 있는 정보의 공개에 관하여 특별히 규율하는 법률이므로, 학교에 대하여 교육기관정보공개법이 적용된다고 하여 더 이상 정보공개법을 적용할 수 없게 되는 것은 아니라고 할 것이다(대판 2013.11.28. 2011두5049).

③ 국민으로부터 보유·관리하는 정보에 대한 공개를 요구받은 공공기관으로서는 비공개사유에 해당하지 않는 한 이를 공개하여야 할 것이고, 만일 이를 거부하는 경우라 할지라도 어느 부분이 어떠한 법익 또는 기본권과 충돌되어 비공개사유에 해당하는지를 주장·입증하여야만 할 것이며, 그에 이르지 아니한 채 개괄적인 사유만을 들어 공개를 거부하는 것은 허용되지 아니한다(대판 2003.12.11. 2001두8827).

제3과목 　경영학

01 　I 　경영이론의 특성 　정답 ②

② 포드는 동시관리에 의한 대량생산체제로 고임금 저가격의 원칙을 주장하였다.

02 　I 　경영혁신기법(아웃소싱) 　정답 ①

① 독립 가능한 사업부와 조직 단위를 개개의 조직 단위로 나누어 독립적인 주체로 하는 것은 스핀오프에 대한 설명이다.

03 　I 　사회적 책임 　정답 ②

② 기업의 주주부의 극대화에 대한 책임은 기업가치 극대화로서, 기업의 사회적 책임(CSR)과는 거리가 있다.

04 　II 　고객관계마케팅 　정답 ③

③ 고객관계마케팅(CRM)의 설명에 해당한다. 고객관계마케팅(CRM)은 다양한 분석기법을 활용하여 고객 데이터로부터 개별고객의 가치, 욕구, 행동형태 등을 예측하여 고객만족을 위한 고객관리전략을 수립하고 고객과의 관계를 지속하는 마케팅 방식이다.

05 　I 　인간관계론(호손실험) 　정답 ③

③ 호손실험은 'ㄴ. 조명실험 → ㄹ. 계전기 조립실험 → ㄱ. 면접실험 → ㄷ. 배전기 전선작업 관찰실험' 순서로 진행된다.

06 　II 　마케팅믹스(가격) 　정답 ④

④ 구매자가 제품을 비축할 수 있는 경우는 소비자의 가격민감도를 높이는 상황에 해당한다.

07 　II 　소비자구매의사결정과정 　정답 ②

② 고관여상황하에서의 소비자구매의사결정과정 순서는 '문제인식 → 정보탐색 → 대안평가 → 구매 → 구매 후 행동'이다.

08 　II 　서비스마케팅의 특성 　정답 ③

③ 서비스는 비분리성(동시성)의 특성을 가진다.

09 　II 　수직적 통합 　정답 ①

① 후방통합은 가치사슬상의 앞의 사업(공정)을 인수·합병하는 것이다.

10 　II 　서브퀄의 특성 　정답 ④

④ 약속의 이행정도는 신뢰성에 해당한다.

11 　II 　포지셔닝 　정답 ③

③ 포지셔닝은 자사의 제품을 경쟁제품과 비교하여 유리하고 독특한 위치하도록 소비자에게 인식, 저장, 각인시키는 마케팅전략이다.

12   Ⅱ   상표확장전략   정답 ①

정답 분석

① 라인확장은 기존 제품범주 내에 신제품(새로운 색상, 기능, 성능 추가)을 적용하는 것이다.

13   Ⅱ, Ⅲ, Ⅴ   수요예측 기법   정답 ①

정답 분석

① 시계열분석은 정량적 수요예측 기법이다.

14   Ⅱ   중간상 역할   정답 ③

정답 분석

③ 생산자의 적정 이윤 보장은 유통과정에서 중간상의 역할과 무관하다.

15   Ⅲ, Ⅳ   인사고과(지각) 오류   정답 ②

정답 분석

② 피고과자의 능력을 실제보다 높게 평가하는 경향은 관대화경향에 대한 설명이다.

16   Ⅳ   조직행동의 수준   정답 ④

정답 분석

④ 지각은 개인차원 수준의 변수에 해당한다.

17   Ⅳ   델파이법   정답 ②

정답 분석

② 전문가들을 찬성과 반대의 두 집단으로 나누어 효과적으로 진행하는 것은 변증법적 토의법에 대한 설명이다.

18   Ⅳ   성격의 유형   정답 ①

정답 분석

① 객관성은 Big5모델에서 제시하는 5가지의 성격요소에 해당하지 않는다.

선지 분석

②, ③, ④ Big5모델은 개방성, 외향성, 성실성, 안정성, 조화성이다.

19   Ⅴ   6시그마   정답 ③

정답 분석

③ 6-sigma 프로젝트 과정은 DMAIC의 순서로 문제를 해결해나간다.

20   Ⅵ   정보공유   정답 ②

정답 분석

② 그리드컴퓨팅은 분산된 컴퓨팅 자원을 가상화하여 하나의 시스템이미지로 만들어 여러 자원들을 고속네트워크에 연결해서 상호 공유하는 인터넷서비스이다.

21   Ⅶ   재무관리의 영역   정답 ④

정답 분석

④ 종업원관리는 인적자원관리 영역에 해당된다.

22   Ⅶ   배당의 유형   정답 ②

정답 분석

② 주식배당에 대한 설명이다.

23   Ⅶ   자본시장선과 증권시장선의 특성   정답 ④

정답 분석

④ 자본시장선은 무위험자산이 존재할 경우의 효율적 투자선이라고 할 수 있다.

24   VIII   자산   정답 ①

① 현금 및 현금성자산은 단기금융상품으로 취득당시 만기가 3개월 이내인 것으로, 사채는 비유동부채로 이와 무관하다.

25   VIII   회계정보의 특성   정답 ④

① 회계정보는 편의가 없는 중립적이고, 객관적으로 검증이 가능해야 신뢰성이 있다.

② 경영자가 기업 내의 투자 및 운영 등에 관한 의사결정을 할 때 필요한 회계분야는 관리회계이다.

③ 분기재무제표가 연차재무제표에 비해 신뢰성과 목적적합성이 높은 정보를 제공할 수 있다.

제4회 실전모의고사

군무원 공개경쟁채용 필기시험

군수직

제1과목	국어	제2과목	행정법
제3과목	경영학	제4과목	

응시번호		성 명	

〈응시자 준수사항〉

1. 답안지의 모든 기재 및 표기사항은 반드시 『컴퓨터용 흑색사인펜』으로만 작성하여야
   합니다. (사인펜에 "컴퓨터용"으로 표시되어 있음) (사인펜 본인 지참)
   * 매년 지정된 펜을 사용하지 않아 답안지가 무효처리 되는 상황이 빈발하고 있으므로,
     답안지는 반드시 『컴퓨터용 흑색사인펜』으로만 표기하시기 바랍니다.

2. 답안은 매 문항마다 반드시 하나의 답만 골라 그 숫자에 "●"로 표기해야 하며, 표기한
   내용은 수정테이프를 이용하여 정정할 수 있습니다. 단, 시험시행본부에서 수정테이프
   를 제공하지 않습니다.
   (표기한 부분을 긁는 경우 오답처리 될 수 있으며, 수정스티커 또는 수정액은 사용 불가)
   * 답안지는 훼손·오염되거나 구겨지지 않도록 주의해야 하며, 특히 답안지 상단의
     타이밍마크(▌▌▌▌▌)를 절대로 훼손해서는 안 됩니다.

3. 상단의 QR코드를 이용하여 해커스공무원의 '모바일 자동 채점 + 성적 분석 서비스'에
   접속하시기 바랍니다. (해커스공무원 사이트의 가입자에 한해 이용 가능함)
   * 정답 및 해설은 해설집의 65쪽에서 확인 가능합니다.

해커스군무원

국 어

제1과목

01. 형태소에 대한 설명으로 옳지 않은 것은?

　① 형태소는 일정한 뜻을 가진 가장 작은 말의 단위이다.

　② '아름답다'의 '아름'은 다른 형태소와의 결합이 제한적이다.

　③ 주로 체언에 붙어 격을 나타내는 말은 실질적 의미를 지닌 형태소이다.

　④ 용언의 어간은 실질적 의미를 가지고 있는 형태소이면서 자립하여 쓰일 수 없는 형태소이다.

02. 다음 문장 중 어법에 가장 맞는 것은?

　① 낮은 취업률은 비단 우리나라만의 문제가 되어 버렸다.

　② 그는 전기 자동차 회사의 설립과 최근에는 우주 사업도 하고 있다.

　③ 정부가 다음 달부터 만 75세 이상 고령층을 대상으로 시작하기로 했다.

　④ 대한민국의 주권은 국민에게 있고 모든 권력은 국민에게서 나온다.

03. 속담과 한자 성어의 뜻이 가장 비슷한 것은?

　① 술 익자 체 장수 간다 – 마부위침(磨斧爲針)

　② 노루 보고 그물 짊어진다 – 갈이천정(渴而穿井)

　③ 마당 벌어진 데 웬 솔뿌리 걱정 – 소극침주(小隙沈舟)

　④ 때리는 시늉하면 우는 시늉을 한다 – 작학관보(雀學鸛步)

04. 〈보기〉에 대한 설명으로 옳지 않은 것은?

> **보기**
>
> 龜乎龜乎出水路
> 掠人婦女罪何極
> 汝若悖逆不出獻
> 入網捕掠燔之喫
>
> 거북아 거북아, 수로 부인을 내놓아라.
> 남의 아내 훔쳐간 죄 얼마나 큰가?
> 네 만약 거역하고 내어 놓지 않으면,
> 그물로 잡아 구워 먹으리.

　① 고대 가요 '구지가'를 계승한 노래이다.

　② 한역 시가와 배경 설화가 함께 전한다.

　③ '거북'은 경외의 대상이자 주술적 존재이다.

　④ '호명 – 명령 – 가정 – 위협'의 구조로 이루어져 있다.

05. 〈보기〉의 두 작품에 대한 설명으로 옳지 않은 것은?

> **보기**
>
> (가) ㉠가마귀 싸호는 골에 白鷺(백로)야 가지 마라.
> 　　 성낸 가마귀 흰빗츨 새오나니
> 　　 淸江(청강)에 좋이 시슨 몸을 더러일까 ㅎ노라.
>
> (나) ㉡가마귀 검다ㅎ고 白鷺(백로)야 웃지 마라
> 　　 것치 거믄들 속조차 거믈소냐
> 　　 아마도 것 희고 속 거믈손 너쑌인가 ㅎ노라

　① (가)에서 ㉠은 '白鷺(백로)'를 시기하는 부정적 대상으로 그려지고 있다.

　② (나)는 설의법을 통해 화자의 태도를 강조하고 있다.

　③ (나)의 화자는 ㉡의 표리부동한 모습에 비판적 태도를 드러내고 있다.

　④ (가)와 (나) 모두 '가마귀'와 '白鷺(백로)'의 색채 대비가 드러난다.

06. 밑줄 친 단어의 형태가 옳지 않은 것은?

　① 아파트 중도금을 미리 치러서 걱정이 없다.

　② 퇴근하는 길에 친구네 집에 들려서 식사를 했다.

　③ 이 길을 질러서 가면 훨씬 빠르게 도착할 수 있다.

　④ 경제적인 이해관계가 갈려서 결론이 쉽게 나지 않았다.

※ 다음 글을 읽고 물음에 답하시오. (07 ~ 08)

　　가장 먼저 주 40시간 근무제를 실시한 은행권에서는 간부 직원들이 주말에 회사에 출근하거나 은행 근처 음식점이나 술집으로 부하 직원들을 불러내 주말을 보내는 현상까지 있었다고 한다. 놀아도 회사 근처에서 놀아야 마음이 편하기 때문이다. 마치 공부 못하는 학생이 온종일 놀더라도 책가방만은 아침 일찍 도서관에 놔둬야 마음이 편한 것과 같은 현상이다. 그러면서 사람들은 여전히 이야기한다.

　　"잘못하다가 IMF 위기가 또 오는 것 아냐?"

　　한 번 호되게 놀란 가슴은 웬만해서는 가라앉지 않는다. IMF 위기의 정신적 충격은 병뚜껑 여는 소리에도 가슴이 철렁 가라앉게 만들어버린 것이다. 이제 우리는 단순히 놀라는 수준을 넘어 '놀면 불안해지는 병'에 집단적으로 걸려버렸다.

　　사실 불안과 공포는 인간의 생존을 위해 꼭 필요한 현상이다. 호랑이가 으르렁거리며 달려드는데도 공포를 느끼지 못하고 도망가기는커녕 웃고 있는 사람이 있다면 그는 분명 정상이 아니다. 하지만 불필요하게 과도한 불안과 공포는 정상적인 삶을 방해한다. 이를 '부적응적 불안(maladaptive anxiety)'이라 한다. 부적응적 불안에 시달리는 사람들의 특징은 위험한 상황이나 불안한 요인을 과민하게 인식한다는 것이다. 반면 안정적인 상황이나 신호에는 둔감하게 반응한다.

　　쉽게 말해 불안할 필요가 없는 상황에도 불안하게 만드는 신호를 찾아내 불안해할 준비가 되어 있다는 이야기다. 오늘날 한국인들이 약간의 경기 침체 신호만 보여도 불안해하는 것은 바로 IMF 위기를 지나며 얻은 집단적인 부적응적 불안 때문이다.

07. 다음 글에 대한 설명으로 가장 적절한 것은?

① 심리학 개념을 적용하여 현상을 설명하고 있다.

② 일상의 사례를 통해 현상의 위험성을 경고하고 있다.

③ 학술 자료를 제시하여 현상의 변화를 예측하고 있다.

④ 현상을 완화할 수 있는 구체적인 해결 방안을 제시하고 있다.

08. 다음 중 위 글의 내용에 대한 이해로 가장 적절한 것은?

① 불안과 공포는 인간이 자연에서 살아남기 위해 터득한 진화의 산물이다.

② 부적응적 불안은 후천적으로 획득하는 것이 아니며 인간의 선천적인 정신적 결함에 해당한다.

③ 과도한 불안과 공포를 겪는 사람은 불안할 필요가 없는 상황에서도 불안 요인을 찾는다.

④ 부적응적 불안을 겪는 사람은 안정적인 상황에서 불안을 유발하는 요인을 억지로 외면하는 경향이 있다.

09. 다음 중 띄어쓰기가 옳지 않은 것은?

① 물에 물 탄 듯 술에 술 탄 듯

② 계획보다 일찍 끝내기는 어려울 성 싶다.

③ 방금까지 여기 있었던 지갑이 온데간데없다.

④ 이번 정상 회담에는 오 개국의 대통령이 참석했다.

10. ㉠에 들어갈 말로 가장 적절한 것은?

　　프로이트는 인간의 무의식에 지대한 관심을 갖고 있었다. 그는 '이드'의 개념을 제시했는데, 이는 '자아', 즉 의식의 영역에 포함되지 않으며 인간의 원초적인 욕망의 지배를 받는 인간의 정신 구성 요소이다. '이드'의 갈망은 현실 세계에서 도덕적 판단을 내리는 '초자아'에 의해 억압된다. '초자아'는 '이드'가 갈망하는 욕구를 사회적으로 용인되는 행동으로 바꾸어 준다. 이 때문에 인간의 '이드'는 (㉠) 프로이트는 꿈에서 나타나는 이미지들이 모든 사람에게 나타나는 욕망의 상징이었으며 따라서 이에 대한 일관된 해석도 가능하다고 주장했다. 예를 들어, 만약 아내가 한 남자를 총으로 쏴 죽이는 꿈을 꾼다면, 프로이트는 그녀가 남모르게 남편을 미워하고 있다고 그녀에게 말할 것이다.

① 개개인의 상황과 맥락에 따라 다양한 욕망을 보여준다.

② 꿈에서 욕망을 해소시키므로 도덕적인 사회를 만드는 데 기여 한다.

③ 꿈에서 나타나는 이미지를 통해서만 소망을 자유롭게 실현할 수 있다.

④ 꿈속에서의 욕망과 현실 세계에서의 욕망 사이에서 끊임없이 갈등한다.

11. ㉠~㉣에 대한 이해로 가장 적절한 것은?

> 나는 당신의 ㉠옷을 다 지어 놓았습니다.
> 심의(深衣)도 짓고, 도포도 짓고 자리옷도 지었습니다.
> 짓지 아니한 것은 작은 주머니에 수놓는 것뿐입니다.
> 그 주머니는 나의 손때가 많이 묻었습니다.
> 짓다가 놓아두고 짓다가 놓아두고 한 까닭입니다.
> 다른 사람들은 나의 바느질 솜씨가 없는 줄로 알지마는 그러한 비밀은 나밖에는 아는 사람이 없습니다.
> 나는 마음이 아프고 쓰린 때에 주머니에 수를 놓으려면 나의 마음은 ㉡수놓는 금실을 따라서 바늘구멍으로 들어가고 주머니 속에서 ㉢맑은 노래가 나와서 나의 마음이 됩니다.
> 그리고 아직 이 세상에는 그 주머니에 넣을 만한 무슨 보물이 없습니다.
> 이 작은 주머니는 짓기 싫어서 짓지 못하는 것이 아니라 ㉣짓고 싶어서 다 짓지 않는 것입니다.
>
> – 한용운, '수의 비밀'

① ㉠은 임에 대한 사랑의 표현이다.
② ㉡은 화자를 번뇌에서 벗어나도록 돕는 임의 분신을 의미한다.
③ ㉢은 화자의 정성에 대한 임의 응답을 의미한다.
④ ㉣은 행위의 미완성을 통한 화자의 저항 의지를 의미한다.

12. 〈보기〉의 작품에 대한 설명으로 옳지 않은 것은?

> **보기**
> 일년지계(一年之計) 재춘(在春)ᄒ니 범사(凡事)를 미리 ᄒ라.
> 봄에 만일 실시(失時)ᄒ면 종년(終年) 일이 낭패되네.
> 농지(農地)를 다ᄉ리고 농우(農牛)를 살펴 먹여,
> 지거름 지와 노코 일변(一邊)으로 시러 너여,
> 맥전(麥田)의 오줌듀기 세전(歲前)보다 힘써 ᄒ소.
> 늙으니 근력(勤力) 업고 힘든 일은 못 ᄒ야도,
> 낫이면 이영 녁고 밤의는 시기 쏘아,
> ᄢ 맞쳐 집 니우니 큰 근심 더럿도다.
> 실과(實果) 나모 벗곳 짜고 가지 ᄉ이 돌 ᄶ오기
> 정조(正朝)날 미명시(未明時)의 시험(試驗)죠로 ᄒ야 보소.
> 며나리 닛디 말고 송국주(松菊酒) 밋ᄒ여라.
> 삼촌(三春) 백화시(白花時)의 화전 일취(花煎一醉) ᄒ야 보ᄌ.

① 3·4조와 4·4조의 음수율이 나타난다.
② 농촌 생활과 관련된 구체적인 어휘를 제시한다.
③ 명령형 어미를 사용하여 계몽적 내용을 전하고 있다.
④ 각 달에 따른 농사일을 월령체 형식으로 노래한 민요이다.

13. 다음 중 밑줄 친 용언의 활용 유형이 다른 하나는?

① 짐을 나르다.
② 하늘이 푸르다.
③ 눈물이 흐르다.
④ 시간이 이르다.

14. 다음 중 해리 할로우의 견해로 가장 적절한 것은?

> '철사 엄마 실험'은 1960년대 심리학자 해리 할로우에 의해 고안된 실험이다. 20세기 초 대다수 심리학자들은 아기가 엄마에게 감정적으로 애착을 갖는 이유가 단지 엄마가 음식과 물을 제공하기 때문이라고 여겼다. 그러나 할로우는 이에 대해 의구심을 갖고 한 가지 실험을 고안했다.
> 그는 태어난 지 얼마 되지 않은 새끼 원숭이에게 각각 철사와 헝겊으로 만들어진 원숭이 모형을 제공했다. 이때 철사로 만든 원숭이 모형에는 먹이가 함께 제공되었지만, 헝겊으로 만든 원숭이 모형에는 먹이가 제공되지 않았다. 할로우는 이러한 조건에서 새끼 원숭이가 어떻게 행동하는지 관찰했다.
> 실험 결과 새끼 원숭이는 배가 고플 때는 철사로 만든 원숭이 모형으로 향했으나 그 외 대부분의 시간은 헝겊으로 만든 원숭이 모형과 함께 보내며 정서적으로 안정감 있는 모습을 보였다. 또한 새끼 원숭이가 낯선 방으로 이동했을 때 헝겊으로 만든 원숭이 모형과 함께 있으면 안심하고 방을 탐색하는 모습을 보였으나, 철사로 만든 원숭이 모형과 함께 있으면 불안한 모습을 보였다.
> 할로우는 이러한 실험을 통해 접촉을 통해 형성되는 애착이 아동의 발달에 있어 대단히 중요한 요소라는 사실을 알게 되었다. 즉 부모와의 접촉이 잦은 아동은 부모와의 접촉이 적은 아동에 비해 정서적으로 긍정적인 방향으로 발달할 가능성이 높다는 것이다.

① 아동은 생존에 도움을 주는 부모에게 애착을 형성한다.
② 아동은 부모와의 대화를 통해 부모에 대한 신뢰 관계를 형성한다.
③ 아동은 낯선 환경에 적응하는 유전적 요인을 선천적으로 지니고 태어난다.
④ 아동과 부모의 빈번한 신체적 접촉은 아동 정서 발달에 좋은 영향을 미친다.

15. 단어 형성 구조가 다른 것은?

① 억수   ② 숫눈
③ 된서리   ④ 건들바람

16. 다음 글에서 밑줄 친 고유어의 의미로 알맞은 것은?

> **보기**
>
> 땅 속 저 밑은 늘 음침하다.
>
> 고달픈 간드렛불. 맥없이 푸르끼하다. 밤과 달라서 낮엔 되우 흐릿하였다.
>
> 거친 황토 장벽으로 앞뒤 좌우가 콱 막힌 좁직한 구덩이. 흡사히 무덤 속같이 <u>귀중중하다</u>. 싸늘한 침묵. 쿠더부레한 흙내와 징그러운 냉기만이 그 속에 자욱하다. 곡괭이는 뻗질 흙을 이르집는다. <u>암팡스러이</u> 내려쪼며, 퍽 퍽 퍽—.
>
> 이렇게 <u>메떨어진</u> 소리뿐. 그러나 간간 우수수 하고 벽이 헐린다.
>
> 영식이는 일손을 놓고 소맷자락을 끌어당기어 얼굴의 땀을 훑는다. 이놈의 줄이 언제나 잡힐는지 기가 찼다. 흙 한 줌을 집어 코밑에 바짝 들이대고 손가락으로 살살이 뒤져 본다. 완연히 <u>버력</u>은 좀 변한 듯싶다. 그러나 불통 버력이 아주 다 풀린 것도 아니었다. 말똥 버력이라야 금이 나온다는데 왜 이리 안 나오는지.

① 귀중중하다: 꺼림칙해 보일 정도로 어둠침침하게 가무스름하다.
② 암팡스럽다: 힘이 가득하고 넘치는 듯하다.
③ 메떨어지다: 모양이나 말, 행동 등이 세련되지 못하여 어울리지 않고 촌스럽다.
④ 버력: 한 번 파서 건드린 흙

17. 〈보기〉와 가장 관련이 없는 한자 성어는?

> **보기**
>
> 눈 마ᄌ 휘여진 디ᄅᆞᆯ 뉘라셔 굽다던고.
> 구블 節(절)이면 눈 속에 프ᄅᆞᆯ소냐.
> 아마도 歲寒孤節(세한고절)은 너ᄲᅮᆫ인가 ᄒᆞ노라.

① 切磋琢磨   ② 獨也靑靑
③ 氷貞玉潔   ④ 雪中松柏

18. 어휘의 뜻풀이가 옳지 않은 것은?

① 미립: 경험을 통하여 얻은 묘한 이치나 요령
② 되알지다: 힘주는 맛이나 억짓손이 몹시 세다.
③ 투미하다: 말이나 행동 등이 거칠고 세련되지 못하다.
④ 엉너리: 남의 환심을 사기 위해 어벌쩡하게 서두르는 짓

19. 다음 글의 중심 내용으로 가장 적절한 것은?

> 과거 춤에 대한 기록은 주로 몸짓을 글로 묘사하는 방법으로 이루어졌다. 그러나 지나치게 상세한 묘사는 개인의 주관적인 해석이 개입될 수밖에 없어 춤 동작의 미묘함을 정확하게 포착할 수 없었다. 무용가가 뛰거나 회전할 때 취해야 할 자세를 글로 표현하는 것도 어렵지만 춤을 보지 않고 글로만 춤 동작을 이해하는 것은 더 어려운 일이었다. 이후 음악을 음표로 기록하는 것처럼 춤에 대한 표기 체계를 만들어 내기 위한 여러 시도가 있었다. 최초의 성공적인 표기 체계는 1928년에 무용 이론가 루돌프 폰 라반이 개발한 '라바노테이션(Labanotation)'이었다. 이는 작은 몸짓에서부터 체중의 이동에 이르기까지 인간의 모든 동작을 기호로 표현하는 방법이었다. 그러나 이 역시 2차원의 표기 체계에 불과하였으므로 3차원에 해당하는 춤 동작을 완전하게 포착할 수는 없었다.
>
> 춤을 기록하기 위한 또 다른 방법으로는 '그래픽 방식'이 있다. 처음에는 무용가들에게 시각적인 참고 자료를 제공하기 위해 사진이 사용되었으나 오늘날에는 비디오가 춤을 기록하는 표준이 되었다. 비디오는 춤 전체를 실시간으로 기록할 수 있다는 장점이 있지만 이 역시 한 번에 오직 하나의 관점, 즉 촬영자가 바라보는 시선에서만 춤을 기록할 수 있다는 한계가 있었다. 즉 여러 각도에서 촬영을 하더라도 본질적으로는 2차원에 불과한 것이다. 이처럼 춤을 기록하는 모든 방식은 2차원의 세계에서 이루어지며 춤을 기록하는 사람의 관점에서 이루어지므로 결코 춤에 대한 지식이나 경험의 대체물이 될 수 없다.

① 춤은 춤을 추는 사람의 관점에서 기록되어야 한다.
② 춤에 대한 묘사는 개인의 주관에 의해 이루어진다.
③ 춤을 정확히 기록하기 위해서는 통일된 표기 체계가 필요하다.
④ 다양한 방법을 사용하더라도 춤을 정확하게 기록하는 것은 어렵다.

20. 다음 작품의 밑줄 친 시어 가운데 의미하는 바가 가장 이질적인 것은?

> 시(時)를 믿고 어떻게 살아가나
> 서른 먹은 사내가 하나 잠을 못 잔다.
> 먼― 기적 소리 처마를 스쳐가고
> 잠들은 아내와 어린것의 벼개 맡에
> 밤눈이 내려 쌓이나 보다.
> 무수한 손에 뺨을 얻어맞으며
> 항시 곤두박질해 온 생활의 노래
> 지나는 돌팔매에도 이제는 피곤하다.
> 먹고 산다는 것,
> 너는 언제까지 나를 쫓아오느냐.
>
> 등불을 켜고 일어나 앉는다.
> 담배를 피워 문다.
> 쓸쓸한 것이 오장을 씻어 내린다.
> 노신(魯迅)이여
> 이런 밤이면 그대가 생각난다.
>
> 온― 세계가 눈물에 젖어 있는 밤
> 상해(上海) 호마로(湖馬路) 어느 뒷골목에서
> 쓸쓸히 앉아 지키던 등불
> 등불이 나에게 속삭어린다.
> 여기 하나의 상심(傷心)한 사람이 있다.
> 여기 하나의 군세게 살아온 인생이 있다.
>
> ― 김광균, '노신'

① 시(時)
② 밤눈
③ 노신(魯迅)
④ 등불

21. 다음 중 어법에 맞는 문장은?
① 싯퍼런 강물이 세차게 흐르고 있었다.
② 까치발을 하고 담장 넘어 살펴보았다.
③ 혼자 가는 게 무에 그리 대수라고 호들갑이니?
④ 아버지는 이른 아침부터 낚싯터에 갈 채비를 하셨다.

22. 〈보기〉를 논리적 전개에 가장 알맞게 배열한 것은?

보기

㉠ 새말은 민중에 의해서 자연 발생적으로 만들어져 쓰이는 것과 언어 정책상 계획적으로 만들어져 보급되는 것이 있다. 자연 발생적으로 만들어지는 새말들은 새로운 사물을 표현하기 위한 실제적인 필요에 의해 생겨나는 것과, 언어 표현이 진부해졌을 때 그것을 신선한 맛을 가진 새 표현으로 바꾸려는 대중적 욕구 때문에 생겨나는 것이 있다. 여기에는 고유어, 한자어, 외래어 등이 모두 재료로 쓰인다.

㉡ 그러나 '불고기, 구두닦이, 신문팔이, 아빠, 끈끈이, 맞춤, 병따개, 비옷' 등과 같이 누가 먼저 지어냈는지 모르지만 생명을 얻은 말들도 많다. 이렇게 해서 새로 나타난 말들은 민중들의 호응을 받아서 기성 어휘로서의 지위를 굳히는 것과 잠시 쓰이다가 버림을 받는 것, 처음부터 별로 호응을 받지 못하여 일반화되지 못하는 것 등이 있다. 잠시 쓰이다가 버림을 받게 되는 말들은 대개 어느 한 사회 계층이나 특정 지역에서만 호응을 받았을 뿐 널리 일반화될 기회를 얻지 못한 것들이다.

㉢ '새말'이란 이미 있었거나, 새로 생겨난 개념 혹은 사물을 표현하기 위해 지어낸 말, 그리고 이미 있던 말이라도 새 뜻이 주어진 것을 통틀어 일컫는다. 다른 언어로부터 사물과 함께 차용되는 외래어도 여기에 포함된다.

㉣ 정책적인 계획 조어의 경우는 대개 국어 순화 운동의 일환으로 진행되기 때문에 주로 고유어가 사용되며, 한자말일지라도 아주 익어서 고유어처럼 된 것들이 재료로 쓰인다. '한글, 단팥죽, 꼬치안주, 가락국수, 덮밥, 책꽂이, 건널목' 등은 계획 조어로서 생명을 얻은 것들이며, '덧셈, 뺄셈, 모눈종이, 반지름, 지름' 등의 용어들은 학교 교육에 도입되면서 자리를 굳혔다.

① ㉠ ― ㉣ ― ㉢ ― ㉡
② ㉠ ― ㉢ ― ㉡ ― ㉣
③ ㉢ ― ㉠ ― ㉣ ― ㉡
④ ㉢ ― ㉣ ― ㉠ ― ㉡

23. 다음 중 밑줄 친 단어의 관계와 가장 유사한 것을 고르면?

> 쏘아 놓은 살이요 엎지른 물이다

① 호랑이 없는 골에 토끼가 왕 노릇 한다.
② 남의 잔치에 감 놓아라 배 놓아라 한다.
③ 도끼 가진 놈이 바늘 가진 놈을 못 당한다.
④ 며느리가 미우면 발뒤축이 달걀 같다고 나무란다.

24. 〈보기〉의 설명에 활용된 방식과 가장 가까운 것은?

보기

　김치와 더불어 전 세계로 수출되고 있는 한국형 전자 제품인 김치 냉장고는 어디에서 왔을까? 그것은 바로 우리 조상들이 사용하던 숨 쉬는 옹기인 김장독에서 나왔다.

　옹기가 구워지는 단계를 보면, 150~300℃에 수분이 제거되고, 300~400℃에 유기물질이 타며, 500~800℃에 결정수가 빠져나간다. 또 1050℃에 환원 분위기로 바뀌고, 1200℃에 마감 단계가 된다. 옹기의 내부에 있던 결정수가 높은 온도로 가열됨에 따라 증발되어 생긴 증발 통로와 빠져나간 자리가 옹기의 기벽에 존재함으로써 옹기 안팎의 공기가 순환할 수 있게 되는 것이다.

　또한 굽는 시간이 길고 온도가 높아지면 석영이 커지고 류사이트(leucite)가 형성된다. 이때 옹기의 기벽에 통로(기공)가 형성되는데, 이 기공의 크기는 1~20마이크로이다. 신선한 공기인 산소는 0.00022마이크로로 이 기공으로 쉽게 드나들 수 있지만, 빗방울은 기공의 2000배 이상의 크기로 옹기의 내부에 침투하지 못하는 것이다. 옹기에는 이러한 기공을 통하여 산소가 공급된다.

① 수필은 난(蘭)이요, 학(鶴)이요, 청초(淸楚)하고 몸맵시 날렵한 여인이다. 수필은 그 여인이 걸어가는, 숲 속으로 난 평탄하고 고요한 길이다.

② 탄소로만 이루어진 물질에는 오래전부터 알려진 다이아몬드와 흑연 외에도 풀러렌, 탄소 나노 튜브, 그래핀 등이 있다.

③ 암석이 지하 깊은 곳에서 열과 압력을 받으면 변성암이 되고, 높은 열을 받아 녹으면 마그마가 된다. 또 이러한 마그마가 식어서 굳으면 화성암이 된다.

④ 사람의 몸에 있어서도 마찬가지이다. 잘못을 알고서도 곧 고치지 않으면 몸의 패망하는 것이 나무가 썩어서 못 쓰게 되는 이상으로 될 것이고, 잘못이 있더라도 고치기를 꺼리지 않으면 다시 좋은 사람이 되는 것이 집 재목이 다시 쓰일 수 있는 이상으로 될 것이다.

25. 다음 글에서 ㉠에 대한 필자의 생각으로 가장 옳지 않은 것은?

　사람은 가끔 자기 스스로를 차분히 안으로 정리할 필요를 느낀다. 나는 어디까지 와 있으며, 어느 곳에 어떠한 자세로 서 있는가? 나는 유언 무언 중에 나 자신 또는 남에게 약속한 바를 어느 정도까지 충실하게 실천해 왔는가? 나는 지금 무엇을 생각하고 있으며, 앞으로 어떤 길을 걸을 것인가? 이러한 물음에 대답함으로써 스스로를 안으로 정돈할 필요를 느끼는 것이다.

　안으로 자기를 정리하는 방법 가운데에서 가장 좋은 것은 반성의 자세로 ㉠글을 쓰는 일일 것이다. 마음의 바닥을 흐르는 갖가지 상념을 어떤 형식으로든 거짓 없이 종이 위에 옮겨 놓은 글은, 자기 자신을 비추어 주는 자화상이다. 이 자화상은 우리가 자기의 현재를 살피고 앞으로의 자세를 가다듬는 거울이기도 하다.

　글을 쓰는 것은 자기의 과거와 현재를 기록하고 장래를 위하여 인생의 이정표를 세우는 알뜰한 작업이다. 글을 쓴다는 것은, 자기 자신의 엉클어지고 흐트러진 감정을 가라앉힘으로써 다시 고요한 자신으로 돌아오는 묘방(妙方)이기도 하다. 만일 분노와 슬픔과 괴로움이 있거든 그것을 종이 위에 적어 보라. 다음 순간, 그 분노와 슬픔과 괴로움은 하나의 객관적인 사실로 떠오르고, 나는 거기서 한 발 떨어진 자리에서 그것들을 바라보는, 마음의 여유를 가지게 될 것이다.

　안으로 자기를 정돈하기 위하여 쓰는 글은, 쓰고 싶을 때에 쓰고 싶은 말을 쓴다. 아무도 나의 붓대의 길을 가로막거나 간섭하지 않는다. 스스로 하고 싶은 바를 아무에게도 피해를 주지 않고 할 수 있는 일, 따라서 그것은 즐거운 작업이다. 〈중 략〉

　일단 붓을 들면 심혈을 기울여 써야 할 것이다. 거짓없이 성실하게, 그리고 사실에 어긋남이 없도록 써야 한다. 잔재주를 부려서는 안 될 것이고, 조금 아는 것을 많이 아는 것처럼 속여서도 안 될 것이며, 일부의 사실을 전체의 사실처럼 과장해서도 안 될 것이다.

　글이 가장 저속한 구렁으로 떨어지는 예는, 인기를 노리고 붓대를 놀리는 경우에서 흔히 발견된다. 자극을 갈망하는 독자나 신기한 것을 환영하는 독자의 심리에 영합하는 것은 하나의 타락임을 지나서 이미 죄악이다.

　글 쓰는 이가 저지르기 쉬운 또 하나의 잘못은, 현학의 허세로써 자신을 과시하는 일이다. 현학적 표현은 사상의 유치함을 입증할 뿐 아니라, 사람됨의 허영스러움을 증명하는 것이다. 글은 반드시 여러 사람의 칭찬을 받을 필요는 없다. 그러나 되도록 여러 사람이 읽고 알 수 있는 것이 바람직하다.

① 글이란 성찰과 미래를 위한 기록이다.
② 글을 쓰는 것은 즐거운 작업이어야 한다.
③ 글쓰기를 통해 흐트러진 감정을 정리할 수 있다.
④ 글 속에는 글쓴이의 지성의 깊이가 드러난다.

행정법

제2과목

응시번호 :　　　　　　　　　　　　　성명 :

01. 부당결부금지의 원칙에 대한 설명으로 옳지 않은 것은? (다툼이 있는 경우 판례에 의함)

　① 고속국도 관리청이 고속도로 부지와 접도구역에 송유관 매설을 허가하면서 상대방과 체결한 협약에 따라 송유관 시설을 이전하게 될 경우 그 비용을 상대방에게 부담하도록 한 부관은 부당결부금지의 원칙에 위반된다.

　② 지방자치단체장이 사업자에게 주택사업계획승인을 하면서 그 주택사업과는 아무런 관련이 없는 토지를 기부채납하도록 하는 부관을 주택사업계획승인에 붙인 경우, 그 부관은 부당결부금지의 원칙에 위반되어 위법하다.

　③ 기부채납 부관은 독립적으로 항고소송의 대상이 될 수 있고, 주된 행정행위와 분리하여 취소될 수 있다.

　④ 일반적으로 기속행위나 기속재량행위에는 부관을 붙일 수 없고, 가사 부관을 붙였다 하더라도 무효이다.

02. 공법관계와 사법관계에 대한 설명으로 옳지 않은 것은? (다툼이 있는 경우 판례에 의함)

　① 국유재산법상 국유재산의 무단점유자에 대하여 하는 변상금의 부과는 민법상 부당이득반환청구권의 행사로 볼 수 있으므로 사법상의 법률행위에 해당한다.

　② 공익사업을 위한 토지 등의 취득 및 보상에 관한 법령에 의한 협의취득은 사법상의 법률행위이므로 당사자 사이의 자유로운 의사에 따라 채무불이행책임이나 매매대금 과부족금에 대한 지급의무를 약정할 수 있다.

　③ 일반재산인 국유림을 대부하는 행위는 법률이 대부계약의 취소사유나 대부료의 산정방법 등을 정하고 있고, 대부료의 징수에 관하여 국세징수법 중 체납처분에 관한 규정을 준용하고 있더라도 사법관계로 파악된다.

　④ 구 공익사업을 위한 토지 등의 취득 및 보상에 관한 법률상 환매권의 존부에 관한 확인을 구하는 소송 및 환매금액의 증감을 구하는 소송은 민사소송이다.

03. 공법상 계약에 대한 설명으로 옳지 않은 것은? (다툼이 있는 경우 판례에 의함)

　① 공법상 계약의 한쪽 당사자가 다른 당사자를 상대로 효력을 다투거나 이행을 청구하는 소송은 특별한 사정이 없는 한 민사소송으로 제기하여야 한다.

　② 중소기업 정보화지원사업에 따른 지원금 출연을 위하여 중소기업청장이 체결하는 협약은 공법상 대등한 당사자 사이의 의사표시의 합치로 성립하는 공법상 계약에 해당한다.

　③ 지방재정법에 따라 지방자치단체가 당사자가 되어 체결하는 계약은 사법상의 계약일 뿐, 공권력을 행사하는 것이거나 공권력 작용과 일체성을 가진 것은 아니라고 할 것이므로 이에 관한 분쟁은 행정소송의 대상이 될 수 없다.

　④ 광주광역시문화예술회관장의 단원 위촉은 광주광역시문화예술회관장이 행정청으로서 공권력을 행사하여 행하는 행정처분이 아니라 공법상의 근무관계의 설정을 목적으로 하여 광주광역시와 단원이 되고자 하는 자 사이에 대등한 지위에서 의사가 합치되어 성립하는 공법상 근로계약에 해당한다.

04. 행정행위의 부관에 대한 설명으로 옳지 않은 것은? (다툼이 있는 경우 판례에 의함)

　① 기속행위 내지 기속적 재량행위인 건축허가를 하면서 법령상 아무런 근거 없이 일정 토지를 기부채납하도록 하는 내용의 허가조건을 붙인 경우, 이는 부관을 붙일 수 없는 건축허가에 붙인 부담이어서 무효이다.

　② 부담부 행정처분에 있어서 처분의 상대방이 부담의무를 이행하지 아니한 경우에 처분행정청은 이를 이유로 해당 처분을 철회할 수 있다.

　③ 행정행위의 부관은 부담인 경우를 제외하고는 독립하여 행정소송의 대상이 될 수 없는바, 기부채납받은 행정재산에 대한 사용·수익허가에서 공유재산의 관리청이 정한 사용·수익허가의 기간에 대하여 독립하여 행정소송을 제기할 수 없다.

　④ 부담은 행정청이 행정처분을 하면서 일방적으로 부가할 수도 있을 뿐 상대방과 협의하여 부담의 내용을 협약의 형식으로 미리 정한 다음 행정처분을 하면서 이를 부가할 수는 없다.

05. 행정행위의 효력에 대한 설명으로 옳지 않은 것은? (다툼이 있는 경우 판례에 의함)

① 건물 소유자에게 소방시설 불량사항을 시정보완하라는 명령을 구두로 고지한 것은 행정절차법을 위반한 것으로, 그 하자가 중대·명백하여 당연무효이다.

② 국세부과처분이 당연무효임을 전제로 하여 이미 납부한 세액의 반환을 구하는 부당이득반환청구소송을 제기한 경우, 법원은 부과처분의 하자가 단순한 취소사유에 그칠 때에도 부당이득반환청구를 인용하는 판결을 할 수 있다.

③ 주택법상 공사중지명령을 받은 자를 이에 위반하였다는 이유로 처벌하기 위하여는 주택법에 의한 공사중지명령이 적법한 것이어야 하므로 그 공사중지명령이 위법한 것으로 인정되는 한 주택법위반죄가 성립하지 않는다.

④ 위법한 행정대집행이 완료된 후 그 건물철거가 위법임을 이유로 손해배상청구소송을 제기한 경우, 법원은 대집행 실행행위에 대한 취소판결이 없어도 손해배상청구를 인용할 수 있다.

06. 행정청의 처분이 여러 단계의 행정결정을 통하여 이루어지는 경우에 대한 설명으로 옳은 것은? (다툼이 있는 경우 판례에 의함)

① 어업권면허에 선행하는 우선순위결정은 강학상 확약에 해당하는 행정처분이므로, 이에 대하여 공정력이나 불가쟁력이 인정된다.

② 甲 시장이 감사원으로부터 감사원법에 따라 소속 공무원에 대한 징계 요구를 받게 된 경우, 감사원의 징계 요구는 '징계 요구, 징계절차 회부, 징계'의 단계로 이어지는 독립된 처분의 일종으로서 항고소송의 대상이 된다.

③ 공정거래위원회가 부당한 공동행위를 한 사업자에게 과징금 부과처분을 한 뒤, 다시 자진신고 등을 이유로 한 과징금 감면처분을 하였다면, 선행 과징금 부과처분은 일종의 잠정적 처분으로서 후행 과징금 감면처분에 흡수되어 소멸한다.

④ 원자로 시설의 부지사전승인처분은 건설부지를 확정하고 사전공사를 허용하는 법률효과를 지닌 독립한 행정처분이므로, 나중에 건설허가처분이 있게 되더라도 부지사전승인처분만의 취소를 구하는 항고소송을 제기할 수 있다.

07. 행정지도에 대한 설명으로 옳지 않은 것은? (다툼이 있는 경우 판례에 의함)

① 행정지도가 말로 이루어지는 경우에 상대방이 행정지도의 취지 및 내용, 행정지도를 하는 자의 신분에 관한 사항을 적은 서면의 교부를 요구하면 그 행정지도를 하는 자는 직무 수행에 특별한 지장이 없으면 이를 교부하여야 한다.

② 행정기관이 동일한 행정목적을 실현하기 위하여 다수인에게 행정지도를 하려는 경우 특별한 사정이 없으면 행정지도에 공통적인 내용을 공표하여야 한다.

③ 사인의 범법행위가 행정지도에 따라 행해진 경우 그 행정지도가 위법하다면 원칙적으로 그 사인의 범법행위도 위법성이 조각된다.

④ 행정지도가 강제성을 띠지 않은 비권력적 작용으로서 행정지도의 한계를 일탈하지 아니하였다면, 그로 인하여 상대방에게 어떤 손해가 발생하였다 하더라도 행정기관은 그에 대한 손해배상책임이 없다.

08. 행정절차에 대한 설명으로 옳지 않은 것은? (다툼이 있는 경우 판례에 의함)

① 일반적으로 당사자가 근거규정 등을 명시하여 신청하는 인·허가 등을 거부하는 처분을 함에 있어 당사자가 그 근거를 알 수 있을 정도로 상당한 이유를 제시한 경우에는 당해 처분의 근거 및 이유를 구체적 조항 및 내용까지 명시하지 않았더라도 그로 말미암아 그 처분이 위법한 것이 된다고 할 수 없다.

② 건축법에서 인·허가의제 제도를 둔 취지는, 인·허가의제 사항 관련 법률에 따른 각각의 인·허가 요건에 관한 일체의 심사를 배제하여 건축허가의 관할 행정청으로 그 창구를 단일화하고 절차를 간소화하며 비용과 시간을 절감함으로써 국민의 권익을 보호하려는 것이다.

③ 공매를 통하여 체육시설을 인수한 자의 체육시설업자 지위승계신고를 수리하는 경우, 종전 체육시설업자에게 사전에 통지하여 의견제출 기회를 주어야 한다.

④ 행정절차법상 공무원 인사관계 법령에 의한 처분에 관한 사항 전부에 대하여 행정절차법의 적용이 배제되는 것이 아니라 성질상 행정절차를 거치기 곤란하거나 불필요하다고 인정되는 처분이나 행정절차에 준하는 절차를 거치도록 하고 있는 처분의 경우에만 행정절차법의 적용이 배제된다.

09. 행정상 정보공개에 관한 설명으로 옳은 것을 모두 고르면? (다툼이 있는 경우 판례에 의함)

> ㄱ. 정보공개제도는 공공기관이 보유·관리하는 정보를 그 상태대로 공개하는 제도로서 공개를 구하는 정보를 공공기관이 보유·관리하고 있을 상당한 개연성이 있다는 점에 대하여 원칙적으로 공개청구자에게 증명책임이 있다.
> ㄴ. 아파트재건축주택조합의 조합원들에게 제공될 무상보상평수의 사업수익성 등을 검토한 자료는 비공개 대상 정보에 해당한다.
> ㄷ. 문제은행 출제방식을 채택하고 있는 치과의사 국가시험의 문제지와 정답지를 공개하는 것은 시험업무의 공정한 수행이나 연구·개발에 현저한 지장을 초래한다고 인정할 만한 상당한 이유가 있는 경우에 해당하므로, 이를 공개하지 않을 수 있다.
> ㄹ. 정보공개를 청구하는 자가 공공기관에 대해 정보의 사본 또는 출력물의 교부의 방법으로 공개방법을 선택하여 정보공개청구를 한 경우일지라도 공개청구를 받은 공공기관은 공개할 정보의 성격에 따라 그 공개방법을 변경할 수 있다.

① ㄱ, ㄴ   ② ㄱ, ㄷ
③ ㄴ, ㄹ   ④ ㄱ, ㄷ, ㄹ

10. 이행강제금에 대한 설명으로 옳지 않은 것은? (다툼이 있는 경우 판례에 의함)

① 건축허가의 허가권자는 시정명령을 받은 자가 이를 이행하면 새로운 이행강제금의 부과를 즉시 중지해야 하며, 이미 부과된 이행강제금도 징수할 수 없다.
② 무허가 건축행위에 대한 형사처벌과 건축법 제83조 제1항에 의한 시정명령 위반에 대한 이행강제금의 부과는 헌법 제13조 제1항이 금지하는 이중처벌에 해당한다고 할 수 없다.
③ 이행강제금 납부의무는 상속인 기타의 사람에게 승계될 수 없는 일신전속적인 성질의 것이다.
④ 시정명령을 받은 의무자가 이행강제금이 부과되기 전에 그 의무를 이행한 경우에는 비록 시정명령에서 정한 기간을 지나서 이행한 경우라도 이행강제금을 부과할 수 없다.

11. 통고처분에 대한 설명으로 옳지 않은 것은? (다툼이 있는 경우 판례에 의함)

① 도로교통법상 통고처분은 행정소송의 대상이 되는 행정처분에 해당하지 아니한다.
② 지방국세청장이 조세범칙행위에 대하여 고발을 한 후에 동일한 조세범칙행위에 대하여 통고처분을 한 경우 이는 원칙적으로 무효이다.
③ 조세범칙행위자가 무효인 통고처분을 이행하였더라도 조세범 처벌절차법 제15조 제3항에서 정한 일사부재리의 원칙이 적용될 수 없다.
④ 통고처분에 따른 범칙금을 납부한 후에 동일한 사건에 대하여 다시 형사처벌을 하여도 일사부재리의 원칙에 반하는 것은 아니다.

12. 공급거부 및 관허사업의 제한에 대한 설명으로 옳지 않은 것은? (다툼이 있는 경우 판례에 의함)

① 전기사업법에 따르면 전기판매사업자 등은 정당한 사유 없이 전기의 공급을 거부하여서는 아니 된다.
② 전기판매사업자 등은 특별한 사정이 없는 한 전기공급약관에 따른 전기요금을 납부하지 않은 전기사용자에 대하여는 전기의 공급을 거부할 수 있다.
③ 병역법상 병역의무를 불이행한 자에게 관허사업의 특허 등을 제한하고 있으나, 이미 관허사업의 특허 등을 받은 사람에 대하여는 적용하지 아니한다.
④ 구 국세징수법 소정의 관허사업은 널리 허가, 인가, 면허 등을 얻어 경영하는 사업 모두가 포함된다 할 것이므로 건설업 면허를 받아 건설업을 경영하는 자도 관허사업을 경영하는 자에 해당한다고 할 수 있다.

13. 과징금에 대한 설명으로 옳지 않은 것은? (다툼이 있는 경우 판례에 의함)

① 과징금은 행정법상의 의무를 위반한 자에 대하여 당해 위반행위로 얻게 된 경제적 이익을 박탈하기 위한 목적으로 부과하는 금전적인 제재이므로, 법이 규정한 범위 내에서 그 부과처분 당시까지 부과관청이 확인한 사실을 기초로 일의적으로 확정되어야 할 것이지, 추후에 부과금 산정 기준이 되는 새로운 자료가 나왔다고 하여 새로운 부과처분을 할 수는 없다.

② 회사 분할 시 신설회사 또는 존속회사가 승계하는 것은 분할하는 회사의 권리와 의무이므로, 특별한 규정이 없는 한 신설회사에 대하여 분할하는 회사의 분할 전 법 위반행위를 이유로 과징금을 부과하는 것은 허용된다.

③ 행정소송법 제10조는 처분의 취소를 구하는 취소소송에 당해 처분과 관련되는 부당이득반환소송을 관련 청구로 병합할 수 있다고 규정하고 있는바, 이 조항을 둔 취지에 비추어 보면, 취소소송에 병합할 수 있는 당해 처분과 관련되는 부당이득반환소송에는 당해 처분의 취소를 선결문제로 하는 부당이득반환청구가 포함되고, 이러한 부당이득반환청구가 인용되기 위해서는 그 소송절차에서 판결에 의해 당해 처분이 취소되면 충분하고 그 처분의 취소가 확정되어야 하는 것은 아니라고 보아야 한다.

④ 부동산 실권리자 명의등기에 관한 법률 제5조에 의하여 부과된 과징금은 행정상의 의무위반자에게 부과되는 것으로서 행정벌의 성격을 갖고 있지만 그 채무는 대체적 급부가 가능한 의무이므로 위 과징금을 부과받은 자가 사망한 경우 그 상속인에게 포괄승계된다.

14. 국가배상에 대한 설명으로 옳지 않은 것은? (다툼이 있는 경우 판례에 의함)

① 국가배상법 제7조가 정하는 상호보증은 반드시 당사국과의 조약이 체결되어 있을 필요는 없지만, 당해 외국에서 구체적으로 우리나라 국민에게 국가배상청구를 인정한 사례가 있어 실제로 국가배상이 상호 인정될 수 있는 상태가 되어야 한다.

② 행정입법에 관여한 공무원이 입법 당시의 상황에서 다양한 요소를 고려하여 나름대로 합리적인 근거를 찾아 어느 하나의 견해에 따라 경과규정을 두는 등의 조치 없이 새 법령을 그대로 시행하거나 적용한 경우, 그와 같은 공무원의 판단이 나중에 대법원이 내린 판단과 같지 아니하더라도 국가배상법상 해당 공무원에게 과실이 있다고 할 수는 없다.

③ 국가배상법 제2조 제1항의 '법령을 위반하여'라고 함은 엄격하게 형식적 의미의 법령에 명시적으로 공무원의 행위의무가 정하여져 있음에도 이를 위반하는 경우만을 의미하는 것이 아니고, 널리 그 행위가 객관적인 정당성을 결여하고 있는 경우까지 포함한다.

④ 국민의 생명·신체·재산 등에 대하여 절박하고 중대한 위험상태가 발생하였거나 발생할 상당한 우려가 있는 경우가 아닌 한, 원칙적으로 공무원이 관련 법령에서 정하여진 대로 직무를 수행하였다면 손해방지조치를 제대로 이행하지 않은 부작위를 가지고 '고의 또는 과실로 법령에 위반'하였다고 할 수는 없다.

15. 행정기본법에 대한 설명으로 옳지 않은 것은?

① 행정은 공공의 이익을 위하여 적극적으로 추진되어야 하며, 이를 위한 시책의 구체적인 사항은 대통령령으로 정한다.

② 법률 및 대통령령·총리령·부령, 또는 국회규칙·대법원규칙·헌법재판소규칙·중앙선거관리위원회규칙 및 감사원규칙의 위임을 받아 중앙행정기관의 장이 정한 일정한 행정규칙은 "법령"에 해당한다.

③ "당사자"란 처분의 상대방 및 이해관계인을 말한다.

④ "처분"이란 행정청이 구체적 사실에 관하여 행하는 법 집행으로서 공권력의 행사 또는 그 거부와 그 밖에 이에 준하는 행정작용을 말한다.

16. 행정심판의 재결에 대한 설명으로 옳은 것은? (다툼이 있는 경우 판례에 의함)

① 행정청이 자기완결적 신고를 수리한 것에 대하여 제3자가 그 수리의 취소를 구하는 행정심판을 청구하자 재결청이 그 청구를 인용하는 재결을 한 경우, 그 취소심판청구는 행정심판의 대상이 되지 아니하여 부적법 각하하여야 함에도 그 청구를 인용하여 수리처분을 취소하였으므로 그 재결은 재결 자체에 고유한 하자가 있다.

② 사립학교 교원에 관한 징계처분에 대한 교원소청심사위원회의 취소결정은 그 성질이 행정심판의 재결이므로 결정 자체에 고유한 위법이 있는 경우에만 항고소송으로 다툴 수 있다.

③ 감사원의 변상판정처분에 대하여 회계관계 직원은 행정심판에 해당하는 재심의를 청구할 수 있고, 재심의 판정에 대하여 불복하는 경우에는 원처분인 변상판정에 대하여 항고소송으로 다투어야 한다.

④ 심판청구를 인용하는 재결에도 불구하고 행정청이 재처분의무를 이행하지 아니하는 경우에는 행정심판위원회는 직권 또는 당사자의 신청에 의해 직접 처분을 할 수 있다.

17. 행정조사에 대한 설명으로 옳지 않은 것은? (다툼이 있는 경우 판례에 의함)

① 국방 및 안전에 관한 사항 중 군사시설·군사기밀보호 또는 방위사업에 관한 사항에 대하여는 행정조사기본법이 적용되지 않는다.

② 행정조사기본법상 법령 등의 위반에 대하여 혐의가 있는 경우에는 수시조사를 할 수 있다.

③ 국세의 과세표준과 세액을 결정 또는 경정하기 위하여 질문을 하고 장부·서류 그 밖의 물건을 검사·조사하거나 그 제출을 명하는 일체의 행위인 세무조사도 행정조사의 일종이다.

④ 조사대상자의 자발적인 협조를 전제할 뿐 조사 거부에 대한 어떠한 제재도 없는 임의적 행정조사라 할지라도 법령상 명확한 위임 근거가 있어야 가능하다.

18. 집행정지에 대한 설명으로 옳지 않은 것은? (다툼이 있는 경우 판례에 의함)

① 행정처분의 효력정지를 구하는 신청사건에 있어서는 그 행정처분의 효력을 정지할 것인가에 대한 행정소송법상 집행정지에 관한 규정에서 정한 요건의 존부만이 판단의 대상이 되나, 효력정지사건 자체에 의하여도 신청인의 본안청구가 이유 없음이 명백할 때에는 행정처분의 효력정지를 명할 수 없다.

② 행정소송법상 집행정지 요건인 '중대한 손해'란 특별한 사정이 없는 한 금전으로 보상할 수 없는 손해로서 금전보상이 불능인 경우 또는 금전보상으로는 사회관념상 행정처분을 받은 당사자의 수인한도를 넘는 유형, 무형의 손해를 일컫는다.

③ 집행정지결정을 한 후 본안소송이 취하되어 소송이 계속하지 아니한 것으로 되면 집행정지결정은 당연히 그 효력이 소멸되는 것이고 이에 대한 별도의 취소조치가 필요한 것은 아니다.

④ 집행정지의 결정 또는 기각의 결정에 대하여는 즉시항고할 수 있으며, 이 경우 집행정지의 결정에 대한 즉시항고에는 결정의 집행을 정지하는 효력이 없다.

19. 부작위위법확인소송에 대한 설명으로 옳지 않은 것은? (다툼이 있는 경우 판례에 의함)

① 행정소송법 제34조 소정의 간접강제결정에 기한 배상금은 확정판결의 취지에 따른 재처분의 지연에 대한 제재나 손해배상이 아니고 재처분의 이행에 관한 심리적 강제수단에 불과한 것이다.

② 간접강제결정에서 정한 의무이행기한이 경과한 후에라도 확정판결의 취지에 따른 재처분이 행하여지면 처분상대방이 더 이상 배상금을 추심하는 것이 허용되지 않는다.

③ 부작위위법확인소송의 계속 중 행정청의 소극적 처분이 있게 되면 부작위위법확인의 소는 소의 이익을 잃어 부적법하게 되고 이 경우 소극적 처분에 대한 취소소송을 제기하여야 하므로 부작위위법확인의 소는 취소소송의 보충적 성격을 지닌다.

④ 취소소송과 부작위위법확인소송은 별개의 소송이므로 신청에 대한 거부처분의 취소를 구하는 취소소송에는 동일한 신청에 대한 부작위위법의 확인을 구하는 취지가 포함되어 있다고 볼 수 없다.

20. 당사자소송에 대한 설명으로 옳지 않은 것은? (다툼이 있는 경우 판례에 의함)

① 민주화운동관련자 명예회복 및 보상 등에 관한 법률에 따라 보상금 등의 지급신청을 한 자가 '민주화운동관련자 명예회복 및 보상 심의위원회'의 보상금 등의 지급에 관한 결정을 다투고자 하는 경우에는 곧바로 보상금 등의 지급을 구하는 소송을 당사자소송의 형식으로 제기할 수 있다.

② 원고가 고의 또는 중대한 과실 없이 당사자소송으로 제기하여야 할 것을 항고소송으로 잘못 제기한 경우에, 당사자소송으로서의 소송요건을 결하고 있음이 명백하여 당사자소송으로 제기되었더라도 어차피 부적법하게 되는 경우가 아닌 이상, 법원으로서는 원고가 당사자소송으로 소 변경을 하도록 하여 심리·판단하여야 한다.

③ 국가에 대한 납세의무자의 부가가치세 환급세액 지급청구는 민사소송이 아니라 당사자소송의 절차에 따라야 한다.

④ 행정소송법상 취소소송에 관한 행정심판기록의 제출명령 규정은 당사자소송에 준용된다.

21. 조례에 대한 설명으로 옳지 않은 것은? (다툼이 있는 경우 판례에 의함)

① 지방자치법상 지방자치단체의 장은 조례안의 일부에 대하여 또는 조례안을 수정하여 재의를 요구할 수 없다.

② 지방자치법상 지방자치단체는 조례를 위반한 행위에 대하여 조례로써 1천만원 이하의 벌금을 부과할 수 있다.

③ 지방의회는 조례를 심의·의결하는 등 조례제정권을 갖지만 지방자치단체의 의사를 외부에 표시할 권한을 갖지 못하고 내부적 의결기관에 불과하므로, 조례에 대한 무효확인소송 등 항고소송의 피고적격을 갖지 못한다.

④ 조례안의 일부 조항이 법령에 위반되어 위법한 경우에는 그 조례안에 대한 재의결은 그 전체의 효력을 부인할 수밖에 없다.

22. 공무원에 대한 설명으로 옳지 않은 것은? (다툼이 있는 경우 판례에 의함)

① 직위해제되어 있던 중 임용결격사유가 발생하여 당연퇴직된 자에게, 임용권자가 임용결격사유의 발생사실을 알지 못하고 복직처분을 하였다면 이 때문에 그 자의 공무원의 신분은 회복된다.

② 지방공무원법상 지방자치단체의 장은 복수국적자가 국가의 존립과 헌법 기본질서의 유지를 위한 국가안보 분야에 임용되는 것을 제한할 수 있다.

③ 공무원이 사직의 의사표시를 하였다면 내심의 의사가 사직할 뜻이 아니었다고 하더라도 그 의사가 외부에 표시된 이상 그 의사는 표시된 대로 효력이 발생하고, 민법 제107조는 그 성질상 사직의 의사표시와 같은 사인의 공법행위에는 준용되지 아니한다.

④ 공무원연금관리공단의 인정에 의하여 퇴직연금을 지급받아 오던 중 공무원연금법령의 개정 등으로 퇴직연금 중 일부 금액의 지급이 정지되어, 공무원연금관리공단이 퇴직연금 중 일부 금액에 대하여 지급거부의 의사표시를 한 경우 그 지급을 구하는 소송은 공법상 당사자소송에 의한다.

23. 행정절차법상 대표자에 대한 설명으로 옳지 않은 것은?

① 행정청은 대표자가 지나치게 많아 행정절차가 지연될 우려가 있는 경우에는 그 이유를 들어 상당한 기간 내에 3인 이내의 대표자를 선정할 것을 요청할 수 있으며, 당사자 등이 그 요청에 따르지 아니하였을 때에는 행정청이 직접 대표자를 선정할 수 있다.

② 대표자가 있는 경우에는 당사자 등은 그 대표자를 통하여서만 행정절차에 관한 행위를 할 수 있다.

③ 다수의 대표자가 있는 경우 그중 1인에 대한 행정청의 행위는 모든 당사자 등에게 효력이 있으나, 행정청의 통지는 대표자 모두에게 하여야 그 효력이 있다.

④ 대표자는 당사자 등의 동의 없이도 각자 행정절차를 끝맺는 행위를 할 수 있다.

24. 개인정보 보호에 대한 설명으로 옳지 않은 것은? (다툼이 있는 경우 판례에 의함)

① 정보주체의 동의 없이 개인정보를 공개함으로써 침해되는 인격적 법익과 정보주체의 동의 없이 자유롭게 개인정보를 공개하는 표현행위로서 보호받을 수 있는 법적 이익이 하나의 법률관계를 둘러싸고 충돌하는 경우에는 비공개 이익과 공개 이익을 구체적으로 비교·형량하여 판단하여야 한다.

② 개인정보 보호에 관한 사무를 독립적으로 수행하기 위하여 대통령 소속으로 개인정보 보호위원회를 둔다.

③ 개인정보 보호위원회 위원이 궐위되어 새로운 위원을 임명 또는 위촉한 경우, 후임으로 임명 또는 위촉된 위원의 임기는 새로이 개시된다.

④ 개인정보 보호를 위한 국제기구 및 외국의 개인정보 보호 기구와의 교류·협력도 개인정보 보호위원회의 소관 사무에 해당한다.

25. 다음 중 병역법상 보충역에 해당하는 자로 옳은 것은 모두 몇 개인가?

ㄱ. 사회복무요원
ㄴ. 공중보건의사
ㄷ. 병역판정검사전담의사
ㄹ. 전문연구요원
ㅁ. 산업기능요원
ㅂ. 예술·체육요원

① 1개   ② 2개
③ 4개   ④ 6개

경영학

제3과목

응시번호 :   성명 :

01. 다음 중 경영이론에 대한 설명으로 옳은 것은?

    ① 호손실험을 계기로 활발하게 전개된 인간관계론은 공식적 작업집단만이 작업자의 생산성에 큰 영향을 미친다고 주장하였다.

    ② 버나드는 학습조직이론에서 인간의 제한된 합리성을 갖는 의사결정자라고 주장하였다.

    ③ 페욜은 중요한 관리활동으로 계획수립, 조직화, 지휘, 조정, 통제 등을 제시하였다.

    ④ 테일러의 과학적 관리론에서는 고정적 성과급제를 통한 조직관리를 강조하였다.

02. 다음 중 포터의 가치사슬에 대한 설명으로 옳지 않은 것은?

    ① 인적자원관리, 하부조직 활동은 주활동에 해당된다.

    ② 물류활동, 판매, 서비스 등은 주활동에 해당된다.

    ③ 기술개발, 디자인은 보조활동에 해당된다.

    ④ 구매활동은 물류투입활동으로 주활동에 해당된다.

03. 다음 중 베버(M. Weber)가 제시한 관료제 이론에 대한 설명으로 옳지 않은 것은?

    ① 계층에 의한 관리

    ② 규칙과 문서에 의한 관리

    ③ 상황적합적 관리

    ④ 규정에 따른 직무수행 및 직무배정

04. 자동차 제조기업 K사는 B국에 단순 수출이 아닌 자회사 설립을 준비하고 있다. 다음 중 K사가 B국에 해외직접투자를 하는 이유로 옳지 않은 것은?

    ① B국의 환율위험 및 무역장벽 회피를 위한 경우

    ② B국의 유통망 및 대정부 관계취약에서 발생하는 외국인 비용을 절감하기 위한 경우

    ③ B국의 기술 및 브랜드와 같은 경영자원을 내부화하기 위한 경우

    ④ B국의 K사 신제품에 대한 소비시점이 K사 자국 내 소비시점과 동일한 경우

05. 다음 중 신제품 가격전략에 대한 설명으로 옳지 않은 것은?

    ① 시장진입장벽이 높아 경쟁자의 진입이 어려운 경우 시장침투가격전략이 더 효율적이므로 많이 사용해야 한다.

    ② 신제품 출시 초기에는 높은 가격에도 잠재적 수요가 충분히 형성되어 있는 경우에는 스키밍가격전략이 효과적이다.

    ③ 특허기술 등의 이유로 제품이 보호되는 경우 스키밍가격전략이 더 많이 활용된다.

    ④ 목표 소비자들의 가격민감도가 높은 경우에는 시장침투가격전략이 더 효과적이다.

06. BCG매트릭스의 제품포트폴리오 전략 중 시장에서의 철수, 청산, 매각 등의 전략이 요구되는 전략적 사업단위로 적합한 것은?

① 물음표사업부
② 별사업부
③ 현금젖소사업부
④ 사양사업부

07. 다음 허쯔버그가 제시한 두 가지 요인에 따르는 경영자가 종업원들의 동기를 유발하기 위한 방법 중 관련성이 적은 것은?

① 고성과를 낸 종업원을 승진시키거나 표창한다.
② 종업원이 수행하는 업무가 중요함을 강조한다.
③ 고성과를 낸 종업원의 급여를 증가시킨다.
④ 고성과를 낸 종업원에게 자기계발의 기회를 제공한다.

08. 다음 중 최근에 확산되고 있는 연봉제에 대한 설명으로 옳지 않은 것은?

① 전년도의 근무 성과를 기초로 당해 연도의 1년분의 임금을 지급하는 방식이 보편적이다.
② 기본급이나 수당과 같이 세분화된 임금 항목이 있고 별도로 지급되는 상여금이 있다.
③ 종업원에게 지급되는 임금을 1년을 기준으로 묶어서 결정한다.
④ 개별 종업원의 능력, 실적, 공헌도 등을 평가하여 1년간의 임금을 결정한다.

09. 다음 노동조합의 가입 및 운영조건을 정하는 숍(shop)제도 중 채용되고 나서 일정한 수습기간이 지나 정규직이 되면 조합 가입의무가 있는 방식에 해당하는 것은?

① 오픈숍
② 유니언숍
③ 클로즈드숍
④ 에이전시숍

10. 다음 중 직무만족 및 불만족에 대한 설명으로 옳은 것은?

① 종업원과 상사 사이의 공유된 가치관은 직무만족을 감소시킨다.
② 직무만족이란, 직무를 통해 그 가치를 느끼고 업무 성취감을 느끼는 긍정적 감정상태를 의미한다.
③ 역할의 모호성, 역할 갈등, 역할 과다 등을 경험한 종업원의 직무만족이 높다.
④ 직무불만족을 증가시키는 개인적 성향은 긍정적 정서와 긍정적 자기평가이다.

11. 다음 중 복수의 평가자들이 적성검사, 시뮬레이션, 사례연구, 심층면접, 심리상담, 역할연기 등의 평가방법을 통해 피평가자들의 행동을 심층 관찰하고 평가하여 선발하는 방법으로 옳은 것은?

① 다면평가법
② 직무 적성검사법
③ 패널면접법
④ 인적평정센터법

12. 다음 중 부하들 스스로가 자신이 리드할 수 있도록 만드는 리더십의 유형으로 옳은 것은?

① 변혁적 리더십
② 서번트 리더십
③ 슈퍼 리더십
④ 코칭 리더십

13. 다음 중 인사평가(인사고과) 측정 결과의 검증기준 중 직무성과와 관련성이 있는 내용을 측정하는 정도를 의미하는 것은?

① 신뢰성
② 타당성
③ 수용성
④ 실용성

14. 다음 중 생산제품의 판매가치와 인건비와의 관계에서 배분액을 계산하는 집단성과급제를 의미하는 것은?

① 럭커플랜
② 순응임금제
③ 스캔론플랜
④ 카이져플랜

15. 다음 동기부여이론 중 나머지와 성격이 다른 것은?

① 성취동기이론
② 기대이론
③ 공정성이론
④ 목표설정이론

16. 다음 중 허시와 블랜차드(P. Hersey & K.H. Blanchard) 의 상황적 리더십이론에 대한 설명으로 옳은 것은?

① 리더가 부하를 섬기고 헌신하고 봉사함으로써 조직을 이 끈다.

② 리더는 부하의 성숙도에 맞는 리더십을 행사함으로써 리 더십의 유효성을 높일 수 있다.

③ 리더십의 유형을 지시형, 설득형, 거래형, 희생형의 4가지 로 구분한다.

④ 리더십에 영향을 줄 수 있는 상황적 요소는 과업구조, 리 더의 지위권력, 하급자의 관계이다.

17. 다음 중 맥그리거(D.McGregor)의 X이론과 Y이론에 대한 설명으로 옳은 것은?

① 개인의 목적과 조직의 목적이 부합하는 조직에서는 Y이 론이 적합하다.

② 조직의 감시, 감독, 지시, 통제가 필요하다는 주장은 Y이 론이다.

③ 쌍방향 의사결정은 주로 X이론에서 발생한다.

④ 자기통제 및 자율성이 많은 것은 주로 X이론에서 발생 한다.

18. 다음 민쯔버그의 경영자 역할 중 의사결정자의 범주에 해당 하지 않는 것은?

① 연락자

② 분쟁해결자

③ 기업가

④ 자원배분자

19. 다음 중 6시그마의 프로세스 개선 5단계에 해당하지 않는 것은?

① 정의

② 측정

③ 분석

④ 계획

20. 다음 중 제품의 디자인에서부터 생산에 이르기까지 각 과정 의 설계 작업을 동시에 수행함으로써 생산리드타임을 획기 적으로 단축시키는 기법으로 옳은 것은?

① 컨커런트 엔지니어링(concurrent engineering)

② 벤치마킹(benchmarking)

③ 리엔지니어링(reengineering)

④ 리스트럭쳐링(restructuring)

21. 다음 중 품질비용에 해당하지 않는 것은?

   ① 예방비용
   ② 평가비용
   ③ 실패비용
   ④ 품절비용

22. 다음 중 생산관리의 주요 활동목표에 해당하지 않는 것은?

   ① 원가
   ② 품질
   ③ 브랜드
   ④ 납기

23. 다음 중 재무의사결정의 기초적 원리에 대한 설명으로 옳지 않은 것은?

   ① 위험이 높아지면 기대수익률은 낮아진다.
   ② 재무의사결정의 궁극적인 목표는 기업가치의 극대화이다.
   ③ 투자안의 평가는 회계상의 이익이 아닌 현금흐름을 기초로 이루어진다.
   ④ 주가는 자본시장에의 진정한 기업의 가치를 반영하는 적정가격이다.

24. 다음 중 당좌자산에 해당하지 않는 것은?

   ① 현금
   ② 보통예금
   ③ 투자부동산
   ④ 단기금융상품

25. 다음 중 빅데이터의 기본적인 특성(3V)에 해당하지 않는 것은?

   ① 거대한 양
   ② 다양한 형태
   ③ 생성속도
   ④ 모호성

제5회 실전모의고사
군무원 공개경쟁채용 필기시험

군수직

해커스공무원
(gosi.Hackers.com)
모바일 자동 채점 +
성적 분석 서비스

제1과목	국어	제2과목	행정법
제3과목	경영학	제4과목	

응시번호		성 명	

〈응시자 준수사항〉

1. 답안지의 모든 기재 및 표기사항은 반드시 『컴퓨터용 흑색사인펜』으로만 작성하여야
   합니다. (사인펜에 "컴퓨터용"으로 표시되어 있음) (사인펜 본인 지참)
   * 매년 지정된 펜을 사용하지 않아 답안지가 무효처리 되는 상황이 빈발하고 있으므로,
     답안지는 반드시 『컴퓨터용 흑색사인펜』으로만 표기하시기 바랍니다.

2. 답안은 매 문항마다 반드시 하나의 답만 골라 그 숫자에 "●"로 표기해야 하며, 표기한
   내용은 수정테이프를 이용하여 정정할 수 있습니다. 단, 시험시행본부에서 수정테이프
   를 제공하지 않습니다.
   (표기한 부분을 긁는 경우 오답처리 될 수 있으며, 수정스티커 또는 수정액은 사용 불가)
   * 답안지는 훼손·오염되거나 구겨지지 않도록 주의해야 하며, 특히 답안지 상단의
     타이밍마크(┃┃┃┃┃)를 절대로 훼손해서는 안 됩니다.

3. 상단의 QR코드를 이용하여 해커스공무원의 '모바일 자동 채점 + 성적 분석 서비스'에
   접속하시기 바랍니다. (해커스공무원 사이트의 가입자에 한해 이용 가능함)
   * 정답 및 해설은 해설집의 86쪽에서 확인 가능합니다.

⛪ 해커스군무원

국 어
제1과목

01. 다음 조건을 모두 참조하여 쓴 글은?

> ○ 역사적 사실과 관련지을 것
> ○ 비유를 사용하여 표현 효과를 높일 것
> ○ 작품을 읽어 볼 것을 완곡하게 권유할 것

① '한중록' – 정조를 지키기 위해 사도 세자를 버릴 수밖에 없었던 혜경궁 홍씨. 그녀의 바람 앞의 등불 같았던 삶을 함께 느껴 보시지 않겠습니까?

② '탈향' – 한국 전쟁으로 고향을 떠날 수밖에 없었던 세 친구들. 이 둥지를 잃은 아기 새들은 세상에 맞서 살아남을 수 있을까요? 궁금하시다면 한번 읽어 보세요.

③ '최척전' – 임진왜란, 정유재란, 병자호란 등 우리 민족의 수난을 있는 그대로 표현한 고전 명작. 최척의 삶을 통해 당대 사건을 실감 나게 들여다볼 수 있는 좋은 기회입니다.

④ '흐르는 북' – 현대 사회라는 거대한 물결에 휩쓸려 정신적 가치는 희미해져 갑니다. 현대인들이여! 정신적 가치의 소중함을 일깨워 주는 이 책을 꼭 한번 읽어 보시기 바랍니다.

02. 다음 중 문법에 어긋나지 않은 문장은?

① 드디어 고대하던 합의의 결과가 보여졌다.

② 그는 대낮에 술에 취해 정신을 못 차렸다.

③ 그는 마음을 진정시키기 위해 깊은 심호흡을 했다.

④ A 초등학교 인근에 최근 장례식장이 들어서려다 중단됐다.

03. 다음 글에 대한 이해로 적절하지 않은 것은?

> 여기까지 들은 나는, 마침내 참지 못하고 벌떡 일어서서 소나무 가지에 걸었던 모자를 내려 쓰고, 그곳을 찾으려 모란봉 꼭대기에 올라섰다. 꼭대기는 좀 더 노랫소리가 잘 들린다. 그는 배따라기의 맨 마지막, 여기를 부른다―.
>
> 밥을 빌어서 / 죽을 쑬지라도
> 제발 덕분에 / 뱃놈 노릇은 하지 마라
> 에―야, 어그여지야―

> 그의 소리로써 방향을 찾으려던 나는 그만 그 자리에 섰다.
> "어딘가? 기자묘, 혹은 을밀대?"
> 그러나 나는, 오래 서 있을 수가 없었다. 어떻든 찾아보자 하고 현무문으로 가서 문밖에 썩 나섰다. 〈중 략〉
> 거울은 마침 장에 마음에 맞는 것이 있었다. 지금 것과 대보면 어떤 때는 코도 크게 보이고 입이 작게도 보이는 것이지만, 그 당시에는, 그리고 그런 촌에서는 둘도 없는 귀물이었다. 거울을 사가지고 장을 본 뒤에 그는 이 거울을 아내에게 주면 그 기뻐할 모양을 생각하면서, 새빨간 저녁 햇빛을 받은 넘치는 듯한 바다를 안고 자기 집으로, 늘 들르던 탁줏집에도 안 들러서 돌아왔다.
> 그러나, 그가 그의 집 방 안에 들어선 때에는 뜻도 안 하였던 광경이 그의 눈앞에 벌어져 있었다.
> 방 가운데는 떡상이 있고, 그의 아우는 수건이 벗어져서 목 뒤로 늘어지고, 저고리 고름이 모두 풀어져 가지고 한편 모퉁이에 서 있고, 아내도 머리채가 모두 뒤로 늘어지고, 치마가 배꼽 아래 늘어지도록 되어 있으며, 그의 아내와 아우는 그를 보고 어찌할 줄을 모르는 듯이, 움쩍도 않고 서 있었다.
> 세 사람은, 한참 동안 어이가 없어서 서 있었다. 그러나 좀 있다가 마침내 그의 아우가 겨우 말했다.
> "그놈의 쥐 어디 갔니?" / "흥! 쥐? 훌륭한 쥐 잡댔다."
> 그는 말을 끝내지 않고 짐을 벗어 버리고 뛰어가서 아우의 멱살을 그러쥐었다.
> "형님 정말 쥐가!"
> "쥐? 이놈! 형수와 그런 쥐 잡는 놈 어디 있니?"
> 그는 따귀를 몇 번 때린 뒤에 등을 밀어서 문밖에 집어던졌다. 그런 뒤에 이제 자기에게 이를 매를 생각하고 우들우들 떨면서 아랫목에 서 있는 아내에게 달려들었다.
>
> – 김동인, '배따라기'

① 모란봉 주변의 어느 곳에서 배따라기 노래가 들려오고 있었다.

② 그는 장에서 아내에게 줄 거울을 사고 탁줏집을 들르지 않은 채 집으로 향했다.

③ 그가 집에 들어왔을 때 방 안에는 그의 아내와 아우가 옷이 흐트러진 채로 서 있었다.

④ 그는 동생의 말을 끝까지 듣지 않고 동생과 아내에게 윽박을 지르며 둘을 집 밖으로 쫓아냈다.

04. 다음 중 '노력'과 관련된 속담으로 가장 옳은 것은?

① 뱁새가 수리를 낳는다.
② 방죽을 파야 개구리가 뛰어들지.
③ 낙숫물은 떨어지던 데 또 떨어진다.
④ 용이 물 밖에 나면 개미가 침노를 한다.

05. 〈보기〉에 대한 설명으로 가장 옳은 것은?

> **보기**
>
> 1892년 당시 청 조계는 일본식으로 '청국 거류지(淸國居留地)'라 불렸다. 거류 인원은 총 41가구에 521명이었다. 그 가운데 여성은 단지 23명에 불과했다. 이는 당시 인천에 거주한 중국인들이 오로지 남성 위주로 경제활동에만 목적이 있었음을 알려준다. 그들의 직업을 보아도 관리가 27명, 상인이 100명, 노동자가 371명, 그리고 농민이 22명이었다.
>
> 남성이 다수를 이루는 인천의 중국인들은 집단생활을 하면서 식생활 문제는 그들 중 몇 사람이 음식점을 운영하여 해결했다. 곧 중국인을 상대로 한 식당이 중국인에 의해 생겨난 것이다. 식당은 주로 가정집 한 모퉁이나 상점 한쪽을 빌려 겨우 식탁만 서너 개 갖춘 정도였다. 여기서 주로 판매했던 음식 역시 지극히 간단한 것들이었다. 자오쯔(餃子)와 젠빙(煎餅) 등 빨리 먹을 수 있으면서도 끼니가 되는 음식으로, 그들의 고향인 중국 화북(華北) 지역 음식을 많이 팔았다. 자오쯔는 한국 사람들에게 만두(饅頭) 혹은 교자(餃子)로 알려진 음식이다. 젠빙은 한국에서 호떡이라 부르는 음식이다. 호떡은 '오랑캐(胡)가 먹는 떡(餅)'이라는 뜻으로, 청나라를 두고 북방의 오랑캐라고 여긴 조선 사람들이 붙인 이름이다.
>
> 이처럼 한반도에 중국인이 유입되면서 중국 음식점이 자리를 잡아가자 조선인도 점차 그 맛에 익숙해지기 시작했다.

① '젠빙(煎餅)'은 조선인들에 의해 만들어진 이름이다.
② 청국 거류지에 거주한 중국인들은 모두 남성이었다.
③ 인천의 중국 음식점은 조선인에 의해 탄생하게 되었다.
④ 중국인의 한반도 유입은 조선인의 입맛에 변화를 주었다.

06. 〈보기〉의 단어에 공통으로 적용된 음운 변동은?

> **보기**
> • 기어[기여]   • 신라[실라]   • 집일[짐닐]

① 동화   ② 탈락
③ 첨가   ④ 축약

07. 〈보기〉의 괄호에 알맞은 한자 성어는?

> **보기**
>
> 초나라 사람 중 한 사람이 배를 타고 강을 건너가는데, 그의 칼이 배에서 떨어져 강에 빠졌다. 그가 "이 곳은 내 칼이 떨어진 곳이다" 하고 뱃전에 그 자리를 새긴 뒤, 나중에 배가 육지에 정박한 후 그 새겨 놓은 곳에 들어가 칼을 찾기 시작했다. 흔히 속담에 "하나만 알고 둘은 모른다"라는 말이 여기에 해당한다. 인생에서 새로운 변화가 찾아온다면 (   )의 태도를 버리는 자세가 필요하다.

① 구밀복검(口蜜腹劍)
② 각주구검(刻舟求劍)
③ 단도직입(單刀直入)
④ 명재경각(命在頃刻)

08. 밑줄 친 단어의 품사로 가장 옳지 않은 것은?

① 그 사람은 꽤나 <u>사교적</u>이다. 〈명사〉
   그는 <u>사교적</u> 분위기에 어울리는 사람이다. 〈관형사〉
② 이제 나에게 남은 것은 너<u>뿐</u>이다. 〈조사〉
   그 이야기는 소문으로만 전해질 <u>뿐</u>이다. 〈의존 명사〉
③ 올 시간이 넘었는데 <u>왜</u> 오지 않는 거지? 〈부사〉
   <u>왜</u>, 자기가 힘들면 남은 신경도 안 쓰게 되잖아. 〈감탄사〉
④ 그 집의 <u>첫째</u>는 공무원이고, <u>둘째</u>는 사업가다. 〈수사〉
   <u>둘째</u> 며느리 삼아 봐야 맏며느리 착한 줄 안다. 〈관형사〉

09. 다음 글에서 추론한 내용으로 적절하지 않은 것은?

> 별은 가스와 먼지의 구름에서 출발하는데 가스와 먼지로 이루어진 구름이 중력에 의해 응축되기 시작할 때 별은 형성된다. 이 구름 조각들이 중력에 의하여 서로 끌어 당겨져서 모이면 별의 생성 초기 단계인 별의 구름으로 융합되며, 이를 원시성(原始星)이라 한다. 만약 원시성(原始星)의 질량이 충분히 커지면 가스와 먼지는 거대한 구체의 형태를 띠게 되고 중심부의 온도가 약 1,500만 도에 이르게 된다. 이 시점에서 핵융합 반응이 시작되고 가스와 먼지로 이루어진 구체에서 빛이 나기 시작한다. 이러한 핵융합 반응은 수소 원자를 결합하여 헬륨을 형성함으로써 별에 연료를 공급한다.
>
> 새로 탄생한 별의 생애를 완벽하게 예측할 수는 없지만, 어느 정도 추측이 가능하다. 별의 수명은 보통 질량에 의해 결정되기 때문이다. 가장 무거운 별은 가장 크고 가장 뜨겁지만 단 수백만 년 동안밖에 존재할 수 없다. 크기가 크고 무거울수록 연료원이 더 빨리 고갈되기 때문이다. 상대적으로 태양과 같은 중간 크기의 별은 수십억 년 동안 존재할 수 있고 적색왜성 같은 별은 수백억 년 동안 타기도 한다.
>
> 별은 탄생하여, 진화하고 소멸하는 과정을 거친다. 우주의 가스와 먼지에서 탄생한 별은 중력의 수축과 핵융합 반응을 되풀이하며 진화한다. 별이 내부에서 핵융합 반응을 일으켜 수소를 연소하면 헬륨이 생성된다. 별의 모든 수소가 연소되면 핵융합 반응은 멈추게 된다. 이로 인해 중력을 상쇄하던 외부 압력이 사라지고 곧 별의 외부 층은 중력에 의해 붕괴하기 시작하며 온도와 압력은 높아진다. 이때 수소의 연소 과정에서 생성된 헬륨이 중심핵을 이루게 되는데 헬륨의 핵융합 반응으로 인해 중력이 일시적으로 상쇄되지만 엄청난 외부 압력으로 별은 원래 크기보다 백 배 더 크게 팽창하게 된다. 이 과정을 겪으면 별은 보유한 수소를 다 소진한 적색거성이 된다.

① 적색왜성은 태양보다 질량이 작을 것이다.
② 핵융합이 일어나지 않으면 별은 빛을 낼 수 없을 것이다.
③ 중력이 존재하지 않았다면 별은 생성될 수 없었을 것이다.
④ 태양이 적색거성 상태에 이르면 내부의 수소가 고갈되었기 때문에 현재보다 지름이 감소할 것이다.

※ 다음 글을 읽고 물음에 답하시오. (10 ~ 11)

> 역사에서 변화와 진보는 언제나 존재해 왔고, 그 진보의 전위에는 항상 개혁 이데올로기가 자리했다. 물리적인 시간이 인간을 행복으로 한걸음 다가서게 만들어 준 것이 아니라 개혁 이데올로기의 전위가 지난 시대의 갈등과 ⊙ 모순을 해결해냈기 때문에 새로운 시대가 열리곤 했다. 그렇기에 역사적인 시대 구분은 물리적인 시간과 일치시키기보다는 ⓒ 변혁과 진보의 보폭과 함께하면서 편의상 그 연대를 세기별로 나눠 부르곤 해왔다.
>
> 인류 역사는 원시 공동 사회에서 노예제 사회를 거쳐 봉건주의를 겪었다. 이후 근대 자본주의 사회에서 그 갈등과 모순의 치유 혹은 대안으로 대두했던 사회주의가 20세기 초두에 실험 단계를 맞았다가 20세기가 끝나기도 전에 위기를 맞았다. 거시적 관점으로 보면 뉴밀레니엄은 자본주의 사회의 연속성이란 점에서 새로울 것도 없고 진부하고 기대할 것도 없는, 그저 달력이나 한 장 바꿔 달고, 컴퓨터 입력 날짜만 다시 클릭하는 연대에 지나지 않을 수도 있을 것이다. 그래서 지배 계급은 별로 새로울 것 없고, 또 새로운 이데올로기가 등장하지 않기를 바라는 속내에서 오히려 더 호들갑을 떨면서 금세 깜짝 놀랄 ⓒ 기적이라도 일어날 듯이 21세기를 복음 전도용으로 삼았는지 모른다. 21세기적인 여러 변화를 무시한 채 고루한 보수주의적인 입장을 옹호하려는 의도가 아니라 바람직한 21세기적 ⓔ 전망을 위해서는 20세기에 대한 보다 냉철한 반성이 필요하다는 취지에서 복음주의적인 선심 내지 모순과 갈등 무마용 밀레니엄 풍조는 냉철히 비판 받아야 마땅하다.

10. 다음 글쓴이의 입장에 부합하는 것은?
① 거시적인 관점에서 사회주의는 지난 시대의 갈등을 봉합한 의의가 있다.
② 지난 시대의 모순과 갈등은 물리적 시간의 경과로 인해 해결될 수 있다.
③ 모순을 덮게 하는 밀레니엄 시류는 지난 세기에 대한 냉철한 반성과 거리가 멀다.
④ 뉴밀레니엄 시대의 지배 계급은 변혁과 진보의 내용을 담은 깜짝 놀랄 만한 기적을 바란다.

11. 밑줄 친 ⊙ ~ ⓔ에 해당하는 한자로 적절하지 않은 것은?
① ⊙ 矛盾   ② ⓒ 變革
③ ⓒ 奇跡   ④ ⓔ 前望

12. 맞춤법 표기가 가장 옳은 것은?

① 피부가 눈처럼 하얍니다.

② 오늘은 할머니의 제사날이다.

③ 아버지께서 풍선을 열심히 부신다.

④ 공부가 안되서 잠깐 쉬고 있었을 뿐이다.

※ 다음 글을 읽고 물음에 답하시오. (13 ~ 14)

> 한글은 문자 발달사의 마지막 단계인 음운 문자에 속한다. 그런데 한글은 발음 기관을 본떠서 만든 점, 가획(加劃)을 통해 소리를 자형(字形)과 관련시키고 있는 점 등 매우 독특한 특성들을 가지고 있다. 이런 특성들 중 특별히 자형이 음운 자질을 반영한다는 점에 주목하여, 음운 문자와는 별도로 '자질 문자'를 설정하고 한글을 여기에 귀속시키기도 한다. 즉, 발음 위치가 같은 쌍인 'ㄱ, ㅋ'과 'ㄷ, ㅌ'에서 추가된 획은 '거셈'이라는 자질을 나타내므로 한글을 자질 문자로 볼 수 있다는 것이다. '자질 문자'란 명칭은 자질 자체를 글자로 만든 것에 붙어야 한다. 다시 말해, '거셈'이라는 자질이 자형에 반영되기만 해서는 안 되고, 이 자질이 하나의 독립된 글자로 나타나야 한다. 이러한 점에서 볼 때, (㉠)

13. ㉠에 들어갈 주장으로 가장 적절한 것은?

① 한글은 완전한 의미의 자질 문자라고 할 수 있다.

② 한글은 완전한 의미의 자질 문자라고 보기는 어렵다.

③ 한글은 자질 문자라기보다는 음절 문자로 볼 수 있다.

④ 한글이 문자로서의 우수성을 갖추었다고 보기는 어렵다.

14. 위 글의 제목으로 가장 적절한 것은?

① 자질 문자로서의 한글

② 한글의 독특한 특성인 가획

③ 자질 문자의 특성을 가진 한글

④ 문자 발달사 단계에 비춰 본 한글의 우수성

15. 다음 시에 대한 설명으로 적절하지 않은 것은?

> 죽는 날까지 하늘을 우러러
> 한 점 부끄럼이 없기를,
> 잎새에 이는 바람에도
> 나는 괴로워했다.
> 별을 노래하는 마음으로
> 모든 죽어 가는 것을 사랑해야지.
> 그리고 나한테 주어진 길을
> 걸어가야겠다.
>
> 오늘 밤에도 별이 바람에 스치운다.   – 윤동주, '서시'

① 시간의 이동에 따라 시상이 전개되고 있다.

② 순결한 삶을 살려는 화자의 다짐이 어두운 현실에 의해 좌절되었다.

③ 대립적인 이미지를 사용하여 시적 상황을 제시하고 있다.

④ 도덕적이고 순결한 삶을 살고자 하는 화자의 태도와 고뇌가 담겨 있다.

16. 〈보기〉에 나타난 작품 감상의 관점으로 가장 옳은 것은?

> **보기**
>
> 윤동주는 1945년 29세의 나이로 타계하기 전까지 일제의 억압이 절정에 달한 시기를 산 시인이야. 나는 윤동주 시인의 작품 '간(肝)'을 읽고, 작품에서 드러나는 '프로메테우스'와 화자가 비슷하다고 생각해. 특히, '목에 맷돌을 달고'라는 시구는 사회·정치적으로 일제의 억압이 극에 달한 환경에서 지식인으로서의 목소리를 내지 못하는 자신의 모습을 그려낸 것으로 볼 수 있을 것 같기도 해. 왜냐하면 일제 강점기에 윤동주 시인을 짓누르는 사회적 억압과 압박감이 작품 속에 나타난 '프로메테우스'가 겪는 억압과 비슷하다고 생각되거든. 그런 점에서 '침전(沈澱)'이라는 표현도 결국 시대에 의해 어쩔 수 없이 가라앉는 작가를 나타내고 싶었던 것은 아닐까?

① 절대론적 관점   ② 표현론적 관점

③ 효용론적 관점   ④ 반영론적 관점

17. '본용언 + 보조 용언' 구성이 아닌 것은?

① 일이 생길 법하다.

② 참외를 깎아서 먹었다.

③ 나의 말을 들어는 보아라.

④ 그의 말에 잘도 놀아만 나는군.

18. 〈보기〉에 대한 설명으로 가장 옳은 것은?

> **보기**
>
> 사람들이 제대로 된 식사를 하지 못하고, 끼니를 겨우 때우는 식으로 식생활이 바뀌면서 국민 건강에 적신호가 켜지고 있다. 보건복지부 자료에 의하면 비만, 아토피, 당뇨병 등이 점점 더 심각해지고 있다. "2005 국민 건강 영양 조사"에 의하면, 2001년에는 아토피 환자 수가 천 명당 12명이었던 것이 2005년에는 91.4명으로 크게 늘어났다. 이를 반영하여, 국민건강보험공단이 밝힌 아토피 환자 진료비도 2003년에는 289억 원, 2004년에는 296억 원이다가, 2005년에는 310억 원으로 늘어났다.

① 대조되는 사례를 통해 논지를 뒷받침하고 있다.

② 통계 수치를 활용하여 사회적 문제의 심각성을 보여 준다.

③ 권위자의 말을 인용하여 내용에 신뢰성을 부여하고 있다.

④ 전문 용어에 대한 설명을 제시하여 독자의 이해를 돕고 있다.

19. 〈보기〉의 시조를 이해한 내용으로 가장 옳지 않은 것은?

> **보기**
>
> ㉠首陽山 브라보며 ㉡夷齊를 恨ㅎ노라
> 주려 주글진들 ㉢採薇도 ㅎ는 것가
> ㉣비록애 푸새엣 거신들 긔 뉘 싸헤 낫드니

① ㉠은 중의성이 담긴 표현이다.

② ㉡은 전설 속의 인물을 의미한다.

③ 화자는 ㉢을 부정적으로 보고 있다.

④ ㉣을 통해 특정 대상에 대한 화자의 태도가 드러난다.

20. 다음 중 문장 부호에 대한 설명으로 옳은 것은?

① 제목 다음에 표시하는 부제의 앞뒤에 줄표(—)를 쓴다.

② 우리말 표기와 원어 표기를 아울러 보일 때는 대괄호([ ])를 쓴다.

③ 열거할 어구를 생략할 때 사용하는 줄임표 앞에는 쉼표(,)를 쓴다.

④ 대비되는 두 개 이상의 어구를 묶어 나타낼 때는 그 사이에 붙임표(–)를 쓴다.

21. 다음 글에 대한 설명으로 가장 옳지 않은 것은?

> 다음 날 과연 사나운 범이 성 안으로 들어와서 사람들을 사납게 해치니, 당해 낼 수 없었다. 원성왕이 이 소식을 듣고 영(令)을 내렸다.
> "범을 잡는 사람은 이급(二級)의 벼슬을 주겠다."
> 김현이 대궐로 나아가 아뢰었다.
> "소신이 그 일을 해내겠습니다."
> 왕은 이에 벼슬부터 먼저 주어 그를 격려했다.
> 김현이 칼을 쥐고 숲 속으로 들어가니, 범은 처녀로 변하여 웃으면서 말했다.
> "어젯밤에 낭군과 함께 은근히 나눈 말을 잊지 마십시오. 오늘 제 발톱에 상처를 입은 사람은 모두 흥륜사의 장을 바르고 그 절의 나팔 소리를 들으면 나을 것입니다."
> 말을 마친 처녀가 김현이 찼던 칼을 뽑아 스스로를 찌르자 바로 범이 되었다. 〈중 략〉
> 김현은 등용된 후 서천(西川) 가에 절을 지어 호원사(虎願寺)라 이름하고, 항상 '범망경(梵網經)'을 강하여 범의 명복을 빌고, 범이 스스로 희생하여 어짊을 이루어 준 은혜에 보답했다.

① 호랑이 처녀의 살신성인과 관련된 내용이 전개된다.

② 『삼국유사』에 수록되어 있다.

③ 당시 호랑이에 대한 인식과 민간문화에 대해 알 수 있어 설화 중에서도 민담으로 분류한다.

④ 호랑이 처녀와 '김현'의 비극적 사랑을 다루고 있으며 변신 모티프가 나타나는 변신 설화이다.

22. 다음 중 밑줄 친 부분을 잘못 고친 것은?

① 프랑스로부터 온 소식이 그를 기쁘게 했다.
   → 프랑스에서 온 소식이 그를 기쁘게 했다.

② 효과적인 읽기의 방법에 대해 이야기해 보자.
   → 효과적인 읽기 방법에 대해 이야기해 보자.

③ 운동할 때 좋은 동작이 나올 수 있도록 돕겠습니다.
   → 운동할 때 좋은 동작을 만들 수 있도록 돕겠습니다.

④ 그는 이 연구소의 연구원장을 역임한 매우 박식한 사람이다.
   → 그는 이 연구소의 연구원장을 지낸 매우 박식한 사람이다.

※ 다음 글을 읽고 물음에 답하시오. (23 ~ 24)

(가) 베르디의 〈라 트라비아타〉는 음악적으로는 매우 훌륭한 오페라이지만 사실 줄거리는 통속적인 멜로드라마의 범주를 벗어나지 못한다. 이 오페라는 TV 연속극 같은 신파의 극치를 보여준다. 그 안에 우리네 연속극에 등장하는 신파의 공식이 모두 들어 있다.

(나) 〈라 트라비아타〉는 이런 신파의 공식에 매우 충실한 오페라다. 남자가 홧김에 다른 여자와 결혼하는 대목을 제외하고는 그 전개가 놀랍도록 드라마 속의 신파와 닮아 있다. 우선 여기서 주인공 비올레타는 화류계 여자다. 사회 통념상 남자와 평범한 가정을 꾸릴 수 없는 신분의 여자인 것이다. 이런 그녀가 오로지 진실한 사랑이라는 명분 하나만 가지고 평범한 집안 출신 청년 알프레도와 동거를 시작한다. 비올레타는 알프레도를 만난 후 개과천선해서 화류계 생활을 접고, 알프레도의 충실한 반려자로 살게 된다. 하지만 일정한 수입이 없었던 두 사람은 비올레타가 화류계 생활을 하며 모은 재산을 까먹으며 산다.

(다) 비비안을 멋진 귀부인으로 변신시킨 에드워드는 그녀에게 상류사회의 생활을 체험하게 하는데, 그중 하나가 비행기를 타고 오페라를 보러가는 것이다. 여기서 그들이 본 오페라는 베르디의 〈라 트라비아타〉. 파리 사교계의 여왕 비올레타와 순진한 프로방스 청년 알프레도의 사랑을 그린 오페라다. 그렇다면 이 영화의 감독은 하고많은 오페라 중에서 왜 〈라 트라비아타〉를 골랐을까. 이유는 명백하다. 주인공 비올레타의 처지와 비비안의 처지가 비슷하기 때문이다.

(라) 줄리아 로버츠, 리처드 기어 주연의 영화 〈귀여운 여인〉은 대표적인 신데렐라 영화다. 에드워드는 망해가는 회사를 사들여 조각조각 나누어 파는 일을 하는 부유한 사업가로, 일에 있어서만큼은 철두철미하고 냉정한 사람이다. 어느 날 그는 사업차 로스앤젤레스에 갔다가 거기서 비비안이라는 매춘부를 만나 하룻밤을 지낸다. 그는 그녀의 순수하고 천진난만한 모습에 매력을 느껴 일주일 동안 자신과 같이 지낼 것을 제안한다.

(마) 비비안은 에드워드가 준 돈과 호텔 지배인의 도움으로 완전히 딴 사람으로 변신한다. 이렇게 비비안이 매춘부의 티를 벗고 점차 우아한 여인으로 변모해가는 과정을 지켜보면서 여자들은 자기 일인 양 흥분하고 즐거워한다. 특히 비비안이 에드워드가 준 카드를 마구 긁어대며 이른바 명품을 싹쓸이하는 장면은 대리만족을 넘어 짜릿한 카타르시스마저 느끼게 한다.

23. (가)~(마)의 연결 순서로 가장 자연스러운 것은?
① (가)-(나)-(라)-(다)-(마)
② (가)-(나)-(라)-(마)-(다)
③ (라)-(마)-(다)-(가)-(나)
④ (라)-(다)-(마)-(가)-(나)

24. 다음 중 위 글의 내용에 대한 이해로 가장 적절한 것은?
① 비비안의 사치스러운 모습은 당대 여성들에게 비판의 대상이었다.
② 에드워드는 사업의 성공을 위해 비비안에게 의도적으로 접근했다.
③ 오페라 〈라 트라비아타〉의 신파는 드라마 속의 신파와 다른 점이 있다.
④ 비비안과 비올레타는 진실한 사랑을 알게 된 후 화류계 생활을 청산했다.

25. 다음 조항에 대한 설명으로 적절하지 않은 것은?

제5조(의료인 등의 책무와 권리)
① 「의료법」에 따른 의료인 및 의료기관의 장 등은 감염병 환자의 진료에 관한 정보를 제공받을 권리가 있고, 감염병 환자의 진단 및 치료 등으로 인하여 발생한 피해에 대하여 보상받을 수 있다.
② 「의료법」에 따른 의료인 및 의료기관의 장 등은 감염병 환자의 진단·관리·치료 등에 최선을 다하여야 하며, 보건복지부장관, 질병관리청장 또는 지방자치단체의 장의 행정명령에 적극 협조하여야 한다.

제6조(국민의 권리와 의무)
① 국민은 감염병으로 격리 및 치료 등을 받은 경우 이로 인한 피해를 보상받을 수 있다.
② 국민은 감염병 발생 상황, 감염병 예방 및 관리 등에 관한 정보와 대응방법을 알 권리가 있고, 국가와 지방자치단체는 신속하게 정보를 공개하여야 한다.
③ 국민은 의료기관에서 이 법에 따른 감염병에 대한 진단 및 치료를 받을 권리가 있고, 국가와 지방자치단체는 이에 소요되는 비용을 부담하여야 한다.

① 의료인은 감염병 환자의 진료에 관한 정보를 제공받을 권리가 있으며, 국민은 감염병에 관한 정보와 대응방법을 알 권리가 있다.
② 국민이 감염병에 대한 치료를 받을 경우, 이로 인한 피해를 보상받을 수는 있으나 치료에 소요되는 비용은 국민이 부담해야 한다.
③ 국가와 지방자치단체는 국민에게 감염병에 대한 정보를 신속하게 공개해야 하며, 의료인은 지방자치단체의 장의 행정명령에 적극 협조해야 한다.
④ 의료인 및 의료기관의 장 등은 감염병 환자의 진단·관리·치료 등에 최선을 다해야 하며, 감염병 환자의 치료 등으로 인해 의료인에게 피해가 발생할 경우 이를 보상받을 수 있다.

행정법
제2과목

01. 국가배상에 대한 설명으로 옳지 않은 것은? (다툼이 있는 경우 판례에 의함)

① 행정처분이 뒤에 항고소송에서 취소되었다면 그 자체만으로 그 행정처분이 곧바로 공무원의 고의 또는 과실로 인한 불법행위를 구성한다.

② 지방자치단체가 관할 동장으로 하여금 '교통할아버지'를 선정하여 어린이 보호, 교통안내 등의 공무를 위탁하여 집행하게 하였다면 '교통할아버지'는 국가배상법 제2조 소정의 공무원에 해당한다.

③ 국회의원의 입법행위는 그 입법 내용이 헌법의 문언에 명백히 위반됨에도 불구하고 국회가 굳이 당해 입법을 한 것과 같은 특수한 경우가 아닌 한 국가배상법 제2조 제1항 소정의 위법행위에 해당된다고 볼 수 없다.

④ 공무원의 직무집행이 법령이 정한 요건과 절차에 따라 이루어진 것이라면 그 과정에서 개인의 권리가 침해되는 일이 생기더라도 그 법령 적합성이 곧바로 부정되는 것은 아니다.

02. 무효등 확인소송에 대한 설명으로 옳지 않은 것은? (다툼이 있는 경우 판례에 의함)

① 거부처분인 행정처분에 대하여 무효확인판결이 내려진 경우에도 간접강제가 허용되는 것은 아니다.

② 행정처분의 당연무효를 주장하여 그 무효확인을 구하는 행정소송에 있어서는 원고에게 그 행정처분이 무효인 사유를 주장하고 입증할 책임이 있다.

③ 행정처분의 무효확인판결의 효력은 취소판결의 경우와 같이 소송의 당사자는 물론 제3자에게도 미친다.

④ 무효확인소송은 보충성이 요구되므로 무효확인을 구할 법률상 이익이 있는지 판단할 때에는 행정처분의 무효를 전제로 한 이행소송 등과 같은 직접적인 구제수단이 있는지 여부를 살펴볼 필요가 있다.

03. 행정의 주요 행위형식에 대한 설명으로 옳지 않은 것은? (다툼이 있는 경우 판례에 의함)

① 허가를 받을 것을 전제로 한 토지거래계약은 특별한 사정이 없는 한 허가를 받을 때까지는 유동적 무효 상태에 있다가 일단 허가를 받으면 그 계약은 소급하여 유효한 계약이 되고 이와 달리 불허가가 된 때에는 무효로 확정된다.

② 행정청의 확약 또는 공적인 의사표명이 있은 후에 사실적 또는 법률적 상태가 변경되었다면 그 확약 또는 공적인 의사표명은 행정청의 별다른 의사표시를 기다리지 않고 효력이 상실된다.

③ 구 교육인적자원부장관의 국립대학총장들에 대한 학칙시정요구는 대학총장의 임의적인 협력을 통하여 사실상의 효과를 발생시키는 행정지도로서 헌법소원의 대상인 공권력의 행사라고 볼 수 없다.

④ 전문직공무원인 공중보건의사의 채용계약은 공법상 계약이므로 그 채용계약 해지의 의사표시에 대하여는 공법상 당사자소송으로 무효확인을 청구할 수 있다.

04. 재량행위에 대한 설명으로 옳지 않은 것은? (다툼이 있는 경우 판례에 의함)

① 재량권의 남용이나 재량권의 일탈의 경우에는 그 재량권이 기속재량이거나 자유재량이거나를 막론하고 사법심사의 대상이 된다.

② 재량행위에는 조건이나 기한, 부담 등 재량행위의 법 효과를 제한하는 부관을 붙일 수 없다.

③ 과징금 납부명령에 대하여 재량권의 일탈이 있는 경우 법원은 재량의 일탈 여부만 판단할 수 있을 뿐이고 법원이 적정하다고 인정하는 부분을 초과한 부분만 취소할 수는 없다.

④ 학생에 대한 징계권의 발동이나 징계의 양정이 징계권자의 교육적 재량에 맡겨져 있다 할지라도 법원이 심리한 결과 그 징계처분에 위법사유가 있다고 판단되는 경우에는 이를 취소할 수 있다.

05. 행정청의 권한에 대한 설명으로 옳지 않은 것은? (다툼이 있는 경우 판례에 의함)

① 행정처분을 행할 적법한 권한이 있는 상급행정청으로부터 내부위임을 받은 것에 불과한 하급행정청이 권한 없이 자기의 이름으로 행정처분을 한 경우에는 하급행정청이 항고소송의 피고가 된다.

② 수임 및 수탁사무의 처리에 관하여 위임 및 위탁기관은 수임 및 수탁기관에 대하여 사전승인을 받거나 협의를 할 것을 요구할 수 있다.

③ 서울특별시 농수산식품공사는 서울특별시가 개설한 도매시장의 거래질서 유지 등에 관한 업무를 수행하기 위하여 지방공기업법에 따라 설립된 공기업으로서 서울특별시장으로부터 그 권한에 속하는 사무의 일부를 위임받은 공공단체에 해당한다.

④ 행정기관은 법령으로 정하는 바에 따라 그 소관사무 중 관리업무 등 국민의 권리 또는 의무와 직접 관계되지 아니하는 사무를 지방자치단체가 아닌 단체에 위탁할 수 있다.

06. 허가에 대한 설명으로 옳지 않은 것은? (다툼이 있는 경우 판례에 의함)

① 허가신청에 대한 결정에 앞서 허가기준을 정한 법령이 개정된 경우에는 특별한 사정이 없는 한 변경된 허가기준에 따라서 처분을 하여야 한다.

② 허가의 갱신은 허가취득자에게 종전의 지위를 계속 유지시키는 효과를 갖게 하므로 일단 갱신이 있은 후에도 갱신 전의 법위반사실을 근거로 허가를 취소할 수 있다.

③ 허가기간이 연장되기 위하여는 그 종기가 도래하기 전에 그 허가기간의 연장에 관한 신청이 있어야 하며, 연장신청이 없는 상태에서 허가기간이 만료하면 허가의 효력은 상실된다.

④ 명문의 근거가 없음에도 불구하고 환경보전이라는 중대한 공익상의 필요를 이유로 산림훼손허가를 거부하는 것은 법률유보원칙에 따라 허용되지 않는다.

07. 행정절차에 대한 설명으로 옳지 않은 것은? (다툼이 있는 경우 판례에 의함)

① '고시'의 방법으로 불특정 다수인에게 의무를 부과하거나 권익을 제한하는 처분은 상대방을 특정할 수 없으므로 상대방에게 의견제출의 기회를 주어야 하는 것은 아니다.

② 귀속재산을 불하받은 자가 사망한 후에 불하처분을 취소하는 처분을 수불하자의 상속인에게 송달한 때에는 그 상속인에 대하여 다시 그 불하처분을 취소한다는 새로운 행정처분을 한 것이다.

③ 공정거래위원회의 시정조치 및 과징금납부명령에 행정절차법 소정의 의견청취절차 생략사유가 존재한다면, 공정거래위원회는 행정절차법을 적용하여 의견청취절차를 생략할 수 있다.

④ 신청에 대한 거부처분이 '당사자의 권익을 제한하는 처분'에 해당하지 않으므로 이 처분은 사전통지의 대상이 된다고 할 수 없다.

08. 취소소송에 대한 설명으로 옳지 않은 것은? (다툼이 있는 경우 판례에 의함)

① 상급행정기관의 하급행정기관에 대한 승인·동의·지시 등은 행정기관 상호간의 내부행위로서 취소소송의 대상이 되는 처분에 해당하지 않는다.

② 교도소장이 특정한 수형자를 '접견내용 녹음·녹화 및 접견시 교도관 참여대상자'로 지정한 행위는 취소소송의 대상이 되는 처분에 해당한다.

③ 재결취소소송의 대상이 되는 재결의 고유한 위법에는 주체, 형식, 절차상의 위법뿐만 아니라 내용상의 위법도 포함된다.

④ 제재적 행정처분의 가중사유에 관한 규정이 행정규칙의 형식으로 되어 있다면 이는 행정청 내부의 재량준칙에 불과하여 관할 행정청이나 담당공무원이 준수할 의무가 없으므로, 그 가중사유가 되는 처분의 제재기간이 경과되었다면 취소를 구할 법률상 이익이 없다.

09. 행정상 강제집행에 대한 설명으로 옳지 않은 것은? (다툼이 있는 경우 판례에 의함)

　① 과세관청이 체납자 등에 대하여 공매통지를 하지 아니한 채 공매처분을 하였다 하여도 그 공매처분이 당연무효로 되는 것은 아니다.

　② 과세관청이 체납처분으로서 행하는 공매에 의하여 재산을 매수한 자는 그 공매처분이 취소된 경우에 그 취소처분의 위법을 주장하여 행정소송을 제기할 법률상 이익이 있다.

　③ 국세징수법상 체납자 등에 대한 공매통지는 국가의 강제력에 의하여 진행되는 공매에서 체납자 등의 권리를 보호하기 위하여 법률로 규정한 절차적 요건이므로, 공매처분을 하면서 체납자 등에게 공매통지를 하지 않았다면 그 공매처분은 위법하다.

　④ 선행행위인 조세 등 부과처분이 무효이거나 취소되어 그 효력을 상실한 경우에도 후행행위인 체납처분이 당연무효가 되는 것은 아니다.

10. 지방자치법에 대한 설명으로 옳지 않은 것은?

　① 지방자치단체가 주민의 권리 제한 또는 의무 부과에 관한 사항이나 벌칙을 정할 때에는 법률의 위임이 있어야 한다.

　② 지방자치단체를 폐지하거나 설치하거나 나누거나 합칠 때에는 새로 그 지역을 관할하게 된 지방자치단체가 그 사무와 재산을 승계한다.

　③ 지방자치단체의 명칭과 구역을 바꿀 때에는 법률로 정하고, 지방자치단체의 관할 구역의 경계와 한자 명칭을 바꿀 때에는 조례로 정한다.

　④ 지방자치단체를 나누거나 합하여 새로운 지방자치단체가 설치되면 그 지방자치단체의 장은 필요한 사항에 관하여 새로운 조례나 규칙이 제정·시행될 때까지 종래 그 지역에 시행되던 조례나 규칙을 계속 시행할 수 있다.

11. 공법관계와 사법관계에 대한 설명으로 옳지 않은 것은? (다툼이 있는 경우 판례에 의함)

　① 대법원은 공익사업을 위한 토지 등의 취득 및 보상에 관한 법령에 의한 협의취득을 사법상의 법률행위라고 본다.

　② 대법원은 '공무원 및 사립학교교직원 의료보험관리공단' 직원의 근무관계는 사법관계라고 본다.

　③ 대법원은 국립의료원 부설주차장에 관한 위탁관리용역운영계약은 사법상의 계약이라고 본다.

　④ 신주체설에 따르면, 공법관계는 공권력의 주체에 대해서만 권리와 의무를 귀속시키는 반면에 사법관계는 누구에게나 권리와 의무를 귀속시킨다고 한다.

12. 행정행위에 대한 설명으로 옳지 않은 것은? (다툼이 있는 경우 판례에 의함)

　① 사업인정이란 공익사업을 토지 등을 수용 또는 사용할 사업으로 결정하는 것으로서 공익사업의 시행자에게 그 후 일정한 절차를 거칠 것을 조건으로 일정한 내용의 수용권을 설정하여 주는 형성행위이다.

　② 출입국관리법상 체류자격 변경허가는 신청인에게 당초의 체류자격과 다른 체류자격에 해당하는 활동을 할 수 있는 권한을 부여하는 일종의 설권적 처분의 성격을 가진다.

　③ 재개발조합설립인가신청에 대한 행정청의 조합설립인가처분은 법령상 일정한 요건을 갖추는 경우 행정주체의 지위를 부여하는 일종의 설권적 처분의 성질을 가진다.

　④ 종합주류도매업 등 주류판매업 면허는 일종의 설권적 처분의 성질을 가지므로 면허 여부 및 내용의 결정은 원칙적으로 면허관청의 재량에 속한다.

13. 행정입법에 대한 설명으로 옳지 않은 것은? (다툼이 있는 경우 판례에 의함)

① 법률에서 위임받은 사항에 관하여 대강을 정하고 그 중 특정사항을 범위를 정하여 하위법령에 다시 위임하는 것은 재위임금지의 원칙에 반한다.

② 법령의 위임관계는 반드시 하위 법령의 개별조항에서 위임의 근거가 되는 상위 법령의 해당 조항을 구체적으로 명시하고 있어야만 하는 것은 아니다.

③ 일반적·추상적·개괄적인 규정이라 할지라도 법관의 법보충 작용으로서의 해석을 통하여 그 의미가 구체화·명확화될 수 있다면 명확성의 원칙에 반하는 것으로 볼 수 없다.

④ 헌법재판소는 헌법이 인정하고 있는 위임입법의 형식을 예시적인 것이라고 본다.

15. 행정상 손실보상에 대한 설명으로 옳지 않은 것은? (다툼이 있는 경우 판례에 의함)

① 하천구역 편입토지에 대한 손실보상청구권은 공법상의 권리이다.

② 손실보상액을 산정할 때에 해당 공익사업의 시행으로 인한 개발이익을 배제하는 것은 헌법에 위반되지 않는다.

③ 문화적·학술적 가치는 토지의 재산적 가치를 높여주는 바, 특별한 사정이 없는 한 손실보상의 대상이 된다.

④ 지장물인 건물은 적법한 건축허가를 받아 건축된 것인지 여부에 관계없이 토지수용법상의 사업인정의 고시 이전에 건축된 건물이기만 하면 손실보상의 대상이 된다.

14. 행정벌에 대한 설명으로 옳지 않은 것은? (다툼이 있는 경우 판례에 의함)

① 종업원의 범죄성립이나 처벌은 양벌규정에 의한 영업주 처벌의 전제조건이 되지 아니한다.

② 도로교통법에 따른 경찰서장의 통고처분은 행정심판이나 행정소송으로 다툴 수 있다.

③ 과태료 부과처분 후에 형사처벌을 한다고 하여 일사부재리의 원칙에 반하는 것은 아니다.

④ 명문규정이 없는 경우에도 관련법규의 해석에 따라 과실범도 벌할 뜻이 명확한 경우에는 과실행위를 처벌할 수 있다.

16. 준법률행위적 행정행위에 대한 설명으로 옳지 않은 것은? (다툼이 있는 경우 판례에 의함)

① 특허청장의 상표사용권설정등록행위는 준법률행위적 행정행위이다.

② 정년에 달한 공무원에 대한 정년퇴직 발령행위는 항고소송의 대상이 되는 처분이다.

③ 진실·화해를 위한 과거사정리 기본법상 진실규명결정은 항고소송의 대상이 되는 처분이다.

④ 서울특별시장의 의료유사업자 자격증 갱신발급행위는 준법률행위적 행정행위이다.

17. 병역법상 정의 규정에 대한 설명으로 옳지 않은 것은?

① "징집"이란 국가가 병역의무자에게 현역, 예비역, 보충역에 복무할 의무를 부과하는 것을 말한다.

② "입영"이란 병역의무자가 징집·소집 또는 지원에 의하여 군부대에 들어가는 것을 말한다.

③ "전환복무"란 현역병으로 복무 중인 사람이 의무경찰대원 또는 의무소방원의 임무에 복무하도록 군인으로서의 신분을 다른 신분으로 전환하는 것을 말한다.

④ "군간부후보생"이란 장교·준사관·부사관의 병적 편입을 위하여 군사교육기관 또는 수련기관 등에서 교육이나 수련 등을 받고 있는 사람을 말한다.

18. 다음 중 행정법 관계를 올바르게 연결한 것을 모두 고르면? (다툼이 있는 경우 판례에 의함)

┌───┐
│ ㄱ. 농지개량조합과 그 직원과의 관계 – 사법상의 근로 │
│   계약관계   │
│ ㄴ. 광주광역시문화예술회관장의 단원 위촉 – 공법상의 │
│   근로계약관계   │
│ ㄷ. 교육공무원 내지 특정직공무원의 신분을 부여받는 │
│   조교 – 공법상 근로계약관계   │
│ ㄹ. 서울특별시지하철공사의 임원과 직원의 근무관계 – │
│   공법상의 특별권력관계   │
└───┘

① ㄱ, ㄹ   ② ㄴ, ㄷ
③ ㄱ, ㄴ, ㄷ   ④ ㄴ, ㄷ, ㄹ

19. 행정법의 법원에 대한 설명으로 옳지 않은 것은? (다툼이 있는 경우 판례에 의함)

① 사회의 거듭된 관행으로 생성된 사회생활규범이 관습법으로 승인되었다고 하더라도 사회 구성원들이 그러한 관행의 법적 구속력에 대하여 확신을 갖지 않게 되었다면 그 관습법은 법적 규범으로서의 효력이 부정된다.

② 회원국 정부의 반덤핑부과처분이 WTO 협정위반이라는 이유만으로 사인이 직접 국내 법원에 회원국 정부를 상대로 그 처분의 취소를 구하는 소를 제기하거나 위 협정위반을 처분의 독립된 취소사유로 주장할 수는 없다.

③ 남북 사이의 화해와 불가침 및 교류협력에 관한 합의서는 남북한 당국이 각기 정치적인 책임을 지고 상호간에 그 성의 있는 이행을 약속한 것으로서 국내법과 동일한 법적 구속력이 인정되는 조약에 해당한다.

④ 대법원의 판례가 법률해석의 일반적인 기준을 제시한 경우라도 사안이 서로 다른 사건을 재판하는 하급심법원의 법관을 직접 기속하는 효력이 있는 것은 아니다.

20. 행정법의 일반원칙에 대한 설명으로 옳지 않은 것은? (다툼이 있는 경우 판례에 의함)

① 위법한 행정처분이 수차례에 걸쳐 반복적으로 행하여졌다 하더라도 그러한 처분이 위법한 것인 때에는 행정청에 대하여 자기구속력을 갖게 된다고 할 수 없다.

② 폐기물처리업 사업계획에 대한 적정통보에는 당해 토지에 대한 형질변경허가신청을 허가하는 취지의 공적 견해표명이 있는 것으로 볼 수 없다.

③ 병무청 담당부서의 담당공무원에게 공적 견해의 표명을 구하는 정식의 서면질의 등을 하지 아니한 채 총무과 민원팀장에 불과한 공무원이 민원봉사차원에서 상담에 응하여 안내한 것을 신뢰한 경우에는 신뢰보호 원칙이 적용되지 아니한다.

④ 개발이익환수에 관한 법률에 정한 개발사업을 시행하기 전에, 행정청이 민원예비심사에 대하여 관련부서 의견으로 '저촉사항 없음'이라고 기재한 것은 공적인 견해표명에 해당한다.

21. 행정심판에 대한 설명으로 옳지 않은 것은? (다툼이 있는 경우 판례에 의함)

① 행정심판위원회는 처분의 집행 때문에 회복하기 어려운 손해가 생기는 것을 예방할 필요성이 긴급하다고 인정할 때에는 직권으로 또는 당사자의 신청에 의하여 처분의 집행정지를 결정할 수 있다.

② 청구의 변경결정이 있으면 처음 행정심판이 청구되었을 때부터 변경된 청구의 취지나 이유로 행정심판이 청구된 것으로 본다.

③ 처분청이 고지의무를 이행하지 아니하였다고 하더라도 경우에 따라 행정심판의 제기기간이 연장될 수 있음에 그칠 뿐이고 행정심판의 대상이 되는 행정처분이 위법하다고 할 수는 없다.

④ 행정심판의 청구인이 경제적 능력으로 인해 대리인을 선임할 수 없는 경우에는 행정심판위원회에 국선대리인을 선임하여 줄 것을 신청할 수 있다.

22. 행정절차법상 청문 및 공청회에 대한 설명으로 옳지 않은 것은?

① 청문 주재자는 당사자의 신청에 따라 필요한 조사를 할 수 있으며, 당사자 등이 주장하지 아니한 사실에 대하여는 직권으로 조사할 수 없다.

② 누구든지 청문을 통하여 알게 된 사생활이나 경영상 또는 거래상의 비밀을 정당한 이유 없이 누설하거나 다른 목적으로 사용하여서는 아니 되며, 공청회의 경우에는 이에 대한 규정을 두고 있지 아니하다.

③ 청문은 당사자가 공개를 신청하거나 청문 주재자가 필요하다고 인정하는 경우에 공개할 수 있으나, 공익 또는 제3자의 정당한 이익을 현저히 해칠 우려가 있는 경우에는 공개하여서는 아니 된다.

④ 청문이나 공청회를 마친 후에도 일정한 경우에는 청문을 재개하거나 공청회를 재개최할 수 있다.

23. 다음 중 행정기본법상 과징금의 근거가 되는 법률에 명시하여야 하는 사항은 모두 몇 개인가?

ㄱ. 과징금의 부과·징수 주체
ㄴ. 과징금의 부과 사유
ㄷ. 과징금의 상한액
ㄹ. 가산금을 징수하려는 경우 그 사항
ㅁ. 과징금 또는 가산금 체납시 강제징수를 하려는 경우 그 사항

① 2개   ② 3개
③ 4개   ④ 5개

24. 민중소송과 기관소송에 대한 설명으로 옳지 않은 것은? (다툼이 있는 경우 판례에 의함)

① 국민투표법상 국민투표의 효력을 다투는 소송은 민중소송에 해당한다.

② 민중소송 및 기관소송은 법률이 정한 경우에 법률에 정한 자에 한하여 제기할 수 있다.

③ 기관소송으로써 처분 등의 효력 유무의 확인을 구하는 소송에는 그 성질에 반하지 아니하는 한 무효등 확인소송에 관한 규정을 준용한다.

④ 민중소송으로써 처분 등의 취소를 구하는 소송에는 그 성질에 반하지 아니하는 한 당사자소송에 관한 규정을 준용한다.

25. 정보공개 및 개인정보 보호에 대한 설명으로 옳지 않은 것은?
(다툼이 있는 경우 판례에 의함)

① '정보공개에 관하여 다른 법률에 특별한 규정이 있는 경우'에 해당한다고 하여 정보공개법의 적용을 배제하기 위해서는, 특별한 규정이 '법률'이어야 하고, 내용이 정보공개의 대상 및 범위, 정보공개의 절차, 비공개 대상 정보 등에 관하여 정보공개법과 달리 규정하고 있는 것이어야 한다.

② 사립대학교에 대하여 교육관련기관의 정보공개에 관한 특례법이 적용되는 경우에도 공공기관의 정보공개에 관한 법령을 적용할 수 없는 것은 아니다.

③ 정보에 대한 공개를 요구받은 공공기관이 정보공개를 거부하려면 어느 부분이 어떠한 법익 또는 기본권과 충돌되어 비공개사유에 해당하는지를 주장·입증하여야 하고, 개괄적인 사유만을 들어 공개를 거부하는 것은 허용되지 아니한다.

④ 이미 공개된 개인정보를 정보주체의 동의가 있었다고 객관적으로 인정되는 범위 내에서 이용하는 경우라 하더라도 그 개인정보를 영리 목적에 이용하는 이상 원칙적으로 정보주체로부터 별도의 동의를 받아야 한다.

경영학

제3과목

응시번호 :   성명 :

01. 다음 중 경영이론의 주창자와 그 내용의 연결이 옳지 않은 것은?

① 테일러 - 차별적 성과급제

② 포드 - 고임금 고가격의 원칙

③ 메이요 - 비공식조직의 중시

④ 베버 - 규칙과 절차의 중시

02. 다음 중 아웃소싱(outsourcing)에 대한 설명으로 옳지 않은 것은?

① 독립 가능한 사업부와 조직 단위를 개개의 조직 단위로 나누어 독립적인 주체로 하는 것이다.

② 기업이 생산·유통·포장·용역 등의 업무의 일부분을 기업외부에 위탁하는 것이다.

③ 기업을 혁신하고 경쟁력을 높일 수 있는 방법 중 단기간에 많은 효과를 얻을 수 있는 방법이다.

④ 기업은 고유 업무에 집중함으로써 성장과 경쟁력 및 핵심역량 강화를 위한 대안으로 활용되고 있다.

03. 다음 중 기업의 사회적 책임(CSR)에 대한 내용으로 옳지 않은 것은?

① 기업의 다양한 이해 조정에 대한 책임

② 기업의 주주부의 극대화에 대한 책임

③ 기업의 유지 및 발전에 대한 책임

④ 기업의 후계자 육성에 대한 책임

04. 다음에서 설명하는 용어에 해당하는 것은?

> 다양한 분석기법을 활용하여 고객 데이터로부터 개별고객의 가치, 욕구, 행동형태 등을 예측하여 고객만족을 위한 고객관리전략을 수립하고 고객과의 관계를 지속하는 마케팅 방식이다.

① MIS

② BCG

③ CRM

④ MRP

05. 다음 중 호손실험의 과정을 순서대로 나열한 것으로 옳은 것은?

> ㄱ. 면접실험
> ㄴ. 조명실험
> ㄷ. 배전기 전선작업 관찰실험
> ㄹ. 계전기 조립실험

① ㄱ → ㄴ → ㄷ → ㄹ

② ㄱ → ㄹ → ㄷ → ㄴ

③ ㄴ → ㄹ → ㄱ → ㄷ

④ ㄴ → ㄹ → ㄷ → ㄱ

06. 다음 중 기업이 가격전략을 수립할 때 소비자의 가격민감도를 낮출 수 있는 상황으로 가장 적절하지 않은 것은?

① 제품이 독특하여 대체재를 찾을 수 없는 경우
② 제품이 이전에 구매한 자산과 결합하여 사용되는 경우
③ 구매 비용의 일부를 다른 사람이 부담하는 경우
④ 구매자가 제품을 비축할 수 있는 경우

07. 다음 중 고관여상황하에서의 소비자구매의사결정과정 5단계를 순서대로 나열한 것으로 옳은 것은?

① 문제인식 → 정보탐색 → 구매 → 구매 후 행동 → 대안평가
② 문제인식 → 정보탐색 → 대안평가 → 구매 → 구매 후 행동
③ 정보탐색 → 대안평가 → 문제인식 → 구매 → 구매 후 행동
④ 정보탐색 → 문제인식 → 대안평가 → 구매 → 구매 후 행동

08. 다음 중 서비스마케팅에 대한 설명으로 옳지 않은 것은?

① 고객은 지각된 서비스가 기대된 서비스에 미치지 못할 경우에 불만족을 한다.
② 서비스마케팅 믹스는 전통적인 마케팅믹스인 4P's 이외에 물리적 증거, 사람, 프로세스가 포함된다.
③ 서비스의 특성에는 무형성, 변동성, 소멸성, 분리성 등이 해당된다.
④ 서비스는 누가, 언제, 어디서, 누구에게, 어떻게 제공하느냐에 따라 품질이 달라질 수 있다.

09. 다음 중 후방통합에 대한 설명으로 옳은 것은?

① 제조 기업이 원재료 공급업자를 인수·합병하는 것을 말한다.
② 제조 기업이 제품의 유통을 담당하는 기업을 인수·합병하는 것을 말한다.
③ 기업이 기존 사업과는 관련성이 없는 신사업 분야로 진출하는 것을 말한다.
④ 기업이 같거나 유사한 업종의 경쟁사를 인수·합병하는 것을 말한다.

10. 다음 중 서비스품질을 측정하기 위해 개발된 SERVQUAL 차원과 측정 항목의 연결로 옳지 않은 것은?

① 공감성 – 고객에 대한 배려와 개인적인 관심
② 확신성 – 예절을 포함한 고객에게 믿음을 주는 정도
③ 대응성 – 고객의 요구에 항상 대응할 수 있는 창구의 서비스 제공에 대한 의지
④ 유형성 – 시설의 청결정도와 약속의 이행정도

11. 다음 중 특정 기업이 자사의 제품을 경쟁제품과 비교하여 유리하고 독특한 위치를 차지하도록 하는 마케팅전략에 해당하는 것은?

① 관계마케팅

② 표적시장의 선정

③ 포지셔닝

④ 시장세분화

12. 다음 중 제품 개발 시 기존의 브랜드 자산이 크다고 판단되는 경우 기존 제품범주에 속하는 신제품에 그 브랜드명을 그대로 사용하는 전략으로 옳은 것은?

① 라인확장

② 범주확장

③ 상향확장

④ 채널확장

13. 다음 중 수요예측 기법 중에서 정성적 방법에 해당되지 않는 것은?

① 시계열분석

② 델파이기법

③ 전문가패널법

④ 자료유추법

14. 다음 중 유통과정에서 중간상의 역할로 옳지 않은 것은?

① 생산자와 소비자 간의 수요와 공급을 조절하는 역할을 한다.

② 생산자와 소비자 간의 교환과정을 촉진하는 역할을 한다.

③ 생산자의 적정 이윤을 보장하는 역할을 한다.

④ 생산자와 소비자 간의 접촉 횟수와 거래비용을 감소시키는 역할을 한다.

15. 다음 중 인사고과에 대한 설명으로 옳지 않은 것은?

① 현혹효과는 피고과자의 어느 한 면을 기준으로 다른 것까지 함께 평가하는 경향을 말한다.

② 대비오차는 피고과자의 능력을 실제보다 높게 평가하는 경향을 말한다.

③ 인사고과란, 종업원의 능력과 업적을 평가하여 그가 보유하고 있는 현재적 및 잠재적 유용성을 조직적으로 파악하는 방법이다.

④ 인사고과의 타당성은 고과내용이 고과목적을 얼마나 잘 반영하고 있느냐에 관한 것이다.

16. 다음 중 조직행동의 집단 수준의 변수에 해당하지 않는 것은?

① 의사결정

② 의사소통

③ 리더십

④ 지각

17. 다음 중 델파이기법에 대한 설명으로 옳지 않은 것은?

① 많은 전문가들의 의견을 취합하여 재조정 과정을 거친다.

② 전문가들을 찬성과 반대의 두 집단으로 나누어 효과적으로 진행한다.

③ 전문가들을 공식적으로 소집하여 한 장소에 모이게 할 필요성이 없다.

④ 미래의 불확실성에 대한 의사결정 및 장기예측에 적합한 방법이다.

18. 다음 중 Big5모델에서 제시하는 5가지의 성격요소에 해당하지 않는 것은?

① 객관성

② 개방성

③ 외향성

④ 성실성

19. 다음 중 기업이 직면한 문제를 해결하기 위하여 '정의 – 측정 – 분석 – 개선 – 관리(DMAIC)'의 과정을 통하여 문제를 해결해나가는 경영혁신 기법으로 옳은 것은?

① TQC

② MIS

③ 6-sigma

④ SQC

20. 다음 중 지리적으로 떨어져 있는 많은 컴퓨터들을 연결해서 가상 슈퍼컴퓨터를 구축함으로써 복잡한 연산을 수행하는 컴퓨터 방식으로 옳은 것은?

① 클라이언트컴퓨팅

② 그리드컴퓨팅

③ 클라우드컴퓨팅

④ 가상화

21. 다음 중 재무관리의 중요한 영역에 포함되지 않는 것은?

① 투자결정

② 자본조달결정

③ 운전자본관리

④ 종업원관리

22. 다음 중 주식분할에 대한 설명으로 옳지 않은 것은?

① 액면가치가 감소한다.

② 이익잉여금의 감소로, 회계상의 이전이다.

③ 주당순이익이 감소한다.

④ 주주의 지분권은 변동이 없다.

23. 다음 설명 중 옳지 않은 것은?

① 증권시장선은 자본시장선이 성립한다는 전제하에 도출된다.

② 자본시장선상의 포트폴리오와 시장포트폴리오의 상관계수는 1이다.

③ 증권시장선은 효율적포트폴리오, 비효율적포트폴리오, 개별증권을 포함한 모든 자산의 자본시장 균형에서의 기대수익률과 베타계수로 측정한 체계적 위험과의 관계를 설명한 것이다.

④ 자본시장선은 위험자산이 존재할 경우의 효율적 투자선이라고 할 수 있다.

24. 다음 중 재무상태표의 현금 및 현금성자산에 해당하지 않는 것은?

① 사채

② 보통예금

③ 당좌수표

④ 우편환

25. 다음 중 회계정보가 정보로서의 가치를 가지기 위하여 필요한 질적 특성으로 옳은 것은?

① 회계정보가 중립적이라면 편의를 갖고 있고, 신뢰성 있는 정보는 주관적으로 검증이 가능해야 된다.

② 경영자가 기업 내의 투자 및 운영 등에 관한 의사결정을 할 때 필요한 회계분야는 재무회계이다.

③ 연차재무제표는 분기재무제표에 비해 신뢰성과 목적적합성이 높은 정보를 제공할 수 있다.

④ 분기재무제표는 연차재무제표에 비해 적시성이 있는 정보를 제공하기 때문에 목적적합성을 높일 수 있다.

제3회 실전모의고사
군무원 공개경쟁채용 필기시험

군수직

해커스공무원
(gosi.Hackers.com)
모바일 자동 채점 +
성적 분석 서비스

제1과목	국어	제2과목	행정법
제3과목	경영학	제4과목	

응시번호		성 명	

〈응시자 준수사항〉

1. 답안지의 모든 기재 및 표기사항은 반드시 『컴퓨터용 흑색사인펜』으로만 작성하여야 합니다. (사인펜에 "컴퓨터용"으로 표시되어 있음) (사인펜 본인 지참)

   * 매년 지정된 펜을 사용하지 않아 답안지가 무효처리 되는 상황이 빈발하고 있으므로, 답안지는 반드시 『컴퓨터용 흑색사인펜』으로만 표기하시기 바랍니다.

2. 답안은 매 문항마다 반드시 하나의 답만 골라 그 숫자에 "●"로 표기해야 하며, 표기한 내용은 수정테이프를 이용하여 정정할 수 있습니다. 단, 시험시행본부에서 수정테이프를 제공하지 않습니다.

   (표기한 부분을 긁는 경우 오답처리 될 수 있으며, 수정스티커 또는 수정액은 사용 불가)

   * 답안지는 훼손·오염되거나 구겨지지 않도록 주의해야 하며, 특히 답안지 상단의 타이밍마크(▮▮▮▮▮)를 절대로 훼손해서는 안 됩니다.

3. 상단의 QR코드를 이용하여 해커스공무원의 '모바일 자동 채점 + 성적 분석 서비스'에 접속하시기 바랍니다. (해커스공무원 사이트의 가입자에 한해 이용 가능함)

   * 정답 및 해설은 해설집의 44쪽에서 확인 가능합니다.

🎓 해커스군무원

국 어
제1과목

01. 밑줄 친 부분의 문장 성분이 다른 하나는?

① 준비가 끝났으면 어서들 차에 타라.

② 올림픽은 4년마다 한 번씩 치러진다.

③ 우리 동네 가로수길도 벚꽃이 피었다.

④ 공부만 하던 민희조차 그 시험에 떨어졌다.

02. 한글 맞춤법에 따라 바르게 표기된 것만 나열한 것은?

① 넓다 – 널직한 – 널따란

② 굵다 – 굵찍한 – 굵다란

③ 짧다 – 짤막한 – 짤따란

④ 얇다 – 얄팍한 – 얇다란

03. 〈보기〉는 시의 일부분이다. 시의 주제로 가장 적절한 한자어는?

보기
남을 사랑하는 사람이 되고 싶었는데
남보다 나를 더 사랑하는 사람이
되고 말았다

가난한 식사 앞에서
기도를 하고
밤이면 고요히
일기를 쓰는 사람이 되고 싶었는데
구겨진 속옷을 내보이듯
매양 허물만 내보이는 사람이 되고 말았다

① 좌절(挫折)　　　② 내성(內省)

③ 이기(利己)　　　④ 회고(回告)

04. 다음 중 서로 의미가 유사하지 않은 것끼리 묶인 것은?

① 굴러온 돌이 박힌 돌 뺀다 – 賊反荷杖

② 벙어리 속은 벙어리가 안다 – 同病相憐

③ 미역국 먹고 생선 가시 내랴 – 緣木求魚

④ 발만 보고도 무엇까지 보았다고 – 針小棒大

05. 다음 글의 주장으로 가장 적절한 것은?

유전자 변형 기술의 핵심인 유전적 물질에는 질병 치료를 위한 만능열쇠가 존재하지 않는다. 인간의 몸을 간단한 도구에 의해 오류가 해결되는 기계에 비유하는 것은 큰 착각이다.

기계가 진화를 하지 않는 것과 달리 생물은 종족의 보존을 위해 진화를 거듭한다. 이 과정에서 특정 기능에 손상을 끼치던 유전 암호가 환경에 따라 다른 기능을 향상시키거나, 새로운 기능을 수행하는 쪽으로 변하기도 한다. 그 결과 인간에게 부정적 영향을 미치는 것으로 보이는 요인들이 긍정적인 기능을 수행하기도 한다. 예를 들어 스트레스는 만성적인 정신 질환의 근원이 되기도 하지만 때로는 개인의 독창성을 극대화하기도 한다. 또 낭포성 섬유증을 유발하는 유전자 변형체는 콜레라 증상을 상쇄하기도 한다.

이로 미루어 보았을 때, 인공적으로 이식된 유전자 변형체가 목표로 하는 질병을 효과적으로 치료할 수 있다 하더라도, 진화 과정을 거치며 이 행위가 어떤 위험을 초래할지는 예측할 수 없으며 통제할 수도 없을 것이다.

① 인간은 종족 보존을 위해 끊임없이 진화해 왔으므로 유전자 변형을 통해 신체 기능을 향상시켜야 한다.

② 인간의 유전적 결함은 인체에 도움을 주기도 하므로 유전적 결함을 부정적으로 인식하는 편견은 개선되어야 한다.

③ 인간은 생물학적으로 유전적 요인에 의한 질병에 취약하므로 유전자 변형을 통해 유전적 위험 요소를 조절해야 한다.

④ 유전자 변형체는 인간에게 긍정적 영향을 미칠 수 있지만 예측이 어려우므로 유전자 변형 기술 개발은 신중해야 한다.

06. 외래어 표기 용례로 올바른 것은?

① latte – 라떼　　　② buffet – 부페

③ crescendo – 크레셴도　　④ consortium – 콘소시엄

07. 〈보기〉의 ㉠~㉣을 현행 로마자 표기법에 따라 표기한 것으로 적절한 것은?

보기
㉠ 덕동산   ㉡ 광한루
㉢ 싸리재   ㉣ 낭림산맥

① ㉠ – Deokddongsan   ② ㉡ – Gwanghanlu
③ ㉢ – Ssarijae   ④ ㉣ – Nangrimsanmaek

08. 〈보기〉는 이황의 시조 중 일부이다. 빈칸에 들어갈 알맞은 낱말끼리 짝지어진 것은?

보기
青山(청산)은 엇뎨ᄒᆞ야 萬古(만고)애 프르르며,
流水(유수)ᄂᆞᆫ 엇뎨ᄒᆞ야 (㉠)애 긋디 아니ᄂᆞᆫ고.
우리도 (㉡) 마라 萬古常青(만고상청) 호리라.

        ㉠   ㉡   ㉠   ㉡
① 深夜   그치디   ② 晝夜   그치디
③ 深夜   변하지   ④ 晝夜   변하지

09. 다음 중 띄어쓰기가 옳지 않은 것은?
① 좋은 소식을 알려드릴게요.
② 아직은 말씀드리기 어렵습니다.
③ 편찮으신 할머니를 보살펴드렸다.
④ 친척 집에 가서 김장을 도와드렸다.

10. 맞춤법 사용이 올바르지 않은 것으로만 묶인 것은?
① 닝큼, 짭잘한, 꼼꼼이
② 틔여, 등교길, 쏟뜨리다
③ 굽도리, 우짖다, 해쓱하다
④ 경쟁율, 반짇고리, 달성코자

11. 〈보기〉의 설명에 따라 올바르게 표기된 경우가 아닌 것은?

보기
• 어미 '–지' 뒤에 '않–'이 어울려 –잖–'이 될 적과 '–하지' 뒤에 '않–'이 어울려 '–찮–'이 될 적에는 준 대로 적는다.
• 이미 한 단어로 굳어져 원형을 밝혀야 할 필요가 없는 경우에는 소리 나는 대로 적는다.

① 변변찮다   ② 시답잖다
③ 마뜩찮다   ④ 올곧잖다

12. 〈보기1〉의 사례와 〈보기2〉의 언어 특성이 올바르게 짝지어진 것은?

보기1
(가) 중세 국어 시기의 'ᄆᆞᅀᆞᆷ'은 오늘날 '마음'으로 쓴다.
(나) 무지개를 빨강, 주황, 노랑, 초록, 파랑, 남색, 보라의 일곱 가지 색으로 나누어 인식한다.
(다) '그는 거울을 보았다'라는 문장을 '그는 거울과 보았다'로 바꾸면 비문이 된다.
(라) 한국어의 '개[개]'는 영어로는 'dog[도그]', 독일어로는 'Hund[훈트]'로 쓴다.

보기2
㉠ 자의성   ㉡ 사회성
㉢ 규칙성   ㉣ 창조성

① (가) – ㉡   ② (나) – ㉢
③ (다) – ㉣   ④ (라) – ㉠

13. 밑줄 친 부분의 품사가 다른 하나는?
① 너에게 기대하는 바가 크다.
② 단독 범행이 아닐 가능성이 크다.
③ 나중에 커서 어떤 사람이 되고 싶니?
④ 책의 구성은 크게 둘로 나눌 수 있다.

14. 〈보기〉의 ㉠, ㉡ 안에 들어갈 가장 알맞은 말을 차례로 나열한 것은?

보기

　사람들은 약속이나 한 듯 말을 잊었다. 어쩌면 그들은 열차를 기다리고 있다는 사실조차 망각하고 있는 것인지도 모른다. 중년 사내는 담배를 입에 문 채 성냥불을 댕기려다 말고 멍하니 난로의 불빛을 들여다보고 있다. 노인을 안고 있는 농부도, 대학생도, 쭈그려 앉은 아낙네들도, 서울 여자도, 머플러를 쓴 춘심이도 저마다의 손바닥들을 불빛 속에 적셔 두고 (㉠) 시선을 난로 위에 모은 채 모두들 아무 말도 하지 않았다. 저만치 홀로 떨어져 앉아 있는 미친 여자도 지금은 석고상으로 고요히 정지해 있다. 이따금 노인의 기침 소리가 났고, 난로 속에서 톱밥이 톡톡 튀어올랐다.
　"흐유, 산다는 게 대체 뭣이간디……."
　불현듯 누군가 나직이 내뱉었다.
　그러자 사람들은 그 말꼬리를 붙잡고 저마다 곰곰이 생각해 보기 시작한다. 정말이지 산다는 게 도대체 무엇일까…….
　중년 사내에겐 산다는 일이 그저 벽돌담 같은 것이라고 여겨진다. 햇볕도 바람도 흘러들지 않는 폐쇄된 공간. 그곳엔 시간마저도 아무런 흔적을 남기지 않는다. 마치 이 작은 산골 간이역을 빠른 속도로 무심히 지나쳐 가 버리는 특급 열차처럼……. 사내는 그 열차를 세울 수도 탈 수도 없다는 것을 잘 알고 있다. 그러면서도 (㉡), 그것이 바로 앞으로 남겨진 자기 몫의 삶이라고 사내는 생각한다.

	㉠	㉡
①	망연한	여전히 기다릴 도리밖에 없다는 것
②	절박한	묵묵히 자신의 길을 가야한다는 것
③	막막한	주어진 현실에 만족해야 한다는 것
④	우울한	다음 기회를 위해 준비해야 한다는 것

15. 다음 문장 속의 한자어가 옳은 것은?

① 나의 생각을 글로 開進하였다.
② 서울 시장 후보들의 有勢가 한창이다.
③ 남은 대출금까지 모두 辨濟할 예정이다.
④ 투표 결과에 따라 이 안건은 削決되었습니다.

16. 〈보기〉의 밑줄 친 시구에 대한 설명으로 가장 적절하지 않은 것은?

보기

여승은 합장하고 절을 했다.
가지취의 내음새가 났다.
쓸쓸한 낯이 옛날같이 늙었다.
㉠ 나는 불경(佛經)처럼 서러워졌다.

평안도(平安道)의 어느 산(山) 깊은 금점판
㉡ 나는 파리한 여인에게서 옥수수를 샀다.
여인은 나 어린 딸아이를 때리며 가을밤같이 차게 울었다.

섶벌같이 나아간 지아비 기다려 십 년(十年)이 갔다.
지아비는 돌아오지 않고
㉢ 어린 딸은 도라지꽃이 좋아 돌무덤으로 갔다.

㉣ 산꿩도 섧게 울은 슬픈 날이 있었다.
산절의 마당귀에 여인의 머리오리가 눈물방울과 같이 떨어진 날이 있었다.
　　　　　　　　　　　　　　－ 백석, '여승'

① ㉠ – 화자는 '여승'에게 연민을 느끼고 있다.
② ㉡ – 과거를 회상하는 역순행적 구성 방식을 따르고 있다.
③ ㉢ – 여인의 비극적인 삶을 함축적으로 보여 준다.
④ ㉣ – 감정 이입을 통해 화자의 정서를 드러내고 있다.

17. 〈보기〉의 밑줄 친 부분 중 문맥적 의미가 다른 하나는?

보기

　서구의 도시에서 볼 수 있는 분수는 대개가 다 하늘을 향해 솟구치는 분수들이다. 화산이 불을 뿜듯이, 혹은 로켓이 치솟아 오르듯이, 땅에서 하늘로 뻗쳐 올라가는 힘이다. 분수는 대지의 중력을 거슬러 역류하는 물이다. 자연의 질서를 거역하고 부정하며 제 스스로의 힘으로 중력과 투쟁하는 운동이다. 물의 본성에 도전하는 물줄기이다. 높은 데서 낮은 데로 흐르는 천연의 성질, 그 물의 운명에 거역하여 그것은 하늘을 향해서 주먹질을 하듯이 솟구친다. 가장 물답지 않은 물, 가장 부자연스러운 물의 운동이다. 〈중 략〉
　그들이 말하는 창조의 힘이란 것도, 문명의 질서란 것도, 그리고 사회의 움직임이란 것도 실은 저 광장에서 내뿜고 있는 분수의 운동과도 같은 것이다. 중력을 거부하는 힘의 동력, 인위적인 그 동력이 끊어지면 분수의 운동은 곧 멈추고 만다.

① 도전하는 물줄기	② 물의 운명
③ 문명의 질서	④ 힘의 동력

※ 다음 글을 읽고 물음에 답하시오. (18~19)

잘못된 외래어 수용 태도는 우리말에 두 가지 방식으로 큰 손상을 주게 되는데, 그 하나는 이미 있던 우리말 어휘를 죽이는 것이고, 다른 하나는 우리말 어휘와 계층관계를 형성하여 더 품위 있고 고상한 지위를 차지하게 된다는 것이다. '강(江)-가람', '산(山)-뫼', '문(門)-지게', '백(百)-온', '성(城)-잣' 등은 앞쪽의 예이고, '치아(齒牙)-이(齒)-빨', '밀크-우유-소젖' 등은 뒤쪽의 예이다. 이런 식의 외래어 수용 태도 때문에, 고유 어휘는 꼼짝 못하고 죽어가거나 비천한 지위로 떨어질 수밖에 없는 것이다.

특히 최근 들어, 나라간의 원활한 교류를 위한 의사 소통력의 확보가 최고의 미덕으로 여겨지면서 외국어를 구사하는 사람의 수가 급격히 늘고 있고 그 나이도 점점 어려지고 있는 추세이다. 심지어는 겨우 우리말을 배우기 시작한 아이들이 다른 나랏말을 가르치는 학원에 나가서 그 나라 사람으로부터 말을 배우는 예도 가까이에서 쉽게 발견할 수 있다. 이렇게 나가다가는 우리말보다 외국말을 더 유창하게 하는 사람이 늘어나고 아예 모국어가 바뀌는 세상이 올지도 모를 일이다.

물론 온 겨레가 다른 나라말을 하게 되는 상황이야 오기 어렵겠지만, 많은 사람이 다른 나라말을 하게 되고 특히 어릴 적부터 다른 나라말의 소리와 어휘 문법 구조에 익숙해진 사람들이 많아지는 상황이 되면 어떤 식으로든 우리말에 영향을 줄 것은 틀림없는 일이다. 일부의 사람들만이 다른 나라의 어법을 흉내낸 표현이 구별 없이 쓰이고 있다는 사실을 고려하면 앞으로 다가올 '다른 나라말 시대'에 어떤 현상이 나타날지는 불을 보듯 뻔한 일이다.

그러나 지금의 상황을 살펴보면 희망적인 측면이 전혀 없는 것은 아니다. 근래에 와서 외래어의 남용을 경계하고 고유어를 살려 쓰자는 주장이 힘을 얻으면서 잊혀져 가던 우리 옛말을 되살리거나 다듬는 작업을 하는 사람의 수가 많이 늘어났고, 이미 그 결과물들이 속속 나와 실제 말글살이에 도움을 주고 있다. 특히 학술 용어를 포함한 여러 전문 분야의 용어를 고유어 식으로 짓거나 바꾸어 가는 경향은 우리말의 세계를 알차게 할 뿐 아니라, 더 많은 겨레로 하여금 문화와 지식에 쉽게 접근할 수 있는 길을 열어 준다는 점에서 매우 가치 있는 일이라 하겠다.

18. 위 글과 〈보기〉를 바르게 이해한 것으로 가장 적절한 것은?

보기

근래 영어를 공용어로 하자고 주장하는 사람들이 있어 혼란을 일으킨다. 국어와 영어를 이중의 공용어로 사용하다가 어느 시기에는 국어를 없애자고 말하기까지 한다.

영어의 우상을 섬기는 제단에 몸을 던져 기꺼이 희생물이 되어야 남들보다 앞설 수 있다고 한다. 그것은 심한 착각이다. 그 반대의 방향으로 나아가는 것이 우리가 택할 길이다. 영어의 부당한 지배를 시정하고 인류사회의 구성원은 누구나 평등한 관계에서 자기의 언어와 문화를 발전시킬 수 있게 하는 투쟁을 위해 조상 전래의 지혜와 오늘날의 역량을 발현해야 한다. 세계화를 위해 진정으로 기여하는 길이 여기 있다.

① 윗글과 〈보기〉 모두 외래 문화와 외국어를 배척해야 한다는 입장을 취하고 있다.
② 윗글과 〈보기〉 모두 문제점 극복을 위해 현재 진행되고 있는 해결 방안을 소개하고 있다.
③ 윗글은 우리말 다듬기의 필요성을 드러내고 있고, 〈보기〉는 세계화를 위한 방법으로 자국어와 자국 문화의 발전을 주장하고 있다.
④ 윗글은 외래어 표기의 문제점에 대해 부정적인 관점을 취하고 있고, 〈보기〉는 영어의 공용어화에 대해 부정적인 관점을 취하고 있다.

19. 다음 중 위 글의 밑줄 친 부분과 내용 전개 방식이 같은 것은?

① 둘 이상의 기업이 자본과 조직 등을 합하여 경제적으로 단일한 지배체제를 형성하는 것을 '기업 결합'이라고 한다. 기업은 이를 통해 효율성 증대나 비용 절감, 국제 경쟁력 강화와 같은 긍정적 효과들을 기대할 수 있다.
② 언어가 이처럼 대규모로 소멸하는 원인은 중첩적이다. 토착 언어 사용자들의 거주지가 파괴되고, 종족 말살과 동화(同化) 교육이 이루어지며, 사용 인구가 급격히 감소하는 것 외에 '문화적 신경가스'라고 불리는 전자 매체가 확산되는 것도 그 원인이 된다.
③ 일단 눈 벽돌로 이글루를 만든 후에, 이글루 안에서 불을 피워 온도를 높인다. 온도가 올라가면 눈이 녹으면서 벽의 빈틈을 메워 준다. 어느 정도 눈이 녹으면 출입구를 열어 물이 얼도록 한다. 이 과정을 반복하면서 눈 벽돌집을 얼음집으로 변하게 한다.
④ 컴퓨터 지도는 수치 지도(디지털 지도)라는 점에서 기존의 종이 지도와는 크게 다르다. 수치 지도는 토지 이용도, 지적도, 지하 시설물 위치도, 도로 지도, 기상도, 식생도와 같은 주제도(主題圖)에 널리 활용되고 있는데, 이와 같이 수치 지도를 활용하는 체계를 '지리 정보 체계[GIS]'라고 부른다.

20. 다음 작품에 대한 설명으로 가장 적절하지 않은 것은?

> **보기**
>
> 안전지대 위에, 사람들은 서서 전차를 기다린다. 그들에게, 행복은 알 수 없다. 그러나 그들은 분명히, 갈 곳만은 가지고 있었다.
>
> 전차가 왔다. 사람들은 내리고 또 탔다. 구보는 잠깐 머엉하니 그곳에 서 있었다. 그러나 자기와 더불어 그곳에 있던 온갖 사람들이 모두 저 차에 오른다 보았을 때, 그는 저 혼자 그곳에 남아 있는 것에, 외로움과 애달픔을 맛본다.
>
> 구보는 고독을 느끼고, 사람들 있는 곳으로, 약동하는 무리들이 있는 곳으로, 가고 싶다 생각한다. 그는 눈앞의 경성역을 본다. 그곳에는 마땅히 인생이 있을 게다. 이 낡은 서울의 호흡과 또 감정이 있을 게다. 도회의 소설가는 모름지기 이 도회의 항구(港口)와 친하여야 한다. 그러나 물론 그러한 직업의식은 어떻든 좋았다. 다만 구보는 고독을 삼등 대합실 군중 속에 피할 수 있으면 그만이다.
>
> 그러나 오히려 고독은 그곳에 있었다. 구보가 한옆에 끼여 앉을 수도 없게시리 사람들은 그곳에 빽빽하게 모여 있어도, 그들의 누구에게서도 인간 본래의 온정을 찾을 수는 없었다. 그네들은 거의 옆의 사람에게 한마디 말을 건네는 일도 없이, 오직 자기네들 사무에 바빴고, 그리고 간혹 말을 건네도, 그것은 자기네가 타고 갈 열차의 시각이나 그러한 것에 지나지 않았다.

① 타인에게 무관심한 도시인들의 모습이 드러난다.

② 식민지 시대를 살아가는 무기력한 지식인의 일상을 그리고 있다.

③ '구보'는 사람들로 가득 찬 '경성역'을 찾아 고독을 달래고 있다.

④ 일정한 목적지 없이 거리를 배회하는 '구보'의 내면 의식을 서술하고 있다.

21. 밑줄 친 부분의 발음이 표준 발음으로 인정되지 않는 것은?

① 벼훑이로 이삭을 훑는다. - [훈는다]

② 걱정이 이만저만이 아니오. - [아니요]

③ 삼일절은 우리나라의 5대 국경일이다. - [사밀쩔]

④ 선생님께서 고갯짓으로 나를 부르셨다. - [고갣찓]

22. 〈보기〉와 가장 가까운 내용을 담은 시조는?

> **보기**
>
> '선비'란 학식과 인품을 갖춘 사람에 대한 호칭으로, 선비의 인격적 조건은 생명에 대한 욕망도 초월할 만큼 궁극적인 것으로 제시된다. 공자는 "뜻 있는 선비와 어진 사람은 살기 위하여 어진 덕을 해치지 않고 목숨을 버려서라도 어진 덕을 이룬다."라고 하였으며, 맹자는 "일정한 생업이 없이도 변하지 않는 마음을 갖는 것은 선비만이 할 수 있다."라고 하여 지조를 선비의 인격적 조건으로 언급하였다.

① 이런들 엇더ᄒ며 뎌런들 엇더ᄒ료
   초야우생(草野愚生)이 이러타 엇더ᄒ료
   ᄒ믈며 천석고황(泉石膏肓)을 고텨 므슴ᄒ료

② 빙자옥질(氷姿玉質)이여 눈 속에 네로구나.
   가만히 향기 놓아 황혼월(黃昏月)을 기약하니
   아마도 아치 고절(雅致高節)은 너뿐인가 하노라.

③ 청초(靑草) 우거진 골에 자는다 누엇는다.
   홍안(紅顔)을 어듸 두고 백골(白骨)만 무쳣는이.
   잔(盞) 자바 권(勸)ᄒ리 업스니 그를 슬허ᄒ노라.

④ 집 방석(方席) 내지 마라 낙엽(落葉)인들 못 안즈랴.
   솔불 혀지 마라 어제 진 달 도다온다.
   아희야 박주산채(薄酒山茶)ㄹ만졍 업다 말고 내여라.

23. 다음 시에 대한 설명으로 적절한 것은?

> 내 죽으면 한 개 바위가 되리라.
> 아예 애련(愛憐)에 물들지 않고
> 희로(喜怒)에 움직이지 않고
> 비와 바람에 깎이는 대로
> 억년(億年) 비정(非情)의 함묵(緘默)에
> 안으로 안으로만 채찍질하여
> 드디어 생명도 망각하고
> 흐르는 구름
> 머언 원뢰(遠雷)
> 꿈꾸어도 노래하지 않고
> 두 쪽으로 깨뜨려져도
> 소리하지 않는 바위가 되리라.
>
> – 유치환, '바위'

① 강인한 어조로 지사적 기개를 드러낸다.

② '구름'과 '원뢰'는 삶의 허무함을 나타낸다.

③ 시상의 극적 전환을 통해 주제를 강조한다.

④ 시적 대상을 의인화하여 화자의 태도를 표현한다.

24. 다음 글에서 알 수 있는 내용으로 적절하지 않은 것은?

> 지금은 많이 줄었다고 하지만, 어떤 책을 펴낸 출판사가 그 책을 대량으로 사들여 베스트셀러 리스트에 올려 놓는 경우가 있다. '사재기'로 불리는 이 관행이 사라지지 않는 것은 나름대로 효과적인 홍보 전략이기 때문이다. 비용 대비 효과가 가장 큰 홍보 전략이라는 것이 출판업계의 정설이다. 처벌 받을 위협을 무릅쓰고 암암리에 사재기를 하는 것을 보면 이것의 매력이 얼마나 큰지 알 수 있다.
>
> 사재기를 통해 어떤 책을 일단 베스트셀러 목록에 올려놓으면 이제는 독자들이 몰려들어 책 판매가 늘어나기 시작한다. 독자들 입장에서 보면 매일 쏟아지는 수없이 많은 책들을 제목만 보고 평가하기가 무척 어렵다. 서점에 가서 책을 펴 들고 몇 쪽 읽어 본다 해도 정말로 읽을 만한 책인지 판단하기 어려운 것은 마찬가지이다. 이 상황에서 많은 사람들이 베스트셀러 목록에 오른 책을 고르는 전략을 선택한다.
>
> 어떤 책이 베스트셀러 목록에 올랐다는 것은 많은 사람들이 그 책을 읽을 만하다고 평가한다는 것을 뜻한다. 따라서 자신도 안심하고 그 책을 살 수 있다. 베스트셀러 목록에 오르면서 상승 작용에 의해 수요가 더욱 커질 수 있는 이유가 바로 여기에 있다. 말하자면 베스트셀러 목록이 유행 효과를 만들어 내는 역할을 하고 있는 셈이다. 사재기 전략의 목표는 바로 이 유행 효과를 촉발하는 데 있다.
>
> 심리학자들은 이 유행 효과의 배후에 '군집 지능'이 있다고 말한다. 군집 지능이란 개미나 벌같은 사회적 동물이 집단에서 행동하는 방식을 가리키는 말이다. 인간 역시 사회적 동물이기 때문에 이 군집 지능에 따라 행동하고 있음이 분명하다. 군집 지능에 따라 행동한다는 것은 다른 사람들이 어떤 행동을 하면 본능적으로 그 행동을 따라 한다는 것을 뜻한다.
>
> 일부 유통업체가 실험하고 있는 '스마트 카트' 기술은 바로 이 군집 지능을 활용해 판매량을 늘리려는 목표를 갖고 있다. 이 기술은 다음과 같은 원리에 의해 작동하고 있다. 우선 슈퍼마켓 측은 선반에 진열되어 있는 모든 물건에 라디오 신호를 보내는 작은 장치를 달아 놓는다. 고객이 끌고 다니는 손수레에는 스캐너가 달려 있어 어떤 물건을 그 안에 집어넣는 순간 그 물건을 샀다는 정보가 중앙 컴퓨터로 전송된다.
>
> 이렇게 모아진 구매 정보는 각 상품이 진열된 선반에 붙어 있는 화면에 게시된다. 고객들은 그것을 보고 각 상품이 얼마나 인기가 있는지를 판단하게 된다. 어떤 상품을 집어 들고 그것을 살까 말까 망설이고 있는 사람에게는 그 정보가 결정적인 역할을 할 수 있다. 고객들에게 인기 있는 상품으로 드러나면 안심하고 그것을 사기로 결정한다. 반면에 아무도 사지 않은 상품이라면 주저하지 않고 선반 위에 도로 올려놓는다.

> 결국 광고라는 것은 유행 효과를 만들어 내는 데 그 궁극적인 목표가 있다고 말할 수 있다. 소비자에게 다른 사람들이 쓰는데 나만 빠질 수 없다는 절박감을 심어 주는 효과를 노리고 있는 것이다. 내가 좋아하는 스타가 그 상품을 쓰고 있다는 사실을 알게 되는 순간 그 절박감은 한층 더 커진다. 엄청난 돈을 지불하고 유명 연예인을 광고에 출연시키는 이유가 다른 데 있는 것이 아니다.

① 유명 연예인이 출연하는 광고는 상품에 대한 신뢰도를 높인다.
② '스마트 카트' 기술은 상품의 구매를 유도하는 정보를 제공한다.
③ 유행 효과는 타인의 행동 양식을 모방하고자 하는 인간의 심리에 기인한다.
④ 어떤 책이 베스트셀러 목록에 오르는 것만으로도 책의 수요가 증대될 수 있다.

25. (가)~(라)의 연결 순서로 가장 자연스러운 것은?

> (가) 나일강은 해마다 범람했으나 홍수와 홍수 사이의 기간은 일정하지 않았다. 어느 해는 홍수 사이가 11달이고, 다른 해는 14달이 되기도 했다. 그래서 나일강의 범람과 대략 일치하면서 더 규칙적인 사건이 있으면 편리할 듯했다.
>
> (나) 어느 단계에 가서 이집트 사람들은 양력을 만들었다. 그것은 음력을 본뜬 것으로 12달과 세 계절을 갖고 있었다. 한 달은 30일이고, 연말에는 축제일 닷새를 붙여 365일을 만들었다. 이것은 음력의 문제점, 곧 달의 운동에 따른 변화를 해결해 주었다. 뒤에 그들은 새 음력을 만들었으나, 먼저 쓰던 역을 버리지 않고 세 가지를 함께 간직했다.
>
> (다) 이런 사건이 바로 시리우스(Sirius) 별의 출현이었다. 그것은 나일강 범람 직전에 나타났고, 365¼일마다였다. 이 규칙성이 알려져 1년의 시작은 나일강의 범람이 아닌 시리우스의 출현으로 되었다.
>
> (라) 이집트에서 일찍이 발전된 역(曆)에 대해서는 자세한 것이 알려져 있지 않다. 이집트 사람들이 처음으로 만든 역은 음력이었다. 이 역이 꾸며질 때는 이미 태양년이 세 계절로 나누어졌는데, 그것은 나일강의 물, 곧 농사와 관계가 있었다. 음력은 12달로 되어 있었고, 한 달은 29일 반이었다. 따라서 1년은 354일이 되고, 3년마다 윤달을 넣을 필요가 있었다.

① (가) - (다) - (라) - (나)
② (가) - (라) - (나) - (다)
③ (라) - (가) - (다) - (나)
④ (라) - (다) - (나) - (가)

행정법

제2과목

응시번호 :   성명 :

---

01. 평등의 원칙에 대한 설명으로 옳지 않은 것은? (다툼이 있는 경우 판례에 의함)

① 헌법재판소는 헌법에서 특별히 평등을 요구하고 있는 경우나 차별적 취급으로 인하여 관련 기본권에 대한 중대한 제한을 초래하는 경우에는 평등위반 여부를 심사함에 있어 엄격한 심사척도가 적용되어야 한다고 본다.

② 재량권 행사의 준칙인 행정규칙이 그 정한 바에 따라 되풀이 시행되어 행정관행이 이루어지게 되면 평등의 원칙이나 신뢰보호의 원칙에 따라 행정기관은 그 상대방에 대한 관계에서 그 규칙에 따라야 할 자기구속을 받게 된다.

③ 위법한 행정처분이 수차례에 걸쳐 반복적으로 행하여졌다 하더라도 그러한 처분이 위법한 것인 때에는 평등원칙을 근거로 행정청에 대하여 자기구속력을 갖게 된다고 할 수 없다.

④ 같은 정도의 비위를 저지른 자들임에도 불구하고 그 직무의 특성 등에 비추어 개전의 정이 있는지 여부에 따라 징계의 종류의 선택과 양정에서 차별적으로 다르게 취급하는 것은 평등의 원칙에 위반된다.

02. 행정상 법률관계에 대한 설명으로 옳지 않은 것은? (다툼이 있는 경우 판례에 의함)

① 행정청이 자신과 상대방 사이의 법률관계를 일방적인 의사표시로 종료시켰다고 하더라도 곧바로 의사표시가 행정청으로서 공권력을 행사하여 행하는 행정처분이라고 단정할 수는 없다.

② 중소기업기술정보진흥원장이 甲 주식회사와 중소기업 정보화지원사업 지원대상인 사업의 지원에 관한 협약을 체결한 후, 협약이 甲 회사에 책임이 있는 사업실패로 해지되었다는 이유로 협약에서 정한 대로 지급받은 정부지원금을 반환할 것을 통보한 것은 공법상 계약에 따라 행정청이 대등한 당사자의 지위에서 하는 의사표시로 보아야 한다.

③ 지방자치단체에 근무하는 청원경찰이 뇌물을 받아 직무상 의무를 위반하였다는 이유로 파면을 당한 경우에, 청원경찰은 청원주와 사법상 근로계약을 체결함으로써 임용되는 것이므로 위 파면의 정당성에 대해서는 민사소송으로 다투어야 한다.

④ 국가의 재정 지원범위를 벗어나 지방자치단체가 국유재산을 학교부지로 임의 사용하는 경우, 민법상 부당이득이 성립될 수 있다.

03. 개인적 공권에 대한 설명으로 옳지 않은 것은? (다툼이 있는 경우 판례에 의함)

① 상수원보호구역으로 설정된 상수원에서 급수를 받고 있는 지역주민들이 가지는 이익은 상수원의 확보와 수질보호라는 공공의 이익이 달성됨에 따라 반사적으로 얻게 되는 이익에 불과하다.

② 지방자치단체장이 공장시설을 신축하는 회사에 대하여 사업승인 당시 부가하였던 조건을 이행할 때까지 신축공사를 중지하라는 명령을 한 경우, 위 회사에게 중지명령의 원인사유가 해소되었음을 이유로 당해 공사중지명령의 해제를 요구할 수 있는 조리상 권리는 인정되지 않는다.

③ 한약조제시험을 통하여 약사에게도 한약조제권을 인정함으로써 감소하게 되는 한의사들의 영업상 이익은 법률에 의하여 보호되는 이익이라 볼 수 없다.

④ 기간제로 임용되어 임용기간이 만료된 국·공립대학의 조교수는 심사 기준에 부합되면 특별한 사정이 없는 한 재임용되리라는 기대를 가지고 재임용 여부에 관하여 합리적인 기준에 의한 공정한 심사를 요구할 법규상 또는 조리상 신청권을 가진다.

04. 행정법의 시간적 효력에 대한 설명으로 옳지 않은 것은? (다툼이 있는 경우 판례에 의함)

① 법령 등 공포에 관한 법률에 따르면 대통령령, 총리령 및 부령은 특별한 규정이 없으면 공포한 날부터 20일이 경과함으로써 효력을 발생한다.

② 일반적으로 국민이 소급입법을 예상할 수 있었던 경우에는 예외적으로 진정소급입법이 허용될 수 있다.

③ 국립대학이 성적불량을 이유로 학생에 대하여 징계처분을 하는 경우에 있어서 수강신청이 있은 후 징계요건을 완화하는 학칙개정이 이루어지고 이어 당해 시험이 실시되어 그 개정학칙에 따라 징계처분을 한 경우라면 이는 구 학칙의 존속에 관한 학생의 신뢰보호를 침해한 위법한 행정에 해당한다.

④ 구 주택개량촉진에 관한 임시조치법이 그 시행기간의 경과로 실효되어도 시행 당시 그 법에 의하여 이루어진 재개발구역 지정은 근거 법령의 실효로 인하여 그 효력을 잃지 아니한다.

8 해커스군무원 army.Hackers.com

05. 기속행위와 재량행위에 대한 설명으로 옳은 것은? (다툼이 있는 경우 판례에 의함)

① 허가신청 이후 법령의 변경이 있는 경우 행정청이 허가신청을 접수하고도 정당한 이유 없이 그 처리를 늦추어 그 사이에 허가기준이 변경된 것이 아닌 한 새로운 법령 및 허가기준에 따라서 행한 불허가처분이 위법하다고 할 수 없다.

② 개발제한구역의 지정 및 관리에 관한 특별조치법상 개발제한구역 내에서의 건축물 용도변경에 대한 허가는 기속행위로서의 성질을 가진다.

③ 유흥주점의 영업허가는 이른바 일반적 금지의 해제이기 때문에 행정청의 폭넓은 재량이 인정된다.

④ 공유수면의 점용·사용허가는 허가 상대방에게 제한을 해제하여 공유수면이용권을 부여하는 처분으로 강학상 허가에 해당한다.

06. 행정행위의 효력발생요건에 대한 설명으로 옳지 않은 것은? (다툼이 있는 경우 판례에 의함)

① 행정절차법상 제3자효 행정행위의 경우 제3자에 대한 통지는 원칙적으로 효력발생요건이 아니다.

② 행정행위의 효력발생요건으로서의 도달은 상대방이 그 내용을 현실적으로 알 필요까지는 없고, 다만 알 수 있는 상태에 놓여짐으로써 충분하다.

③ 내용증명우편이나 등기우편과는 달리, 보통우편의 방법으로 발송되었다는 사실만으로는 그 우편물이 상당기간 내에 도달하였다고 추정할 수 없고 송달의 효력을 주장하는 측에서 이를 입증하여야 한다.

④ 행정절차법상 송달의 효력은 다른 법령 등에 특별한 규정이 있는 경우를 제외하고는 공고일부터 7일이 지난 때에 그 효력이 발생한다.

07. 행정행위의 하자의 승계에 대한 설명으로 옳지 않은 것은? (다툼이 있는 경우 판례에 의함)

① 표준지공시지가결정이 위법한 경우에는 그 자체를 행정소송의 대상이 되는 행정처분으로 보아 그 위법 여부를 다툴 수 있으며, 수용보상금의 증액을 구하는 소송에서도 선행처분으로서 그 수용대상 토지 가격 산정의 기초가 된 비교표준지공시지가결정의 위법을 독립한 사유로 주장할 수 있다.

② 보충역편입처분을 다투지 아니하여 이미 불가쟁력이 생겨 그 효력을 다툴 수 없게 된 경우에는 보충역편입처분에 하자가 있다고 할지라도 그것이 당연무효라고 볼만한 특단의 사정이 없는 한 그 위법을 이유로 공익근무요원소집처분의 효력을 다툴 수 없다.

③ 건물철거명령이 당연무효가 아닌 이상 행정심판이나 소송을 제기하여 그 위법함을 소구하는 절차를 거치지 아니하였다면 선행행위인 건물철거명령은 적법한 것으로 확정되었다고 할 것이므로 후행행위인 대집행계고처분의 취소소송에서 그 건물이 무허가건물이 아닌 적법한 건축물이라는 주장이나 그러한 사실인정을 하지 못한다.

④ 선행처분인 대집행계고처분에 불가쟁력이 발생하였다면, 후행처분인 대집행영장발부통보처분의 취소소송에서 위 대집행계고처분이 위법한 것을 이유로 대집행영장발부통보처분도 위법한 것이라는 주장을 할 수 없다.

08. 하자 있는 행정행위의 치유와 전환에 대한 설명으로 옳지 않은 것은? (다툼이 있는 경우 판례에 의함)

① 행정행위의 성질이나 법치주의의 관점에서 볼 때 하자 있는 행정행위의 치유나 전환은 원칙적으로 허용될 수 없다.

② 과세처분시 납세고지서에 과세표준, 세율, 세액의 산출근거 등이 누락된 경우에는 늦어도 과세처분에 대한 불복 여부의 결정 및 불복신청에 편의를 줄 수 있는 상당한 기간 내에 보정행위를 하여야 그 하자가 치유된다.

③ 과세처분이 있은 지 4년이 지나서 그 취소소송이 제기된 때에 보정된 납세고지서를 송달하였다는 사실이나 오랜 기간(4년)의 경과로써 과세처분의 하자가 치유되었다고 볼 수 있다.

④ 주택재개발정비사업조합 설립추진위원회가 주택재개발정비사업조합 설립인가처분의 취소소송에 대한 1심 판결 이후 정비구역 내 토지 등 소유자의 4분의 3을 초과하는 조합설립동의서를 새로 받았다고 하더라도, 그 설립인가처분의 하자가 치유된다고 볼 수 없다.

09. 행정대집행에 대한 설명으로 옳은 것은? (다툼이 있는 경우 판례에 의함)

① 위법건축물의 소유자에게 한 제2차, 제3차의 계고처분은 새로운 철거의무를 부과한 것에 해당한다.

② 공익사업을 위한 토지 등의 취득 및 보상에 관한 법률에 따른 토지의 인도의무는 대집행의 대상이 될 수 있다.

③ 금지규정 위반행위에 대하여 일정한 작위의무를 부과하는 별도의 규정이 없는 한 행정청에게 그 위반결과의 시정을 명하는 권한이 인정되지 아니한다.

④ 계고서라는 명칭의 1장의 문서로서 일정기간 내에 위법건축물의 자진철거를 명함과 동시에 그 소정기한 내에 자진철거를 하지 아니할 때에는 대집행할 뜻을 미리 계고한 경우, 건축법에 의한 철거명령과 행정대집행법에 의한 계고처분은 독립적인 처분이라고 볼 수 없다.

10. 질서위반행위규제법상 행정질서벌에 대한 설명으로 옳지 않은 것은?

① 자신의 행위가 위법하지 아니한 것으로 오인하고 행한 질서위반행위는 그 오인에 정당한 이유가 있는 때에 한하여 과태료를 부과하지 아니한다.

② 심신(心神)장애로 인하여 행위의 옳고 그름을 판단할 능력이 없거나 그 판단에 따른 행위를 할 능력이 없는 자의 질서위반행위는 과태료를 부과하지 아니한다.

③ 신분에 의하여 성립하는 질서위반행위에 신분이 없는 자가 가담한 때에는 신분이 없는 자에 대하여도 질서위반행위가 성립한다.

④ 하나의 행위가 2 이상의 질서위반행위에 해당하는 경우를 제외하고, 2 이상의 질서위반행위가 경합하는 경우에는 가장 중한 질서위반행위에 대하여 정한 과태료의 다액에 그 2분의 1까지 가중한다.

11. 가산세 또는 가산금에 대한 설명으로 옳지 않은 것은? (다툼이 있는 경우 판례에 의함)

① 세법상 가산세는 과세권 행사 및 조세채권 실현을 용이하게 하기 위하여 납세자가 정당한 이유 없이 법에 규정된 신고, 납세 등의 의무를 위반한 경우에 개별세법에 따라 부과하는 행정상 제재로서, 납세자의 고의·과실은 고려되지 아니하고 법령의 부지·착오 등은 그 의무위반을 탓할 수 없는 정당한 사유에 해당하지 아니한다.

② 본세의 산출세액이 없는 경우에는 가산세만 독립하여 부과·징수할 수 없다.

③ 관세추징금을 환급받음에 있어 납부액 이외에 가산금을 지급받을 권리가 있다는 권리관계의 확인을 구하는 것은 민사소송에 의하여야 한다.

④ 공익사업을 위한 토지 등의 취득 및 보상에 관한 법률 제87조의 '보상금'에는 같은 법 제30조 제3항에 따른 지연가산금도 포함된다.

12. 명단공표에 대한 설명으로 옳지 않은 것은? (다툼이 있는 경우 판례에 의함)

① 행정청이 법 위반사실을 공표하는 경우에도 공표로써 달성하고자 하는 공익과 위반자의 명예, 신용, 인격권 또는 프라이버시권간에 비례원칙이 준수되어야 한다.

② 법 위반사실 명단공표의 대상이 된 자가 명단공표를 저지하기 위하여 예방적 금지소송을 제기하는 것은 허용되지 않는다.

③ 행정청이 행정상 공표의 방법으로 실명을 공개한 것에 대하여 명예훼손을 판단하는 데 있어서 공표한 내용이 진실이라고 믿을 만한 상당한 이유가 있는지에 관하여 언론사의 경우와 동일한 기준이 요구된다.

④ 명단이 공표된 자는 명단공표를 규율하는 법령에 대하여 헌법재판소법에 따른 효력정지 가처분신청을 할 수 있다.

13. 손실보상에 대한 설명으로 옳지 않은 것은? (다툼이 있는 경우 판례에 의함)

① 공익사업의 시행 결과 사업시행지 밖에서 발생한 간접손실은 그 보상에 관한 명문의 법령이 없는 경우에는 사업시행자와 협의가 이루어지지 아니하는 한, 피해자는 사업시행자에게 보상을 청구할 수 없다.

② 개발제한구역의 구역지정 당시의 상태대로 토지를 사용·수익·처분할 수 있는 이상, 구역지정에 따른 단순한 토지이용의 제한은 원칙적으로 재산권에 내재하는 사회적 제약의 범주를 넘지 않는다.

③ 공공용물에 관하여 적법한 개발행위 등이 이루어짐으로 말미암아 이에 대한 일정범위의 사람들의 일반사용이 종전에 비하여 제한받게 되었다 하더라도 특별한 사정이 없는 한 그로 인한 불이익은 손실보상의 대상이 되는 특별한 손실에 해당한다고 할 수 없다.

④ 문화적, 학술적 가치는 특별한 사정이 없는 한 그 토지의 부동산으로서의 경제적, 재산적 가치를 높여 주는 것이 아니므로 손실보상의 대상이 될 수 없다.

14. 국가배상법 제5조상 배상책임에 대한 설명으로 옳은 것은? (다툼이 있는 경우 판례에 의함)

① 고등학교 3학년 학생이 교사의 단속을 피해 담배를 피우기 위하여 3층 건물 화장실 밖의 난간을 지나다가 실족하여 사망한 경우 학교시설의 설치·관리상의 하자가 있다.

② 공항에서 발생하는 소음 등으로 인근 주민들이 피해를 입었다면 수인한도를 넘는지 여부를 불문하고 도로의 경우와 같이 '공공의 영조물'에 관한 일반적인 설치·관리상의 하자에 대한 판단방법에 따라 국가책임이 인정된다.

③ 편도 2차선 도로의 1차선상에 교통사고의 원인이 될 수 있는 크기의 돌멩이가 방치되어 있고 이로 인하여 사고가 발생하였다면, 도로의 점유·관리자의 관리 가능성과 무관하게 이는 도로의 관리·보존상의 하자에 해당한다.

④ 국가배상법 제5조 제1항의 '공공의 영조물'이라 함은 국가 또는 지방자치단체에 의하여 특정 공공의 목적에 공여된 유체물 내지 물적 설비를 말하며, 국가 또는 지방자치단체가 소유권, 임차권 그 밖의 권한에 기하여 관리하고 있는 경우뿐만 아니라 사실상의 관리를 하고 있는 경우도 포함한다.

15. 행정심판의 심리에 대한 설명으로 옳지 않은 것은? (다툼이 있는 경우 판례에 의함)

① 행정심판절차에서 청구인들이 당사자가 아닌 자를 선정대표자로 선정하였더라도 그 선정행위가 행정심판의 적절한 수행을 위한 것이라면 유효하다.

② 행정심판의 절차는 법률로 정하되, 사법절차가 준용되어야 한다.

③ 행정청이 심판청구 기간을 알리지 아니한 경우에는 처분이 있었던 날부터 180일 이내에 심판청구를 할 수 있다.

④ 제3자가 이해관계인으로서 행정심판을 청구하는 경우에 그가 처분이 있은 날로부터 180일 내에 심판청구를 제기하지 아니하였다 하더라도 특별한 사정이 없는 한 위 기간을 지키지 못한 정당한 사유가 있는 때에 해당한다.

16. 행정심판위원회에 대한 설명으로 옳지 않은 것은? (다툼이 있는 경우 판례에 의함)

① 행정심판위원회가 6월의 영업정지처분을 3월의 영업정지처분으로 변경하라고 재결하여 그에 따라 행정청이 변경처분을 한 경우, 당사자는 당초부터 유리하게 변경되어 존속하는 그 당초 처분을 항고소송으로 다투어야 한다.

② 청구인이 피청구인을 잘못 지정한 경우에는 행정심판위원회는 직권으로 또는 당사자의 신청에 의하여 결정으로써 피청구인을 경정할 수 있다.

③ 시·도행정심판위원회의 재결에 불복하는 경우 청구인은 그 재결 및 같은 처분 또는 부작위에 대하여 중앙행정심판위원회에 재심을 청구할 수 있다.

④ 행정심판위원회는 처분 또는 부작위가 위법·부당하다고 상당히 의심되는 경우로서 그로 인하여 당사자가 받을 우려가 있는 중대한 불이익을 막기 위하여 임시지위를 정하여야 할 필요가 있는 경우에는 임시처분을 결정할 수 있다.

17. 행정기본법상 행정작용에 대한 내용으로 옳은 것은?

① 원칙적으로 새로운 법령은 그 법령의 효력 발생 전에 종결된 사실관계 또는 법률관계에 대해서도 적용된다.

② 인공지능 시대를 맞아 미래 행정 수요에 대비하기 위하여, 행정청은 행정행위의 종류를 불문하고 인공지능 기술을 적용한 시스템으로 처분을 할 수 있다.

③ 당사자간의 합의가 있다면 공법상 계약을 구두로도 체결할 수 있다.

④ 행정청은 특정인을 위한 행정서비스를 제공받는 자에게 법령으로 정하는 바에 따라 수수료를 받을 수 있다.

18. 행정소송의 제소기간에 대한 설명으로 옳지 않은 것은? (다툼이 있는 경우 판례에 의함)

① 고시 또는 공고에 의하여 행정처분을 하는 경우 행정처분이 있음을 안 날이란 행정처분에 이해관계를 갖는 자가 고시 또는 공고가 있었다는 사실을 현실적으로 알았는지 여부에 관계없이 고시가 효력을 발생하는 날을 의미한다.

② 처분이 있음을 안 날부터 90일을 넘겨 취소심판을 청구하였다가 부적법하게 각하재결이 있은 후 재결서를 송달받은 날부터 90일 이내에 원래의 처분에 대하여 취소소송을 제기하였다면 취소소송의 제소기간을 준수한 것으로 볼 수 있다.

③ 행정청이 제소기간이 지나 불가쟁력이 발생한 이후에 행정심판청구를 할 수 있다고 잘못 알렸다고 하더라도 잘못된 안내에 따라 청구된 행정심판 재결서 정본을 송달받은 날부터 다시 취소소송의 제소기간이 기산되는 것은 아니다.

④ 처분 당시에는 취소소송의 제기가 법제상 허용되지 않아 소송을 제기할 수 없다가 위헌결정으로 인하여 비로소 취소소송을 제기할 수 있게 된 경우, 객관적으로는 '위헌결정이 있은 날', 주관적으로는 '위헌결정이 있음을 안 날' 비로소 취소소송을 제기할 수 있게 되어 이때를 제소기간의 기산점으로 삼아야 한다.

19. 사정판결에 대한 설명으로 옳지 않은 것은? (다툼이 있는 경우 판례에 의함)

① 사정판결의 경우에는 처분의 위법성에 대한 기판력이 인정되지 않는다.

② 사정판결을 하면서 '현저히 공공복리에 적합하지 아니한가'의 여부를 판단할 때에는 위법·부당한 행정처분을 취소·변경하여야 할 필요와 그 취소·변경으로 발생할 수 있는 공공복리에 반하는 사태 등을 비교·교량하여야 한다.

③ 취소소송에서 당사자의 명백한 주장이 없는 경우에도 법원은 기록에 나타난 여러 사정을 기초로 직권으로 사정판결을 할 수 있다.

④ 사정판결의 적용은 극히 엄격한 요건 아래에 제한적으로 하여야 한다.

20. 무효등 확인소송에 대한 설명으로 옳지 않은 것은? (다툼이 있는 경우 판례에 의함)

① 항고소송인 행정처분에 관한 무효확인소송을 제기하려면 행정소송법에 규정된 '무효확인을 구할 법률상 이익'이 있으면 족하고, 행정처분의 무효를 전제로 한 이행소송 등과 같은 직접적인 구제수단이 있는지 여부를 따질 필요가 없다.

② 재단법인 甲 수녀원은 쾌적한 환경에서 생활할 수 있는 이익을 향수할 수 있는 주체이며, 매립목적을 택지조성에서 조선시설용지로 변경하는 내용의 공유수면매립목적 변경 승인처분으로 인하여 보호되는 환경상 이익을 침해받았다는 이유로 행정청을 상대로 처분의 무효 확인을 구하는 소송을 제기할 법률상 이익이 인정된다.

③ 절차상 또는 형식상 하자로 무효인 행정처분에 대하여 행정청이 적법한 절차 또는 형식을 갖추어 다시 동일한 행정처분을 하였다면, 종전의 무효인 행정처분에 대한 무효확인 청구는 과거의 법률관계의 효력을 다투는 것에 불과하므로 무효확인을 구할 법률상 이익이 없다.

④ 행정처분의 당연무효를 선언하는 의미에서 그 취소를 구하는 행정소송을 제기하는 경우에는 전치절차와 그 제소기간의 준수 등 취소소송의 제소요건을 갖추어야 한다.

21. 지방자치단체의 집행기관에 대한 설명으로 옳지 않은 것은? (다툼이 있는 경우 판례에 의함)

① 지방자치단체의 장에 의해 조례안으로서 제안된 행정기구를 지방의회의원이 종류 및 업무가 다른 행정기구로 전환하는 수정안을 발의한 경우, 지방의회가 이를 의결할 수 있다.

② 도 교육감이 도를 대표하여 도지사가 대표하는 도를 상대로 제기한 소유권 확인의 소는 자기가 자기를 상대로 제기한 것으로 권리보호의 이익이 없어 부적법하다.

③ 지방의회가 조례로써 옴부즈맨의 위촉·해촉시에 지방의회의 동의를 얻도록 규정한 것은 집행기관의 인사권을 침해한 것이라고 할 수 없다.

④ 지방자치법령상 조례에 의하여 설치할 수 있는 합의제 행정기관에는 그 의사와 판단을 결정하여 외부에 표시하는 권한을 가지는 합의제 행정관청뿐만 아니라, 행정주체 내부에서 행정에 관한 의사 또는 판단을 결정할 수 있는 권한만을 가지는 의결기관도 포함된다.

22. 공무원에 대한 설명으로 옳지 않은 것은? (다툼이 있는 경우 판례에 의함)

① 임용당시 결격사유가 있는 자를 임명하였다면 그 임용행위는 당연무효이다.

② 공무원의 품위유지의무는 직무 외 사생활에 있어서도 적용된다.

③ 행정규칙에 의한 '불문경고조치'는 법률상 징계처분이 아니므로 항고소송의 대상이 되는 행정처분에 해당하지 않는다.

④ 4급 공무원이 당해 지방자치단체 인사위원회의 심의를 거쳐 3급 승진대상자로 결정되고 임용권자가 그 사실을 대내외에 공표까지 하였다면, 그 공무원은 승진임용에 관한 법률상 이익을 가진 자로서 임용권자에 대하여 3급 승진임용 신청을 할 조리상의 권리가 있다.

23. 병역법상 병역의무에 대한 설명으로 옳지 않은 것을 모두 고르면?

ㄱ. 남성에 관한 병역의무는 헌법 및 병역법에 명시되어 있으나, 여성에 관한 병역의무는 명문으로 규정하지 않는다.
ㄴ. 병역의무자로서 6년 이상의 징역 또는 금고의 형(刑)을 선고받은 사람은 병역에 복무할 수 없으며 병적(兵籍)에서 제적된다.
ㄷ. 병역법과 다른 병역의무에 대한 특례 규정이 있는 경우에는 그 특례 규정에 따른다.
ㄹ. 병역의무 및 지원은 인종, 피부색 등을 이유로 차별하여서는 아니 된다.

① ㄱ, ㄷ   ② ㄴ, ㄷ
③ ㄴ, ㄹ   ④ ㄱ, ㄴ, ㄷ

24. 행정절차법상 행정응원에 대한 설명으로 옳지 않은 것은?

① 다른 행정청이 보다 능률적이거나 경제적으로 응원할 수 있는 명백한 이유가 있는 경우에는 행정응원을 거부할 수 있다.

② 행정응원을 위하여 파견된 직원은 그 복무에 관하여 다른 법령 등에 특별한 규정이 없는 한 응원을 요청한 행정청의 지휘·감독을 받는다.

③ 행정응원은 해당 직무를 직접 응원할 수 있는 행정청의 상급행정청에 요청하여야 한다.

④ 인원·장비의 부족 등 사실상의 이유로 독자적인 직무 수행이 어려운 경우 다른 행정청에 행정응원을 요청할 수 있다.

25. 공공기관의 정보공개에 관한 법률에 대한 설명으로 옳지 않은 것은?

① 국회사무총장은 전년도의 정보공개 운영에 관한 보고서를 매년 정기국회 개회 전까지 국회에 제출하여야 한다.

② 국가안전보장에 관련되는 정보 및 보안 업무를 관장하는 기관에서 국가안전보장과 관련된 정보의 분석을 목적으로 수집하거나 작성한 정보에 대해서는 이 법을 적용하지 아니한다.

③ 공무원은 이 법에 따른 정당한 정보공개를 이유로 징계조치 등 어떠한 신분상 불이익이나 근무조건상의 차별을 받지 아니한다.

④ 위원장·부위원장 및 위원 중 공무원이 아닌 사람은 형법이나 그 밖의 법률에 따른 벌칙을 적용할 때에는 공무원으로 본다.

경영학

제3과목

응시번호 :   성명 :

01. 다음 중 친환경 경영정책과 직접적인 관련성이 적은 것은?

 ① 6시그마운동

 ② 탄소배출권

 ③ 지속가능경영

 ④ 교토의정서

02. 노나카의 지식창조 프로세스 모델에서의 지식변환과정 중 형식지에서 암묵지로의 전환을 의미하는 것으로 옳은 것은?

 ① 공동화

 ② 표출화

 ③ 연결화

 ④ 내면화

03. 다음 중 기업집중에서 카르텔의 목적으로 옳지 않은 것은?

 ① 시장통제

 ② 생산 공정의 합리화

 ③ 시장에서 과다한 경쟁 제한

 ④ 동종 간의 출혈경쟁 배제

04. 다음 시장세분화의 기준변수 중 인구통계학적 변수에 해당하는 것은?

 ① 라이프스타일

 ② 추구현익

 ③ 제품사용률

 ④ 나이

05. 다음 중 기업의 시장지향성 정도에 따른 마케팅 관련 개념의 발전 방향으로 옳은 것은?

 ① 생산개념 – 판매개념 – 제품개념 – 마케팅개념 – 사회지향적 마케팅개념

 ② 생산개념 – 제품개념 – 판매개념 – 마케팅개념 – 사회지향적 마케팅개념

 ③ 생산개념 – 판매개념 – 사회지향적 마케팅개념 – 제품지향적 개념

 ④ 생산개념 – 제품개념 – 판매개념 – 사회지향적 마케팅개념 – 마케팅개념

06. 다음 중 자사의 상품을 의도적으로 수요를 감소시키는 마케팅 기법으로 옳은 것은?

① 유지마케팅
② 디마케팅
③ 개발적마케팅
④ 대항적마케팅

09. 다음 중 집단 내에 강력한 리더가 존재하는 것은 아니지만, 어느 정도 대표성이 있는 인물을 통해 비교적 공식적인 계층을 따라 의사소통이 신속하게 이루어지는 의사소통네트워크의 유형으로 옳은 것은?

① 수레바퀴형
② Y자형
③ 원형
④ 완전연결형

07. 다음 중 인사평가(고과) 제도의 하나인 다면평가에 대한 설명으로 옳지 않은 것은?

① 직속상사를 포함한 관련 주변인들이 업무 측면 이외에도 여러 가지 능력을 평가하는 방식이다.
② 원칙적으로 다면평가의 결과는 본인에게 공개되지 않기 때문에 인사평가 자료로는 제한적으로 사용된다.
③ 업무 성격이 고도의 지식과 기술을 요구하는 경우가 많아 다면평가가 더욱 필요하게 되었다.
④ 연공서열 위주에서 팀성과 위주로 인적자원관리의 형태가 변화하면서 다면평가의 필요성이 증대되었다.

08. 다음 중 임금관리에 대한 설명으로 옳지 않은 것은?

① 임금체계는 공정성이 중요한 관심사이다.
② 직무급은 직무의 표준화와 전문화가 선행되어야 한다.
③ 직능급은 동일 직무를 수행하면 동일 임금을 지급하는 것이다.
④ 연공급은 근속연수를 기준으로 임금을 차등화하는 제도이다.

10. 다음 중 상사의 의사결정이나 계획 및 통제의 권한을 위양하여 부하의 재량권과 자율성과 책임성을 강화하는 직무설계 방법으로 옳은 것은?

① 직무순환
② 직무확대
③ 직무충실화
④ 직무특성화

11. 다음 중 기계적 조직과 유기적 조직에 대한 설명으로 옳지 않은 것은?

① 유기적 조직은 고객의 욕구 및 환경이 안정적이고 예측가능성이 높은 경우에 효과적이다.

② 유기적 조직은 주로 분권화된 의사결정이 이루어진다.

③ 기계적 조직은 효율성과 생산성 향상을 목표로 한다.

④ 기계적 조직은 공식적 의사소통이 주로 이루어지고 상급자가 조정자역할을 한다.

12. 다음 중 직무특성이론에서 주장하는 핵심직무특성에 대한 내용으로 옳지 않은 것은?

① 피드백: 직무수행 도중에 직무의 성과와 효과성에 대해 직접적이고 명확한 정보를 획득할 수 있는 정도를 의미한다.

② 기술의 다양성: 직무를 수행하는 데 요구되는 기술의 종류가 얼마나 다양한가를 의미한다.

③ 직무 혁신성: 개인이 수행하는 직무가 조직 혁신에 어느 정도 기여할 수 있는가를 의미한다.

④ 과업의 정체성: 직무가 독립적으로 완결되는 것을 확인할 수 있는 정도를 의미한다.

13. 다음 중 산업별 노동조합이 개별 기업 사용자와 개별적으로 행하는 경우의 단체교섭의 유형으로 옳은 것은?

① 통일교섭

② 대각선교섭

③ 공동교섭

④ 집단교섭

14. 다음 교육훈련에 대한 설명 중 나머지와 성격이 다른 것은?

① 실무중심의 교육으로 현실적으로 이루어진다.

② 많은 종업원을 동시에 교육하는 부적합하다.

③ 부서차원으로 부하의 참여가 필요하다.

④ 조직차원으로 상사의 협조가 필요하다.

15. 다음 중 개인의 일부 특성을 기반으로 그 개인 전체를 평가하는 지각 경향으로 옳은 것은?

① 후광효과

② 상동적 태도

③ 자존적 편견

④ 주관의 객관화

16. 다음 갈등해결을 위한 협상전략 중 통합적 협상의 특성에 해당하지 않는 것은?

① 당사자들 사이에 장기적인 관계를 형성한다.

② 당사자들 사이의 이해관계보다 각 당사자의 입장에 초점을 맞춘다.

③ 양쪽 당사자 모두 만족할 만큼의 성과를 내는 윈-윈(win-win)전략을 구사한다.

④ 당사자들 간에 정보공유를 통해 흥미를 더욱 만족시킨다.

17. 다음 중 재고관리의 P시스템과 Q시스템에 대한 설명으로 옳은 것은?

① Q시스템은 P시스템보다 일반적으로 더 많은 안전재고가 필요하다.

② P시스템은 주문시점마다 주문량이 달라지지만 Q시스템은 주문주기가 고정되어 있다.

③ 투빈법은 재고량을 절반으로 나누어 안전재고를 확보하는 방법으로 P시스템의 내용을 시각화한 것이다.

④ Q시스템은 현재의 재고량을 수시로 조사하여 재주문점 도달여부를 판단해야 하므로 관리 부담이 많다.

18. 다음 중 커피를 생산하는 A기업의 경쟁우위 확보를 위한 수단 및 효과에 대한 설명으로 옳지 않은 것은?

① 신기술 도입으로 원두 가공방식을 수정·발전시켜서 커피의 품질을 향상시켰다.

② 모든 구성원을 대상으로 종합적 품질경영에 참여하도록 독려하고 고객만족도를 향상시켰다.

③ 제품생산 프로세스를 변경하여 동일품질의 제품을 생산하는 데 걸리는 시간을 단축하였다.

④ 제품을 납품하는 대형마트의 재고시스템과 연계된 생산시스템을 도입하여 재고회전률을 대폭 낮추었다.

19. 다음 중 경제적 주문량(EOQ)모형을 도출하기 위한 가정에 해당하지 않는 것은?

① 1회 주문비용은 주문량에 비례하여 커진다.

② 품절이 발생하지 않으며 재고조달기간은 일정하다.

③ 연간수요량은 알려져 있고 수량할인은 인정되지 않는다.

④ 단위 기간당 재고사용량이 일정하다.

20. 다음 중 거래를 처리하는 과정에서 발생하는 데이터를 저장하고 관리하는 시스템으로 옳은 것은?

① TPS

② DSS

③ EIS

④ SIS

21. 다음 중 자본예산기법에 대한 설명으로 옳은 것은?

    ① 내부수익률법은 화폐의 시간가치를 고려하지 않는다.

    ② 수익성지수법은 개별 투자안의 경우 수익성 지수가 1보다 작으면 경제성이 있다.

    ③ 순현가법은 개별 투자안의 경우 순현가가 0보다 크면 경제성이 있다.

    ④ 회계적 이익률법은 화폐의 시간가치를 고려한다.

22. 다음 중 적대적 인수합병 전략에서 방어수단으로 옳지 않은 것은?

    ① 주식공개매수(take-over bid)

    ② 백기사(white knight)

    ③ 황금낙하산(golden parachutes)

    ④ 왕관의 보석(crown jewel)

23. 다음 중 회계감사의 의견유형에 해당하지 않는 것은?

    ① 적정의견

    ② 한정의견

    ③ 의견거절

    ④ 감사거절

24. 다음 중 회계의 순환과정을 나열한 것으로 옳은 것은?

    ① 거래발생 → 분개 → 원장전기 → 결산수정사항 분개 → 수정전 시산표 작성 → 재무제표 작성

    ② 거래발생 → 원장전기 → 분개 → 수정전 시산표 작성 → 결산수정사항 분개 → 재무제표 작성

    ③ 거래발생 → 분개 → 원장전기 → 수정전 시산표 작성 → 결산수정사항 분개 → 재무제표 작성

    ④ 거래발생 → 분개 → 결산수정사항 분개 → 원장전기 → 수정전 시산표 작성 → 재무제표 작성

25. 다음 중 재무제표에 대한 설명으로 옳지 않은 것은?

    ① 재무제표의 양식은 계정식을 원칙으로 하며, 재무상태표의 경우에는 보고식을 허용한다.

    ② 재무제표의 작성원칙은 원가주의 원칙, 수익실현의 원칙, 대응의 원칙 등이다.

    ③ 재무제표의 기본 가정에는 기업실체, 계속기업, 기간별 보고 등이다.

    ④ 재무상태표는 일정 시점에서의 기업의 재무상태를 나타내고, 포괄손익계산서, 자본변동표, 현금흐름표는 일정 기간 동안의 기업과 관련된 보고서이다.

제2회 실전모의고사
군무원 공개경쟁채용 필기시험

군수직

제1과목	국어	제2과목	행정법
제3과목	경영학	제4과목	

응시번호		성 명	

〈응시자 준수사항〉

1. 답안지의 모든 기재 및 표기사항은 반드시 『컴퓨터용 흑색사인펜』으로만 작성하여야
   합니다. (사인펜에 "컴퓨터용"으로 표시되어 있음) (사인펜 본인 지참)
   * 매년 지정된 펜을 사용하지 않아 답안지가 무효처리 되는 상황이 빈발하고 있으므로,
   답안지는 반드시 『컴퓨터용 흑색사인펜』으로만 표기하시기 바랍니다.

2. 답안은 매 문항마다 반드시 하나의 답만 골라 그 숫자에 "●"로 표기해야 하며, 표기한
   내용은 수정테이프를 이용하여 정정할 수 있습니다. 단, 시험시행본부에서 수정테이프
   를 제공하지 않습니다.
   (표기한 부분을 긁는 경우 오답처리 될 수 있으며, 수정스티커 또는 수정액은 사용 불가)
   * 답안지는 훼손·오염되거나 구겨지지 않도록 주의해야 하며, 특히 답안지 상단의
   타이밍마크(❘❘❘❘❘)를 절대로 훼손해서는 안 됩니다.

3. 상단의 QR코드를 이용하여 해커스공무원의 '모바일 자동 채점 + 성적 분석 서비스'에
   접속하시기 바랍니다. (해커스공무원 사이트의 가입자에 한해 이용 가능함)
   * 정답 및 해설은 해설집의 24쪽에서 확인 가능합니다.

국 어

제1과목

01. 〈보기〉에서 음의 첨가 현상이 일어나는 것을 모두 고른 것은?

보기
ㄱ. 옷 입다   ㄴ. 6.25
ㄷ. 1 연대   ㄹ. 월요일

① ㄱ, ㄴ
② ㄱ, ㄷ
③ ㄴ, ㄹ
④ ㄷ, ㄹ

02. 〈보기〉에 대한 설명으로 가장 옳지 않은 것은?

보기
펄펄 나는 저 꾀꼬리 암수 서로 정답구나. 외로워라 이내 몸은 뉘와 함께 돌아갈꼬.   - '황조가'

① 작가가 구체적으로 알려져 있다.
② 한문으로 된 원문이 존재하는 한역 시가이다.
③ 짝을 잃은 슬픔을 자연물에 매개하여 표현하고 있다.
④ 선경 후정의 방식으로 신화적 성격을 지닌 인물의 정서를 노래하고 있다.

03. 다음 중 밑줄 친 어휘가 잘못 쓰인 것은?

① 너에게 건 기대가 자못 크다.
② 그는 너름새가 좋아 아무에게 굽신댔다.
③ 있는 힘껏 지르던 그 소리가 과연 올찼다.
④ 그는 군인답게 물건을 늘비하게 정렬했다.

04. 다음 글에 대한 추론으로 적절한 것은?

클라우드 컴퓨팅(Cloud computing)은 IoT 환경에 없어서는 안 될 중요한 기술이다. 하지만 인터넷으로 연결되는 기기와 처리해야 할 데이터의 양이 늘어나면서 문제가 생기기 시작했다. 클라우드 컴퓨팅은 수집한 데이터를 모아 중앙의 데이터 센터에서 처리하는데, 센터에서 처리할 수 있는 데이터 양에 한계가 있어 신속한 처리가 어려워진 것이다. 최근 IT업계에서는 이에 대한 해결책으로 엣지 컴퓨팅(Edge computing)이 부상하고 있다.

엣지 컴퓨팅은 클라우드 컴퓨팅에서 발생할 수 있는 과부하 문제를 보완할 수 있도록 IoT 기기와 가까운 주변이나 기기 내의 다른 주변부(Edge)로 연산 기능을 분산시키는 기술이다. 엣지 컴퓨팅을 이용하면 데이터가 수집되는 엣지에서 데이터를 처리하고 연산 결과를 바로 적용할 수 있어 클라우드 컴퓨팅보다 더 빠른 연산과 대응이 가능하다.

또한, 엣지 컴퓨팅은 그동안 클라우드 컴퓨팅 기술에서 발생하였던 보안 관련 이슈도 어느 정도 해결할 수 있다. 엣지 컴퓨팅 기술은 클라우드 컴퓨팅 기술에 비해 더욱 강화된 보안 솔루션을 적용할 수 있으며, 데이터 처리 방식도 중앙 데이터 센터를 거치지 않고 엣지에서 데이터 수집과 연산, 처리를 끝내는 방식이므로 해킹을 당한다고 해도 정보 유출의 위험성을 줄일 수 있다.

오늘날 실시간 대응, 정보 보안 등이 강조된다는 점에서 엣지 컴퓨팅 기술은 다양한 분야에서 활약할 것으로 기대된다. 그중에서도 가장 주목받고 있는 분야는 교통 시스템으로, 특히 자율 주행 자동차는 엣지 컴퓨팅 기술의 도입으로 안전성이 한층 강화될 것으로 보인다.

① IoT 기기끼리 근접하게 위치한다면 엣지 컴퓨팅 기술이 보다 효과적으로 기능한다.
② 엣지 컴퓨팅 기술로 자율 주행 자동차 운행 시 발생하는 돌발 상황에 신속하게 대응할 수 있다.
③ 엣지에서 데이터 정보가 바로 삭제되어 엣지 컴퓨팅은 클라우드 컴퓨팅에 비해 해킹의 피해가 적다.
④ 데이터를 종류별로 분류하여 센터에 전달한다면 클라우드 컴퓨팅이 엣지 컴퓨팅보다 빠르게 처리할 수 있다.

05. 〈보기〉에 제시된 소설의 시대적 배경을 시간 순으로 바르게
나열한 것은?

> **보기**
>
> ㄱ. 오상원의 「유예」
> ㄴ. 채만식의 「레디메이드 인생」
> ㄷ. 황석영의 「삼포 가는 길」
> ㄹ. 현진건의 「술 권하는 사회」

① ㄴ → ㄹ → ㄱ → ㄷ
② ㄴ → ㄹ → ㄷ → ㄱ
③ ㄹ → ㄴ → ㄱ → ㄷ
④ ㄹ → ㄴ → ㄷ → ㄱ

06. 〈보기〉에서 설명한 문학 갈래에 해당하는 작품으로 가장
옳은 것은?

> **보기**
>
> 　조선 초기에 확고한 문학 양식으로 자리 잡은 조선 시
> 대 대표적인 시가 문학의 한 갈래이다. 3(4)·4조, 4음보
> 를 기준 율격으로 하며 행(行)에 제한을 두지 않는 연속
> 체 율문(律文) 형식을 갖고 있다. 주요 작가층은 사대부
> 계층이나, 장르 자체가 지닌 폭넓은 개방성 덕분에 양반
> 가(兩班家)의 부녀자, 승려 등 다양한 계층이 참여했던
> 문학 양식이다.

① 정석가　　　　　② 만분가
③ 신도가　　　　　④ 오륜가

07. 〈보기〉의 밑줄 친 부분과 문맥적 의미가 가장 가까운 것은?

> **보기**
>
> 　　　　　그 모임의 분위기는 언제나 밝다.

① 그는 항상 인사성이 밝았다.
② 그녀의 밝은 목소리에 활기가 돌았다.
③ 앞으로 우리 회사의 전망이 매우 밝겠는데?
④ 그는 어릴 때부터 세상 물정에 밝다는 소리를 들었다.

08. 〈보기〉의 밑줄 친 ㉠~㉣ 중 나머지 셋과 성격이 가장 다른
하나는?

> **보기**
>
> 태양을 의논하는 거룩한 이야기는
> 항상 태양을 등지는 곳에서만 비롯하였다.
>
> 달빛이 흡사 비 오듯 쏟아지는 ㉠밤에도
> 우리는 ㉡헐어진 성터를 헤매이면서
> 언제 참으로 그 언제 우리 하늘에
> 오롯한 태양을 모시겠느냐고
> 가슴을 쥐어뜯으며 이야기하며 이야기하며
> 가슴을 쥐어뜯지 않았느냐?
>
> 그러는 동안에 영영 잃어버린 벗도 있다.
> 그러는 동안에 멀리 떠나 버린 벗도 있다.
> 그러는 동안에 몸을 팔아 버린 벗도 있다.
> 그러는 동안에 맘을 팔아 버린 벗도 있다.
>
> 그러는 동안에 드디어 서른여섯 해가 지나갔다.
>
> 다시 우러러보는 이 ㉢하늘에
> ㉣겨울밤 달이 아직도 차거니
> 오는 봄엔 분수처럼 쏟아지는 태양을 안고
> 그 어느 언덕 꽃덤불에 아늑히 안겨 보리라.
>
> 　　　　　　　　　　　　　- 신석정, '꽃덤불'

① ㉠　　　　　　　② ㉡
③ ㉢　　　　　　　④ ㉣

09. 밑줄 친 부분의 주된 설명 방식은?

> 커피를 마시는 습관은 이슬람권의 수피교도로부터 시작되었습니다. '수피'는 8세기경 메소포타미아 지방에 나타났던 이슬람 신비주의 집단입니다. 커피의 역사는 기원전으로 거슬러 올라가는데, 에티오피아에서 자생하는 커피 열매를 으깨어 동물성 지방과 함께 경단 모양으로 빚은 것을 갖고 다니며 먹었던 것에서 비롯되었다고 합니다. 그후 AD 6세기에서 9세기에 걸쳐 아라비아 반도에 전해졌고, 그것을 수피교도가 이용하면서 식용이 아닌 음용으로 변화되었습니다.
>
> 수피교도가 커피를 마시게 된 것은 밤을 새워 명상하는 수행 시 커피가 가진 각성 효과가 도움이 되었기 때문입니다. 거기에 더해 식욕을 억제하는 특성도 그들에게 매력적으로 작용했을 겁니다. 커피가 갖는 '잠이 오지 않는 특성'이 밤샘 수행을 힘들지 않게 했을 뿐 아니라 식욕을 억제한다는 특성은 굶주림과 갈증을 극복하는 절식을 실천하는 그들에게 크게 환영 받았습니다.

① 분류　　　　　　② 분석
③ 서사　　　　　　④ 인과

10. 밑줄 친 부분의 맞춤법이 가장 옳지 않은 것은?
① 원고에 오자가 눈에 <u>띄어</u> 다시 수정했다.
② 열심히 찾고 있던 책이 눈에 <u>뜨이어</u> 구매했다.
③ 간신히 집을 나왔으나 아빠의 눈에 <u>띄여</u> 혼났다.
④ 반갑지 않은 사람들이 가끔 눈에 <u>뜨여</u> 곤란하다.

11. 〈보기〉에서 설명한 소설의 갈등 유형으로 가장 옳은 것은?

> **보기**
> 소설에서 갈등은 인물이 가지고 있는 두 개 이상의 정서나 욕구가 서로 충돌을 일으키는 상태를 말한다. 이때 갈등은 한 인물의 내부에서 심리적 대립이 일어나 벌어질 수도 있다.

① 개인의 내면적 갈등
② 개인과 사회와의 갈등
③ 개인과 운명과의 갈등
④ 개인과 개인 간의 갈등

12. ㉠ ~ ㉣의 의미로 적절하지 않은 것은?

> 비오다가 개야 아 눈하 디신 나래
> 서린 석석사리 조븐 곱도신 길헤
> 다롱디우셔 마득사리 마득너즈세 너우지
> ㉠잠 싸간 내 니믈 너겨
> 깃㉣ 열명 길헤 자라 오리잇가.
> 종종 벽력(霹靂) 아 싱함타무간(生陷墮無間)
> ㉡고대셔 ㉢싀여딜 내 모미
> 종종 벽력(霹靂) 아 싱함타무간(生陷墮無間)
> 고대셔 싀여딜 내 모미
> 내 님 두숩고 년뫼를 거로리.
> 이러쳐 뎌러쳐
> 이러쳐 뎌러쳐 긔약(期約)이잇가.
> 아소 님하, 흔디 ㉣녀젓 긔약(期約)이이다.
> － 작자 미상, '이상곡'

① ㉠은 '잠깐 있다 간'을 의미한다.
② ㉡은 '바로'를 의미한다.
③ ㉢은 '죽어 갈'을 의미한다.
④ ㉣은 '살고자 하는'을 의미한다.

13. 〈보기〉의 ㉠ ~ ㉢에 들어갈 알맞은 낱말끼리 짝지은 것은?

> **보기**
> 여러 가지 형태의 사회적 기능에도 불구하고 예술을 정치나 도덕과 같은 다른 문화적 사상과 (㉠)하는 것은 예술의 사회적 기능은 예술의 미적 기능과 항상 결부되어 있는 까닭이다. 이 때문에 예술의 사회적 기능은 그 결과나 영향에 있어 예술 이외의 정치적, 도덕적, 그밖의 여러 가지 종류의 사회적 사상과는 달리 이해되어야 할 것이다.
> 여기에는 물론 또 다른 이유도 있다. 그 다른 이유란 예술은 (㉡)적 상상(想像)의 산물이기 때문에 실제적인 (㉢)적 산물과는 구별되어야 한다는 것과 예술의 사회적 기능은 반드시 그 속에 담겨져 있는 사회적 목적이나 동기가 그 전부는 아니라는 점이다.

	㉠	㉡	㉢
①	離別	假定	理想
②	離別	推定	現實
③	區別	假定	現實
④	區別	推定	理想

14. 다음 글로 알 수 있는 내용은?

제2차 세계 대전 중, 태평양의 한 전투에서 일본군은 미군 흑인 병사들에게 자신들은 유색인과 전쟁할 의도가 없으니 투항하라고 선전하였다. 이 선전물을 본 백인 장교들은 그것이 흑인 병사들에게 미칠 영향을 우려하여 급하게 부대를 철수시켰다. 사회학자인 데이비슨은 이 사례에서 아이디어를 얻어서 대중 매체가 수용자에게 미치는 영향과 관련한 '제3자 효과(third-person effect)' 이론을 발표하였다.

이 이론의 핵심은 사람들이 대중 매체의 영향력을 차별적으로 인식한다는 데에 있다. 곧 사람들은 수용자의 의견과 행동에 미치는 대중 매체의 영향력이 자신보다 다른 사람들에게서 더 크게 나타나리라고 믿는 경향이 있다는 것이다. 예를 들어 선거 때 어떤 후보에게 탈세 의혹이 있다는 신문 보도를 보았다고 하자. 그때 사람들은 후보를 선택하는 데에 자신보다 다른 독자들이 더 크게 영향을 받을 것이라고 여긴다. 이러한 현상을 데이비슨은 '제3자 효과'라고 하였다.

제3자 효과는 대중 매체가 전달하는 내용에 따라 다르게 나타난다. 예컨대 대중 매체가 건강 캠페인과 같이 사회적으로 바람직한 내용을 전달할 때보다 폭력물이나 음란물처럼 유해한 내용을 전달할 때, 사람들은 자신보다 다른 사람들에게 미치는 영향력을 더욱 크게 인식한다는 것이다. 이러한 인식은 수용자의 구체적인 행동에도 영향을 미쳐, 제3자 효과가 크게 나타나는 사람일수록 내용물의 심의, 검열, 규제와 같은 법적·제도적 조치에 찬성하는 성향을 보인다. 〈중 략〉

제3자 효과 이론은 사람들이 다수의 의견처럼 보이는 것에 영향받을 수 있다는 이론과 연결되면서, 여론의 형성 과정을 설명하는 데에도 이용되었다. 이 설명에 따르면, 사람들은 자신은 대중 매체의 전달 내용에 쉽게 영향받지 않는다고 생각하면서도 다른 사람들이 영향받을 것을 고려하여 자신의 태도와 행위를 결정한다.

① '제3자 효과'는 대중 매체가 생산자에게 미치는 영향과 관련된 이론이다.

② 여론과 반대되는 의견을 가진 사람들은 제3자 효과의 영향을 받고 있다고 볼 수 있다.

③ 대중 매체가 전달하는 내용이 사회적으로 바람직한 내용일 때 '제3자 효과'가 더 크게 나타난다.

④ 사람들은 대중 매체의 영향력이 자신보다 다른 사람에게서 더 크게 나타나리라고 믿는 경향이 있다.

15. 밑줄 친 부분의 문장 성분이 나머지 셋과 다른 하나는?

① 얼음이 물로 되었다.

② 그는 나쁜 사람은 아니다.

③ 남동생은 곧 고등학생이 된다.

④ 알고 보니 그는 대학생도 아니었다.

16. 〈보기〉에서 설명한 시의 표현 방법이 적용된 시구로 가장 옳은 것은?

보기
의도하는 바를 강조하기 위해 이치에 맞지 않는 것을 일부러 표현하는, 논리적 모순을 활용한 표현 방법이다. 표면상으로는 모순되거나 부조리한 것처럼 보이나 표면적 진술 속에 나름대로의 진실을 담고 있는 것이 특징이다.

① 깊이깊이 새겨지는 네 이름 위에 / 네 이름의 외로운 눈부심 위에　　　　　　　　 – 김지하, '타는 목마름으로'

② 살아야 할 만큼은 살았다 / 이보다 덜 살면 요절이고 더 살면 덤이 된다　　　　　　　　 – 김광림, '덤'

③ 놀라울 때는 다만 '아!'라고 말해 다오. / 보다 긴 말을 하고 싶으면 침묵해 다오.　　　　　　 – 김광규, '상행(上行)'

④ 여보 / 내 마음은 유린가 봐, 겨울 한울처럼 / 이처럼 작은 한숨에도 흐려 버리니……　　　 – 김기림, '유리창'

17. 〈보기〉의 ㉠, ㉡에 들어갈 접속 부사로 가장 옳은 것은?

> **보기**
>
> "호모 사피엔스는 탐구하는 존재야." 나는 이것이 과학이 우리 인간에 대해 가르쳐 준 첫 번째 진실이라고 생각한다. 물론 인간은 학습하는 존재이다. 우리의 배움에는 끝이 없다. 하지만 이런 학습이 우리만의 것은 아니다. 동물의 세계에도 학습은 만연해 있다. 노래하는 새들은 부모와 선배로부터 멋진 가락을 배우는데, 이 배움의 기간 동안 외부의 노래 자극이 없으면 음치가 된다. 아기 침팬지는 견과류를 돌로 내리쳐 깨먹는 방법을 어른 침팬지에게서 5~6년 동안 어깨너머로 배운다. (㉠) 인간은 그러한 학습의 단계를 오래전에 넘어섰고, 언제부터인가 탐구의 단계로 들어섰다.
>
> '탐구(inquiry)'의 사전적 의미는 '어떤 가설, 혹은 신념의 입증을 위하여 정보의 수집, 질문의 제기, 자료의 조사, 이론의 검토 등을 하는 행위'이다. 이런 의미에서 지구상에 존재하는 생명체 중에서 무언가를 탐구할 수 있는 존재는 오직 인간뿐이다. (㉡), 인간은 남들로부터 배울 뿐만 아니라 자기 스스로 탐구할 수 있는 능력을 가진 존재로 진화했다. 그리고 과학은 인간의 탐구 행위 중에서도 신빙성이 가장 높은 경험적 활동이다. 과학은 경험적으로 반증 가능한 가설을 만들고 그것을 면밀히 검증하는 활동이라 할 수 있는데, 인류 문명의 급속한 발전이 과학 덕분이라는 주장에 이의를 제기하기는 쉽지 않을 것이다. 인간은 탐구하는 존재, 즉 호모 사이언티피쿠스(Homo scientificus)이다.

	㉠	㉡
①	그래서	예컨대
②	하지만	즉
③	그리고	또한
④	그렇지만	따라서

18. 유사한 의미의 사자성어가 연결된 것으로 가장 옳은 것은?

① 조삼모사(朝三暮四) - 조변석개(朝變夕改)
② 포의한사(布衣寒士) - 포식난의(飽食暖衣)
③ 다기망양(多岐亡羊) - 망양지탄(亡羊之嘆)
④ 환과고독(鰥寡孤獨) - 환해풍파(宦海風波)

19. 밑줄 친 서술어의 자릿수가 다른 하나는?

① 선웅이는 엄마와 꼭 <u>닮았다.</u>
② 정원에 핀 꽃이 매우 <u>붉다.</u>
③ 현우는 그렇게 아빠가 <u>되었다.</u>
④ 수민이가 서재에 있는 책을 <u>읽었다.</u>

20. 〈보기〉 중 외래어 표기법에 맞지 않는 단어의 개수는?

> **보기**
>
> 팸플릿(pamphlet), 배트(bat), 프라이(fry)
> 시그널(signal), 잉글리쉬(English)

① 1개   ② 2개
③ 3개   ④ 4개

21. 다음 글에 대한 이해로 적절한 것은?

> 보험은 같은 위험을 보유한 다수인이 위험 공동체를 형성하여 보험료를 납부하고 보험 사고가 발생하면 보험금을 지급받는 제도이다. 보험 상품을 구입한 사람은 장래의 우연한 사고로 인한 경제적 손실에 대비할 수 있다. 보험금 지급은 사고 발생이라는 우연적 조건에 따라 결정되는데, 이처럼 보험은 조건의 실현 여부에 따라 받을 수 있는 재화나 서비스가 달라지는 조건부 상품이다.
>
> 위험 공동체의 구성원이 납부하는 보험료와 지급받는 보험금은 그 위험 공동체의 사고 발생 확률을 근거로 산정된다. 특정 사고가 발생할 확률은 정확히 알 수 없지만 그동안 발생된 사고를 바탕으로 그 확률을 예측한다면 관찰 대상이 많아짐에 따라 실제 사고 발생 확률에 근접하게 된다. 본래 보험 가입의 목적은 금전적 이득을 취하는 데 있는 것이 아니라 장래의 경제적 손실을 보상받는 데 있으므로 위험 공동체의 구성원은 자신이 속한 위험 공동체의 위험에 상응하는 보험료를 납부하는 것이 공정할 것이다.

① 동일한 보험료를 지불했더라도 지급받는 보험금은 상이할 수 있다.
② 가해자가 고의로 사고를 일으킨 경우 피해자는 보험금을 지급받을 수 없다.
③ 공정한 보험은 납부한 보험료와 지급받을 보험금이 일치한다.
④ 위험 공동체의 구성원이 가지는 위험 요소가 많을수록 지불해야 하는 보험료가 감소한다.

22. 다음 중 띄어쓰기에 대한 설명과 예문이 모두 옳은 것은?

① 호나 자 등이 성명 앞에 놓이는 경우 붙여 쓴다.
   예 율곡이이, 백범김구
② 성명 이외의 고유 명사는 단어별로 띄어 씀을 원칙으로 한다.
   예 북한 산, 개마 고원
③ 단음절로 된 단어가 연이어 나타날 때에는 붙여 쓸 수 있다.
   예 좀더 큰것, 이말 저말
④ 두 말을 이어 주거나 열거할 때에 쓰이는 말은 앞말에 붙여 쓴다.
   예 국장겸 과장, 사과, 배, 귤등

23. 다음 중 어휘의 뜻풀이가 바르지 않은 것은?

① 마수없이: 갑자기 또는 난데없이
② 우수리: 물건값을 제하고 거슬러 받는 잔돈
③ 흰소리: 상대편의 말을 슬쩍 받아 엉뚱한 말로 재치 있게 넘기는 말
④ 꾀바르다: 어려운 일이나 난처한 경우를 잘 피하거나 약게 처리하는 꾀가 많다.

24. 다음 중 로마자 표기가 옳은 것은?

① 설악 – Seolak
② 잡혀 – japhyeo
③ 호법 – Hobbeop
④ 왕십리 – Wangsimni

25. 다음 글의 '양적 연구 방법'만 사용한 것을 〈보기〉에서 모두 고르면?

양적 연구 방법은 어떠한 현상을 수치화하여 측정하고, 그 측정값을 통계적 기법으로 분석하여 특정한 관계나 법칙을 밝혀내는 것이 중심이 된다. 이는 가설의 검증과 법칙의 발견에 유리한 면이 있지만, 인간을 연구 대상으로 하는 만큼 계량적 방법으로는 사회·문화 현상을 정확히 파악할 수 없다는 단점이 있다. 목적이나 의도를 가진 인간의 행위를 계량적 방법으로 파악하는 것이 어려우며, 인간의 내면적 특성까지 지나치게 단순화할 수 있기 때문이다. 그러므로 질적 연구를 통해 사회·문화 현상을 이해하려는 노력이 필요하다. 질적 연구 방법이란 사회·문화 현상에 담긴 인간 행위의 동기나 목적, 의미 등을 심층적으로 이해하려는 방법이다. 이는 사회가 연구 대상인 동시에 연구자가 속해 있는 환경이기 때문에 사실상 객관적인 연구가 불가능하다는 양적 연구 방법의 한계를 극복할 수 있다. 질적 연구는 연구자가 자신의 감정을 이입해 공감적 이해와 직관적 통찰로 상호 관계를 유추하고 해석한 바를 상세히 기술하는 방식으로 이루어지며, 비공식적 자료를 중시한다는 특징이 있다.

보기
ㄱ. 도서관과 PC방에서 동시에 전기를 차단시켰을 때 사람들의 비명 소리의 크기(dB)를 측정하여 갑작스러운 상황에서 나타나는 사람들의 폭력성을 실험하였다.
ㄴ. 스마트폰 중독과 우울증의 상관관계를 확인하기 위해 스마트폰에 의존도가 높은 사람 10명을 선별하여 정신의학과 의사의 도움을 받아 인터뷰를 진행하였다.
ㄷ. 고등학생 100명을 무작위로 선별하여 '학교 폭력 경험 유무'에 대한 설문 조사를 진행한 결과, '경험했다'라는 응답에 82명이, '2번 이상 경험했다'라는 응답에 61명이 답변하여 현재 청소년들이 심각한 학교 폭력에 노출되어있음을 알 수 있었다.
ㄹ. 20대 청년들을 대상으로 '삶에 만족을 주는 요소'라는 주제로 각 요소별로 삶에 주는 만족도 지수를 1~10으로 나눈 온라인 조사지를 풀게 한 직후 심층 면접을 진행하여 젊은 세대들이 실제로 삶에 만족을 느끼는 요인을 확인하였다.

① ㄱ, ㄴ
② ㄱ, ㄷ
③ ㄴ, ㄹ
④ ㄱ, ㄷ, ㄹ

행정법

응시번호 :   성명 :

01. 법률유보의 원칙에 대한 설명으로 옳지 않은 것은? (다툼이 있는 경우 판례에 의함)

　① 예산은 일종의 법규범이고 법률과 마찬가지로 국회의 의결을 거쳐 제정되지만 법률과 달리 국가기관만을 구속할 뿐 일반국민을 구속하지 않는다.

　② 부관의 사후변경은, 법률에 명문의 규정이 있거나 그 변경이 미리 유보되어 있는 경우 또는 상대방의 동의가 있는 경우에 한하여 허용되는 것이 원칙이다.

　③ 법률이 자치적인 사항을 공법적 단체의 정관으로 정하도록 위임한 경우에도 헌법 제75조, 제95조의 포괄위임입법금지원칙이 적용된다.

　④ 기관위임사무는 원칙적으로 자치조례의 제정범위에 속하지 않는다.

02. 행정법의 법원에 대한 설명으로 옳지 않은 것은? (다툼이 있는 경우 판례에 의함)

　① 지방자치단체가 학교급식을 위해 국내 우수농산물을 사용하는 자에게 식재료나 식재료 구입비의 일부를 지원하는 조례안은 '1994년 관세 및 무역에 관한 일반협정'에 위반되어 그 효력이 없다.

　② 여러 종류의 가산세를 함께 부과하면서 그 종류와 세액의 산출근거 등을 구분하여 밝히지 않고 가산세의 합계세액만을 기재한 오랜 관행이 비록 적법절차의 원칙에서 문제가 있더라도, 법률에서 가산세의 납세고지에 관하여 특별히 규정하지 않은 이상 그 관행은 행정관습법으로 통용될 수 있다.

　③ WTO 협정 회원국 정부의 반덤핑부과처분이 WTO 협정 위반이라는 이유만으로 사인(私人)이 직접 국내 법원에 그 처분의 취소를 구하는 소를 제기하거나 협정 위반을 처분의 독립된 취소사유로 주장할 수 없다.

　④ 행정청에 부여된 재량권은 그것이 기속재량의 경우는 물론 자유재량의 경우라도 스스로 지켜야 할 한계가 있고 그 한계는 법의 규정뿐만 아니라 관습법 또는 일반 조리에 의하여 정하여져야 한다.

03. 행정법의 일반원칙에 대한 설명으로 옳지 않은 것은? (다툼이 있는 경우 판례에 의함)

　① 헌법재판소는 행정의 자기구속의 원칙을 인정한 바 있으나 대법원은 아직 인정한 바 없다.

　② 국민이 가지는 모든 기대 내지 신뢰가 헌법상 권리로서 보호될 것은 아니고, 보호 여부는 기존의 제도를 신뢰한 자의 신뢰를 보호할 필요성과 새로운 제도를 통해 달성하려고 하는 공익을 비교형량하여 판단하여야 한다.

　③ 부당결부금지의 원칙은 실정법상 근거 규정을 두고 있다.

　④ 신뢰보호의 원칙을 성립시키는 행정청의 공적 견해나 의사는 명시적 또는 묵시적으로 표시되어야 하는데, 비과세 관행에 관한 묵시적 표시가 있다고 하기 위하여는 단순한 과세 누락과는 달리 과세관청이 상당기간 불과세 상태에 대하여 과세하지 않겠다는 의사표시를 한 것으로 볼 수 있는 사정이 있어야 한다.

04. 신뢰보호의 원칙에 대한 설명으로 옳지 않은 것은? (다툼이 있는 경우 판례에 의함)

　① 소급입법은 새로운 입법으로 이미 종료된 사실관계 또는 법률관계에 적용하게 하는 진정소급입법과 현재 진행 중인 사실관계 또는 법률관계에 적용하게 하는 부진정소급입법으로 나눌 수 있다.

　② 진정소급입법은 개인의 신뢰보호와 법적 안정성을 내용으로 하는 법치국가 원리에 의하여 허용되지 아니하는 것이 원칙이다.

　③ 부진정소급입법은 원칙적으로 허용되지만 소급효를 요구하는 공익상의 사유와 신뢰보호를 요구하는 개인보호의 사유 사이의 교량과정에서 그 범위에 제한이 가하여지는 것이다.

　④ 폐기물처리업 사업계획에 대하여 적정통보를 하였다면 그 사업부지 토지에 대한 국토이용계획변경신청을 승인하여 주겠다는 취지의 공적인 견해표명을 한 것으로 볼 수 있다.

05. 행정규칙에 대한 설명으로 옳지 않은 것은? (다툼이 있는 경우 판례에 의함)

① 제재적 행정처분이 그 처분에서 정한 제재기간의 경과로 인하여 그 효과가 소멸되었으나, 부령인 시행규칙 또는 지방자치단체의 규칙의 형식으로 정한 처분기준에서 제재적 행정처분을 받은 것을 가중사유나 전제요건으로 삼아 장래의 제재적 행정처분을 하도록 정하고 있는 경우, 선행처분인 제재적 행정처분을 받은 상대방이 그 처분에서 정한 제재기간이 경과하였다 하더라도 그 처분의 취소를 구할 법률상 이익을 가진다.

② 행정관청 내부의 사무처리규정에 불과한 전결규정에 위반하여 원래의 전결권자 아닌 보조기관 등이 처분권자인 행정관청의 이름으로 행정처분을 한 경우, 그 처분은 권한 없는 자에 의하여 행하여진 것으로 무효이다.

③ 행정규칙에 의한 '불문경고조치'는 비록 법률상의 징계처분이 아니지만 항고소송의 대상이 되는 행정처분에 해당한다.

④ 상위법령에서 세부사항 등을 시행규칙으로 정하도록 위임하였음에도 이를 고시 등 행정규칙으로 정하였다면 그 역시 대외적 구속력을 가지는 법규명령으로서 효력이 인정될 수 없다.

06. 허가에 대한 설명으로 옳은 것을 모두 고르면? (다툼이 있는 경우 판례에 의함)

ㄱ. 허가된 사업의 성질상 부당하게 짧은 기한을 정한 경우 그 기한은 그 허가 자체의 존속기간이 아니라 그 허가조건의 존속기간으로 볼 수 있다.

ㄴ. 허가조건의 존속기간이 종료되기 전에 연장신청이 없는 상태에서 허가기간이 만료하였다면 그 허가의 효력은 상실된다.

ㄷ. 종전 허가의 유효기간이 지나서 기간연장을 신청한 경우 그에 대한 종전의 허가처분을 전제로 하여 단순히 그 유효기간을 연장하여 주는 행정처분을 구하는 것이므로 종전의 허가처분과는 별도의 새로운 허가를 내용으로 하는 행정처분을 구하는 것이라고 보아서는 아니 된다.

ㄹ. 허가신청 후 그 허가관청이 허가신청을 수리하고도 정당한 이유 없이 그 처리를 늦추어 그 사이에 허가기준이 변경된 경우라 하더라도 변경된 허가기준에 따라서 처분을 하여야 한다.

① ㄱ, ㄴ   ② ㄱ, ㄷ
③ ㄷ, ㄹ   ④ ㄱ, ㄴ, ㄹ

07. 위헌법률에 근거한 행정처분에 대한 설명으로 옳지 않은 것은? (다툼이 있는 경우 판례에 의함)

① 행정처분의 근거가 되는 당해 법률이 헌법에 위반된다는 사정은 헌법재판소의 위헌결정이 있기 전에는 특별한 사정이 없는 한 그 행정처분의 취소소송의 전제가 될 수 있을 뿐 당연무효사유는 아니다.

② 위헌결정의 소급효가 인정된다고 하여 위헌인 법률에 근거한 행정처분이 당연무효가 된다고는 할 수 없고, 오히려 이미 취소소송의 제기기간을 경과하여 확정력이 발생한 행정처분에는 위헌결정의 소급효가 미치지 않는다고 보아야 한다.

③ 위헌결정 전에 이미 형성된 법률관계에 기한 후속처분의 경우에는 그것이 새로운 위헌적 법률관계를 생성·확대하는 경우라도 이를 허용할 수 있다.

④ 법적 안정성의 유지나 당사자의 신뢰보호를 위하여 불가피한 경우에 위헌결정의 소급효를 제한하는 것은 오히려 법치주의의 원칙상 요청되는 것이다.

08. 행정행위의 취소와 철회에 대한 설명으로 옳은 것은? (다툼이 있는 경우 판례에 의함)

① 행정행위의 발령 후에 이를 철회할 별도의 법적 근거가 없는 경우에는 비록 원래의 처분을 그대로 존속시킬 필요가 없게 된 사정변경이 생긴 경우라 하더라도 이를 철회할 수 없다.

② 수익적 행정행위에 대해 철회권 유보의 부관을 부가하는 것은 신뢰보호의 원칙에 위배된다.

③ 판례는 불가쟁력이 생긴 행정처분이라도 공권의 확대화 경향에 따라 이에 대한 취소 또는 변경을 요구할 신청권을 적극적으로 인정하고 있다.

④ 행정처분을 한 처분청은 그 처분에 하자가 있는 경우에는 별도의 법적 근거가 없더라도 스스로 이를 취소하거나 변경할 수 있다.

09. 甲은 행정청 乙이 지출한 업무추진비의 예산집행내역과 지출증빙서 등에 관하여 乙에게 정보공개청구를 하였다. 이에 관한 설명으로 옳지 않은 것은? (다툼이 있는 경우 판례에 의함)

① 甲이 사본 또는 복제물의 교부를 원하는 경우에는 이를 교부하여야 한다.

② 공개청구된 지출증빙서에 간담회 등 행사참석자를 식별할 수 있는 개인정보가 일부 기재되어 있는 경우 乙은 공개청구된 전부에 대해 정보비공개결정을 하여야 한다.

③ 甲이 공개청구한 정보가 담긴 문서 등이 폐기되어 존재하지 않게 된 경우라면 그 정보를 더 이상 보유·관리하고 있지 아니하다는 점에 대한 증명책임은 공공기관에게 있다.

④ 乙이 정보비공개결정을 한 경우, 甲은 이에 대한 이의신청을 거치지 않고 바로 행정심판이나 행정소송을 제기할 수 있다.

10. 행정대집행에 대한 설명으로 옳은 것은? (다툼이 있는 경우 판례에 의함)

① 법률상 시설설치금지의무를 위반하여 시설을 설치한 경우 특별한 규정이 없어도 대집행요건이 충족된다.

② 공익사업을 위한 토지 등의 취득 및 보상에 관한 법률 제43조에 의한 토지소유자의 토지인도의무는 동법 제89조에 의하여 행정대집행법에 의한 대집행의 대상이 된다.

③ 일반재산 대부계약의 해지에 따라 원상회복을 위하여 실시하는 지상물철거의무는 행정대집행법에 의한 대집행의 대상이 되지 않는다.

④ 행정대집행의 방법으로 공유재산에 설치한 시설물을 철거할 수 있고, 이러한 행정대집행의 절차가 인정되는 경우에는 민사소송의 방법으로 시설물의 철거를 구하는 것은 허용되지 아니한다.

11. 행정상 즉시강제에 대한 설명으로 옳지 않은 것은? (다툼이 있는 경우 판례 및 통설에 의함)

① 행정상 즉시강제는 행정기관이 실력을 행사하여 사인에게 그 수인을 강제하는 것이므로 법률의 근거가 필요하다고 보아야 한다.

② 행정상 즉시강제는 행정상 장해가 이미 발생하였거나 발생할 것이 확실한 경우에만 발동할 수 있는 것이 원칙이다.

③ 위법한 즉시강제에 대해서는 즉시강제의 성격상 취소소송에 의한 구제가 가능하므로, 국가배상법에 근거한 손해배상에 의한 구제가 인정될 여지는 없다.

④ 행정상 즉시강제는 미리 의무를 명할 시간적 여유가 없을 때 또는 그 성질상 의무를 명해서는 목적달성이 곤란할 때에 발동할 수 있다.

12. 행정벌에 대한 설명으로 옳지 않은 것은? (다툼이 있는 경우 판례에 의함)

① 과태료는 행정형벌이 아닌 행정질서벌이므로 질서위반행위규제법은 행위자의 고의 또는 과실이 없더라도 과태료를 부과하도록 하고 있다.

② 법인의 대표자, 법인 또는 개인의 대리인·사용인 및 그 밖의 종업원이 업무에 관하여 법인 또는 그 개인에게 부과된 법률상의 의무를 위반한 때에는 법인 또는 그 개인에게 과태료를 부과한다.

③ 양벌규정에 의한 영업주의 처벌은 금지위반행위자인 종업원의 처벌에 종속하는 것이 아니라 독립하여 그 자신의 종업원에 대한 선임감독상의 과실로 인하여 처벌되는 것이므로 종업원의 범죄성립이나 처벌이 영업주 처벌의 전제조건이 될 필요는 없다.

④ 행정형벌은 행정목적을 달성하기 위하여 규제하고 그 행정목적의 실현을 담보하기 위하여 그 위반을 처벌하는 것으로서 법문의 엄격한 해석이 요구된다.

13. 과태료에 대한 설명으로 옳은 것은? (다툼이 있는 경우 판 례에 의함)

① 과태료처분을 받고 이를 납부한 후에 형사처벌을 하면 일 사부재리의 원칙에 위반된다.

② 여객자동차 운수사업법에서 정하는 과태료처분이나 감차 처분 등은 형벌이 아니므로 같은 법이 정하고 있는 처분 대상인 위반행위를 유추해석하는 것이 가능하나 확대해 석하여서는 아니 된다.

③ 자신의 행위가 위법하지 아니한 것으로 오인하고 행한 질 서위반행위는 그 오인에 정당한 이유가 있는 때에 한하여 과태료를 부과하지 아니한다.

④ 신분에 의하여 성립하는 질서위반행위에 신분이 없는 자 가 가담한 경우 신분이 없는 자에 대하여는 질서위반행 위가 성립하지 않는다.

14. 국가배상법 제5조 제1항은 공공의 영조물의 설치 또는 관리 에 관한 하자로 인한 배상책임을 규정하고 있다. 이에 관한 설명으로 옳지 않은 것은? (다툼이 있는 경우 판례에 의함)

① 국가 또는 지방자치단체가 공공의 영조물을 소유권, 임 차권 그 밖의 권한에 기하여 관리하고 있는 경우뿐만 아 니라 사실상 관리를 하고 있는 경우에도 본조의 규정이 적용된다.

② 공공의 영조물에는 일반공중의 자유로운 사용에 직접적 으로 제공되는 공공용물 외에, 행정주체 자신의 사용에 제공되는 공용물도 포함된다.

③ 영조물이 완전무결한 상태에 있지 아니하고 그 기능상 어 떠한 결함이 있었다면 객관적으로 보아 시간적·장소적으 로 그 기능상 결함으로 인한 손해발생의 예견가능성, 회 피가능성이 없어도 본조의 책임이 발생한다.

④ 영조물 설치의 하자 유무는 객관적 견지에서 본 안전성의 문제이고 그 설치자의 재정사정이나 영조물의 사용목적 에 의한 사정은 안전성을 결정지을 절대적 요건에는 해당 하지 않는다.

15. 행정심판의 당사자에 대한 설명으로 옳지 않은 것은? (다툼 이 있는 경우 판례에 의함)

① 심판청구의 대상과 관계되는 권리나 이익을 양수한 자는 자동적으로 청구인의 지위를 승계한다.

② 법인인 청구인이 합병에 따라 소멸하였을 때에는 합병 후 존속하는 법인이나 합병에 따라 설립된 법인이 청구인의 지위를 승계한다.

③ 현재 계속 중인 타인간 행정심판의 결과에 이해관계가 있 는 제3자 또는 행정청은 참가신청을 한 후 허가를 얻어 행정심판에 참가할 수 있으며 행정심판위원회는 참가를 요구할 수 있다.

④ 공무수탁사인도 행정심판법상 피청구인인 행정청이 될 수 있다.

16. 행정행위의 부관에 대한 설명으로 옳지 않은 것은? (다툼이 있는 경우 판례에 의함)

① 행정청은 처분에 재량이 있는 경우에는 부관을 붙일 수 있으며, 재량이 없는 경우에는 법률에 근거가 있는 경우 에 한하여 부관을 붙일 수 있다.

② 부관의 사후변경은, 법률에 명문의 규정이 있거나 그 변 경이 미리 유보되어 있는 경우 또는 상대방의 동의가 있 는 경우에 한하여 허용되는 것이 원칙이지만, 사정변경으 로 인하여 당초에 부담을 부가한 목적을 달성할 수 없게 된 경우에도 그 목적달성에 필요한 범위 내에서 예외적으 로 허용된다.

③ 부관이 처분 당시의 법령으로는 적법하였으나 처분 후 근 거법령이 개정되어 더 이상 부관을 붙일 수 없게 되었다 면 당초의 부관도 소급하여 효력이 소멸한다.

④ 부관은 처분의 목적에 위배되지 아니하여야 하고, 처분 과 실질적인 관련이 있어야 할 뿐만 아니라, 처분의 목적 을 달성하기 위하여 필요한 최소한의 범위에 해당하여야 한다.

17. 행정소송의 피고적격에 대한 설명으로 옳지 않은 것은?

① 건축법령상 공용건축물을 건축하고자 하는 지방자치단체가 허가권자인 지방자치단체의 장과 협의를 하였으나 허가권자가 협의를 취소한 경우, 협의를 요청했던 지방자치단체는 허가권자를 상대로 협의취소의 취소를 구하는 소송을 제기할 수 있다.

② 중앙노동위원회의 처분에 대한 항고소송은 중앙노동위원회 위원장을 피고로 하여 제기하여야 한다.

③ 행정처분을 행할 적법한 권한 있는 상급행정청으로부터 내부위임을 받은 데 불과한 하급행정청이 권한 없이 자기의 명의로 행정처분을 한 경우 그 취소소송에서는 실제로 그 처분을 행한 하급행정청이 아니라 그 처분을 행할 적법한 권한 있는 상급행정청을 피고로 하여야 한다.

④ 수용재결에 불복하여 취소소송을 제기하는 때에는 이의신청을 거친 경우에도 수용재결을 한 중앙토지수용위원회 또는 지방토지수용위원회를 피고로 하여 수용재결의 취소를 구하여야 하고, 다만 이의신청에 대한 재결 자체에 고유한 위법이 있음을 이유로 하는 경우에만 그 이의재결을 한 중앙토지수용위원회를 피고로 하여 이의재결의 취소를 구할 수 있다.

18. 처분성 여부와 관련하여 옳은 것은? (다툼이 있는 경우 판례에 의함)

① 감사원의 변상판정처분에 대하여서는 행정소송을 제기할 수 있다.

② 증액경정처분이 있는 경우 당초의 과세처분은 독립하여 행정쟁송의 대상이 된다.

③ 교도소장이 수형자를 '접견내용 녹음·녹화 및 접견 시 교도관 참여대상자'로 지정한 행위는 항고소송의 대상이 되는 처분에 해당한다.

④ 국세환급금결정이나 이 결정을 구하는 신청에 대한 환급거부결정은 공행정작용으로서 항고소송의 대상이 된다.

19. 이송 및 병합에 대한 설명으로 옳지 않은 것은? (다툼이 있는 경우 판례에 의함)

① 취소소송과 그와 관련되는 손해배상·부당이득반환·원상회복 등 청구소송(이하 '관련청구소송'이라 한다)이 각각 다른 법원에 계속되고 있는 경우에 관련청구소송이 계속된 법원이 상당하다고 인정하는 때에는 당사자의 신청 또는 직권에 의하여 이를 취소소송이 계속된 법원으로 이송할 수 있다.

② 손해배상청구 등의 민사소송이 취소소송과 병합되기 위해서는 그 청구의 내용 또는 발생원인이 행정소송의 대상인 처분 등과 법률상 또는 사실상 공통되거나, 그 처분의 효력이나 존부가 선결문제로 되는 등의 관계에 있어야 함이 원칙이다.

③ 관련청구소송의 병합은 본래의 취소소송이 적법할 것을 요건으로 하는 것이어서 본래의 취소소송이 부적법하여 각하되면 그에 병합된 관련청구도 소송요건을 흠결한 부적합한 것으로 각하되어야 한다.

④ 관련청구소송의 이송 및 병합은 항고소송과 민사소송의 관할법원이 다르다는 전제에서 공통되거나 관련되는 쟁점에 관한 심리의 효율을 위하여 인정되는 것으로, 관련청구소송의 이송 및 병합에 관한 행정소송법 제10조의 규정은 당사자소송에는 준용되지 않는다.

20. 판결의 효력에 대한 설명으로 옳지 않은 것은? (다툼이 있는 경우 판례에 의함)

① 판결에 따라 취소되는 처분 등이 이미 집행된 경우에는 당사자인 행정청과 그 밖의 관계행정청은 그 집행으로 인하여 이미 원고에게 발생한 위법한 결과를 제거할 의무는 없다.

② 행정청이 거부처분 취소판결의 취지에 따라 이전의 신청에 대한 처분을 하지 아니하는 때에는 제1심 수소법원은 당사자의 신청에 의하여 결정으로써 상당한 기간을 정하고 행정청이 그 기간 내에 이행하지 아니하는 때에는 그 지연기간에 따라 일정한 배상을 할 것을 명하거나 즉시 손해배상을 할 것을 명할 수 있다.

③ 거부처분을 취소하는 판결이 확정된 경우에 그 처분을 행한 행정청은 종전 처분 후에 발생한 새로운 사유를 내세워 다시 거부처분을 할 수 있다.

④ 영업허가취소처분을 취소하는 판결이 확정되면 영업허가취소처분을 받고서 한 영업행위가 무허가영업으로 처벌되지 아니한다.

21. 개인정보 보호에 대한 설명으로 옳지 않은 것은?

① 개인정보처리자는 개인정보가 분실·도난·유출·위조·변조 또는 훼손되지 아니하도록 일정한 요건에 따라 안전성 확보에 필요한 기술적·관리적 및 물리적 조치를 하여야 한다.

② 보호위원회는 개인정보처리자의 개인정보 처리 및 보호와 관련한 일련의 조치가 이 법에 부합하는지 등에 관하여 인증할 수 있으며, 그 인증의 유효기간은 3년으로 한다.

③ 개인정보처리자는 통계작성, 과학적 연구, 공익적 기록보존 등을 위하여 정보주체의 동의 없이 가명정보를 처리할 수 있다.

④ 개인정보처리자는 개인정보가 분실·도난·유출되었음을 알게 되었을 때에는 상당한 기한 내에 해당 정보주체에게 개인정보 유출과 관련된 일정한 사실을 알려야 한다.

22. 공무원법 관계에 대한 설명으로 옳지 않은 것은? (다툼이 있는 경우 판례에 의함)

① 진급예정자 명단에 포함된 자의 진급선발을 취소하는 처분은 진급예정자로서 가지는 이익을 침해하는 처분이어서 행정절차법상의 의견제출 기회를 주어야 하며, 수사과정 및 징계과정에서 자신의 비위행위에 대한 해명기회를 가졌다는 사정만으로 사전통지를 하지 않거나 의견제출의 기회를 주지 아니하여도 되는 예외적인 경우에 해당한다고 할 수 없다.

② 직위해제는 징벌적 제재로서 징계처분에 해당한다.

③ 당연퇴직의 발령통지는 단순한 관념의 통지에 불과하고 행정소송법상 처분이 아니다.

④ 공무원의 품위유지의무는 직무 외 사생활에 있어서도 적용된다.

23. 병역법상 병역의 종류에 대한 설명으로 옳지 않은 것은?

① 병역의무자로서 현역, 예비역, 보충역, 전시근로역 및 대체역이 아닌 사람은 병역준비역에 해당한다.

② 병역법 또는 군인사법에 따라 현역으로 임용 또는 선발된 장교·준사관·부사관 및 군간부후보생은 현역에 해당한다.

③ 병역판정검사 또는 신체검사 결과 현역 또는 보충역 복무는 할 수 없으나 전시근로소집에 의한 군사지원업무는 감당할 수 있다고 결정된 사람은 전시근로역에 해당한다.

④ 병역판정검사 결과 현역 복무를 할 수 있다고 판정된 사람 중에서 병력수급 사정에 의하여 현역병입영 대상자로 결정되지 아니한 사람은 대체역에 해당한다.

24. 공물에 대한 설명으로 옳은 것은? (다툼이 있는 경우 판례에 의함)

① 도로의 특별사용은 반드시 독점적, 배타적인 것이 아니며 도로의 일반사용과 병존이 가능한 경우도 있다.

② 20년 이상 평온·공연하게 점유해 온 경우 국유의 공공용물에 대해서도 점유로 인한 시효취득을 할 수 있다.

③ 국유 하천부지는 자연공물로서 본래의 용도에 공여되지 않게 된 경우에는 용도폐지를 하지 않더라도 당연히 일반재산으로 된다.

④ 공용폐지의 의사표시는 묵시적인 방법으로도 가능하므로, 행정재산이 기능을 상실하여 사실상 본래의 용도에 사용되고 있지 않는 상태에 있게 된 경우에는 통상적으로 묵시적인 공용폐지가 있다고 보아야 한다.

25. 행정절차법에 대한 설명으로 옳지 않은 것은?

① 행정절차법상 당사자 등에는 다른 법령 등에 따라 권리·의무의 주체가 될 수 있는 자도 포함된다.

② 당사자 등이 사망하였을 때에는 상속인뿐 아니라 다른 법령 등에 따라 당사자 등의 권리 또는 이익을 승계한 자도 당사자 등의 지위를 승계할 수 있다.

③ 행정청은 신청인의 편의를 위하여 처분의 처리기간을 종류별로 미리 정하여 공표할 수 있다.

④ 행정청의 처분은 원칙적으로 문서로 하여야 하며, 그 문서에는 그 처분 행정청과 담당자의 소속·성명 및 연락처를 적어야 한다.

경영학
제3과목

응시번호 :   성명 :

01. 다음 중 포드시스템에 대한 설명으로 옳은 것은?

① 생산현장 중심으로 이루어지며 개인적인 능률향상을 중시하였다.

② 차별적 성과급제를 통해 더 높은 성과를 이룩하고자 하였다.

③ 동시관리를 통한 대량생산체제의 기틀을 마련하였다.

④ 높은 임금, 낮은 노무비의 원리로 운영하였다.

02. 다음 중 마이클 포터(M. Poter)가 산업환경 분석을 위해 사용한 5가지 경쟁요인에 해당하지 않는 것은?

① 대체재의 위협

② 구매자의 교섭력

③ 노조의 교섭력

④ 신규 진입자의 위협

03. 다음 중 기업경영과 관련하여 윤리적 경영 또는 이슈에 해당하지 않는 것은?

① 수익성 제고

② 불공정행위

③ 환경오염과 파괴

④ 안전불감

04. 다음 중 주식회사의 특징에 대한 설명으로 옳은 것은?

① 자본의 증권화로 소유권 이전이 불가능하다.

② 소유와 경영의 분리가 불가능하다.

③ 인적결합의 형태로 법적 규제가 약하다.

④ 자본조달이 용이하고 과세대상 이익에 대해서 법인세를 납부한다.

05. 다음 앤소프(H. Ansoff)가 주창한 기업의 성장전략 중 신제품을 통해 신시장에 진출하는 전략으로 옳은 것은?

① 시장침투전략

② 제품개발전략

③ 시장개발전략

④ 다각화전략

06. 다음 중 관계마케팅이 등장한 원인으로 옳지 않은 것은?

① 시장규제 강화에 따른 경쟁자의 감소

② 고객욕구의 다양화와 정보통신의 발달

③ 표적고객들에게 차별화된 메시지 전달의 필요성

④ 판매자 중심시장에서 소비자 중심시장으로의 변환

07. 다음 중 제품수명주기(PLC)에서의 성숙기에 대한 설명으로 옳지 않은 것은?

① 가격전략은 경쟁사 대응가격이 적합하다.

② 최고 높은 이익을 내지만 경쟁은 가장 치열하다.

③ 신제품을 개발하고 다양한 상표전략을 실시한다.

④ 시장세분화를 실시하고 시장침투가격을 시행한다.

08. 다음 중 전통적 마케팅과 현대적 마케팅의 개념에 대한 설명으로 옳지 않은 것은?

	전통적 마케팅	현대적 마케팅
①	선형마케팅	순환적 마케팅
②	판매자 중심	구매자 중심
③	저압적 마케팅	고압적 마케팅
④	매출 중심 전략	전사적 통합 전략

09. 다음 중 직무기술서에 포함되는 내용으로 옳지 않은 것은?

① 직무수행의 환경과 구체적인 내용

② 직무수행의 절차와 방법

③ 직무수행에 필요한 지식이나 기술

④ 직무수행에 필요한 자원이나 설비

10. 다음 중 종업원의 임금수준에 대한 설명으로 옳지 않은 것은?

① 노조의 단체교섭력이 클수록 임금수준이 낮아질 확률이 높다.

② 임금을 결정할 때 종업원의 최저임금 즉 생계비를 하한선으로 설정한다.

③ 동종 기업인 다른 회사 종업원의 임금수준도 임금을 결정짓는 하나의 중요한 요소이다.

④ 임금의 상한선은 기업의 지불능력을 고려하여 결정하는 것이 효율적이다.

11. 다음에서 설명하는 방법으로 옳은 것은?

> 합의된 예측을 달성하기 위해서 이전의 조사결과로부터 작성된 일련의 설문지를 비대면적으로 전문가들에 반복적으로 의뢰하여 질 좋은 예측치를 구하는 방법

① 회귀분석
② 지수평활법
③ 델파이법
④ 심층면접법

12. 다음 중 선발시험의 합격자들의 시험성적과 입사 후 일정 기간이 지나서 이들이 달성한 직무성과와의 상관관계를 측정하는 지표로 옳은 것은?

① 내용타당성
② 예측타당성
③ 동시타당성
④ 구성타당성

13. 다음 중 인력 채용 시 외부모집(원천)의 장점으로 옳은 것은?

① 모집에 소요되는 시간·비용의 최소화
② 기업문화에 대한 적응 용이
③ 조직분위기 쇄신
④ 승진기회의 확대로 종업원의 동기부여 향상

14. 다음 중 명령통일의 원칙을 무시하고 개인이 두 상급자의 지시를 받고 보고를 하는 조직구조로서, 동태적이고 복잡한 환경에 적합한 조직구조의 형태로 옳은 것은?

① 매트릭스조직
② 가상조직
③ 네트워크조직
④ 기능식조직

15. 다음 중 JIT시스템의 특성으로 옳지 않은 것은?

① 생산의 표준화
② 다기능작업자
③ 간판방식
④ 대규모 로트(lot)사이즈

16. 다음 중 6시그마와 TQM을 비교한 내용으로 옳은 것은?

① 6시그마는 내·외부 고객, 공급자, 종업원, 경영자에 초점을 맞추고, TQM은 통계적 방법을 사용하여 공정성과를 개선하고자 한다.

② 6시그마는 불량품의 발생을 줄이고자 하며, TQM은 조직의 모든 구성원들과 자원을 결집한 지속적인 품질개선을 도모한다.

③ 6시그마는 구성원의 자발적 참여를 중시하고, TQM은 체계적이고 의무적인 행동을 강조한다.

④ 6시그마는 하의상달의 특성을 가지고, TQM은 상의하달의 특성을 갖는다.

17. 다음에서 설명하는 생산시스템으로 옳은 것은?

- 재고관리, 일정계획과 통제의 두 가지 기능을 동시에 수행하는 방법
- 원재료·부품·반제품 등과 같은 종속적 수요의 재고에 대한 주문 및 생산계획을 처리하도록 만들어진 정보시스템

① SCM
② JIT
③ MRP
④ FMS

18. 제품K의 연간수요량은 10,000개로 예상된다. 이 제품K는 연간 재고유지비용이 단위당 100원이고, 1회당 소요되는 주문비용은 200원이다. 이와 같은 경우 경제적 주문량(EOQ)을 계산한 것으로 옳은 것은?

① 100
② 200
③ 300
④ 400

19. 시계열 분해법은 시계열변동을 4가지 구성요소로 분해하여 수요를 예측하는 방법이다. 다음 중 4가지 구성요소에 해당하지 않는 것은?

① 추세변동
② 순환변동
③ 불규칙변동
④ 인과변동

20. 다음 중 경영정보시스템과 관련된 용어에 대한 설명으로 옳은 것은?

① 의사결정지원시스템은 기업 내부의 데이터를 저장하고 관리하는 정보시스템이다.

② 전사적 자원관리시스템은 공급자와 공급 기업을 연계하여 활용하는 정보시스템이다.

③ 전문가시스템은 일반적인 업무를 지원하는 정보시스템이다.

④ 중역정보시스템은 최고경영자층이 전략적인 의사결정을 하도록 도와주는 정보시스템이다.

21. 다음 중 전문가시스템(ES)의 구성요소에 해당하지 않는 것은?

① 계획기관

② 추론기관

③ 사용자인터페이스

④ 지식베이스

22. 다음 중 관리회계에 대한 설명으로 옳지 않은 것은?

① 내부정보이용자에게 유용한 정보로써 법적 강제력이 없다.

② 재무제표 작성을 주목적으로 한다.

③ 경영자에게 당면한 문제를 해결하기 위한 정보를 제공하는 것을 주목적으로 한다.

④ 경영계획이나 통제를 위한 정보제공을 주목적으로 한다.

23. 다음 중 영업활동을 통한 현금흐름에 해당하는 것은?

① 유·무형의 자산의 취득과 처분으로 미래 영업현금흐름을 창출할 자원의 확보

② 유가증권과 토지의 매입과 매각, 예금 및 대여금의 회수

③ 배당금 지급과 현금의 차입과 상환과 관련된 현금흐름

④ 재화와 용역의 구입에 따른 현금유출

24. 다음 계정 항목 중 재무상태표의 구성항목에 해당하지 않는 것은?

① 매출원가

② 유형자산

③ 유동부채

④ 자본금

25. 다음 중 거래를 분개할 때 결합관계가 옳지 않은 것은?

	차변	대변
①	자본증가	부채증가
②	자산증가	자산감소
③	부채감소	수익발생
④	비용발생	자산감소

제1회 실전모의고사
군무원 공개경쟁채용 필기시험

군수직

해커스공무원
(gosi.Hackers.com)
모바일 자동 채점 +
성적 분석 서비스

제1과목	국어	제2과목	행정법
제3과목	경영학	제4과목	

응시번호		성 명	

〈응시자 준수사항〉

1. 답안지의 모든 기재 및 표기사항은 반드시 『컴퓨터용 흑색사인펜』으로만 작성하여야
   합니다. (사인펜에 "컴퓨터용"으로 표시되어 있음) (사인펜 본인 지참)
   * 매년 지정된 펜을 사용하지 않아 답안지가 무효처리 되는 상황이 빈발하고 있으므로,
   답안지는 반드시 『컴퓨터용 흑색사인펜』으로만 표기하시기 바랍니다.

2. 답안은 매 문항마다 반드시 하나의 답만 골라 그 숫자에 "●"로 표기해야 하며, 표기한
   내용은 수정테이프를 이용하여 정정할 수 있습니다. 단, 시험시행본부에서 수정테이프
   를 제공하지 않습니다.
   (표기한 부분을 긁는 경우 오답처리 될 수 있으며, 수정스티커 또는 수정액은 사용 불가)
   * 답안지는 훼손·오염되거나 구겨지지 않도록 주의해야 하며, 특히 답안지 상단의
   타이밍마크(┃┃┃┃┃)를 절대로 훼손해서는 안 됩니다.

3. 상단의 QR코드를 이용하여 해커스공무원의 '모바일 자동 채점 + 성적 분석 서비스'에
   접속하시기 바랍니다. (해커스공무원 사이트의 가입자에 한해 이용 가능함)
   * 정답 및 해설은 해설집의 4쪽에서 확인 가능합니다.

ⓘ 해커스군무원

응시번호 :   성명 :

01. 독서의 특성으로 가장 적절하지 않은 것은?

① 지식의 창출   ② 사회적 의사소통

③ 일방적 사고 과정   ④ 능동적인 의미 구성

02. 다음 글의 내용과 일치하는 것은?

> 일반적으로 가솔린 엔진은 기화기에서 공기와 연료를 먼저 혼합하고, 그 혼합 기체를 실린더 안으로 흡입하여 압축한 후, 점화 플러그로 스파크를 일으켜 동력을 얻는다. 이러한 과정에서 문제는 압축 정도가 제한된다는 것이다. 만일 기화된 가솔린에 너무 큰 압력을 가하면 멋대로 점화 되어 버리는데, 이것이 엔진의 노킹 현상이다.
>
> 공기를 압축하면 뜨거워진다는 것은 알려져 있던 사실이다. 디젤 엔진의 기본 원리는 실린더 안으로 공기만을 흡입하여 피스톤으로 강하게 압축시킨 다음, 그 압축 공기에 연료를 분사하여 저절로 착화가 되도록 하는 것이다. 따라서 디젤 엔진에는 점화 플러그가 필요 없는 대신, 연료 분사기가 장착되어 있다. 또 압축 과정에서 공기와 연료가 혼합되지 않기 때문에 디젤 엔진은, 최대 12 : 1의 압축 비율을 갖는 가솔린 엔진보다 훨씬 더 높은 25 : 1 정도의 압축 비율을 갖는다. 압축 비율이 높다는 것은 그만큼 효율이 좋다는 것을 의미한다.
>
> 사용하는 연료의 특성도 다르다. 디젤 연료인 경유는 가솔린보다 훨씬 무겁고 점성이 강하며 증발하는 속도도 느리다. 왜냐하면 경유는 가솔린보다 훨씬 더 많은 탄소 원자가 길게 연결되어 있기 때문이다. 일반적으로 가솔린은 5~10개, 경유는 16~20개의 탄소를 가진 탄화수소들의 혼합물이다. 탄소가 많이 연결된 탄화수소물에 고온의 열을 가하면 탄소 수가 적은 탄화수소물로 분해된다. 한편, 경유는 가솔린보다 에너지 밀도가 높다. 1갤런의 경유는 약 1억 5,500만 줄(Joule)의 에너지를 가지고 있지만, 가솔린은 1억 3,200만 줄을 가지고 있다. 이러한 연료의 특성들이 디젤 엔진의 높은 효율과 결합되면서, 디젤 엔진은 가솔린 엔진보다 좋은 연비를 내게 되는 것이다.

① 가솔린 엔진은 디젤 엔진보다 높은 압축 비율을 가진다.

② 기화된 경유에 큰 압력을 가하면 노킹 현상이 발생한다.

③ 가솔린 엔진이 장착된 차량은 디젤 엔진 차량보다 연비가 좋다.

④ 경유의 탄소 원자는 가솔린의 탄소 원자보다 길게 연결되어 있다.

03. 속담의 뜻을 잘못 풀이한 것은?

① 입 아래 코 → 일의 순서가 바뀐 경우

② 입도 염치 밑고 산다 → 말만 잘하면 아무리 힘든 일이라도 할 수 있음

③ 입이 걸기가 사복개천 같다 → 말을 조금도 삼가지 않고 상스럽게 함부로 지껄이는 경우

④ 입의 말 다 듣자면 고래 등 같은 기와집도 하루아침에 넘어간다 → 먹고 싶은 대로 다 먹다가는 아무리 큰 재산이라도 다 거덜나게 됨

04. 다음 글에서 ㉠, ㉡에 알맞은 단어를 순서대로 나열한 것은?

> 일제는 처음에는 조선어를 사용하는 것을 허락했다가 1930년대 후반에 이르러 조선어를 학교 교육에서 (㉠)하였고, 그 뒤 곧 말을 하거나 글로 쓰는 일도 일절 금했다. 우리 국어를 완전히 말살하려는 정책이 공공연하게 자행되었던 것이다. 우리 국어의 가장 큰 수난기였다. 여기서 국어를 지키려는 노력이 줄기차게 일어나게 되었다. 19세기 말엽, 뜻있는 사람들이 우리나라의 앞날을 위해 여러 방면의 활동을 (㉡)했을 때, 주시경은 우리 국어를 연구하여 그것을 바르게 하는 것이 가장 시급하고도 중요한 일임을 깨닫고 이에 온 정력을 바쳤다.

① ㉠: 閉止, ㉡: 展開

② ㉠: 廢止, ㉡: 再開

③ ㉠: 閉止, ㉡: 再開

④ ㉠: 廢止, ㉡: 展開

05. 다음 중 '파열음'이면서 '여린입천장소리'인 것은?

① ㅂ   ② ㅋ

③ ㅈ   ④ ㅆ

※ 다음 글을 읽고 물음에 답하시오. (06 ~ 08)

벼는 서로 어우러져
기대고 산다.
햇살 따가워질수록
깊이 익어 스스로를 아끼고
이웃들에게 저를 맡긴다.

서로가 서로의 몸을 묶어
더 튼튼해진 백성들을 보아라.
㉠ 죄도 없이 죄지어서 더욱 불타는
마음들을 보아라. 벼가 춤출 때,
㉡ 벼는 소리 없이 떠나간다.

벼는 가을 하늘에도
서러운 눈 씻어 맑게 다스릴 줄 알고
바람 한 점에도
제 몸의 노여움을 덮는다.
저의 가슴도 더운 줄을 안다.

㉢ 벼가 떠나가며 바치는 / 이 넓디넓은 사랑,
쓰러지고, 쓰러지고 다시 일어서서 드리는
ⓐ 이 피 묻은 그리움,
㉣ 이 넉넉한 힘……

06. 위의 시에서 '벼'가 상징하는 것의 속성과 가장 거리가 먼 것은?

① 자기희생 정신   ② 강인한 생명력
③ 순종적인 내면   ④ 공동체적 유대감

07. ⓐ에서 확인할 수 있는 정서로 가장 적절한 것은?

① 슬픔   ② 염원
③ 절망   ④ 저항

08. ㉠ ~ ㉣ 중 위 시에서 드러내고자 하는 의미가 가장 이질적인 것은?

① ㉠   ② ㉡
③ ㉢   ④ ㉣

09. 다음 글에서 ㉠, ㉡에 들어갈 알맞은 말은?

내게 다가온 '사건'에 대항하여 삶을 애초의 방향으로 되돌려 놓으려 할 때, 그 이전과 이후를 크게 다르지 않게 수습하려 하고 그로 인해 피할 수 없는 행로의 차이를 최소화하려 할 때, 그것은 사건 아닌 '사고'가 된다. 가령 교통사고는 물리학이나 생리학적 관점에서 보면, 노래 한 곡 들은 것과 비교할 수 없는 신체적 변화를 야기하지만, 우리는 그것을 얼른 치료하여 이전의 삶으로 되돌리려 한다. 그것 이전의 삶으로 최대한 되돌아가려 한다. 반면 그로 인한 신체적 변화를 받아들이고 다른 삶을 살고자 하는 이가 있다면, 그것은 [㉠] 아닌 [㉡] 이/가 될 것이다.

① ㉠: 사고, ㉡: 사고
② ㉠: 사건, ㉡: 사건
③ ㉠: 사건, ㉡: 사고
④ ㉠: 사고, ㉡: 사건

10. 제시된 단어들의 발음이 적절하게 연결된 것은?

㉠ 닭 앞에	㉡ 늙고	㉢ 여덟은

① ㉠: [다가페] – ㉡: [늑꼬] – ㉢: [여더른]
② ㉠: [다가페] – ㉡: [늘꼬] – ㉢: [여덜븐]
③ ㉠: [달가페] – ㉡: [늑꼬] – ㉢: [여덜븐]
④ ㉠: [달가페] – ㉡: [늘꼬] – ㉢: [여더른]

11. 다음은 함축에 대한 설명이다. 이에 대한 설명이 포함된 발화로 가장 부합하지 않는 것은?

> 국어에서 '함축'은 '숨겨진 뜻'을 의미한다. 지하철 안에서 본 이상형에게 "저 이번 역에서 내려요."라고 말하는 것은 '이번 역에서 하차한다'라는 단순한 사실만을 전달하는 것이 아니다. 이와 같이 화자는 어떤 발화를 통해 직접적으로 전달되는 내용 외에 또 다른 의미를 담을 수 있는데, 이때 전달되는 또 다른 의미를 '함축'이라고 한다.

① (선생님이 학생들에게) 무궁화는 가을에 피는 꽃입니다.

② (아내가 퇴근한 남편에게) 오늘은 웬일로 일찍 들어오셨네요.

③ (외부인이 교수에게) 당신이 이 학교의 교수면 나는 이 학교의 이사장이다.

④ (TV를 보지 않는 친구가 다른 친구에게) 이번 올림픽에서 우리나라가 몇 등을 했니?

12. 문장의 확장 방식이 다른 것은?

① 우리 아빠는 정이 많다.

② 나는 당신과 함께 할 수 있음에 감사하다.

③ 당신이 합격하게 되어서 나는 정말 기쁘다.

④ 엄마는 내가 무너지지 않도록 옆을 지켜 주셨다.

13. 밑줄 친 ㉠, ㉡, ㉢을 한자로 바르게 바꾼 것은?

> 흔히 철학은 좋게 말해서 ㉠심오하며 따라서 난해한 학문이고, 나쁘게 말해서 허황된 언어의 장난 혹은 쉬운 이야기를 어려운 말로 표현하는 일이라 생각한다. 철학에 대한 이와 같은 ㉡통속적인 견해는 한편으로 철학에 대한 맹목적인 존경으로 나타나고 다른 한편으로는 철학자에 대한 경멸로 반영된다. 때로는 우주의 궁극적 진리나 인생의 궁극적 지혜를 얻기 위해서 철학이 요청되는가 하면, 때로는 철학자가 되기보다는 기술자나 정치가가 됨이 보다 현명한 길을 택한 것으로 믿어지기도 한다.
> 사실 철학사를 잠깐 들여다보거나 철학자들이 살아온 모습을 알아보면 철학에 대한 위와 같은 통속적인 인식이 충분히 ㉢이해되고도 남는다.

	㉠	㉡	㉢
①	深痼	通俗	利害
②	深奧	通谷	利害
③	深痼	通谷	理解
④	深奧	通俗	理解

14. 다음 중 단어의 의미 변화를 잘못 나타낸 것은?

① 식구: [입] → [가족]

② 놀부: [인명] → [욕심쟁이]

③ 언니: [동성의 손위 형제] → [젊은 여자]

④ 짐승: [인간을 제외한 동물] → [유정물 전체]

15. 다음 중 '설득하는 글 쓰기'에서 고려해야 하는 것으로 적절하지 않은 것은?

① 다른 사람의 글이나 자료를 인용할 때 출처를 밝혔는가?

② 글이 예상 독자에게 어떤 영향을 미칠 것인지 고려하였는가?

③ 글의 내용을 과장하거나 왜곡, 축소하여 전개하지는 않는가?

④ 필자의 전문적인 식견을 근거로 특정 대상에 대한 가치를 논하였는가?

16. 밑줄 친 ㉠의 예에 해당하는 것은?

> 합성어는 분류 기준에 따라 다양한 방식으로 나눈다. 형성의 절차가 통사 구성과 같은지에 따라 통사적 합성어와 비통사적 합성어로 나누고, 구성 요소들의 관계에 따라 종속 합성어와 대등 합성어로 나누기도 한다. 〈중 략〉 어간이 어미 없이 바로 명사나 다른 용언 어간에 연결되는 ㉠'용언 어간 + 명사'나 '용언 어간 + 용언 어간'은 한국어의 문장에 나타나는 단어 배열법이 아니다. 또한 '비자립적 어근 + 명사'와 같은 구성도 한국어의 문장 구성에서는 나타나지 않는다. 따라서 이와 같은 단어들은 비통사적 합성어이다.

① 쌀밥   ② 덮밥

③ 젊은이   ④ 보슬비

17. ㉠ ~ ㉣에 들어갈 말로 가장 적절하게 묶인 것은?

> 2012년 5월, 미국 온라인 시사뉴스 사이트인 슬레이트닷컴은 오바마 대통령의 선거운동을 (㉠)하면서 기사 제목을 '직관의 죽음'이라고 붙였다.
>
> 미국 대통령 선거는 무려 2조 원이 넘는 비용을 들여 향후 4년 간 나라의 운명을 좌우할 인물을 뽑는 중요한 국가적 행사이니만큼 치열한 선거운동 경쟁이 뒤따른다. 그럼에도 불구하고 선거운동 과정에서 정작 중요한 의사결정은 정치권의 경험 많은 컨설턴트들의 '직관'에 따랐다. 하지만 2012년의 오바마 캠프는 달랐다. 무엇보다도 조직의 리더가 '데이터'를 중시하였다. 오바마 캠프의 총책임자였던 짐 메시나는 선거운동본부장 직책을 맡으면서 "선거운동의 모든 것을 (㉡)(으)로 측정할 것"이라고 선언하였다. 데이터 분석팀의 멤버들 또한 단순히 골방에서 연구 프로젝트를 진행하는 통계학자들이 아니었다. 그들은 선거캠프 내 모든 부서들이 올바른 의사결정을 하는 데 꼭 필요한 데이터 분석을 책임지는 내부 컨설턴트들이었다. 이들이 개발한 시스템은 골목골목에서 활동 중인 현장의 자원봉사자들의 스마트폰에서도 실행되고 있었다. 스마트폰의 애플리케이션은 자원봉사자들이 어디를 방문할지, 또 누구와 무슨 이야기를 할지 알려주었다.
>
> 테크놀로지팀은 이 모든 것을 실현할 수 있게 시스템을 설계하고 애플리케이션을 개발하였다. 매일매일 어떤 상황이 바뀌면, 비록 사소한 변화일지라도 그에 따라 입력 변수를 조금씩 (㉢)하고 컴퓨터 시뮬레이션을 이용해 매일 밤 6만 6,000번의 모의선거를 치르면서 전국 각지의 변화를 점검하였다. 그리고 매일 아침 이 결과에 기반하여 자금 및 인력을 어느 지역, 어떤 분야에 (㉣)할지를 결정하였다.

	㉠	㉡	㉢	㉣
①	선전	숫자	측정	할당
②	보도	경험	조정	분류
③	선전	경험	측정	분류
④	보도	숫자	조정	할당

18. '다양한 관점의 글 읽기'의 방법을 순서대로 제시한 것은?

① 글의 화제나 관점을 논리적으로 구성하며 읽기 → 글을 통해 사회 문제를 해결할 수 있는 방법 모색하기 → 자신의 생각이나 경험 접목하기 → 글쓴이의 생각을 보완하거나 대체할 수 있는 방안 생각하기

② 동일한 화제를 다룬 여러 글 읽기 → 각 관점 비교 및 이해하기 → 각 관점의 장점과 단점 평가하기 → 자신만의 관점을 명확하게 하여 문제 상황 재구성하기

③ 글의 화제나 관점을 논리적으로 구성하며 읽기 → 자신의 생각이나 경험 접목하기 → 글을 통해 사회 문제를 해결할 수 있는 방법 모색하기 → 글쓴이의 생각을 보완하거나 대체할 수 있는 방안 생각하기

④ 동일한 화제를 다룬 여러 글 읽기 → 각 관점의 장점과 단점 평가하기 → 각 관점 비교 및 이해하기 → 자신만의 관점을 명확하게 하여 문제 상황 재구성하기

19. 밑줄 친 단어 중 외래어 표기법에 어긋나는 것은?

① 그는 길치인 것이 <u>콤플렉스(complex)</u>였다.
② 신입 사원을 위한 <u>워크숍(workshop)</u>이 열릴 예정이다.
③ 여행을 가기 전에 항상 <u>가스레인지(gas range)</u>를 확인해야 한다.
④ 감자튀김을 <u>밀크쉐이크(milk shake)</u>에 찍어 먹는 것이 유행이다.

20. 다음 풀이한 말에 해당하는 표제어로 가장 적절한 것은?

장대처럼 굵고 거세게 좍좍 내리는 비

① 잠비   ② 장맛비
③ 작달비   ④ 채찍비

21. 다음 글에서 사용된 표현 방식과 거리가 먼 것은?

> 이생의 아버지는 말하였다.
> "나도 젊어서부터 책을 들고 학문을 닦았으나 아직 성공을 하지 못했습니다. 그러니 노복들은 뿔뿔이 흩어져 가고 친척들도 도와주지 않아서 생활이 치밀하지 못해 살림이 궁색해졌습니다. 그런데 어찌 권세 있는 가문에서 빈한한 선비의 자제를 사위로 삼으려 하겠습니까? 이는 반드시 호사가들이 내 가문을 지나치게 칭찬해서 규수댁을 속이려는 것입니다."
> 매자*는 한 번 더 돌아와서 들은 대로 일러 주니 최씨 집에서는 말했다.
> "모든 예물 드리는 절차와 의장은 저희 집에서 다 처리할 것이니 좋은 날만 가려 가약(佳約)을 맺게 해 주셨으면 좋겠습니다고 여쭈어 주시오."
> 매자는 또 달려가서 이 말을 전했다.
> 이씨 집에서는 마침내 뜻을 돌려서 곧 사람을 보내어 이생을 불러와서 그의 의사를 물었다.
> 그는 기쁨을 이기지 못해서 시를 지어 읊었다.
>
> 깨진 거울 합쳐지니 이것 또한 인연이네.
> 은하의 오작들도 이 가약을 돕겠네.
> 이제부터 월로(月老)는 붉은 실 맺어주니
> 봄바람 부는 저녁 두견새 원망 마오.
>
>   – 김시습, '이생규장전'
>
> *매자: 중매인(仲媒人)

① 비유를 통해 이생이 혼인할 의사가 있음을 드러내고 있다.
② '깨진 거울 합쳐지니'를 통해 인물의 상황을 함축적으로 보여 주고 있다.
③ 객관적 상관물을 통해 인물의 내면 심리를 드러내고 있다.
④ 작품 속 시(詩)가 서정적 분위기를 불러일으켜 여운을 주고 있다.

※ 다음 글을 읽고 물음에 답하시오. (22 ~ 23)

철학과 과학을 시작한 사람들이 가장 처음 관심을 가지고 있었던 것은 만물을 이루는 근본 물질, 또는 근본 ⓐ원리인 '아르케(arche)'를 찾는 것이었다. 아르케라는 말을 처음 사용한 사람은 자연 철학자의 한 사람인 아낙시만더(Anaximander, c.610~c.546 BC)였다. 아르케는 처음에는 시작, ⓑ근원, 원인 등의 뜻으로 사용되었지만 후에는 제1원리, ⓒ원소, 지식의 원리라는 의미로도 사용되었다. 아르케를 찾으려고 했던 사람들에게 있어 아르케는 세상의 존재를 가능하게 한 ⓓ원인이며, 세상을 만든 기본적인 질료였으므로 세상의 원인, 또는 세상의 근거라고 할 수 있었다. 아르케라는 말은 정부, 제국, 영역, 권위를 나타내는 말로도 사용되었다. 아르케라는 말은 현재 사용하고 있는 영어 단어에도 남아 있는데 무정부 상태를 의미하는 아나키(anarchy)는 아르케가 없는 상태라는 뜻이고, 군주제를 의미하는 모나키(monarchy)는 아르케가 하나라는 뜻이다.

세상의 아르케를 찾는 것은 세상을 통일적으로 이해하기 위한 첫 번째 단계였다. 세상의 근원인 아르케에 관심을 가지고 있었던 것은 철학자들뿐만이 아니었다. 신화나 종교에서도 아르케에 대한 설명은 매우 중요하게 다루어졌다. 대부분의 신화와 종교에서는 신이 개입하기 이전의 상태를 설정하고 여기에 신이 개입하여 현재 우리가 살고 있는 세상을 만들어가는 과정을 설명하고 있다. 일례로 고대 그리스의 시인 헤시오드(Hesiod)는 세상의 기원은 카오스라고 설명하고 여기에서 모든 것이 나타났다고 설명했다. 카오스는 흔히 혼돈이라고 번역되지만 헤시오드가 생각한 카오스는 땅과 하늘 사이에 있는 공간을 뜻했다.

22. ⓐ ~ ⓓ의 한자어가 적절하지 않은 것은?

① ⓐ 原理
② ⓑ 根源
③ ⓒ 源素
④ ⓓ 原因

23. 윗글에 대한 설명으로 가장 적절하지 않은 것은?

① 아르케는 현재 사용되는 언어에도 남아 있다.
② 아르케는 자연 철학자에 의해 처음 사용되었다.
③ 아르케는 신화나 종교보다는 철학에서 중요하게 다루어졌다.
④ 세상을 통일적으로 이해하기 위해서는 아르케를 찾는 것이 우선이었다.

24. 다음 빈칸에 들어갈 말이 바르게 연결된 것은?

A: 김구는 1944년 대한민국임시정부 주석[ⓐ] 나라에 헌신한 인물이 분명해.
B: 맞아. 당시 그는 우리나라의 완전한 자주 통일을 이뤄야 한다는 이념[ⓑ] 애국하셨지.

	ⓐ	ⓑ
①	으로서	으로서
②	으로써	으로써
③	으로서	으로써
④	으로써	으로서

25. 다음 글에 대한 이해로 적절하지 않은 것은?

어머니는 나더러 그렇게 가서 귀찮게 굴면 못쓴다고 가끔 꾸지람을 하시지만 정말인즉 나는 조금도 아저씨에게 귀찮게 굴지는 않았습니다. 도리어 아저씨가 나에게 귀찮게 굴었지요.
"옥희 눈은 아버지를 닮았다. 고 고운 코는 아마 어머니를 닮았지, 고 입하고! 응, 그러냐, 안 그러냐? 어머니도 옥희처럼 곱지, 응?……"
이렇게 여러 가지로 물을 적도 있었습니다. 그래서 나는,
"아저씨, 입때 우리 엄마 못 봤어요?"
하고 물었더니 아저씨는 잠잠합니다. 그래 나는,
"우리 엄마 보러 들어갈까?"
하면서 아저씨 소매를 잡아당겼더니, 아저씨는 펄쩍 뛰면서,
"아니, 아니, 안 돼. 난 지금 분주해서."
하면서 나를 잡아끌었습니다. 그러나 정말로는 무슨 그리 분주하지도 않은 모양이었어요. 그러기에 나더러 가란 말도 않고 그냥 나를 붙들고 앉아서 머리도 쓰다듬어 주고 뺨에 입도 맞추고 하면서,
"요 저고리 누가 해 주지?…… 밤에 엄마하고 한자리에서 자니?"
하는 등 쓸데없는 말을 자꾸만 물었지요!
그러나 웬일인지 나를 그렇게도 귀애해 주던 아저씨도 아랫방에 외삼촌이 들어오면 갑자기 태도가 달라지지요. 이것저것 묻지도 않고 나를 꼭 껴안지도 않고 점잖게 앉아서 그림책이나 보여 주고 그러지요. 아마 아저씨가 우리 외삼촌을 무서워하나 봐요.

― 주요섭, '사랑손님과 어머니'

① '아저씨'는 자신의 마음을 들킬까 봐 신경 쓰고 있다.
② '아저씨'는 자신의 마음을 적극적으로 표현하지 못한다.
③ '옥희'는 '아저씨'의 질문을 쓸데없고 귀찮은 말이라고 여긴다.
④ '옥희'는 '아저씨'가 '어머니'에게 관심이 있다는 것을 알고 있다.

행정법

제2과목

01. 통치행위에 대한 설명으로 옳지 않은 것은? (다툼이 있는 경우 판례에 의함)

① 헌법재판소는 대통령의 이라크 파병결정은 그 성격상 국방 및 외교에 관련된 고도의 정치적 결단을 요하는 문제로서, 사법적 기준만으로 이를 심판하는 것은 자제되어야 한다고 판시하였다.

② 대법원은 남북정상회담의 개최가 통치행위에 속하므로, 이 과정에서 정부의 승인을 얻지 않고 북한측에 사업권의 대가 명목으로 송금한 행위는 사법심사의 대상이 되지 않는다고 판시하였다.

③ 사법부에는 대통령의 계엄선포의 요건 구비 여부나 당·부당을 판단할 권한이 없다.

④ 대통령의 비상계엄의 선포나 확대가 국헌문란의 목적을 달성하기 위하여 행하여진 경우, 법원은 그 자체가 범죄행위에 해당하는지의 여부에 관하여 심사할 수 있다.

02. 법치행정원리에 대한 설명으로 옳은 것은? (다툼이 있는 경우 판례에 의함)

① 지방자치행정에 있어서는 법률의 위임이 없더라도 조례에 근거하여 침익적 행정을 행할 수 있다.

② 법률유보원칙과 관련하여 의회유보원칙에 따르는 경우, 의회유보사항을 행정입법에 위임하는 것은 가능하나 이때에는 보다 엄격한 구체성의 요건을 갖추어야 한다.

③ 행정상 즉시강제는 긴급성을 고려할 때 법적 근거 없이도 가능하다.

④ 입법부가 법률로써 행정부에게 특정한 사항을 위임했음에도 불구하고 행정부가 이러한 법적 의무를 이행하지 않는다면 이는 위법한 것인 동시에 위헌적인 것이 된다.

03. 비례의 원칙에 대한 설명으로 옳지 않은 것은? (다툼이 있는 경우 판례에 의함)

① 헌법재판소는 법률의 위헌 여부를 과잉금지원칙을 기준으로 판단함에 있어서 목적의 정당성을 하나의 요소로 판단하고 있다.

② 행정기본법에는 법치행정의 원칙뿐 아니라 비례의 원칙까지 명시하고 있다.

③ 임용권자가 공무원을 징계하는 경우, 징계사유로 삼은 비행의 정도에 비하여 균형을 잃은 과중한 징계처분을 선택한 경우 비례의 원칙에 반한다.

④ 헌법재판소는 행정의 자기구속의 법리의 근거를 비례의 원칙으로 본다.

04. 행정법상 신고와 수리에 대한 설명으로 옳은 것을 모두 고르면? (다툼이 있는 경우 판례에 의함)

ㄱ. 행정청의 건축신고 반려행위 또는 수리거부행위는 항고소송의 대상이 되는 처분에 해당한다.

ㄴ. 행정청은 형식적 요건을 갖추지 못한 신고서가 제출된 경우에는 지체 없이 상당한 기간을 정하여 신고인에게 보완을 요구하여야 한다.

ㄷ. 평생교육법령에 따라 불특정 다수인에게 학습비를 받고 정보통신매체를 이용한 원격평생교육을 실시하고자 하는 경우, 행정청은 실체적 사유를 들어 신고 수리를 거부할 수 있다.

ㄹ. 납골당설치 신고는 수리를 요하지 않는 신고이므로 구 장사 등에 관한 법률 및 관련 규정의 모든 요건을 충족하는 납골당설치 신고를 한 신고인은 곧바로 납골당을 설치할 수 있다.

① ㄱ   ② ㄱ, ㄴ

③ ㄷ, ㄹ   ④ ㄱ, ㄴ, ㄹ

05. 법규명령에 대한 설명으로 옳지 않은 것은? (다툼이 있는 경우 판례에 의함)

① 일반적으로 법률의 위임에 의하여 효력을 갖는 법규명령의 경우, 구법에 위임의 근거가 없어 무효라면 사후에 법 개정으로 위임의 근거가 부여되었다고 하더라도 그때부터 유효한 법규명령이 된다고 볼 수는 없다.

② 어느 시행령이나 조례의 규정이 모법에 저촉되는지가 명백하지 않은 경우에는 모법과 시행령 또는 조례의 다른 규정들과 그 입법 취지, 연혁 등을 종합적으로 살펴 모법에 합치된다는 해석도 가능한 경우라면 그 규정을 모법 위반으로 무효라고 선언해서는 안 된다.

③ 헌법이 인정하고 있는 위임입법의 형식은 예시적인 것으로 보아야 할 것이고, 그것은 법률이 행정규칙에 위임하더라도 그 행정규칙은 위임된 사항만을 규율할 수 있으므로, 국회입법의 원칙과 상치되지도 않는다.

④ 행정규칙은 법규명령과 같은 엄격한 제정 및 개정절차를 요하지 아니하더라도 기본권을 제한하는 작용을 하는 법률이 입법위임을 할 때에는 포괄위임금지의 원칙이 적용된다.

06. 인·허가의제 제도에 대한 설명으로 옳지 않은 것은? (다툼이 있는 경우 판례에 의함)

① 인·허가의제 대상이 되는 처분의 공시방법에 관한 하자가 있더라도, 그로써 해당 인·허가 등 의제의 효과가 발생하지 않을 여지가 있게 될 뿐이고, 그러한 사정이 주택건설사업계획 승인처분 자체의 위법사유가 될 수는 없다.

② 건축법에서 인·허가의제 제도를 둔 취지는, 인·허가의제 사항과 관련하여 건축허가 또는 건축신고의 관할 행정청으로 그 창구를 단일화하고 절차를 간소화하며 비용과 시간을 절감함으로써 국민의 권익을 보호하려는 것이다.

③ 건축신고는 인·허가의제 효과를 수반하는지 여부와 관계없이 수리를 요하는 신고로 본다.

④ 의제된 인·허가는 통상적인 인·허가와 동일한 효력을 가지므로, 적어도 '부분 인·허가의제'가 허용되는 경우에는 그 효력을 제거하기 위한 법적 수단으로 의제된 인·허가의 취소나 철회는 물론, 그 의제된 인·허가에 대한 쟁송취소 역시 허용된다.

07. 행정행위의 효력에 대한 설명으로 옳지 않은 것은? (다툼이 있는 경우 판례에 의함)

① 국세기본법 등에서 예외사유를 정하는 등의 특별한 사정이 없는 한, 과세예고 통지 후 과세전적부심사 청구나 그에 대한 결정이 있기도 전에 과세처분을 하는 것은 납세자의 절차적 권리를 침해하는 것으로서 절차상 하자가 중대하고도 명백하여 무효이다.

② 어느 법률관계나 사실관계에 대하여 어느 법령의 규정을 적용할 수 없다는 법리가 명백히 밝혀지지 않아 해석에 다툼의 여지가 있는 상태에서 과세관청이 이를 잘못 해석하여 과세처분을 한 경우, 그 하자가 명백하다고 할 수 있다.

③ 확정판결의 당사자인 처분행정청이 종전 처분시에 발생한 사유와 기본적인 사실관계가 동일한 사유를 내세워 다시 확정판결과 저촉되는 행정처분을 하는 것은 허용되지 않는 것으로서 이러한 행정처분은 그 하자가 중대하고도 명백한 것이어서 당연무효이다.

④ 위법한 행정대집행이 완료되면 그 처분의 무효확인 또는 취소를 구할 소의 이익은 없다 하더라도, 미리 그 행정처분의 취소판결이 있어야만, 그 행정처분의 위법임을 이유로 한 손해배상 청구를 할 수 있는 것은 아니다.

08. 행정계획에 대한 설명으로 옳지 않은 것은? (다툼이 있는 경우 판례에 의함)

① 도시관리계획구역 내 토지 등을 소유하고 있는 주민이라고 하더라도 입안권자에게 도시계획입안을 요구할 수 있는 법규상 또는 조리상의 신청권이 인정된다고 할 수 없다.

② 도시기본계획은 도시관리계획과는 달리 일반 국민에 대한 직접적인 구속력을 가지지 않는다.

③ 행정주체는 행정계획을 입안·결정함에 있어서 비교적 광범위한 형성의 자유를 가진다.

④ 국토이용계획변경신청을 거부하는 것이 실질적으로 당해 행정처분 자체를 거부하는 결과가 되는 경우에는 그 변경신청에 대한 거부행위는 항고소송의 대상이 된다.

09. 행정절차법상 적용이 배제되는 사항을 모두 고르면?

> ㄱ. 감사원이 감사위원회의의 결정을 거쳐 행하는 사항
> ㄴ. 행정상 입법예고에 관한 사항
> ㄷ. 지방의회의 승인을 받아 행하는 사항
> ㄹ. 병역법, 예비군법, 민방위기본법, 비상대비자원 관리법, 대체역의 편입 및 복무 등에 관한 법률에 따른 징집·소집·동원·훈련에 관한 사항
> ㅁ. 다수의 행정청이 관여하는 처분에 관한 사항
> ㅂ. 행정청의 처분에 대한 의견제출에 관한 사항

① ㄱ, ㄴ, ㅁ 　　　　② ㄱ, ㄷ, ㄹ
③ ㄴ, ㅁ, ㅂ 　　　　④ ㄷ, ㄹ, ㅂ

10. 개인정보 보호법에 대한 설명으로 옳지 않은 것은?

① 개인정보 보호법상의 요건을 갖춘 단체는 개인정보처리자가 집단분쟁조정을 거부하거나 집단분쟁조정의 결과를 수락하지 아니한 경우 법원에 권리침해 행위의 금지·중지를 구하는 단체소송을 제기할 수 있다.

② 개인정보처리자는 정보주체로부터 별도의 동의를 받더라도 개인정보를 그 수집 목적의 범위를 벗어나서 이용할 수 없다.

③ 개인정보에는 살아 있는 개인에 관한 정보로서 해당 정보만으로는 특정 개인을 알아볼 수 없더라도 다른 정보와 쉽게 결합하여 알아볼 수 있는 정보도 포함된다.

④ 정보주체가 자신의 개인정보에 대한 열람을 공공기관에 요구하고자 할 때에는 공공기관에 직접 열람을 요구하거나 보호위원회를 통하여 열람을 요구할 수 있다.

11. 집행벌과 이행강제금에 대한 설명으로 옳지 않은 것은? (다툼이 있는 경우 판례에 의함)

① 건축법상 동일한 위반행위에 대하여 이행강제금과 벌칙이 중복적으로 부과되는 것은 이중처벌금지원칙에 반한다.

② 이행강제금은 부작위의무나 비대체적 작위의무에 대한 불이행뿐 아니라 대체적 작위의무의 위반에 대하여도 부과될 수 있다.

③ 행정청은 건축법상 위법건축물에 대한 이행강제수단으로 개별 사정을 감안하여 대집행과 이행강제금을 선택적으로 활용할 수 있다.

④ 건축법상 이행강제금을 부과하는 경우에는 미리 문서로써 계고하여야 한다.

12. 행정조사에 대한 설명으로 옳지 않은 것은? (다툼이 있는 경우 판례에 의함)

① 납세자에 대한 부가가치세부과처분이 종전의 부가가치세 경정조사와 같은 세목 및 같은 과세기간에 대하여 중복하여 실시된 위법한 세무조사에 기초하여 이루어진 것이라면 그 처분은 위법하다.

② 일반 국민의 알 권리와는 무관하게 국가기관이 평소의 동향을 감시할 목적으로 개인의 정보를 비밀리에 수집한 경우에는 그 대상자가 공적 인물이라는 이유만으로 면책될 수 없다.

③ 세무조사결정은 납세의무자의 권리·의무에 직접 영향을 미치는 공권력의 행사에 따른 행정작용으로서 항고소송의 대상이 된다.

④ 개별법에서 행정조사를 규율하고 있지 않더라도 행정조사기본법에 의거하여 조사로 나아갈 수 있다.

13. 국가배상제도에 대한 설명으로 옳은 것은? (다툼이 있는 경우 판례에 의함)

① 공무원증 발급업무를 하는 공무원이 다른 공무원의 공무원증을 위조한 행위는 그 실질이 직무행위에 속하지 아니하므로 국가배상법 제2조 제1항 소정의 직무집행에 해당하지 아니한다.

② 어떠한 행정처분이 후에 항고소송에서 취소되었다면 이로써 당해 행정처분은 공무원의 고의 또는 과실로 인한 것으로서 불법행위를 구성한다고 본다.

③ 헌법재판소는 일반국민이 직무집행 중인 군인과 공동불법행위로 직무집행 중인 다른 군인에게 공상을 입혀 그 피해자에게 공동의 불법행위로 인한 손해를 배상한 다음, 공동불법행위자인 군인의 부담부분에 관하여 국가에 대하여 구상권을 행사하는 것을 허용하지 않는 것은 헌법에 위반된다고 판단하였다.

④ 국가배상법상 손해배상의 소송은 배상심의회에 배상신청을 한 후에 제기할 수 있다.

14. 행정상 손실보상에 대한 설명으로 옳은 것을 모두 고르면? (다툼이 있는 경우 판례에 의함)

ㄱ. 헌법 제23조 제3항은 정당한 보상을 전제로 하여 재산권의 수용 등에 관한 가능성을 규정하고 있지만 재산권 수용의 주체를 정하고 있지 않으므로, 민간기업을 수용의 주체로 규정한 자체를 두고 위헌이라고 할 수 없다.

ㄴ. 공유수면 매립면허의 고시가 있다고 하여 반드시 그 사업이 시행되고 그로 인하여 손실이 발생한다고 할 수 없으므로, 매립면허 고시 이후 매립공사가 실행되어 어업권자에게 실질적이고 현실적인 피해가 발생한 경우에만 공유수면매립법에서 정하는 손실보상청구권이 발생한다.

ㄷ. 공공사업의 시행으로 인하여 사업지 밖에 미치는 간접손실에 관하여 그 피해자와 사업시행자 사이에 협의가 이루어지지 아니하고 그 보상에 관한 명문의 근거법령이 없는 경우에는 손실의 예견 및 특정이 가능하더라도 공공용지의 취득 및 손실보상에 관한 특례법 시행규칙의 관련 규정을 유추적용할 수는 없다.

ㄹ. 이주대책은 이주자들에게 종전의 생활상태를 회복시키기 위한 생활보상의 일환으로서 헌법 제23조 제3항에 규정된 정당한 보상에 당연히 포함되는 것이므로 이주대책의 실시 여부는 입법자의 입법 재량의 영역에 속한다고 할 수 없다.

① ㄱ, ㄴ　　　　② ㄷ, ㄹ

③ ㄱ, ㄴ, ㄷ　　　④ ㄴ, ㄷ, ㄹ

15. 행정심판에 대한 설명으로 옳지 않은 것은? (다툼이 있는 경우 판례에 의함)

① 행정심판의 종류로 행정청의 위법 또는 부당한 거부처분이나 부작위에 대하여 일정한 처분을 하도록 하는 의무이행심판이 인정되는데, 이러한 의무이행심판은 심판청구기간의 제한을 받지 않는다.

② 행정심판은 행정청의 처분이나 부작위를 대상으로 하나, 대통령의 처분 또는 부작위에 대하여는 다른 법률에서 행정심판을 청구할 수 있도록 정한 경우 외에는 행정심판을 청구할 수 없다.

③ 행정심판은 행정청의 부당한 처분이나 부작위도 심판대상이 되는 점에서 그 대상이 위법한 처분 또는 부작위에 한정되는 행정소송에 비하여 구제범위가 넓다.

④ 고시에 의한 행정처분의 상대방이 불특정 다수인인 경우, 그 행정처분에 이해관계를 갖는 자가 고시 또는 공고가 있었다는 사실을 현실적으로 알았는지 여부에 관계없이 고시가 효력을 발생하는 날에 행정처분이 있음을 알았다고 보아야 한다.

16. 행정행위에 대한 설명으로 옳지 않은 것은? (다툼이 있는 경우 판례에 의함)

① 허가 등의 행정처분은 원칙적으로 처분시의 법령과 허가기준에 의하여 처리되어야 하므로, 허가신청 후 허가기준이 변경되었다 하더라도 특별한 사정이 없는 한 변경된 허가기준에 따라서 처분을 하여야 한다.

② 토지거래허가구역 내의 토지거래계약에 대한 행정청의 허가는 그 법적 성질이 강학상 특허에 해당한다고 볼 수 있다.

③ 도시재개발법 제34조에 의한 행정청의 인가는 주택개량재개발조합의 관리처분계획에 대한 법률상의 효력을 완성시키는 보충행위이다.

④ 행정청의 확약 또는 공적인 의사표명이 있은 후에 사실적·법률적 상태가 변경되었다면, 그와 같은 확약 또는 공적인 의사표명은 행정청의 별다른 의사표시를 기다리지 않고 실효된다.

17. 행정소송의 법률상 이익에 대한 설명으로 옳지 않은 것은? (다툼이 있는 경우 판례에 의함)

① 거부처분이 재결에서 취소된 경우 재결에 따른 후속처분이 아니라 그 재결의 취소를 구하는 것은 실효적이고 직접적인 권리구제수단이 될 수 없어 분쟁해결의 유효적절한 수단이라고 할 수 없으므로 법률상 이익이 없다.

② 행정처분의 근거 법규 또는 관련 법규에 그 처분으로써 이루어지는 행위 등 사업으로 인하여 환경상 침해를 받으리라고 예상되는 영향권의 범위가 구체적으로 규정되어 있는 경우에는, 그 영향권 내의 주민들에 대하여는 특단의 사정이 없는 한 환경상 이익에 대한 침해 또는 침해 우려가 있는 것으로 사실상 추정된다.

③ 소음배출시설에 대한 설치허가가 취소된 후 그 배출시설이 어떠한 경위로든 철거되어 다시 복구 등을 통하여 배출시설을 가동할 수 없는 상태라 하더라도 처분이 위법하다는 점에 대한 판결을 받아 피고에 대한 손해배상청구소송에서 이를 원용할 수 있다면 그 설치허가취소처분에 대해 취소나 무효확인을 구할 법률상의 이익이 있다.

④ 환지처분이 일단 공고되어 그 효력을 발생하게 된 이후에는 환지처분의 절차를 처음부터 다시 밟지 않는 한 그 일부만을 따로 떼어 환지처분을 변경할 길이 없으므로, 그 환지처분의 일부에 대하여 취소나 무효확인을 구할 법률상 이익은 없다.

18. 행정기본법상 기간의 계산에 대한 설명으로 옳지 않은 것은?

① 행정에 관한 기간의 계산에 관하여는 행정기본법 또는 다른 법령 등에 특별한 규정이 있는 경우를 제외하고는 민법을 준용한다.

② 법령 등 또는 처분에서 국민의 권익을 제한하거나 의무를 부과하는 경우, 권익이 제한되거나 의무가 지속되는 기간을 일, 주, 월 또는 연으로 정한 경우에는 기간의 첫날을 산입하지 아니한다.

③ 법령 등을 공포한 날부터 일정 기간이 경과한 날부터 시행하는 경우 법령 등을 공포한 날을 첫날에 산입하지 아니한다.

④ 법령 등을 공포한 날부터 일정 기간이 경과한 날부터 시행하는 경우 그 기간의 말일이 토요일 또는 공휴일인 때에는 그 말일로 기간이 만료한다.

19. 행정소송에 대한 설명으로 옳지 않은 것은? (다툼이 있는 경우 판례에 의함)

① 명예퇴직한 법관이 이미 수령한 수당액이 명예퇴직수당 규칙 규정에서 정한 정당한 명예퇴직수당액에 미치지 못한다고 주장하며 차액의 지급을 신청함에 대하여 법원행정처장이 거부하는 의사를 표시한 경우, 그 의사표시는 명예퇴직수당액을 형성·확정하는 행정처분에 해당하므로 법원행정처장의 지급거부행위에 대하여 항고소송으로 다툴 수 있다.

② 사업주가 당연가입자가 되는 고용보험 및 산재보험에서 보험료 납부의무 부존재확인의 소는 공법상의 법률관계 자체를 다투는 소송으로서 공법상 당사자소송이다.

③ 공익사업을 위한 토지 등의 취득 및 보상에 관한 법률에 의한 손실보상금증감청구소송은 공법상 당사자소송에 의한다.

④ 납세의무자에 대한 국가의 부가가치세 환급세액 지급의무는 그 납세의무자로부터 어느 과세기간에 과다하게 거래징수된 세액 상당을 국가가 실제로 납부받았는지와 관계없이 부가가치세법령의 규정에 의하여 직접 발생하는 것으로서, 그 법적 성질은 부당이득 반환의무가 아니라 부가가치세법령에 의하여 그 존부나 범위가 구체적으로 확정되고 조세 정책적 관점에서 특별히 인정되는 공법상 의무이므로, 납세의무자에 대한 국가의 부가가치세 환급세액 지급의무에 대응하는 국가에 대한 납세의무자의 부가가치세 환급세액 지급청구는 민사소송이 아니라 행정소송법상 당사자소송의 절차에 따라야 한다.

20. 소의 변경에 대한 설명으로 옳지 않은 것은?

① 소의 변경은 청구의 기초에 변경이 없는 한 사실심의 변론종결시까지 원고의 신청에 의하여 법원의 결정으로써 소의 변경을 허가할 수 있다.

② 법원이 소의 변경허가를 하는 경우 피고를 달리하게 될 때에는 법원은 새로이 피고로 될 자의 의견을 들어야 한다.

③ 소의 변경에 관한 허가결정에 대하여는 즉시항고할 수 없다.

④ 소가 변경되는 경우에는 종전의 피고에 대한 소송은 취하된 것으로 본다.

21. 행정청의 권한에 대한 설명으로 옳지 않은 것은? (다툼이 있
는 경우 판례에 의함)

① 행정권한의 내부위임은 행정관청의 내부적인 사무처리의
편의를 도모하기 위하여 그의 보조기관 또는 하급 행정
관청으로 하여금 그의 권한을 사실상 행사하게 하는 것
이다.

② 법률이 위임을 허용하고 있지 아니한 경우에도 행정관청
은 그의 보조기관 또는 하급 행정관청에게 행정권한을
내부위임 할 수 있다.

③ 체납취득세에 대한 압류처분권한을 시장으로부터 내부위
임을 받은 것에 불과한 구청장이 자신의 명의로 한 압류
처분은 권한 없는 자에 의하여 행하여진 위법무효의 처
분이다.

④ 행정권한의 내부위임이나 대리권을 수여받은 데 불과하
여 자신의 명의로 처분 등을 할 권한이 없는 행정청이 권
한 없이 자신의 명의로 한 처분의 경우, 항고소송의 피고
는 처분명의자가 아닌 위임관청이 되어야 한다.

22. 병역법에 대한 설명으로 옳지 않은 것은?

① 대한민국 국민인 남성은 18세부터 병역준비역에 편입된다.

② 병역법상 병역의무기간을 마치면 장교·준사관 및 부사
관의 경우는 퇴역이 되고, 병 및 대체역의 경우는 전역이
된다.

③ 병무청장은 병역판정검사전담의사와 병역판정검사전문의
사만으로 신체검사업무 등을 수행하기 어렵다고 인정하
는 경우 신체검사업무 등에 필요한 군의관의 파견을 국방
부장관에게 요청할 수 있다.

④ 징집·소집과 그 밖의 병무행정은 병무청장이 관장한다.

23. 공무원의 신분과 권리에 대한 설명으로 옳지 않은 것은?
(다툼이 있는 경우 판례에 의함)

① 퇴직연금수급권의 기초가 되는 급여의 사유가 이미 발생
한 후에 장래 이행기가 도래하는 퇴직연금수급권의 내용
을 변경하는 것은 이미 완성 또는 종료된 과거 사실 또는
법률관계에 새로운 법률을 소급적으로 적용하여 과거를
법적으로 새로이 평가하는 것이어서 소급입법에 의한 재
산권 침해가 된다.

② 국가공무원이 당연퇴직 사유에 해당하는 금고 이상의 형
의 집행유예를 선고 받은 후 그 선고가 실효되거나 취소
됨이 없이 유예기간을 경과하여 형의 선고의 효력을 잃게
되었다 하더라도 이미 발생한 당연퇴직의 효력에는 영향
이 없다.

③ 당연무효인 임용결격자에 대한 임용행위에 의하여는 공
무원의 신분을 취득하거나 근로고용관계가 성립될 수 없
는 것이므로, 임용결격자가 공무원으로 임용되어 사실상
근무하여 왔다 하더라도 퇴직금 청구를 할 수 없다.

④ 학력요건을 갖추지 못한 甲이 허위의 고등학교 졸업증명
서를 제출하여 하사관에 지원했다는 이유로 하사관 임
용일로부터 30년이 지나서 한 임용취소처분은 적법하며,
甲이 위 처분에 불복하여 신뢰이익을 원용할 수 없음은
물론 행정청이 이를 고려하지 아니하였다고 하여도 재량
권의 남용이 되지 않는다.

24. 공공기관의 정보공개에 관한 법률에 대한 설명으로 옳은
것은?

① 행정기관 소속 위원회의 설치·운영에 관한 법률에 따른
위원회는 지방자치단체의 일종으로 볼 수 있으므로 공공
기관에 속한다.

② 해당 정보에 포함되어 있는 성명·주민등록번호 등 개인
정보 보호법상 개인정보로서 공개될 경우 사생활의 비밀
또는 자유를 침해할 우려가 있다고 인정되는 정보는 비공
개로 할 수 있으며, 직무를 수행한 공무원의 성명·직위
도 이에 포함된다.

③ 정보공개의 청구를 받은 공공기관은 그 청구를 받은 날부
터 15일 이내에 공개 여부를 결정하여야 한다.

④ 공공기관의 정보공개 담당자는 정보공개 업무를 성실하
게 수행하여야 하며, 공개 여부의 자의적인 결정, 고의적
인 처리 지연 또는 위법한 공개 거부 및 회피 등 부당한
행위를 하여서는 아니 된다.

25. 통지에 대한 설명으로 옳지 않은 것은? (다툼이 있는 경우 판례에 의함)

① 국가공무원법상 정년퇴직 발령은 관념의 통지에 불과하므로 행정소송의 대상이 되지 아니한다.

② 국가보훈처장의 서훈취소통보는 상대방 또는 기타 관계자들의 법률상 지위에 직접적인 법률적 변동을 일으키지 아니하는 행위로 항고소송의 대상이 될 수 없는 사실상의 통지에 해당한다.

③ 국가가 공무원임용결격사유가 있는 자에 대하여 결격사유가 있는 것을 알지 못하고 공무원으로 임용하였다가 사후에 결격사유가 있는 자임을 발견하고 공무원 임용행위를 취소하는 것은 당사자에게 원래의 임용행위가 당초부터 당연무효이었음을 통지하여 확인시켜 주는 행위에 지나지 아니하는 것이라고 볼 수 없다.

④ 과세관청의 소득처분에 따른 소득금액변동통지는 항고소송의 대상이 되는 조세행정처분에 해당한다.

경영학

제3과목

응시번호 :   성명 :

01. 다음 중 테일러(F. Taylor)의 과학적 관리법의 내용으로 옳지 않은 것은?

① 차별적 성과급제

② 근로자의 과학적 선발과 교육훈련

③ 시간과 동작연구를 통한 과업결정

④ 조명 및 계전기조립 실험

02. 다음 중 동종 또는 유사기업 간의 수평적·수직적 결합이 아닌 이종기업 간의 결합을 통해 장점을 추구하는 기업집중 방식으로 옳은 것은?

① 카르텔(cartel)

② 트러스트(trust)

③ 콘체른(konzern)

④ 콩글로머릿(conglomerate)

03. 다음 중 전략을 수립하는 과정에서 기업 외부의 기회와 위협요소들을 파악·분석하고, 기업 내부의 강점과 약점을 분석하는 기법으로 옳은 것은?

① 4P's분석

② BCG분석

③ SWOT분석

④ BSC분석

04. 다음 중 조직의 가치창출을 위해 새로운 지식을 생성, 저장, 공유, 활용하는 일련의 활동으로 옳은 것은?

① 전사적 품질경영

② 기술경영

③ 지식경영

④ 윤리경영

05. 다음 중 시장세분화의 성공요건에 해당하지 않는 것은?

① 접근성

② 측정성

③ 무형성

④ 실제성

06. 최근 주요 국가에서는 제품 및 서비스의 품질을 향상시키기 위하여 데밍상 등과 같은 국가품질상 제도를 운영하고 있다. 이러한 시상식 제도의 목적으로 적절하지 않은 것은?

① 높은 품질성과를 달성한 제품을 대외적으로 홍보하기 위한 순위를 결정하기 위하여

② 품질향상을 위해서 노력하는 기업들을 평가하기 위한 기준을 마련하기 위하여

③ 시상제도를 통해 내부평가와 품질향상을 지속하는 데에 도움을 주기 위하여

④ 수상 기업의 성공 지식이나 기술을 다른 기업들에게 전파하기 위하여

07. 다음 중 BCG매트릭스에 대한 설명으로 옳지 않은 것은?

① 사업 포트폴리오의 성공적인 순환경로는 '현금젖소 → 별 → 물음표 → 개사업부'이다.

② 별사업부에 해당하는 것은 성장전략을 추구하는 것이 바람직하다.

③ 현금젖소사업부에 해당하는 것은 현재의 시장지위를 유지하고 강화하는 전략이 바람직하다.

④ 물음표사업부에 해당하는 사업이 경쟁우위를 가질 수 있다고 판단되면 성장전략과 과감한 투자가 바람직하다.

08. 다음 중 STP전략에 대한 설명으로 옳지 않은 것은?

① 인구통계학적 세분화 변수는 나이, 성별, 소득, 직업, 교육수준, 가족규모 등을 근거로 시장을 세분화한다.

② 시장표적화는 세분화된 시장의 좋은 점을 분석한 후 진입할 세분시장을 선택하는 것이다.

③ 사회심리적 세분화 변수는 제품사용경험, 제품에 대한 태도, 충성도, 종교 등을 근거로 시장을 세분화한다.

④ 시장포시셔닝은 시장 내에서 유리한 위치를 차지하도록 고객을 위한 제품, 서비스, 아이디어 및 마케팅믹스를 개발하는 것을 말한다.

09. 다음 중 직무분석 방법에 해당하지 않는 것은?

① 면접법

② 중요사건서술법

③ 서열법

④ 관찰법

10. 다음 설명 중 옳지 않은 것은?

① 브룸의 기대이론은 보상의 유의성은 개인의 욕구에 따라 다르며, 동기부여를 결정하는 중요 요인이다.

② 아담스의 공정성이론은 보사에 대한 공정성의 지각여부가 종업원의 투입요소인 노력의 정도를 결정한다.

③ 인적서비스는 가변적·비표준적이며 서비스 제조과정에서 고도의 고객접촉이 발생한다.

④ 스키너의 조작적 조건화에서 소거란 과거의 부정적 결과를 제거함으로써 긍정적인 행동의 확률을 높이는 것을 말한다.

11. 다음 중 핵크만과 올드햄(R. Hackman & G. Oldham)의 직무특성모형에서 직무가 다른 사람의 작업이나 생활에 실질적인 영향을 미칠 수 있는 정도를 의미하는 것은?

① 기술의 다양성

② 과업의 정체성

③ 과업의 중요성

④ 자율성

12. 다음 중 평가자가 가진 사람에 대한 경직된 고정관념이 평가에 영향을 미치는 인사고과의 오류로 옳은 것은?

① 주관의 객관화

② 상동적 태도

③ 최근효과

④ 대비효과

13. 다음 중 집단의사결정의 특징에 대한 설명으로 옳지 않은 것은?

① 개인의사결정에 비하여 더 많은 대안을 생성할 수 있다.

② 집단의사결정 시 다양한 경험과 관점을 반영할 수 있다.

③ 개인의사결정에 비하여 정확성이 높은 경향이 있다.

④ 개인의사결정에 비하여 책임의 소재가 명확하다.

14. 리더십 유형을 거래적 리더십과 변혁적 리더십으로 구분할 때, 다음 중 변혁적 리더십에 대한 설명으로 옳은 것은?

① 알기 쉬운 방법으로 중요한 목표를 설정하고 자긍심을 고취하도록 한다.

② 부하들의 문제를 해결해 주거나 해답이 있는 곳을 찾아 알려준다.

③ 노력에 대한 보상을 약속하고 성과에 따라 보상한다.

④ 부하들이 조직의 규칙과 관습 및 지시에 잘 따르도록 한다.

15. 다음 중 유연생산시스템(FMS)에 대한 설명으로 옳지 않은 것은?

① 컴퓨터를 이용하여 자동화 및 통제하는 고도의 통합생산시스템이다.

② 전통적인 생산방식보다 인건비가 적게 들며 제품의 품질이 일관적이다.

③ 재공품의 감소와 생산소요시간을 단축하였다.

④ 설비의 가격이 저렴하여 전통적인 기계들에 비해서 시스템 도입이 간편하다.

16. 다음 중 매트릭스조직에 대한 설명으로 옳지 않은 것은?

① 인적자원을 유연하고 신축적으로 공유하거나 활용할 수 있다.
② 역할분담, 갈등의 조정 등이 용이하여 효율적인 조직의 운영이 가능하다.
③ 기술의 전문성과 제품혁신을 동시에 추구하는 조직에 적합한 조직구조이다.
④ 전통적인 수직적 계층 구조에 수평적인 팀을 공식화하여 양자 간의 균형을 강조한 조직구조이다.

17. 다음 중 경영정보시스템 활용과 발전으로 인한 조직변화에 대한 설명으로 가장 옳은 것은?

① 권위적인 리더십이 필요하고 이에 따른 중간관리자의 역할이 중요해진다.
② 경영자층과 하위층 간의 의사소통이 더욱 용이해진다.
③ 조직 내의 의사결정권이 상위층에 갈수록 집중되고 중요시된다.
④ 조직 내의 계층의 수가 증가된다.

18. 다음 중 기업의 경영의사결정에 대한 설명으로 옳지 않은 것은?

① 비정형적 의사결정은 경영자의 창의력이나 직관, 판단에 의존한다.
② 업무적 의사결정의 특성은 의사결정 내용이 단순하고 반복적이고 분권적이다.
③ 경영의사결정은 미래의 상항을 예견하고 행동방안을 선택하고 결정하는 행위이다.
④ 전략적 의사결정은 기업의 내부자원을 조직화하기 위한 의사결정이다.

19. 다음 중 정보의 가치와 특성에 해당하지 않는 것은?

① 적시성
② 검증가능성
③ 완전성
④ 복잡성

20. 다음 포트폴리오 위험 중 비체계적 위험에 해당하지 않는 것은?

① 기업 경영진의 교체
② 노사분규 및 문제
③ 전쟁
④ 생산시설의 화재

21. 다음 중 투자안의 경제성 평가방법에서 상호배타적 투자안에 대한 의사결정으로 적절한 것은?

① 투자안의 순현재가치(NPV)가 0보다 큰 투자안 중에서 가장 높은 투자안을 선택한다.

② 투자안의 수익성지수(PI)가 0보다 큰 투자안 중에서 가장 낮은 투자안을 선택한다.

③ 투자안의 내부수익률(IRR)이 할인율보다 낮은 투자안 중에서 가장 높은 투자안을 선택한다.

④ 투자안의 평균회계이익률(ARR)이 목표 ARR보다 큰 투자안 중에서 가장 낮은 투자안을 선택한다.

22. 다음 중 인수합병(M&A)에서의 방어적 전략에 해당하지 않는 것은?

① 백기사

② 황금낙하산

③ 황금알매각

④ 새벽의 기습

23. 다음 중 유동자산의 항목에 해당하는 것은?

① 유형자산

② 무형자산

③ 재고자산

④ 투자자산

24. 다음 중 회계상의 거래가 아닌 것은?

① 사무용 책상과 의자를 ₩500,000에 주문하다.

② 화재로 재고상품 ₩1,000,000이 소실되다.

③ 은행에 현금 ₩1,000,000을 예금하다.

④ 비품을 외상으로 ₩600,000에 구입하다.

25. 다음 회계처리요소 중 차변요소로 옳지 않은 것은?

① 수익의 발생

② 자산의 증가

③ 자본의 감소

④ 부채의 감소